──○ 南充文史资料第三十辑 ○──

南充统战工作纪实

NAN CHONG TONG ZHAN GONG ZUO JI SHI

中国人民政治协商会议南充市委员会
中共南充市委统战部 编

中国文史出版社
CHINA CULTURAL AND HISTORICAL PRESS

图书在版编目（CIP）数据

南充统战工作纪实 / 中国人民政治协商会议南充市
委员会，中共南充市委统战部编 ––北京：中国文史出
版社，2023.12

ISBN 978-7-5205-4593-8

Ⅰ.①南… Ⅱ.①中… ②中… Ⅲ.①统一战线工作
–研究–南充 Ⅳ.①D613

中国国家版本馆 CIP 数据核字（2023）第 250389 号

责任编辑：赵姣娇

出版发行：中国文史出版社

社　　址：北京市海淀区西八里庄路 69 号院　邮编：100142

电　　话：010-81136606　81136602　81136603（发行部）

传　　真：010-81136655

设计制作：成都圣立文化传播有限公司　028-86783136

印　　装：四川金邦印务有限公司

经　　销：全国新华书店

开　　本：710mm×1000mm　1/16

印　　张：33

字　　数：505 千字

版　　次：2023 年 12 月北京第 1 版

印　　次：2023 年 12 月第 1 次印刷

定　　价：98.00 元

前　言

"统一战线"概念的内涵十分丰富，就其广义而言，是指不同社会政治力量在一定条件下，为了一定的共同目标而建立的政治联盟或联合；就其狭义而言，是指无产阶级及其政党的战略策略，主要是无产阶级自身团结和同盟军问题。这一概念如果以1922年7月党的二大通过的《关于"民主的联合战线"的议决案》一文作为提出之始，至今已逾百年。虽然它在中国革命、建设和改革的各个历史时期，因当时社会状况的不同，其内涵与外延而有所差异，但它都是中国共产党与中国社会不断发展的一大重要法宝。

南充是四川东北部的人口大市，也是具有统一战线优秀传统的一个地区。自中国共产党成立以来，南充境内的中共组织与负责进行统战工作的机构或党员，以及属于统战工作范围和对象的各民主党派、社会各界人士，为了国家的独立与富强，为了中华民族的伟大复兴，他们团结一心，在各个不同的历史时期都做出了杰出的重大贡献。

北伐战争期间，1926年12月3日，驻防南充顺庆的川军第五师官兵，在师部上校参谋姚源铎（共产党员）的组织与发动下首义，"顺庆起义"爆发。

土地革命战争时期，南充辖区当时多属川陕苏区辖地。从1932年冬中国工农红军第四方面军进入川北之后，南充境内先后共建立了1个中心县委和9个县（市）委，虽然其时间不足3年，但川陕苏区政府为巩固与壮大革命根据地，他们在经济方面颁布与实施了一系列的统战政策，由于这些政策充分照顾到了统战各阶层的切身利益，故而不仅激发了统战成员投身于苏区经济建设的积极性，而且还为苏区提供了稳定的政治、经济与社会环境，使得入川时红军的不足1.5万人增至8万人，川陕苏区成为当时全国的第二大苏区。

抗日战争期间，"中国民主同盟"的创立者与领导人张澜先生的次子张崿（共产党员），于1936年夏被中共中央电召从俄罗斯回国，派往四川开展统战工作，当年秋回到家乡南充与父亲团聚，此后他便积极向父亲身边的民主人士鲜英（西充县人，民主人士）、卢子鹤（蓬溪县人，长期从事教育与慈善事业）、姜致和（祖籍潼南县人，南充实业家）、林维干（南充县人，民主人士）等人宣传马列主义与党的统战政策，并团结西南军政人员刘湘、邓锡侯、刘文辉、潘文华等人反蒋、抗日。由于长期劳累，抱病工作，他于1938年4月下旬不幸在成都逝世，终年33岁，4月26日其灵柩运回南充县永安乡（现南充市高坪区都京街道办事处永安村）南溪口老家，安埋于老宅青枫坡。至于张澜先生的爱国爱民，尤其在抗日战争与解放战争期间与中国共产党同心协力，为民族独立与新中国成立所做出的重大贡献，则早已载入史册。

抗日战争胜利后，国共两党在重庆43天的谈判（1945年8月29日至10月10日）期间，西充县人鲜英（军人出身，民盟创始人之一，著名民主人士）在重庆的公馆——"特园"（因鲜英字"特生"故名）成了当时中共领导与各民主人士联系与活动的场所。在此之前，鲜英于1939年拒绝仕途之后，便家居公馆，并在此热情接待来渝各界社会进步人士；董必武、周恩来为代表的中共南方局对外活动联系也多到此地；1941年中国民主政团同盟在"特园"成立并设总部于此。"重庆谈判"期间，张澜先生寓居此地，毛泽东亦曾三次访问特园，且许多谈判的细节均在此形成，当时受到重庆各界人士的广泛关注，后爱国将领冯玉祥书赠"民主之家"匾额（"特园"现为"中国民主党派历史陈列馆"）。

1945年12月，南充最早的民盟地方组织——民盟南充县分部委员会建立。

解放战争期间，南充统战工作更加活跃，它为南充全境的顺利解放创造了条件。在南充解放前夕，中共南充地下党组织积极展开对南充国民党驻军官兵、南充县自卫队成员，以及南充旧政府官员积极进行政策宣传；建立协助解放的武工队；营救被国民党保安司令部关押的"政治犯"；保护城市公共设施与工厂，以及全力维护社会治安等等。1949年12月9日晚，南充县民众自卫总队在中共地下党组织的策动下宣布起义投诚，次日南充民众欢迎解放军进城。同月，西充县（12月14日）、仪陇县（12月23日）、阆中县（12月29日）亦先后和平解放。

南充解放后，"民革川北区临时工作小组筹备委员会"于1950年7月在南充建立（1955年4月南充市委员会正式成立）；1952年10月，民建南充市筹备委员会建立（1956年9月南充市委员会正式成立）。同时，南充的统战工作为解放初期的清匪反霸、巩固政权、恢复生产、社会稳定，以及后来的抗美援朝战争的胜利均发挥了重要作用。尤其是改革开放后，在中共南充市、县（区、市）各级党委的领导下，在各级统战部的具体帮助与指导下，南充市级各民主党派组织（民主促进会、九三学社、农工党、致公党），以及工商联、侨联、新的社会阶层人士联谊会等团体相继建立与完善，其成员以饱满的政治热情，在搞好自己本职工作的前提下，紧扣团结、民主两大主题，积极参与政治协商、民主监督、参政议政，尤其是在近几年来的脱贫攻坚、抗击疫情等艰巨的社会服务中，许多统战人令人敬仰，不少统战事让人感慨。

当前，南充各民主党派及社会各界人士，他们在中共南充市委的领导下，正以围绕中心、服务大局为着力点，继续发挥统战工作的优势，整合一切资源力量，不断推动新时代南充统战工作的高质量发展，为谱写现代化南充建设新篇章贡献自己的力量。

编　者

2023年10月

目 录
Contents

中 共

民　革

民　盟

民　建

民　进

致公党

九三学社

工商联

侨　联

知联会

新联会

中共

爱国名医曾石腴

曾希颖

祖父曾石腴（1890—1956），又名曾季芝，祖籍四川广元，为曾祖父曾崇式（后名曾省吾）之次子。

曾祖父曾崇式为清代武秀才，曾因嗜吸鸦片致使家道中落。某日，曾崇

第二排左二为曾石腴

式行至广元基督教圣公会教堂前，见一外籍牧师正在宣讲耶稣基督福音，劝导公众："天国近了，你们应当悔改"，遂驻足聆听，不禁触动心扉。牧师津津乐道，曾祖父全神贯注，一席听罢幡然醒悟。当即面见牧师，痛陈心曲，恳求入教，誓改前非。旋即购得猪板油3斤，熬化以后连油带渣一气食尽，继而翻肠倒肚，尽泄所有，自此烟毒戒绝，遂成基督教虔诚信徒，改名曾省吾（取其反躬自省之意）。翌年，教会牧师见其诚笃忠厚，即召其作为教堂门房，他如是多年，尽忠职守，深得信众好感，既解决了个人的生活问题，又为教会做了大量工作，使教会、个人均相得益彰。

1904年，曾祖父为儿辈前程计，并试图减轻家负，极力促成次子曾石腴走出广元老家，独自到阆中求职谋生。这样，时年仅14岁的祖父肩负随身包袱，足蹬家编草鞋，怀揣铜板一吊（1200文），牢记曾祖父嘱咐，只身背井离乡，翻山越岭，顺嘉陵江徒步下行，历时3日才抵达目的地阆中。

当时，阆中教会为基督教川北大区教会，设有会督，统辖数县教会，包括广元教会。祖父向教会述清与曾省吾之关系，表达来阆获得亦工亦学之愿，因其时祖父正年少，教会遂安排他一面在教会所办的阆中仁济医院（现阆中市人民医院）打工，后来又助其在教会所办的阆中华英学校就读，随后祖父又进入阆中仁济医院护校学习，毕业后留院当了一名护士，其间与同在医院打工的罗淑莹结婚。

1910年，华西协合大学在成都建立。阆中仁济医院院方及教会执事见祖父忠厚朴实、勤劳优学，遂继续助其到成都深造，先于华西协和大学预科（相当于现在的高中）就读3年。1914年，华西协合大学开设医科后，祖父遂转入医科第三班学习，于1922年毕业，成为当年华西医科毕业的五位学生之一，并获医学博士学位。

按教会原与其签订的协议，祖父从华西协和大学毕业后即返回阆中仁济医院回报服务，从当内科医生至后升任院长。1926年，他受国民革命军田颂尧部第二十九军师长曾南夫之聘，赴中江县该部担任军医，并任该师军医处长，1934年即将曾祖父从广元接到中江，精心奉养。

在中江任职行医期间，祖父曾培养传授幺爷曾文芝（祖父的胞弟）、李亚伯（后为祖父女婿）、宋子厚（祖父侄儿）等多位亲属习医治病。各位亲属均勤奋精进，钻研医术，学有所成，幺爷曾文芝后来也成为医务骨干，并分任该师军医处医官，后归返广元，继续行医，业有建树，长于儿科；姑父李亚伯扎根中江终其一生，他行医济世，医术精湛，成为一方名医，享誉中江；其他随祖父学医的亲属后来也均各自行医一方，受用终身。

1937年，祖父曾石腴辞去军医处长之职，前往紧邻阆中的南部县自行开业行医，组建"平民诊所"，时近10年。其间他始终秉承无私大爱的基督精神，悬壶济世，解人病痛，服务桑梓，后来因年事日高，便将在南部县开办的诊所交由我四伯父曾克成打理，自己回阆中安度晚年。

新中国成立后，祖父积极拥护人民政府，以正确的态度配合政府减租退押和土地改革运动，被人民政府视为开明绅士并当选为阆中县第一届人民代表大会代表，并先后受聘于阆中县卫生院和阆中丝绸厂医务所。在此期间，他不辞辛劳、不计报酬继续上班执医，积极忘我地献身新中国的保健事业，为工人兄弟姊妹看病治病，为新社会发挥余热，记得好几次祖母让我给祖父送午餐去，都看到他顾不上休息，大热天里挥汗如雨地给职工问诊，给幼年的我留下了十分深刻的印象。

祖父具有强烈的爱国情感，爱憎分明。记得是1955年4月份的一天，他手里拿着一份刚收到的《四川日报》，十分激动地对我说："你也来看看，他们又干了一件什么坏事！"我走近一看，原来那天报纸上登载了这样一条重要消息：去印度尼西亚出席亚非会议的中国代表团乘坐的"克什米尔公主号"飞机被美蒋特务安放定时炸弹炸毁失事，机上所载中国代表团成员全部遇难，当时我尚在读小学四年级，还不能完全读懂和理解这条消息的内容，祖父便又怀着悲愤的心情耐心地向我讲解了一遍。祖父这样的言传身教，在我们这些后辈的心里深深地埋下了爱国主义的种子，"读书学习，关心时事，勤勉敬业，爱国奉公"，也成了我们的家风。

在阆中生活与行医多年的祖父，医德医术均受到患者的喜爱，故而在当地人气高，人缘好，每当我陪同他上街散步时，无论走到太平寺、郎家拐、大东街，"曾老师""曾院长"之声不绝于耳，都不停地有人招呼他。

祖父还与后来的阆中一代名医孙幼成感情甚笃。祖父比孙幼成年长，孙对其以"石腴兄"相称，他经常登门来看望祖父，切磋医术，聊天叙旧，有时兴致来了还摆上棋局，汉界楚河，"厮杀"一盘。有时孙输了棋，故意要一下"无赖"，甚至嬉笑着拿着他的"一门炮"，隔着"几座山"砸向祖父的将帅，祖父也笑嘻嘻地说道："莫要涮坛子哦！"至今回想起来，甚是有趣。后来，祖父因脑卒中半身瘫痪，一病不起，自知来日无多，孙幼成又专程上门看望，对着卧病在床，已经言语不畅的祖父鼓励说："石腴兄，乐观些！你会好起来的！"其情真意切，现在回想起来都不禁令人唏嘘不已！

祖父1956年10月因病逝世于阆中，安息于阆中福音堂公墓。

（曾希颖，曾石腴之孙，成都市锦江区教育局原教研员）

记共产党的老朋友方镇华先生

何方政

　　方镇华先生（1902—1990），今营山县绥安街道人，旧居在县城大东街，他兄弟七人，排行老四。其父方梦钊，清末秀才，在县城濂溪祠等处设私塾，靠教书养家；生母方白氏。全家生活清贫。

　　方镇华先生生于1902年4月11日，幼时随父读私塾，1918年离家到重庆读中学，在渝期间结识在重庆留法勤工俭学预备学校学习的邓小平，1922年到上海读大学，1924年因参加学生运动被迫离开学校，到浙江杭州西湖白堤的照胆寺跟随大休法师学习书画。他偏爱花草，尤善画竹，其后又回到上海读书。

　　1929年春，方镇华在营山县立高等小学堂（新中国成立后曾改为营山师范学校附小，现为云凤实验小学校）任校长，他与训育主任张翰（即陈同生，共产党员）在师生中宣传进步思想，传播马列主义，进行地下革命活动。陈同生、方镇华的活动引起反动当局注意，正伺机寻找借口进行迫害。得到消息，方镇华被迫离

自左至右为：曹荻秋、陈同生、方镇华，1949年在南京

开营山，于1930年农历腊月至成都。此时，方镇华之父（方梦钊）的学生、川军二十八军军长邓锡侯（营山人）部，以及田颂尧部、刘文辉部共管成都，邓便任命方镇华先生为成都高等师范附中部主任（即校长）、成都快报社社长。

在成都期间，方镇华先生毅然掩护一批地下党员，如陈同生、曹荻秋（中华人民共和国成立后，陈同生曾任上海市委统战部部长、上海市政协副主席，曹荻秋曾任重庆市副市长、上海市市长）都在成都高等师范附中和成都快报社工作，继续从事革命活动。他为人慷慨义气，常常以自己的收入资助陈同生等人用作革命活动的经费，以致有时甚至连自己写信都没有买邮票的钱。

1935年，国民党中央参谋团入川，地方实力派受到排斥，方镇华先生被迫辞职，邓锡侯就叫他专门与共产党联系，共同反蒋。1937年七七事变后，抗战兴起，1938年后方镇华先生先后任邓锡侯部驻山西、武汉、桂林、重庆、南京、上海等地办事处负责人，和共产党人交朋友。在桂林时，方先生身着布袍，手执拐杖与李克农、柳亚子等人密切交往，并利用邓锡侯的关系帮助进步人士，为共产党做工作，国民党人找他联系时，他严词拒绝，他说："我代表邓主任（邓锡侯时任川康绥靖公署主任）与李（宗仁）白（崇禧）打交道，你们有事，去找邓主任。"

1949年5月27日，上海解放，作为川康绥靖公署主任驻南京代表的方镇华，离开南京来到上海，住在有川军背景的通惠银行，并与营山同乡、中共华东联络局局长的何以端来往。6月间的一天上午，何以端经过联系，陪方镇华先生拜会第三野战军司令员兼政治委员、上海市市长陈毅。此后，方镇华先生遵照刘伯承、邓小平的安排，由上海到南京。1949年10月，他随刘邓大军西进入川，参加过邓锡侯、刘文辉等部队起义的筹划工作，为中国人民解放事业做了有益的贡献。

1949年11月30日，重庆解放，方镇华先生就一直生活、工作在重庆，他先后担任西南军政委员会文教委员会委员、重庆市各界人民代表会议协商委员会副秘书长。由于方镇华先生作为无党派爱国民主人士做了一些有益于革命、有益于人民的工作，党和人民一直视他为老朋友，在刘伯承、邓小平驻渝期间，但凡有会议或宴请必为方镇华设座，亲切称他等三人为"统战三公"，受党器重。在抗美援朝、土地改革等各项运动和社会主义经济建设事业中，他积极响应党的号召参加各项活动，为党和国家做了许多有益的工作。

1966年"文化大革命"爆发，9月他被抄家，从1968年2月开始又被扣发两年多的工资，并被人诬为叛徒，还有大字报揭发他与章伯钧（曾任农工民主党主席、民盟副主席，1957年"反右"时章与罗隆基等人被定为"罗章联盟"）有关系，被送进学习班接受批斗和交代问题，还安排从事下煤矿抬煤等重体力劳动，身心受到极大的伤害。尽管方镇华先生受到迫害，但他心怀坦荡，还写下"多栽红叶待春还"的诗句，坚信终有一天历史会还他清白。1978年党的十一届三中全会以后，方镇华先生的问题得到了澄清和改正，他恢复工作以后，一如既往地做党的朋友，努力为人民做好工作。

方镇华先生曾任四川省第一、二、三届人民代表，重庆市第一至六届人民代表、人民委员会委员，重庆市政协第一至九届委员会委员、常委，重庆市政协第一至五届副秘书长，他时刻提醒自己要牢记父训"百炼此身成铁汉，三缄其口学金人"。作为共产党的诤友，作为四川省与重庆市的人民代表，作为重庆市政协委员、常委、副秘书长，几十年来，他真诚接受中国共产党的领导，与共产党肝胆相照、荣辱与共，积极参加国家政治生活，多次参与全省、全市的政治、经济建设和统一战线内部等重大事项的协商讨论，认真履行政治协商、民主监督、参政议政的职责，发挥了一个爱国民主人士的独特的重要作用。1982年3月，他担任重庆市人民政府文史馆馆长。尽管他已八十高龄，仍以饱满的热情勤勤恳恳地工作，不辞辛劳，团结全体馆员，尊重知识、尊重人才，弘扬民族文化，为社会主义精神文明建设和物质文明建设做出了自己应有的贡献。

方镇华先生一生天南地北，交际广泛，朋友中既有儒学雅士、社会贤达，又有行伍军人，而最多的是作为共产党的老朋友，他与党和国家的许多高层领导都有很多历史的和人际的联系。但他并不因曾经帮助过别人而寻求回报。新中国成立后，他从未开口为自己和家人谋求利益，如"文革"后，家人曾劝说他找找邓小平同志解决子女工作问题，但他就是不开口、不行动。

　　方镇华先生新中国成立前辗转各地，应酬颇多，之后又公务缠身，经历坎坷，但他的两个雅致爱好却是至死不移：

　　一是藏砚。方镇华先生一生收入不菲，但他却节衣缩食，收藏古砚，他家中藏有宋、元、明、清各朝各代砚台数以百计，内中还有若干历史名人用过的精品，他称自己藏砚之屋为"砚香阁"，自己自然乃"砚香阁"主人。其中一方为康熙皇帝御砚，其淡绿色，为松花江石砚。对这些古砚，他爱之如命，1949年10月随刘邓大军西进入川时，他同陈锡联（解放军第三兵团司令员）同乘一辆吉普车，军情紧急，又千里迢迢，行李不能多带，但还是随身带了几方古砚到重庆。余下的宝贝存放在朋友、九三学社上海市委王某处，计有古砚100余方，古墨约100锭，毛笔200余支，存在王家的这些古砚、古墨等在"文革"中被抄家收去，他心痛如绞，1973年仅退还部分寄来重庆，他才稍得安慰。据说，"文革"前康生曾给方镇华来信，要借古砚鉴赏，方老先生婉言谢绝，"文革"中红卫兵在抄家时发现这封信，这些珍贵文物才未被当作"四旧"作为顽石毁掉。"文革"后，文物部门闻知，数次与之洽谈，欲以重金收购供馆藏，也被婉言推辞。

　　二是藏书。几十年来，方老先生不进书店则已，只要一进店门，必选多册，从不空手而归，诸子百家他是早就购齐，典籍图册决不放过，人文社科他要买来学习参考，诗词杂家他要购来吟诵欣赏。他藏书之丰富，早已超出一般学者之范围。他视书如命，宝贝似的放在书柜里，与砚台一样不愿轻易示人，每有亲朋好友前来，他担心人家索书，总要事先郑重声明："借钱借粮好说，借书借砚免开尊口。"大家也都知趣，望着他的藏书咽口水，隔着玻璃看一番书脊过干瘾。到晚年，方老先生已行走不便，仍选晴朗日子上街，执杖去逛书店，由于年老忘性大，往往看见一本好书便迫不及待买回家后才发觉以前已买过。在方先生的书屋，书越来越多，书橱已无法放下，屋里屋外四处都是书，床上也垒成了书山，传说在一日半夜，他家的左邻右舍突然听见方老先生大呼"救命"，邻居进屋一看，只见他正在床上书堆中挣扎，原来是那半床书山垮塌，将其掩埋书中。

　　此外，方镇华先生还喜收藏古墨、名笔、鸡血石、瓷器、锡器等，他不但是一个藏家，而且还有较高的鉴别欣赏能力。另外他并不嗜酒，却偏偏爱好收藏名酒，"文革"前他月工资161元（大约是行政12级），每月领得薪金后，便购一瓶五粮液等中国名酒藏于家中，除偶送亲朋外，到1966年所藏名酒已达100多瓶。

方镇华先生于1990年12月7日不幸在重庆逝世，享年88岁，中共重庆市委统战部部长张忠惠在遗体告别仪式上致悼词称："方镇华先生是中国共产党的老朋友。"

本文根据重庆、营山文史资料及方自励同志提供的资料和情况等编写。

（何方政，营山县政协文史研究院副院长、营山县教科体局退休干部）

中共营山地下组织的统战工作

刘星耀　周新全

我们因工作关系，接触到中共营山地下组织（1925—1949）开展统战工作的许多史料，现整理出来，以供读者参考。

一

1925年冬，赴法勤工俭学回国的共产党员黄知风（后脱党）、柏载鸥受中共重庆地委筹备组织的派遣，返县筹建中共营山支部，开展革命活动。黄在县城、骆市、双河等地发表演讲，宣传反帝、反军阀，在知识界中影响很大，受到县知事公署教育局视学李彦、进步知识分子冯挽澜等的支持，发展了一批左派国民党员，建立了国民党县党部。黄等的活动受到驻军营山的旅长胡锡申的忌恨，胡遂下令通缉，黄、柏二人被迫离开营山，故而中共营山党支部未能建立起来。

1926年2月，中共重庆地委派留法勤工俭学回国的共产党员，时任重庆中法大学训育主任的杨伯恺回营山，负责发展党组织，开展农工运动。杨伯恺为营山县人，他在杨家坝（当时属骆市乡，今属小蓬乡）建立中共营山支部，直属中共重庆地委（中共四川省委前身）领导，由在重庆中法大学入党的郭经阶任支部负责人。同月24日，他又在杨家坝建起全县第一个乡农会、第一所农民夜校，响亮提出"工农商学兵，一齐起来反帝、锄军阀，齐心协力建立新国家"的口号，并编成歌曲教工农演唱。他还组织农民夜校中的积极分子去骆市建通庵、平滩子、文昌宫、黄渡、郭家庙、林家沟以及大庙、小桥等地建立农会。同时,陈同生等人也在南附近、茶盘、观音、七涧等乡建起农会,同年3月在小蓬文昌宫成立县农会。至此,全县建立区农会22个、乡农会64个,发展会员8000余人、农民自卫武装2000余人。

同年9月,"九五"万县惨案发生后,中共营山支部发动农民游行,学生罢课,商人罢市,火烧仇货,组织各界人民及农会会员共5000多人进城示威游行,当时在书院坝大操场(今营中操场及师范附小操场,当时是连成一片的)集会,并派代表到县知事公署与驻军、知事谈判,迫使驻军旅长胡锡申与知事杜世明接受各界人民反对英军屠杀中国人民的抗议书和同意减少赋税的要求,大会还向万县遇难同胞发了声援电,并派代表前往万县慰问。

1926年12月初,朱德、刘伯承领导顺、泸起义,中共营山支部派农会骨干去南充帮助建立人民政权,当时遭到重兵"围剿",起义失败,为保存革命力量,起义军余部撤往川东。南充党组织派吴尔笃及营山支部负责人郭经阶与营山驻军胡锡申谈判,对胡晓以利害关系,要求胡不要危害起义军。胡为了保存自己实力,接受劝告。由顺、泸起义军副司令黄慕颜率领的起义军路过营山时,胡军没有与起义军发生任何冲突,起义军在营山驻了三天,部队得到休整。

1927年4月,重庆"三三一"惨案后,营山驻军派兵四处镇压工农革命运动,党组织及农会骨干隐蔽,农会活动被迫停止。

二

1939年秋,中共南充中心县委派共产党员刘天胤返营山建立党组织,同年10月中共营山县特支成立,特支书记刘天胤,委员李正文、李柏智(女),直属中共南充中心县委领导。到次年,发展党员20余人,建城区、小桥两支部,城区支部书记李正文,小桥支部书记刘天胤(兼)。此后,中共营山特支极开展抗日宣传,在县城及东路的骆市、小桥、界兴场(今灵鹫乡属)及西路的丰窦铺(今封窦乡)、新民村建立"报点",张贴《新华日报》刊载的抗日文章,以及从收音机收听的抗日新闻,如毛主席的《反对投降活动》《必须制裁反动派》《关于国际新形势对新华日报记者的谈话》《克服投降危险，力争时局好转》《新民主主义论》《放手发展抗日力量，抵抗反共顽固派的进攻》等文章，宣传共产党的抗日统一战线政策，揭露国民党（右派）假抗日、真投降的面目，这对广大民众，特别是中、小学师生震动很大。

在此同时，各学校办起了抗日壁报，发动学生向前方抗日将士写慰问信，自发组织抗日宣传队，编写抗日话剧、歌曲到街头、农村进行义演，城守、城附小学还举办了以走马灯为主要形式的抗日美术展览。

1941年，蒋介石发动震惊中外的皖南事变，中共营山特支及时将《新华日报》关于皖南事变真相的报道，以及周恩来同志在《新华日报》写的"千古奇冤，江南一叶，同室操戈，相煎何急"的题词传送到全县各地，揭露了国民党消极抗日、积极"反共"的真面目，激起了广大群众的愤怒。皖南事变后，中共营山特支与上级组织失去联系，暂时停止活动。

三

1948年3月，中共上川东第六工委派委员王敏来营山建立党组织，重新成立中共营山特支，特支书记王敏（兼），委员李仁智、李煜生，直属上川东第六工委领导。同年6月，特支领导做了调整，书记王敏、副书记李煜生，委员李仁智（管组织）、李道盛（管宣传），1949年1月王敏被捕后，特支工作由李煜生负责，下属城区片（片相当于支部）、新店天池片、小桥片和消水双河片，由特支委员分别领导，党组织迅速扩大，到同年8月，党员发展到180多人。

中共营山特支重建后，根据上级党组织的指示，通过各种不同渠道做好营山上层人士的宣传、争取工作。首先争取了民主人士李宗伯、李子麟、李季侯，然后又通过他们的关系争取了消水的县参议员曹服周、黄渡乡长、县参议员王守槐、双河副乡长李宏图（后由王敏发展为中共特别党员）、新民乡的县参议员唐仲民、安固乡副乡长杨镇华、天池乡乡民代表陈宗虞等人，中共营山特支的统战工作受到上川东第六工委的赞许。

同年4月，上川东第六工委派共产党员周兰若、马益中、王崇德、刘德俊等来营山工作，党组织通过李宗伯的关系将刘德俊安插进县警察局当警察，以便掌握警察局的情况；又将王崇德（化名肖光才）安排在其父李达三家当长工以作掩护。李子麟将马益中安排在安固乡公所当乡丁，将王敏、周兰若夫妇安排到王守槐家吃住，王守槐曾在重庆中法大学读过书，接受过共产党的教育，经王敏的帮助，其思想有很大转变。

在此期间，王守槐对王敏、周兰若十分关照，他们外出时他还派人护送并资助活动经费，李仁智、李道涵、王崇德等也都去过王守槐家开会或联络。此外，李子麟还承担王敏与县政府秘书、地下党员邓均吾之间的联络任务，同年秋周兰若分娩前，李子麟将她化名刘文英安排住进卫生院，周分娩后李又安排周住在新民乡唐仲民家，后转移至王守槐家，以王膝下无子抱养为名，将周兰若生下的孩子取名为"王小飞"，保存了革命的后代，直到中华人民共和国成立后，周兰若才从王守槐家将幼子接回成都。

在营山县，当时由于上层人士的掩护，地下党依靠和发动群众，党组织在营山站住了脚、扎下了根，先后在城守、骆市、小桥、黄渡、双河口、小蓬、盐井、东升、新店、天池、安化、三元、消水、双河等乡发展了党员，建立了党组织，开展了革命活动。如地下党在天池、安化一带发动群众开展"抗粮、抗兵（抗丁）、抗税"斗争时，被国民党县党部察觉，要县参议员李季侯回县对为什么完不成征兵、征粮任务作专题述职说明，李说，"天池、安化山高坡陡，年年遭灾，不少农民口粮都成问题；乡里兵员奇缺，故而难以完成征兵任务，至于什么异党，我从未听见说过"，以此搪塞应付了事。

同年8月，中共上川东第六工委书记李家庆，委员熊扬、王敏在营山李家场（今木垭）铜鼓寨召开发动武装斗争会议，得到李姓县参议员的支持，会议在铜鼓寨山上的庙子里召开，他不但帮助解决吃住，还派人守护，以保证会议人员的安全。会议最后决定营山在同年9月17日举行暴动（农历八月十五日，故又称中秋暴动），以配合华蓥山武装起义。会后中共营山特支积极进行准备，成立西南民主联军华蓥山武装纵队第六支队营山游击武装队，王敏任队长，下辖四个中队：骆市中队长龚海平、指导员李仁智；双河中队长杨积超、指导员李道涵；天池中队长李崇葵、指导员李正文；新店中队长张自修、指导员李煜生，起义武装人员共400余人。按"中秋起义"计划，营山武装队伍与渠县龙潭起义队伍会合，必须打通营渠的通道双河悦中场，才能顺利通过，对此中共营山特支派李道涵通过李宏图与悦中乡长文殿臣的关系做文的争取工作，头天由李宏图对文殿臣进行试探劝说，第二天李道涵同文直接谈判，开始时文殿臣态度顽抗，经晓以大义之后文表示愿借道通过，后因中秋起义失败而未能实现。

在此期间，不少民主人士也积极支持武装起义，李子麟暗中募集约值50石黄谷的经费交给王敏；李宗伯拿出银圆300元，其妻曾慧英亦变卖金项链、手镯等交与王敏，作为起义经费，其四弟李宗渊送手枪一支、金手表一只；唐仲民除给经费外，还送给地下党手枪两支；王守槐、陈宗虞等也支持了中秋起义的一些经费。同时，李宗伯还通过黄耀志、胡建民、漆再清控制了骆市乡常备队部分枪支；双河乡由乡队副杨积超（地下党员）将乡常备队置于地下党控制之下；天池乡李季侯也通过关系掌握了部分乡常备队武装。但由于骆市武装活动被国民党派的特务发现，县长朱彦林带领警察中队对骆市党组织进行破坏，共产党员张天枢、朱兴成和群众冯俊被枪杀。其后国民党县党部书记徐苍林、县特委会秘书李宗辉向西南军政长官公署告密，公署派第二处行动组长漆玉麟来县搜捕地下党，漆到县参议会找县参议长唐绍虞，指责营山"剿共戡乱"不得力，要唐对"通共"的上层人士李子麟等予以逮捕，并拨给经费1000块大洋。唐知道营山地下党与许多上层人士有瓜葛，便对漆周旋说："营山地方财政吃紧，经费问题要开参议会讨论后再定，李子麟是营山有声望的人士，又是县参议员，县参议会无权对他采取这种行动。"漆听后拍案而起，"你们参议会都不'戡乱'，还有什么说的"，后拂袖而去。

当年冬至次年（1949年）春，由于张自修叛变，全县党组织遭到严重破坏，先后有王敏、胡小咸、傅绍裔、李怀普、李中炳、李犹龙、李维邦、李维田、杨积超、胡砚丰、周尚文等10多名共产党员遭捕，他们在新中国成立前夕均被国民党特务杀害于重庆渣滓洞，1948年8月王屏被捕，也同时牺牲于此。

周兰若被捕后，因感化县看守所警丁而逃出监狱，隐蔽在县城大北街彭正荣栈房内。县政当局全城戒严，挨户搜查，周叫彭急去李子麟处告知，李子麟嘱彭务必镇静，全力掩护，并交给金圆券（原货币单位）30元作周的生活费。解除戒严后，李子麟又送去男衫衣帽和金圆券200元，让周女扮男装，并派人乘黄昏送周去新民乡唐仲民家，后安全转移去重庆。

此外，李季侯又出面保释被抓捕的共产党员、革命群众李柏智（女）、李群、李××等人；李正烈、曹服周也通过关系把抓到乡公所关起的地下党员李仁智放走；1948年12月，漆将李子麟抓到县政府关起，审讯中漆逼李子麟交代与地下党的关系和李煜生的去向，李子麟说："李煜生虽是我儿子，他参没参加共产党怎么会告诉我，我怎么知道他在什么地方？"特务一无所获，后经邓锡侯、李大椿、唐曼卿等人出面担保，李被关押七天后才放了出来。李宗伯、李季侯等因遭到株连，也隐蔽转移。

1949年2月，中共川北工委（又称川西党组织）派张乐山来县再建中共营山特支，特支书记张乐山（兼）、委员刘天胤，直属中共川北工委领导。同年5月，经中共遂南地委决定，特支领导作了调整，张乐山仍负责营山特支工作，特支书记为刘天胤，8月陈子木来营山被增为委员，同年发展党员30多人。此后，张乐山、陈子木、刘天胤等在小桥、侯家场（今四喜）、灵鹫一带领导群众开展"三抗"（抗丁、抗粮、抗税）斗争，并领导渠县清溪武工队进驻侯家场，以保卫地下党活动及革命群众的安全。

民主人士、蜀派古琴名家侯作吾于1948年底回到侯家场老家，当他得知地下党在侯家场神龙岩活动时，当即把陈子木请到家中，询问有什么困难需要帮助，陈以当地乡保长强拉外地人当壮丁告知，侯表示愿去做工作，保证地下党员的安全，并资助粮食250多公斤。

1949年6月，川东特支隐蔽下来的党员在各地活动。8月，中共川东营山特支和中共川西营山特支，遵照上级党组织的指示，发动群众，开展统战工作，策动营山上层人士起义投诚，控制武装力量，迎接营山的解放。

1949年下半年，川东党组织派地下党员李道铺，利用其母与县参议长、兴业社社长唐绍虞的爱人是拈香姊妹的关系，去做唐的工作。李向唐讲明全国已大部分解放，不要再做对不起人民的事情，应该为自己留点后路，在第一次接触中唐态度还有些暧昧，后经过多次工作，唐对共产党必胜、国民党必败有了信心，提出想与李煜生、李道涵见面。李道镛向党组织汇报后，约定唐在骆市一个逢场天，乘滑竿佯装去骆市找杨恩浦看病，李道镛遂借机请唐到他家吃饭，当时还请了乡长及绅士、名流作陪。饭后，安排唐在李家后屋休息，其余的人则安排在前庭打麻将、下棋。此时，李道涵便在后屋与唐绍虞见面，李向唐讲了解放战争形势，只要唐愿为营山解放做出贡献，一定保证本人及全家生命财产的安全，共产党的政策是既往不咎，一视同仁，这使唐思想有很大震动，他表示以后可以接触、交谈、商量。

此后，李道镛又多次与唐进行长谈，唐的疑虑消除后表示："相信你们，我一定不离开营山，并尽力工作，让大家都留下来。"一次，唐在长谈中对营山三个保安中队作了分析："一中队实力最强，队长兰锷要听我的；二中队才成立不久，实力较弱，唐帮杰不可靠；三中队是凑数的空架子，队长是个特务，与我关系不深，只要把兰锷抓到，营山县就稳得住。"川东地下党组织通过唐绍虞做兰锷的争取工作。11月的一天唐约兰锷在自己家中与李道镛见了面，经过谈判，兰怕口说无凭，由李道镛给兰写了个字据："兹委托唐绍虞先生责成营山保安一中队长兰锷在和平解放营山中，做好如下三项工作：（一）全队武装接受我方指挥；（二）保证营山和平解放，不放一枪一炮；（三）切实维持社会治安，保证百姓安全。如做到以上三条，营山解放后保证你们的生命财产安全，并根据立功大小安排工作。李煜生、李道涵（化名），1949年11月。"兰锷接过"字据"，挺直胸脯敬了一个军礼，"先生，我是职业军人，只知道服从命令，绝对接受贵党指挥，请你放心！"

在这期间，川东党组织派喻维庭，川西党组织派刘天胤、唐国璋去做县自卫大队长、兴业社副社长、仁字袍哥总舵把子李大椿的工作，喻维庭是喻孟群的儿子，李大椿很器重他。喻、李第一次在李家见面，喻问："将来国民党打了败仗，营山会出现什么情况？""就难说了，不过我也不怕，我没田没地。"李又问喻："你说怎么办？""一切都要仰仗李先生，以后有事，总要请教的。"后喻多次到李大椿家，并带去了李煜生给李大椿的亲笔信，向李提出："以李先生的声誉、地位，希望能站出来为桑梓服务，免使地方遭殃，最要紧的是把方勉耕孤立起来，地方武装要脱离他们的控制，要专门用来维持地方秩序。"李立刻表示："一定和你们配合，能办到的一定尽力。"

同时，李煜生派喻维庭利用同学关系去做刘家忠的工作。刘是国民党师长刘雄的侄儿，掌握有几十条枪，武器装备比较精良，不逊色于县自卫大队。刘表示愿与李煜生见面，经过面谈，刘表示愿意站在人民一边，李煜生后发展刘家忠为特别党员。

川东、川西党组织还派喻维庭、刘天胤去做原国民党县党部书记长、原合川县长李少雄的争取工作。喻维庭以前在成都与李少雄有过接触，在同年10月初的一个晚上喻去李家，当谈到时局时李面有忧色，喻维庭问李有什么打算，李说："大难避城，小难避乡。"表示要离开营山出走，喻劝其留下，将来还可以为桑梓服务。同时，刘天胤又通过李少雄的弟弟李文林（刘的妹夫）对李少雄进行试探，当时李的思想负担很重，他认为在营山、合川任内镇压过共产党，特别是参与镇压了华蓥山起义，怕共产党来了不放过他。后来刘天胤直接同李少雄见面，并向其讲了共产党的"既往不咎，一视同仁""保证全家生命财产安全"的政策，但李仍放心不下，要求直接与党组织负责人见面。刘当时是营山县党组织负责人，但他未向李暴露身份，故又安排李先后去小桥侯家场与张乐山、陈子木等人见面，张、陈进一步向李先后宣传解放战争形势，宣传党的政策，李少雄思想这才得以安定，表示为了人民免遭涂炭，愿为桑梓服务，他还当即拿出大洋100多块交给地下党做活动经费。同年11月中旬，由李少雄出面在骆市场召集有东升、骆市、小桥、灵鹫等乡的乡长、县参议员、绅粮会议，劝说大家要有头脑，要明智，不要逃跑，只要大家顾全大局，共产党不会对大家有什么损害，这次会对东路上层人士起了一定安抚作用。当解放军从渠县来营山路过东路时，还受到他们的欢迎。

同时，地下党还通过唐绍虞、李大椿、李少雄做国民党中下层人士的策反工作。当时，国民党散布了许多恐怖的谣言，什么"共产党共产共妻""老配小，小配老""发财人个个走不脱""在国民党做过事的都要杀尽杀绝""要挖万人坑"，等等，后通过唐绍虞、李大椿、李少雄等人的宣传解释，使国民党中下层职员消除了顾虑。当时，县政府的中下职员大部分坚守岗位，使营山的粮仓、档案及其他国家财产没遭破坏。

营山解放前夕，为了防止国民党撤退后敌对分子、地痞、流氓的破坏与捣乱，地下党与唐绍虞、李大椿、李少雄等人商量后做出应急准备，由李大椿安排手下会武术的兄弟，在城内街口放哨巡逻；为了切实掌握好起义的县自卫大队以防止意外，由李大椿出面集合部队开到城外宝贞寺待命。当时，湖北省主席朱鼎卿带了三个团驻在城外北观，经李大椿与民主人士罗成松商量，决定由罗成松以慰问为名向朱秘称"共产党的队伍已打到骆市来了"，李大椿同时又派陈祥钟等人在城外放枪，结果朱鼎卿连夜带着部队逃离。后来方勉耕溃逃时，只带走了唐帮杰那个中队的百十个人，这支反动武装在仁和场（今法堂乡），在李大椿率领起义的两个自卫中队和刘家忠的武装与解放军配合下被击溃，俘敌百余名，缴获枪支若干。

在营山解放前夕，李煜生发展李惠端入党，利用上层关系做好了南充县自卫队总队长张恢先的工作。1949年12月9日南充解放前夕，伪南充专署和保安大队准备处决在押的政治犯，张恢先获悉后选派县自卫总队官兵营救出寄押在监的张崇古、赵树人、李建伯、张光烈、贾可立、李文煊、刘廷佐、杨杰、文德颂等10多名政治犯。10日，张恢先带领南充县自卫总队起义，为南充解放做出了一定的贡献。同年12月13日，营山获得解放。

（刘星耀，营山县委统战部退休干部；周新全，营山县政协退休干部）

忆营山解放前夕对唐绍虞的统战工作

李道镛

1948年初，中共上川东第六工委委员王敏（化名李道行）来营山负责指导工作。是年暑假，李道行到骆市乡，在李仁智家召集李道盛、李道涵、李仁智和我五人开会。他说，上级组织决定现在要配合华蓥山武装暴动开展工作，以牵制国民党兵力加快全国解放，原来安排你们几个李（县城里的李煜生、李泸生，骆市的李仁智、李道盛，加上得到通知刚从外地回来的李道涵和我）都进城到营山中学去"工作"。现在只是泸生和道镛他们两个去，其余的都不去了，准备武装暴动。

李道行同志要我进城去执行三个任务：一是利用我父母与城里一些上层人士的关系，开展统战工作，首先争取唐绍虞。他说，唐绍虞这个人从事教育工作多年，名望高，老同学、老同事和学生遍布营山城乡，他们大多掌握着地方权力。这些人大都尊重唐、听唐的话，把他抬上了"十人团"首领、县参议长的宝座，有很大的社会影响和势力，而唐本人思想尚开明、识时务，与我们不是生死对头，和那些顽固的国民党党棍、特务有所不同，只要做好工作，是可以争取过来的，叫我先取得唐的支持，看情况再扩大统战范围；二是进学校向校长代李仁智、李道涵和李道盛请个"迟到假"；三是注意学校里几个特务、特嫌的活动情况。从仁智家到我家的路上，他给了我两个联络暗语。他叮嘱我如有人向我说"有个姓张的问候你"，你就把了解的情况告诉他；如果说"婆婆得了急病，叫你赶快买药回去"，那你就马上走，不要迟疑。

当时，李道行各方消息十分灵通，有一次他得到敌情，国民党要抓我们的一位同志，遂派李泸生同志通知他赶快离开营山，结果那位同志未立即行动，次日便被捕。我从这位同志被捕那件事，深知他对敌情了如指掌，当时有条纪律，不能问，他的消息为什么灵通这个谜一直埋在心底。到营山解放那天我才知道，解放前营山县县长朱彦林的秘书邓均吾就是党派去干地下工作的，他和李道行有直接联系。

当年暑假后期，李道行同志又来骆市，与我以及仁智、道涵、道盛相会。当晚在道盛家，大家对我是进城或者"上山"又做了一次讨论，道行同志最后决定我还是进城到营山中学"教书"，任务不变，不料那次与他分手，竟成永别！

八月二十日（农历）下午，我准时到营山中学，学校内突然传出朱彦林在骆市清乡抓共产党，并当场枪毙了三个人的惊人消息，我即进城去唐绍虞家想问个虚实，当走到东门口时便见城门上贴有一张大布告，上面悬赏通缉李煜生、李仁智、李道涵、李道盛四位同志，我即转身回校。第二天，我借故回骆市，在行至唐坊滩看到干田里横着三具被枪杀的尸体，其血迹斑斑，目不忍睹，悲愤难抑，回家路上我又遇见唐其韩同志，他谈了一些出事前后的情况。

我回到家里，父亲（李元勋）见到我第一句话就是："他们走了没有啊？昨天仁智给我和你三爸（李沧粟）写的信，墨迹都没干。"他说信在三爸那里，我便和父亲去三爸处拿出此信，只见文字不多，记得有这样一句话："二爸、三爸，我们走了，不久要胜利回来的，他们要杀人，血债是要血来还的，请帮助多做工作，叫何伯皋（乡长）多做好事，不要作恶，侄仁智二十。"父亲和三爸也讲了出事当天的一些情况，随后我催促他俩立刻进城去找唐绍虞，请唐想法稳定局势，后来他俩从县城回来告诉我，唐很关心，叫他们（被通缉的"四李"）远离营山。唐说他已问过朱彦林，朱说主要是李仁智他们闹起来的，死的三个人不是抓来枪毙（朱属撒谎）而是他们逃跑被开枪打死的，唐还说营山出了这么大的事情，他是要尽力设法使局势缓和下来，以后骆市没再清乡抓人了。

"骆市血案"不久，重庆西南长官公署的大特务漆玉麟等又来营山，他在新店、天池、消水一带展开大搜捕，一时白色恐怖笼罩，搅得人心惶惶。当时周兰若同志（王敏同志爱人）越狱成功，敌特立刻全城戒严，开展梳篦式大搜查，周在彭正荣的保护下才幸免于难，后经李子麟老先生的精心策划脱离险境，安全转移去了重庆继续革命。

王敏同志爱人第一次被捕脱险，刽子手们恼羞成怒，更加疯狂肆虐，形势越发逼人，我去找唐绍虞，要求他继续关心本地发生的这些事情。他首先关心的还是被通缉的"四李"，问他们现在在何处？他说漆玉麟这个人顽固，不好说话，漆还把李子麟抓起来，逼李交出儿子李煜生，不然就要把他带走，我们想了好多办法，李写个"寻子启事"印发张贴出去后，才把李子麟先生保下来。他还说："这些事上面不来人还好办，但无论如何我还是要尽力想法把局势缓和下来。"他毫不介意地问我："你是不是共产党？"我说："先生知道，我们几个'李'在城里是一把萝卜不零卖的，现在说他们不是共产党却又在通缉他们；平时大家经常在一起，我看不出他们是共产党，他们是不是我都不清楚，我怎么会是共产党，现在李泸生和我夹在当中才恼火。"他没再往下问，便说："你和李泸生要小心些，我也注意打听，一有消息就即刻告诉你。"又说："现在谁胜谁负不是很明显了吗，何必要武装暴动，不如等到瓜熟蒂落。"我说："他们那么搞，是不是想来个内外夹攻，加快取胜。"他没继续说下去，好像在想什么。

1955年"肃反"时，有专案人员曾对我作调查说：杨复初（当时在南充地区烟酒公司或土产公司工作）主动交代，1948年他在营中当职员时，曾监视过我，问我知不知道杨是个特务。杨是否监视我，我不知道，但当年在营山中学同事曾向我说过，冉升平（城附镇长）派兵晚上在我寝室外监视我，那时营山中学无围墙，我住南楼下靠校内第一间，深夜我注意室外动静还真有其事，那时我也向唐绍虞讲了，他毫不犹豫地说道："我给冉升平说一声就是了。"后来果然应验，冉开平撤了监视哨。

"文革"时我被关"牛棚"期间，有一天传我接受外调，外调者客气地说，请你回忆一件事件："胡维新现在在四川省卫生厅防疫站工作，'清队'中他交代，1948年下期，他们几个学生在营山中学读书，被骗去当壮丁，当时是你带一些学生把他们救出来的。"我说："有那件事，被救的学生是不是就是胡维新等，我记不确切了。"我把营救他们的主要情节说给你们听，如与胡说的情节吻合，就可认定是被救的学生之一。

我记得，1948年下期，学生被骗去当壮丁时，我把学生被骗关押情况和营救办法，向唐绍虞谈了，他很关心并当即找来城南镇长高宗乾，他们都支持，我才回学校找体育教员李煜甫（进步青年）组织了十几个有正义感的学生，拿着简单的自卫工具，带领他们直接去把被骗关在城南镇李保长家中的学生们营救出来。过后不久，营中教员莫孟初的妹夫郭海平（住东升乡农村）又被拉了壮丁，并且已将其送进城交给收兵部队，他是个独子不应拉去当兵，于是我和莫孟初又进城去请唐绍虞先生帮助解决，唐立即写了个条子，莫拿着条子到收兵部队遂把人带了回来。

1949年初快放寒假时，唐对我说："刘鹤笙（营山中学代校长）向我诉苦，说他担不起风险，不准备聘你了。"接着问我："另外你想做什么事？"我说："还是教书，只要能在城里教书就行。"他说："那就叫唐绍珍（营山女中校长）给你排点课嘛！"很快，女中聘我当了"教员"。

当年上期开学，我教书、吃饭、住宿都在女中，距唐家不远，去来方便，女中的青年教师多，又多是过去同学，彼此了解，对时局的共同语言也多。

开学不久，被通缉的李煜生、李道涵分别和李泸生与我秘密取得联系，记得道涵和我第一次碰头时，他说现在不搞武装暴动了，要准备和平解放，要加紧做营山上层人士的工作，还要团结进步青年，做好和平解放的准备，又问了他们走后营山的情况。我向他谈了唐绍虞和另外几位上层人士以及他们之间往来的情况。我说："我去唐家，唐先生总要问你们的近况，我看他是想直接会见你们被通缉四人中的任何一个，他才放心，你们是不是和他见个面？"我又说："去年他就主张'瓜熟蒂落'，现在要和平解放，正合他的心意，我看工作更好做了。"道涵说："还是通过唐把武装控制起来，至于和唐见面的事，等我跟煜生商量后再说。"其后，道涵再次与我见面，他说，与唐见面的事他和煜生已商量了，只要唐能保证安全，就由他代表地下党与唐见面，随后我和道涵商量了见面方法：决定选一个骆市的逢场天，唐绍虞会像过去那样，到骆市找杨恩浦（川北名医）看病，我也上街"赶场"，见唐后就请他看病后到乡下家里吃午饭、休息，另请三爸把骆市的乡长和仓库、税收主任以及参议员、袍哥大爷都请来作陪，席间要唐借口有病"休息"，我就引他去和道涵见面，让三爸陪客人继续饮酒、进餐。如果吃完饭他俩会谈还没完，就棋、牌伺候，总之不让其他人抽身，直到唐离家回城才散客。

这个办法商定以后，我进城去唐家，见面便说："唐先生，过去你问他们的情况，我总说不清楚，现在李道涵和我联系上了，听他说李煜生也回来了，他俩问候你，说如果你能保证安全，还想和你见见面。"唐颇兴奋，郑重地说："只要在营山境内，任何地方，我都保证他们绝对安全。"于是我就把与道涵商妥的见面办法，当成我自己的想法说了一遍，并问："唐先生你看行不行？你如认为可行，待下次道涵和我联系，我就告诉他，如果他也同意，就这么办。"他听得很认真，连说："可以，就这么办嘛！"我说："那就请你做好准备，等通知吧。"

道涵和唐见面后，及时给我讲了他俩会见的情况：唐首先说："早就想与地下党的负责人见面，以便就诸多事宜请教。"道涵对唐说："听道镛说，去年地下党组织被破坏后，你为缓和局势做了不少工作，我代表地下党表示欢迎，现在解放大军正以摧枯拉朽之势向西南进军，四川解放指日可待，共产党必胜，国民党必败，已成定局，我们要和平解放营山，希望唐先生当机立断，与国民党最后决裂，继续做出贡献，希望首先是稳定人心，争取上层人士不要离开营山；二是控制武装，维持好社会秩序；三是保护老百姓安全和公产粮仓不遭破坏，唐先生做了有益于人民的事，我们共产党是要承认的。"唐接受了这些要求，表示要诚心诚意跟共产党走，竭尽全力做好这些事情，为迎接营山和平解放做出贡献！

唐绍虞接受地下党三项要求后，在稳定上层人士、安定人心方面做了许多工作，也起到了作用。随后，我便进一步直接与他商量如何掌握武装的问题，他说："营山县的武装力量主要是3个保安中队，一中队实力较强，中队长蓝锷听我的；二中队较弱，中队长唐邦杰不是我的人；三中队才成立，是空架子，中队长晏临武是个特务，不管他，只要把一中队抓在手里，就解决问题了。至于各区、乡乡丁武装，到时由我再约几个人发一个通电，打个招呼就行了。"我说既是如此，是不是请唐先生定个时间，由我跟蓝中队长面谈一下，唐同意并做了安排。

记得那天，我如约去了唐家，蓝和唐已等着我，我便开门见山地说："今天约蓝中队长来的目的，想必唐先生已说了，现在要和平解放营山，希望蓝中队长也能做出贡献。共产党有个政策，对起义的既往不咎，立功受奖。要求蓝中队长在和平解放营山中具体做三件事。"蓝听得很专注，表情凝重，估计是担心我说的算不算数，我接着说："这些要求是我代表李煜生、李道涵说的，为慎重起见，我可以写个东西交给你。"蓝顿时如释重负，显出悦色。我即请唐先生拿来"文房四宝"，提笔写道："兹委托营山县参议长唐绍虞先生责成营山县保安中队一中队长蓝锷，对和平解放营山做到如下三条：1.营山和平解放保证不放一枪一炮；2.维护好社会秩序，保证百姓安全；3.保护好公产、粮仓以及档案资料不遭破坏，如果做到这三条，营山解放后保证你的生命财产安全，并分配适当工作。×××（李煜生的化名，记不起来了）、杨一（李道涵的化名）民国三十八年"。我念了一遍并解释说这两个名字是李煜生、李道涵的化名，字是我写的，营山解放后拿出来是算数的，蓝听后起立上前一步行了个军礼，双手接过条纸，退后一步又是一礼，并说："李先生，我蓝锷是个职业军人，只知服从命令，今后坚决服从贵党指挥。"他坐下后，提出了一个问题："李大椿（营山民众自卫总队副总队长、统战对象刘天胤、喻维庭同志与他直接联系）如命令我行动，我怎么办？"我说："在五里以内可听他的，五里以外先告诉我再说，今后你多与唐先生和我联系，我住女中。"不久，唐绍虞与李大椿、李少雄联合给各区乡发了通电，稳定了大批上层人士和武装，为营山和平解放创造了条件。

那时，解放军正向西南大进军，国民党溃军陆续过境，各方面的谣传也多起来了，人心有些浮动。那两个多月中，我与唐先生接触频繁，主要了解他做上层人士工作的情况，同时我和道涵密见的次数也增多，一批青年师生迎接解放的准备工作也在加紧进行，女中和寇文敬同志办的渠园小学这两处活动更为明显，引人注目，有些以往见面仅点头不语的人也在想法靠近我们。对此，李泸生、陈淑娴、丁成瀚、杨倩云等同志和我商量，并分别转告刘仙芽、何泽兰、李煨甫等同志，对这种既很有利又比较复杂的形势，都不要大意，"天快亮，更黑暗"，应一致采取稳妥的策略对待，概括起来就是"相信开明的（唐绍虞先生就是其中一个），稳定中间的，应付反动的"。

自从唐绍虞先生和李道涵见面以后，他为了广泛接触各界上层人士，社会活动较过去更多了，相互宴请已是常事，工作进展顺利，他对和平解放营山信心增强了。当时女中一些师生担心溃军滋扰，有些心神不安，我即找到蓝锷，请他固定一个班的武装驻守女中，大家便放心了。此外，李泸生、陈淑娴、丁成瀚、何泽兰和我商量，认为渠园小学的安全有必要请唐保护，我当即给唐说了这件事，唐很爽快地回答："（渠园）隔我很近嘛，有什么事来告诉我，没问题。"我还请唐找田粮处处长林幼石给我一个"差事"做掩护，很快一纸"征员"委派令就到手了。

经过艰苦、紧张的工作，1949年12月13日迎来了营山的和平解放。由于稳定了上层人士，畏罪潜逃者寥寥无几，不久也都被捉拿归案，整个营山安然无恙，五星红旗飘扬，换了人间。唐绍虞先生和其他一些开明人士，在党的统战政策的感召下，实践了他们"真心诚意跟着共产党走，竭尽全力做好营山和平解放工作"的诺言，不仅为营山和平解放做出了贡献，他和其中有些人士此前还做了一些有益于党和人民的事情。中华人民共和国成立后，在"镇反"运动中，唐绍虞、李少雄、李沧粟、蓝锷等人受到错误处理，但在中共十一届三中全会后，于1984年按照党的政策先后均给予平反。

（李道镛，南充市人民政府原副秘书长）

忆席懋昭密组 "精诚团" 的始末

马斯才

1938年春，仪陇县观音乡（今先锋乡）人席懋昭（1912—1949）在延安中央党校学习结束后，党中央派他回四川工作，3月底到达成都，在中共四川省委领导下，为发动民众联合抗日做了不少工作，8月省委又派他回仪陇开展抗日救亡运动，发展爱国进步组织，"精诚团"就是他在仪陇期间密组的一个进步组织。

懋昭这次回县后，仪陇县民教馆馆长陈净植（曾任盐亭、苍溪等县县长，与懋昭有亲戚关系）将他安置在民教馆内任干事，这时我也在馆里任干事。相处一年后，深感他胸怀壮志，有胆有识，又平易近人，于是我们成了好朋友。

1939年秋，民教馆馆长陈净植辞职回家，由其子陈光琛接任，陈光琛与懋昭以前都是留省的同学，开初，陈对懋昭为唤起民众团结抗日而积极开展的工作持支持态度，但后因留省学生毕业回县工作的同学成立了"留省毕业同学会"，并依附地方当权者，而地方当权者又利用留省毕业同学会为其捧场，他们互相呼应，沆瀣一气。懋昭目睹此状，愤不加入留省毕业同学，陈光琛见懋昭不加入他们成立的留省毕业同学会，反而和县里的嘉陵高中毕业同学比较亲近，因此便从各方面排斥懋昭和嘉陵高中毕业同学，甚至对懋昭在他父亲任期内建议推行的一些抗日救亡工作也不再支持，这就成了懋昭以后与嘉陵高中毕业回县工作的同学结盟的早期因素。不久，国民党四川省党部派员到县整顿党务和发展组织，并规定：凡在县工作担任领导职务的人，必须立即入党，否则不予任用，懋昭为了方便地下工作，与我商量后决定一道加入国民党。

当时，嘉陵高中毕业同学李善继，在国民党县党部工作。他在我们同学中进取心和能力是比较强的，也经常到民教馆里来，对留省毕业同学会在县得势，并打击和轻视嘉陵高中毕业同学的行为极为不满，拟成立"留果毕业同学会"与他们相抗衡。

起初，李善继对懋昭还不太了解，不愿与他交谈，后来他了解到懋昭未加入留省毕业同学会而加入了国民党，才接近懋昭，并向懋昭吐露出不满留省毕业同学会和地方势力派合作分肥的恶劣行径，以及拟组织留果毕业同学会来抵制他们对县政的垄断。懋昭对他的想法深表赞同，并对他建议说："你们留果毕业同学各方面的条件都不及留省学生，明争必败，只有暗斗才能取胜，我建议你们不必成立'留果毕业同学会'而与之公开对立，人多心难齐，不如秘密组织一个以嘉高毕业同学为核心，并吸收其他有识之士的一个坚强的小团体，共同向县里的恶霸势力作斗争，如同意我的建议，我愿意参加，与你们并肩携手，共同战斗。"李善继当即表示同意。

此后，李善继又同我和胡矩臣商量，大家认为懋昭勇敢机智，对他的参与表示欢迎。懋昭同意加入斗争之后，大家便开始了成立组织的活动，并确定由李善继和我在嘉高毕业同学中物色成员，初步确定李善继、杜克明、李天禄、张景扬、陈仕德、罗绍基、马斯才、马崇儒、胡矩臣、席懋昭等10人为主要成员，懋昭经对其中一些成员调查后亦表示同意，然后李善继、胡矩臣和我分别通知当时未在县城工作的同学来城召开筹备会。

在筹备会上，大家一致同意发起人的初步意见，并推举席懋昭和我负责起草组织的名称、章程、誓词和守则等，由李普继审查同意。组织的名称定为"精诚团"，为"精诚团结"之意，同时含有在金城（精诚）山三义阁团聚结义，效"桃园结义"的意义。

精诚团的宗旨是：拥护中国共产党的领导，团结一切爱国人士，积极开展抗日救亡活动，打倒地方恶势力。精诚团刻制了三角形（象征桃园三结义）木质印章一枚，章的顶尖一角刻有太阳，表示着太阳升，东方红，摧毁黑暗世界，走向光明道路；三角中间圈内刻有"果"字，这有三个含义：一是以嘉高毕业同学为核心（嘉高在南充，南充有果山），二是行动要果断，三是团结奋斗，力争成果；在"果"字周围刻有十支箭头，象征着十个团员就是十支箭，在阳光照耀下齐向敌人发射；下面两角的平线上刻有"精诚团结"四字，这里既表明了我们团的精神，也指出了团名的由来，记得我写的章程序言里首先就用了"一箭易折，十矢难摧"这一成语。团员守则当时是由席懋昭拟的，共有十条，条文内容现已回忆不清。

成立会召开的时间，大约是1940年红帮袍哥举办"磨刀会"（农历五月十三日）的前后，开会地点在金城山三义阁（现已拆毁）。当时，团员无一缺席，会上一致推举李善继为团干事长，负责宣传工作；席懋昭为团副干事长，负责组训工作；我为常务干事，负责文书工作。

在成立会上，李善继首先报告了成立"精诚团"的意义、目的和活动方式，继由懋昭分析当前形势和我们的奋斗目标。席懋昭说："当前既是国家存亡关键，又临个人生死关头，唯一出路只有精诚团结，远效桃园，近法朱总（朱德总司令），打倒国内外一切反动势力，争取共同走向光明大道。"他同时宣读了十条团员守则，博得团员们一致拥护。团员举行宣誓后，随即聚餐，同饮血酒，散会时各发给团员手册一份，手册内载团的宗旨、誓词、守则和团员履历表，表中列有团员的姓名（包括字号）、性别、年龄、简历、籍贯、住址、出生时间、配偶、通讯处备考（此格内由团员盖上食指指印）。团员手册封面注有"密"字，末页注有"严密保存、万勿遗失"字样，最后写有时间并加盖"精诚团"印章。

精诚团成立后，懋昭在县里的工作由于有精诚团员的内外支持，不再是孤立的了，由于形势的日益好转，懋昭就将夫人贺伯琼安插在县城女子小学里（"女小"当时设在关岳庙里）任教，并大力支持她在县里开展妇运工作，宣传革命思想，鼓励妇女反对封建统治和包办婚姻，争取男女平等。当时女子小学教师鲜德珍就是在懋昭夫妇的支持下，不顾封建家庭的阻挠毅然同王少昊（西充人，时任仪陇县府教育科长）结成佳偶。

1940年秋，仪陇县实行三位一体的"新宪制"，把以前的联保办公处改为乡（镇）公所，乡（镇）长兼任中心小学校长和乡（镇）队长（以后田赋征实，还兼粮食征购办事处主任），乡（镇）长一人独揽大权，乡（镇）公所公职人员通过考试后才任命。

在这之后，懋昭见地方形势有所转变，决定把斗争重点由城市转到乡村，便叫我发通知，召集全体团员到县城开会。会上他讲了在新形势下，把斗争的重点由城市转向农村的重要意义，动员在县在乡的"精诚团"成员一齐起来向土豪劣绅作斗争，把地方新政权掌握在手里，以便更好地开展抗日救亡工作。在懋昭的指导下，我也参加了乡（镇）人员考试，录取为文化经营股主任，由于我未去受训，只委为代理文经股主任，因我辞不到职，乡长兼校长的胡简又聘我为观紫中心小学教导主任。

我在观紫中心小学任教导主任期间，县党部派干事许觐光到观紫场成立国民党仪陇县直属第十三区区分部，召集党员在观紫中心小学开会，推选出执行委员5人，公推我为书记。事后，我将此情况同懋昭商讨，懋昭说："仪陇这个地方纯系地方恶霸势力统治，国民党还没有实际权力，不过就发展形势看，县党部的人以后会利用上层权力发展起来，你可以利用这个职务，为我们精诚团打掩护。你回观紫工作后，如有机会，我也退到地方来，深入到农村活动。"不久，懋昭就回到他的家乡太平场（今大仪镇，时属观音乡管），策划推翻乡长陈省吾等恶势力。同时，他常同马崇儒和我晤面，畅谈他的斗争策略，要求我们在精神上和财力上予以支援，我们也时常为他出谋献策，在经济上接济他急时之需。

后来，懋昭相继推翻了首任乡长陈省吾和第二任乡长魏鼎烈，在全乡人民和一批正直绅士的拥护下，于1941年7月出任观音乡乡长。在这期间，他对国民党政府收税、征粮、征兵等工作采取软拖硬抗，千方百计保护人民利益，开仓放粮救济贫苦农民度荒，深受全乡人民称赞。

1942年10月，国民党县党部书记长黄治和县长卢畇原，以懋昭有共产党活动和侵吞公粮为罪名，撤销其乡长职务，将他逮捕入狱，后经"精诚团"成员多方营救于1943年1月获释。懋昭回家休养了一个多月，便离开了家乡再度前往西康。"精诚团"至此也自动解散。

（马斯才，仪陇县大仪镇政府退休干部）

川陕苏区经济建设中的统战工作

杨　宁

川陕苏区是全国第二大苏区，1932年12月—1935年4月，建立了23个县和1个市的苏维埃政权，人口达700余万。川陕苏区位置偏僻，国民党长期对其实行经济封锁，苏区的商品流通困难。川陕苏区政府尽可能大规模地发展合作社经济，同时也制定了有利于工商业发展和同白区开展贸易的统战政策，通过团结帮助工人、农民、手工业者、工商人士，为川陕苏区的经济建设创造了有利条件。

在乡镇设立经济合作社

为保障劳苦人民利益，川陕省苏维埃政府，在区以上设立国营性质的经济公社，经济公社总社设在通江汉城，下设分社于各县，由各级财政委员会分级管理，当时在全苏区，区以上设经济公社的有27个。

与此同时，政府在乡镇一级都设有经济合作社，并鼓励民众积极参与，如生产合作社、消费合作社、棉布合作社、耕牛合作社、种子合作社、卢森堡合作社（经营食盐，以德国无产阶级革命家卢森堡的名字命名）等合作社也纷纷设立。它们的设立主要是帮助苏区人民解决生产与生活中的困难，向劳苦大众廉价出售生活用品等物资，并组织土特产出口白区，换购苏区紧缺物资和现金。"西北革命军事委员会财政特派员办公处开始经济训练班，专培养经济建设专门人才，即将开学各地工农分子报名的极多。"①

西北革命军事委员会于1933年3月发布《经济政策（草案）》，其中提出："丙、为着整顿苏区内贸易，以保障劳苦人民利益与改良劳动群众必需品的供给，苏维埃政府必须竭力帮助消费合作社的组织与发展。合作社应得苏维埃政府财政上的帮助与税收的豁免，应将一部分被没收的房屋与商店交给合作社使用，并且为要保障劳苦群众的粮食供给，苏维埃必须提（创）〔倡〕公共仓库积蓄粮食，以便实行廉价供给与救济。"1933年8月发布的《川陕省苏维埃经济政策》第五条规定："苏维埃政府对于工人、店员、学徒应该实行八小时工作制，和最低限度的社会立法（休养假期、休息日和纪念节、医药费、病假工资、残废受伤人的津贴、失业保险等等）。"通过这些法规团结了工人、店员、学徒，为川陕苏区的经济建设开创了好的局面。

建立工农银行

苏区建立工农银行的目的，是帮助各地家庭、手工业者和小商人。1933年2月中旬，川陕省第一次工农兵代表大会在通江召开，会上通过《川陕省苏维埃临时组织法大纲》，提出要建立工农银行，其职能和任务是制造苏维埃货币，统一币制，流通苏区金融，实行对工农的低息和无息借贷，帮助合作社的发展，具体机构下设在财政委员会。时隔不久，《经济政策（草案）》中提出："为着实现统一的货币制度，并帮助全体劳苦群众起见，苏维埃政府应设立分行，这个银行有发行货币的特权，工农银行应供给各地家庭、手工业者、小商人、合作社的借贷，以发展其经济，这个银行应实行兑换货币，其分银行应代征税收。"明确宣布工农银行的职责使命、信贷投放、金融业务等有关政策。

当时，政府对文字契约和高利贷的债务凭据严格审查，连当铺也都做了

---

① 西华师范大学历史文化学院、川陕革命根据地博物馆编：《川陕革命根据地历史文献资料集成》，四川大学出版社，2012年版。

特别的规定。1933年8月1日，《川陕省苏维埃经济政策》中规定"六、当铺里的东西应该立刻拿出来还给城市贫民。……取消城市中一切口头的文字契约和高利贷的债务凭据。在必须的条件之下可以经过民众法庭，吸收城市贫民、小商人、小手工业者的代表参加，来重新审查这一切的契约债据。"建立工农银行以及对当铺的各种遗留事务的处理，在经济上极大地帮助了苏区各地家庭、手工业者和小商人。

对私营商业采取开明政策

1933年8月，发布的《川陕省苏维埃经济政策》中明确规定："苏维埃政府应该保证商业的自由，不妨碍商品市场的关系。"红四方面军总政治部在《告商人书》中号召："快快大胆开市营业吧！快快同我们一起联合起来！"1934年10月，川陕全省第四次党员代表大会发布的《财政经济问题决议（草案）》明确提出："鼓励开发各种工厂与企业，欢迎自由投资，苏区、白区各种资本可以自由经营。"苏区政府对私营商业采取开明政策，主要表现在以下两个方面。

（一）在苏区对工商人士实行保护政策。川陕苏区在法律法规中对保护工商人士利益制定了具体条款。1933年3月《经济政策（草案）》中规定："苏维埃对于中国资本家的工业及手工业企业仍系留于旧业主手中，而不实行国有，仅由工厂委员会及职工来实行监督生产。若这些企业主怠工，破坏苏维埃法律，或参加反革命活动，如故意破坏或停止生产，则必须立即没收这一生产，按照具体条件，交给工人劳动协作社、合作社或苏维埃政府管理。"1933年8月，川陕苏维埃政府颁布的《苏区营业条例》，第一条就是"苏维埃政府对于遵守苏区法令的中小商人，均准其商业上的自由，并予以苏维埃法律的保证"。对大商人只要他们不破坏苏维埃法律，不参加反革命活动，对于他们的利益，同样予以保护。1933年12月签署发出《川陕省苏维埃政府和西北军区政治部布告》，其中"第三条，对于商人、老板和工厂主，只要他们遵守苏维埃法令，缴纳统一累进税，概不没收，一个商人就有十万百万的资本，都可在上述条件下，在赤区自由营业，受苏维埃的法律保护，对于闭市逃跑的大商人即行没收"。

为改变在商业上实行普遍没收的现状，解除妨碍私人资本在相当条件下的自由活动，1935年颁布的《川陕省苏维埃政府布告——没收工作六大约法》中明确指出："二、服从苏维埃一切法令，未参加任何反革命活动的商人老板，可以在苏区自由营业，按法只征收统一累进税，不得没收。三、严禁无组织的私自没收。一切没收工作归该地高级政治部主任会同当地最高政权常委组织之没收工作委员会负责办理。"然苏区主要是工农阶级领导，没有完全承认工商业人士的地位，但其维护工商业人士利益的措施，对发展商贸、缓解物资困难起到了重要作用。《川陕省苏维埃经济政策》明确指出："九、房子的没收，不要涉及小商人与中等商人。"通过这些政策的普及和实施，一些因敌人欺骗宣传逃离的中小商人重新返回营业，苏区商业贸易逐渐得到恢复。

（二）在白区对工商人士做好团结工作。川陕苏区同样十分关注白区小商贩和民族资产阶级的利益，注重开展对其的团结统战工作，提升他们与苏区开展商品贸易的积极性。川陕苏区《财政经济问题决议（草案）》中明确了对外贸易与自由投资的内容，指出："奖励开办各种工厂与企业，欢迎自由投资，苏区、白区各种资本可以自由经营。在严守苏维埃的法令之下可以允许商店工厂自由营业而且加以保护，利用他们来供给苏区的需要和发展苏区的生产。"通过与白区商人建立赤白贸易，保证了商品流通，解决了苏区内部商品短缺的问题，同时苏区把银耳、木耳、茶叶等农产品出售到白区赚钱，为苏区开展革命斗争提供了经济后勤保障。

毛泽东同志曾说过"我们不能饿着肚子去'正谊明道'，我们必须弄饭吃，我们必须注意经济工作。离开经济工作而谈教育或学习，不过是多余的空话。离开经济工作而谈'革命'，不过是革财政厅的命，革自己的命，敌人是丝毫也不会被你伤着的"。[①]处于土地革命时期的川陕苏区，经济基础并不好，需要广泛地发动工人阶级、团结农民阶级，并争取一切有

---

① 中共中央文献研究室编写组：《毛泽东文集》第2卷，人民出版社，1993年版。

益力量。1932年12月至1933年10月，红四方面军由入川时不到1.5万人壮大到8万人，川陕苏区能在极短的时间内发展迅速，成为全国第二大苏区，这些成就的取得与发挥统一战线法宝的作用密不可分，这些政策和措施不仅为苏区提供了稳定的经济环境，也充分照顾统一战线各阶级阶层的切身利益，团结了一切可以团结的力量，调动了统一战线成员投身苏区经济建设的积极性。

（杨宁，中共阆中市委党校高级讲师）

解放前的阆中统战工作

王国成

毛泽东主席曾经指出："统一战线，武装斗争，党的建设，是中国共产党在中国革命中战胜敌人的三个法宝。"在中国共产党创建百年以来的革命历程中，统一战线始终是党的工作全局中一个极为重要的方面，它为团结全国各族人民，联合各方面的积极力量，共同实现党的奋斗目标发挥了重大作用。

阆中自1928年建立中共地方组织后，便开展了统一战线工作。1932年，中共阆中地下党组织与绅士孙朗轩（川北师范学校校长，阆中河溪人）、城区保正回民马云霄交上朋友，并得到他们的支持。当年秋冬，孙家后院还成为地下党组织领导南部升钟农民暴动的后方联络点和接待转运站。1933年6月，红军进入阆中后，党组织在宣传发动群众、动员参加红军、苏维埃政权建设、苏区土改和经济建设中做了大量统战工作。是年秋，廖承志、罗世文等人去川陕苏区途经阆中县城时，在马云霄家安全留宿。其后，中共阆南中心县委书记乔维新受张国焘"左"倾错误影响，断绝党组织同孙、马等人的联系，从而失掉了党组织荫蔽及活动场所，致使1934年2月全县党地下组织遭到严重破坏。

抗日战争时期，阆中先后建立有中共阆苍南工作委员会、中共阆中县委和中共阆中中心县委。阆中中心县委设有统战部门，中心县委书记胡景祥、饶孟文、杜桴生先后分管统战工作，党组织对阆中县历任县长甘焘、涂继承、肖毅安及教育界知名人士孔震生、廖敬六和大批爱国人士晓以民族大义，在阆中形成抗日民族统一战线，对开展抗日救亡运动和共产党地方组织的建立与发展创造了有利条件。

1937年七七事变后，县城知识青年开始自由结合，通过办墙报、组织读书会、教唱抗日歌曲、上街讲演等形式进行抗日宣传活动。1938年3月，县城知识青年杨剑华、李曙华、李逸依等组织成立了"阆中民众剧社"，成为县内第一个群众性抗日救亡组织。剧社内设有宣传组、戏剧组、总务组、交际组等，还订有剧社章程。不到半年，剧社发展到100余人。同年4月5日，教师马先矩、王维铨（后名陈希）和知识青年张汉诚、刘瑜、李庆生等筹备成立"阆中县青年国难宣传团"，下设宣传、总务等股，主要成员是县城中、小学毕业生和青年店员，共70余人。此后，农村民众在县城的影响下，抗日救亡组织也相继出现，如柏垭乡虎溪寺高等小学校校长徐三才，教员何芗，学生田家佑、田远浦等发起组织了抗日救亡宣传队；金垭场建立了阆中县第二区学生假期救亡宣传团，同时阆中妇女会还办起妇女夜校和丝厂女工识字班，组织妇女开展唱抗日歌曲、做军鞋、募寒衣及劝夫参军等支前活动。

1939年5月，中共阆中地下组织派人去重庆与"战时书报供应所"取得联系，在阆中建立了"重庆战时书报供应所阆中分所"，共产党员张际中、马茂荣到分所工作，并建立了阆中文化党支部，张际中任支部书记。在8个多月的时间里，分所销售马列著作和各种进步书刊7000余册，对宣传抗日和传播革命思想起了积极作用；县政府机关地下党支部与抗日团体紧密合作，在县城东门口办起"灯笼报"，报道抗日情况；地下党组织先后还向延安输送了樊成本、张汉诚、王维铨、罗建华等21名党员和爱国青年，并在群众中开展募捐寒衣，在学校中募捐"儿童号飞机"等活动；还通过川陕鄂边区绥靖公署、巴山警备司令部中的共产党支部，在驻阆国民党军队中团结进步力量，进行统战政策和抗日救亡宣传，扩大了爱国进步力量。

1941年1月皖南事变后，中共阆南中心县委遵照党中央提出的"隐蔽精干，长期埋伏，积蓄力量，以待时机"的方针，在各界爱国进步人士的协助下，将党的大批领导骨干转移外地，党员就地隐蔽，保存了党的力量。

解放战争时期，由于国内阶级矛盾激化，抗战时期的部分统战人士犹豫徘徊，阆中地方党组织一面巩固原有统战关系，一面把赞成反对帝国主义、反对封建主义、反对国民党蒋介石独裁专制的一批志士仁人团结到人民民主统一战线中来。

1949年10月，中共阆中地下组织"川东系统"和"川北系统"在白塔山陈家院内召开所属党组织负责人会议，会议由"川东系统"负责人徐是辉主持，"川北系统"负责人魏文引做形势报告，他们阐述了党的统战政策和对敌策反的策略问题，会议最后还部署了和平解放阆中的各项工作。

"白塔山会议"后，阆中地下党组织利用学术研究组织"阆中新民主主义研究会"，团结了大批进步力量，吸收了一批进步知识分子和国民党军政人员入会。当时，"川东系统"党组织派共产党员张兴培去做阆中县立中学校长肖毅安（曾任县长）的工作，肖毅安欣然承诺，愿为阆中和平解放出力；接着肖毅安又去做时任县长贺德府的工作，贺德府表示在政治上取中立态度。与此同时，"川北系统"党组织负责人魏文引请父亲魏琨去做县民众自卫总队副总队长刘松柏的工作，刘倾向共产党，表示愿与地下党组织合作。中共党组织还将一批党员派进民众自卫总队担任职务，使其成为地下党组织控制的一支武装力量；与县参议员郑可行等取得了联系。党组织的一系列统战工作，使国民党阆中军政界上层人士发生了分化，使得一些徘徊在十字路口甚至一些妄图负隅顽抗的国民党军政人员，逐步放弃其反动立场。

1949年10月后，国民党溃军罗广文部袁国卿团、胡宗南部黄剑夫师和四川省第十一区保安司令杨东伯（南充专员）、驻南充的省保安二团团长廖禹、保警总队长王春杰率领的两个团先后进入阆中。而县内的"阆苍南三县联防指挥部"（范龙骧为总指挥）、"反共挺进游击队"（王世昭为队长）和军统特务廖永庆纠集陈登高等组织的"反共游击队"及警察中队、民众自卫总队等武装组织，相互倾轧，不甘受制于人。根据这种情况，阆中地下党组织及时开展策反工作，在控制民众自卫总队和警察中队的基础上，动员各界知名人士做黄剑夫、袁国卿、杨东伯、廖禹、王春杰等人的工作，他们后均表示顺应历史潮流，听从共产党的指挥。

12月下旬，王世昭、廖永庆等人仍坚持"反共"立场，并企图毁厂、烧仓、焚城后上山打游击。12月24日，地下党组织在张家丝厂张际中家召开有肖毅安、张际中、阎习昭、马金生等各界知名人士参加的会议，决定公开宣布起义，25日晚由县长贺德府出面，主持召开了有国民党军政头目和各界知名人参加的"应变"会议。会上，贺德府谈了对形势的看法，随后表态宣布起义，接着袁国卿、廖禹、王春杰、刘松柏等相继表态起义，范龙骧亦表示"服从地方公议"，宣布解散"三县联防指挥部"。

当月27日，地下党组织将各起义部队整编为"中国人民解放军川北独立师"，玉台、护垭、双龙、文成、老观、兴隆等乡警队也被地下党组织控制。29日，阆中县人民解放委员会成立，同时宣告阆中和平解放。31日，川西北临时军政委员会委派王大文为阆中县人民政府县长，王大文随即在剑阁发布阆中县人民政府第一号令，宣布接收阆中。

1950年1月2日，中国人民解放军六十一军一八三师五四七团在副师长张介民、团长刘文率领下进驻阆中，1月8日在城关中山公园召开群众大会，宣告阆中县人民政府成立。

（王国成，阆中市地方志办公室原主任）

访南部县委统战部早期工作人员马本良[①]

何生章

在南部县城，年龄稍长的人对马本良都不陌生，因为他是新中国成立后中共南部县书记兼县长马浩天的秘书，南部县委统战部工作人员。近期，马本良先生接受了笔者的专访。现年93周岁的马本良，耳聪目明，思维敏捷，脸上很少斑，看上去就像一个70岁左右的人。提起在统战部工作的经历，马老先生如数家珍，道出了那段铭心刻骨的记忆。

1949年12月24日，南部县解放。南部县解放后，成立了中共南部县委，县委的机构设置就是"三部一室"，即组织部、宣传部、统战部、办公室。当时，南部县面临的现实情况是千疮百孔，百废待兴，在那特殊时期，我党的统战工作指导思想是：团结一切可以团结的力量，调动一切积极因素，使社会治安秩序稳定，人们的生产生活有序进行。可以这样说，当时的统战工作，就是县委工作的重中之重，统战部长由县委书记马浩天亲自兼任，也就说明了一切。

南部县委统战部1950年成立时只有一个办事人员，叫李瑞林，他是一个地下党员。由于人员少，统战工作事务繁多，一个人根本适应不了当时那种

---

① 马本良，男，生于1930年6月，四川南部人，中共党员，1936—1951年在校读书。1950年下半年至1951年上半年任川北区学联执委、南部县学联主席。1951年6月到南部县委统战部工作，是南部县委统战部早期工作人员。先后在升钟区、县评比办、县农业局、县农办工作直到退休。工作期间，多次被评为优秀共产党员、优秀党务工作者和先进个人。

社会环境和形势。1951年初，时任川北区委书记的胡耀邦在川北区委召开的统战工作会上，要求各级县委要加强统战工作力量，选配思想好、觉悟高、有能力的同志到统战部工作。

马本良能到南部县委统战部工作，其实与胡耀邦有直接关系。事情发生在1950年下半年，川北区委在南充师范学校召开学生代表大会，会上成立川北区学生联合会，要在南部、西充两县中选1个执行委员，当时的情况是：南部的学校多，有3所中学，1000多学生；而西充只有1所中学，也有1000多学生。究竟在哪个县选，大会很难决定。于是叫两县学生代表在大会上作竞选发言。马本良代表南部去的4个学生上主席台发言，当时主席台就两个位置，一个主持人席，一个发言人席，胡耀邦书记就坐在下面前排认真地听。马本良发言讲了如何组织同学学习，听党的话，拥护党的政策，并组织学生到离县城二三十里的定水、盘龙等地宣传征粮、减租、退押、清匪、反霸，动员参军等工作，发言结束，全场掌声响起，紧接着选举时，马本良被选为川北区学生联合会执行委员。就这一次，马本良引起了胡耀邦的注意。所以第二年在川北区委召开的统战工作会上，南部县委书记马浩天汇报说缺干部时，胡耀邦当着马的面说："缺干部可以在学生中找，南部中学就有个学生很不错。"

马浩天书记一回到南部县，了解到胡耀邦说的这个学生就是马本良，于是叫团县委干部王卫中通知马本良到统战部。当时马本良年轻气盛，想的是上大学、当科学家。经团县委的干部和学校领导三番五次做细致的工作，1951年6月10日，马本良到南部县委统战部报到，报到后第二天立即去南充统战部学习，正式成为南部县委统战部的工作人员。

解放初期南部县的统战工作难度相当大，主要是有的民主人士和社会贤达对共产党的领导和执政还有些顾虑。当时，我党的统战工作策略是把有影响的人士分为三种：中左派、中间派、中右派，其中"中左派"这些人拥护党的领导，而"中间派"和"中右派"是需要通过耐心细致的思想教育，才能团结到党的周围，与党站在同一战线。

当时，南部县城有一个较为典型的人士张绵祜（1904—1957），县城后街人，从小读私塾，后读县城旧制高小，因生母去世，家庭贫困无力升学，赴顺庆参加川军第五师何先烈部，从战士做起，后升为少将，因不满国民党的腐败无能，自行离开部队回到南部县，因他有一定的影响和势力，故在南部县组建地方武装——民众自卫总队，官兵1000余人，自任副总队长（伪县长兼总队长），后通过南部县地下党做工作争取过来。当中国人民解放军解放南部县时，他带领自卫队主动维持治安秩序，不准国民党士兵骚扰百姓，为解放军和平接管南部县发挥了重要作用。南部县解放后，成立了南部县各界人民代表大会（以下简称各代会），马浩天书记兼任主席，张绵祜被推选为副主席。

南部县解放初期，工商业联合会主任是张鉴辉，副主任是陈大经。陈大经新中国成立前是个盐商，由于拥护党的领导，配合共产党的工作，被推选为县工商联副主任。由于他经营的盐业在南部属小户，引起了大盐商的嫉妒和不满，在"三反""五反"运动中，大盐商们编造一些莫须有的罪名向工作组干部杨树祥告黑状，后杨树祥向县上汇报，经研究拟逮捕法办陈大经，决定第二天就要开大会执行。马本良得知此事后，知道这是一个冤假错案，感到事情重大，晚上思来想去，半夜起来便去敲马浩天书记的门，汇报了陈大经的真实情况，列举了陈大经的一些典型事例，马浩天立即表态不予逮捕。县委的这一决定让陈大经非常感动，后来他的工作更加积极主动，当时正值抗美援朝时期，陈大经带头捐款并发动工商界人士捐款，最后向抗美援朝志愿军捐赠了一架飞机，社会对此反应很好，并得到了川北区委胡耀邦书记的表扬。

刚解放时的南部县城，没有一个开大会的地方，县委开大会就两处地点：一是县医院的黄桷树下，二是县城后街的街道上。为了解决这个问题，县委统战部支持县工商联出面做工作，动员工商界人士捐款，修建了南部大礼堂，这样既解决了县委开大会无场地的问题，又解决了工商联办公地点简陋和不安全的问题，得到了社会的好评。但这件好事却在"打击资产阶级猖狂进攻"运动中被清查，后被川北区委点名批评，由于统战部和工商联事先向县委王杰书记作了汇报，后王书记在川北区委会议上作了检讨才了结此事。

对于宗教社团，统战部也是严格执行党的宗教政策。南部县医院那个地方原是一个基督教堂，当时新成立的税务局就有人提议占用这个地方，后在县委统战部同志的耐心工作下，保住了这个基督教宗教场所。

统战部对于社会贤达，即使是原国民党军队人员也积极做统战工作，如陈任民新中国成立前是国民党的一个军官，新中国成立后闲居在家，但有一定的社会影响，对于这种有影响的人，县委统战部都很重视，马浩天专门安排工作人员，买上礼品专程拜访，了解他的情况，关心他的生活，征求他的意见，从而改变了他对共产党的看法，认可了共产党。

解放时期，在南部县城有一些较有名望的社会贤达民主人士，如医学界的刘家虞、郭芳佰；文化界的南部中学教师文正乾；书法艺术界的许晴帆、徐耘弓；宗教界天主教神父董怀安、基督教牧师任泽远等。由于共产党的统战工作做得好，关心他们生活，与他们交朋友，使这些人自觉转变了思想观念，与党站到了同一战线。刘家虞被推选为县卫生协会会长；郭芳佰被选为县各代会代表；徐耘弓这个南部书法泰斗，还专门为南部中学校门撰写对联表达了心声："立志为人民服务，决心为国家出力。"

南部县委统战工作在川北区应该是名列前茅，县委凡是要开展什么大的运动，总是要征求各党派各民主人士和社会贤达的意见，一般每半个月都要组织召开一次学习座谈会，既学习土改政策，又学习公开的一些文件。县委书记的工作每天都很繁忙，但仍坚持每一两周便去看望民主人士，对他们问寒问暖，谈心交心，深交朋友。新中国刚成立，工作经费非常紧张。但每年上级都要给统战部安排经费1000元，在当时那个年代，统战部办公桌上经常还放有水果和香烟，用以招待到统战部开会和办事的各界人士，尽管如此，给统战部的经费每年都要剩余200多元。当时，工作人员将剩余的钱退给县财政科，财政科的同志说不好做账，要他们自行处理，故而每年统战部结余的钱都交给了县委伙食团，用于改善机关工作人员的生活。

南部县的统战工作，得到了川北区委统战部和后来的四川省委统战部的肯定，省、区许多时候都是直接与南部县统战部联系，马本良本人也被印记在上级部门心中。据马本良回忆，有一次他到川北区委报到开统战工作会去晚了，川北区委统战部就安排他住在刘玉恒部长的新居，首先享受了刚铺好的钢丝床。1953年2月17日，马本良出席中共四川省委第一次统战工作会议，当报到处的同志一听是南部县委统战部马本良时，非常热情地接待了他，由于开会地点与住地相距甚远，还特意给他安排了一辆自行车，那时省委

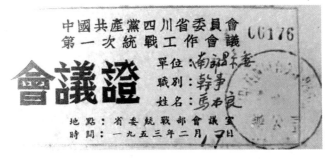

马本良出席中共四川省第一次统战工作会议会议证

统战部也只有10多辆自行车，在当时那种艰苦环境下，一个县的工作人员能享受这种待遇，实属很不容易，这也表明省、区对南部县统战工作的肯定。

历史的车轮迈入21世纪，回顾新中国成立初期我党的统一战线工作，无不感到党的英明和伟大。马本良老人最后说道：我相信在新时代新征程，中国共产党将继续与各党派人士一道，做好新时期统一战线工作，共同为实现中华民族的伟大复兴努力奋斗。

（何生章，南部县政协文史员）

南部县各界人民代表会议

王正明

各代会的诞生

1949年9月29日，中国人民政治协商会议第一届全体会议通过了《中国人民政治协商会议共同纲领》，《纲领》第二章第十四条规定，"并在条件许可时召集'各界人民代表会议'，在普选的地方人民代表大会召开以前，由地方各界人民代表会议逐步地代行人民代表大会的职权"。

1950年3月2日，中共南部县委和南部县人民政府根据《共同纲领》的规定和西南行政委员会、川北行政公署的有关指示，成立了南部县各界人民代表临时会议筹备委员会。筹委会向全县人民发出召开各界人民临时代表会议的《宣言》，其主要内容：1. 共和国初建，革命秩序待兴，增产节约、积粮备荒和多种群众福利事业亟须办理；2. 蒋帮虽倒，但余孽尚存，禁烟剿匪、肃特扼谣等工作，刻不容缓。为此，急需各界人民选出自己的代表，与党和政府共图大事，以实现人民当家作主的与国民党假民主有根本区别的民主政治。筹委会的具体工作由县人民政府民政科负责。1950年3月14日，筹备就绪，临时代表会议开幕，南部县各界人民代表会议由此诞生。

历届代表会议及其常务委员会

南部县各界人民代表会议（以下简称"各代会"）历经四届，包括临时代表会议在内共召开了10次代表会议。

1950年3月14—15日，各代会临时代表会议召开，妇女、教育、学生、医卫、军队、少数民族、特邀（包括开明士绅在内）等13个界别的代表共542人到会，学习了《中国人民政治协商会议共同纲领》，讨论临时代表会议筹委会的《宣言》，听取了县委书记兼县长马浩天关于召开各代会的目的意义和目前形势、任务的报告，到会代表热烈拥护《宣言》，表示要以实际行动响应党和政府的号召，完成各项中心工作。

1950年8月，全县征粮工作告一段落，社会秩序已见安定，中共南部县委和南部县人民政府经过筹备，决定召开第一届第一次各界人民代表会议。会议于25日正式召开，历时3天，13个界别的407名代表到会。与会代表听了县委和县政府领导讲话，学习了减租退押、清匪反霸的方针政策，作出了"大张旗鼓地宣传减租退押、清匪反霸的方针政策"和"夏季借征农业税的决议"，并选出了35名常务委员组成各代会常务委员会。

11月25—30日，各代会召开第一届第二次代表会议，此次会议增加军烈属和自由职业两个界别的代表，共550人到会。会议听取了县委、县政府领导关于开展抗美援朝运动、健全农协会组织、抓好农业生产等中心工作的报告，作出了搞好减租退押、合理分配和使用胜利果实，拥护农协会建立农民自卫武装、禁绝烟毒，以及积极响应抗美援朝号召、协助税收工作等六项决议。

1951年1月30日—2月3日，召开了第二届第一次各代会，15个界别564位代表出席。会上，川北行政公署副主任、川北区土改工作团团长秦仲方到会总结了减租退押、清匪反霸、抗美援朝工作，并作了土地改革重大意义的报告，县委书记兼县长马浩天作了"各阶层人民应如何完成土改工作"的报告，会议在充分讨论、提高认识的基础上，通过了成立南部县土地改革委员会的议案和各代会向全县人民发出的《土改宣言》，作出加强自卫武装、护仓、清匪、肃特，严防反革命破坏；有秩序地进行土地改革，保护工商业；按政策没收、征收土地，处理不法地主分散的财产；关好冬水，认真评选好生产模范等四项决议。

5月27—31日，各代会召开第二届第二次代表会议，各界代表550人。会议以抗美援朝、土地改革、镇压反革命、农业生产为主要内容，听取了马浩天所作的前一阶段土改工作的总结报告、公安局长王杰作镇压反革命情况的报告、秦仲方作南部县农民分得土地房屋情况的报告、南部县副县长张云所作1—5月份的生产总结和土改区今后生产任务等报告。会议充分发扬民主，作出了继续加强抗美援朝、土地改革、镇压反革命工作和抓好农业生产的决议。

9月22—23日，各代会召开第二届第三次代表会议，各界代表500名。会议听取了马浩天所作土地改革、镇压反革命工作的总结和继续加强抗美援朝工作的报告，张云所作开展秋季大生产运动的报告，以及财政科长张云梯作的秋季征粮工作报告，同时改选了6位常务委员。会议以爱国主义教育贯穿始终，经过学习讨论后作出了巩固土改胜利成果，进一步深入开展抗美援朝运动；保证1951年国庆前完成捐献两架飞机的任务；保证1月5日前完成本年度的征粮任务；决定全县今秋普种荞子60万亩，今冬每村至少挖塘堰2—5日，1952年春植树450万株；号召每户至少养一头猪，每三户至少养一头耕牛；继续检举反革命分子，严密监管地主；向川北行政公署主任胡耀邦、副主任秦仲方呈保证书等七项决议。

1952年1月10—16日，各代会召开第二届第四次代表会议。此次会议出席各界代表423人，南部县副县长、各代会主席岳小平作本届第三次代表会议以来常委会的工作报告，张云作政府工作报告，马浩天作开展增产节约、"三反""五反"运动的报告，与会人员参加了反贪污行贿现场会。会议经过讨论，作出了三项决议：继续深入开展抗美援朝运动；响应增产节约的号召，积极开展"三反""五反"运动；向毛主席、西南军政委员会刘伯承主席、川北行署胡耀邦主任呈致敬电。

1952年4月25日，各代会召开了历时5天的第三届第一次代表会议。本届会议增加了"工业""商业""青年"三个界别的代表，代表界别扩大到18个共407人。会议听取县委书记王杰的"三反""五反"运动总结报告、副县长岳小平的增产备荒报告。经过小组讨论，大会在提高思想认识的基础上改选了各代会常务委员，并作出了六项决议：响应胡耀邦主任开展"万户、千组、一百乡门的创模运动"的号召；抓好农业生产；改进技术，提高工业产品，特别是农具产品的质量；向全县人民进行爱国主义的宣传教育；号召工商界搞好经营管理，保证城乡物资交流，支援农村丰产运动；其他各界人士要搞好本职工作，配合完成中心任务。会议还通过了本届常务委员会的人选名单。

10月2—5日，各代会召开第三届第二次代表会议。各界代表438人到会，听取了王杰所作的健全与发展互助组、合作社的报告，以及县长杨蔚陞的政府工作报告。会议经过讨论作出了六项决议：健全与发展互助组、合作社；开展推销工业品和"卖爱国棉、售爱国粮"运动；继续开展增产创模范运动；按时完成公粮任务；逐步推行速成识字法，开展扫除文盲的工作；认真贯彻新婚姻法。会议还改选了本届常委会委员。

1953年2月4日，各代会第四届第一次代表会议召开，2月9日闭会，各界代表共326人出席。会议以深入开展抗美援朝，加强经济建设，健全民主政权，继续贯彻新婚姻法为主要内容，杨蔚陞县长到会作1952年南部县的工作总结和今后任务的报告，到会代表踊跃发言，在充分发扬民主的基础上，大会作出了继续加强抗美援朝、深入开展爱国增产运动、加强民主建政、继续贯彻新婚姻法等四项决议，最后县委书记王杰作大会总结。以后，南部县决定并开始筹备召开南部县人民代表大会，各代会就此完成了其历史任务，于1955年10月奉令撤销。

各代会的历史作用

各代会重视代表提案，历次代表会议筹备期间均要作搜集提案的部署，会中作提审查报，会后党政有关部门认真办理代表提案，有力地促进了各项工作的开展。

各代会在完成党的中心任务中，首先是组织代表及其他各界人士学习方针政策，对中共南部县委执行党的中心任务的具体措施、计划进行充分的讨论、协商，提出可行的意见和建议，在南部县的社会发展中起了积极作用。

在征粮工作中，各代会大力宣传政策，动员包括开明士绅在内的各界代表人士积极参加督催工作，顺利地完成了任务。在减租退押、土地改革和镇压反革命运动中，各代会团结各阶层人士，结成了南部县反封建的联盟，组织各界代表人士到农村参与反封建的实际斗争；成立下乡工作组，在党组织的领导下直接参加土改运动；成立审查反革命案件委员会，协助政法部门审查反革命案件和清理积案。

在抗美援朝运动中，各代会负责成立了南部县抗美援朝分会，动员全县人民反对美国侵略，保卫祖国安全，拥护《各民主党派联合宣言》，发起和平签名运动，号召捐献飞机大炮；负责成立了中苏友好协会南部县分会，对促进中苏友好、反对外国侵略、保卫世界和平做出了贡献。

在"三反""五反"，增产节约运动中，除组织学习外，还动员各界人士大胆检举三害（贪污、浪费、官僚主义）、五毒（行贿、偷税漏税、盗窃国家资财、偷工减料、盗窃国家经济情报），订立爱国公约，促进了运动的顺利开展。

在民主建政和司法改革中，各代会组织代表深入基层，协助普选工作，宣传婚姻法，反对封建婚姻制度。此外在粮食统购统销、"一化三改造"（国家工业化，对农业、手工业、资本主义工商业的社会主义改造）和思想改造中，各代会组织学习、宣传，动员各界人士认真执行各项具体政策，亦收到了应有的效果。

南部县各代会处在县人民代表大会召开以前，县政协尚未诞生，人民政权建设正在不断完善的这样一个特定的历史时期，它既代行人民代表大会的部分职权，也行使统一战线组织的职能，它在中共南部县委的领导下，在全县经济建设、政权建设和历次政治运动中均发挥了积极作用。

（王正明，南部县工商联原副主席）

西充统战工作的黄金时代

赵文宝

1950年1月4日，西充和平解放，刚刚成立的中共西充县委认真贯彻党的统一战线方针、政策，顺应历史发展规律，合理组合社会力量，科学配置阶级关系，结成广泛政治联盟，巩固和扩大了人民民主统一战线，调动了一切积极因素，西充县社会各界代表人士，代表他们各自联系的社会群体、政党、组织，"举旗抓纲""全民一心"，与县委心心相印，脉脉相同。在国民经济恢复、减租退押、抗美援朝、清匪反霸、土地改革、"三反"、"五反"、对资本主义工商业的社会主义改造、迎接社会主义经济建设新高潮等一系列政治运动和经济建设中，发挥了重要的历史性作用。各界人民代表会议、人民代表大会成了党内外奇才会集、英才显能、贤才献智、共商发展大计、共建美好家园的历史盛会。县委、县政府政令畅通，人民群众奋发向上，这一时期被称为统一战线的春天和"黄金时代"。

1950年1月6日，中共西充县委成立后，统一战线工作被正式列入了县委工作的议事日程。在领导分工时，明确了统战工作由组织部长高彬兼管，具体工作由县委秘书代行。2月，县委确定了122名党外各界代表人士作为全县统战工作的重要对象，11月8日，中共西充县委统一战线工作部（以下简称县委统战部）正式成立，高彬任部长。统战部成立后，在县委领导下，紧紧围绕县委的工作重心和中心任务，切实履行中共中央赋予各级统战部门"了解情况、掌握政策、调整关系、安排人事"的四大职能，团结和带领民主党派、工商联及无党派人士为建设政权、巩固政权，积极投身于国民经济、社会事业的恢复与发展，以及党领导和发动的各项运动和民主建政活动献智出力。

1951年3月，西充县第二届各界人民代表会议召开，赵璧光、阳承一、张抚均、梁子荣等7位统战人士被安排进入15人组成的主席团，会上10名民主党派和党外人士当选为人民委员，占人民委员总数的39%，在第一至四届的各界人民会议的4000名代表中，党外代表有1028名，占25.7%。其中，在第二届一次各界人民代表会议上，共有代表326名，民主党派和党外代表就占97名，占总数的30%。在第二届一次人民代表大会上，全县共有人大代表316名，其中民主党派和党外人大代表43人，占总数的13.6%；在17名人大常委中，民主党派和党外人士就有5名，占29.4%。在出席川北区各界人民代表会议的西充71名代表中，民主党派和党外代表有张抚均、阳承一、王卓维、梁子荣、杨克恭、杨元明、赵璧光、严伯庄、罗秀书、姜光远、石涵润、何正怡、李思祺、蒲节馨、王雅言等15人，占代表总数的21%。这些事实充分反映了县委对民主党派和党外人士的信任以及对统战工作的高度重视。

1952年8月，中共西南局统战部下发《关于长期保护上层党外人士和专家的规定》，要求各地定列长期重点保护对象，实行按级负责，严加掌握，并坚持"一面保护，一面教育"的方针，"放手让他们参加各种革命运动，使其得到锻炼提高；给以适当工作，使其有职有权；给以适当照顾，使其吃饭有钱"。根据这一规定，县委统战部报请县委审定，确定了全县20名重点保护对象。其中社会人士有赵璧光、张抚均、罗秀书、严伯庄、谢敬诚（女）、王雅言、李味腴、杨江屏、李长润；文教卫生界人士有阳承一、何正怡、杨克恭、马珍彝、范庆丰、蒲节馨；工商界人士有梁子荣、李思祺、石涵润、姜光远。同年9月，根据南充地委统战部指示，中共西充县委审定了县委统战部《关于确认西充县报送四川省文史馆研究员推荐人选》，经中共南充地委统战部批准，获省文史馆认同，王雅言、李味腴、张抚均为四川省文史研究员。同时，县委对5名"老秀才"进行了安置，其中3名已为省文史馆研究员，2名给予生活定补包养。12月，县委统战部和县工商联开办全县文书培训班，县人民政府程志远任班主任。培训结束后，对审查合格结业的50名人员分配到各工商分会任文书。

1953年2月，中共西充县委邀请民盟西充区分部委员、县工商联部分常执委和各界民主人士代表召开座谈会，征求对西充县解放3年来的工作和即将实行普选工作的意见。7月，县委根据统战部的提议，决定安排5名民主党派和党外人士代表担任西充县第一届人民委员会委员，占人民委员会委员总数17名的29.4%。

1954年，县委统战部和县工商联在全县开展系统学习中共中央制定的过渡时期总路线，对资本主义工商业实行社会主义改造的宣传教育活动。这一年，国家开始发行经济建设公债，为了支援国家经济建设，民盟西充区分部开展"支持国家发行经济建设公债"宣传活动。民盟主委阳承一、副主委李长润带头首购200万元（旧币），其余盟员积极响应，13名盟员一次购买1078万元（旧币）公债，获地区表彰。县工商联也在全县工商户中广泛开展认购国家经济建设公债的宣传活动，全县工商户认购国家公债38亿元（旧币），超过下达任务近13万元。

1956年，为了让工商界人士进一步了解到党和国家的方针、政策，提高政治理论水平，县委统战部先后输送5批共计50名工商界代表人士到南充地区政治学校、四川省政治学院学习和培训。

为了发挥统一战线的作用，县委对民主党派、工商联及党外人士中有知识、有能力、有一定政治思想觉悟的人士，除了在政治上给予安排外，还在实职上大胆使用，安排他们担任政府、人大、政府部门以及企、事业单位的领导实职工作，让他们发挥人才优势、智力优势，为国家经济建设和社会事业的发展贡献力量。

1951年，中共中央下达指示，各级人民政府"必须根据统一战线政策和《共同纲领》原则，配备适当数量的党外人士与我党负责共同组成"。中共四川省委、南充地委就此作出相应批示和规定，要求各级人民政府及其职能部门和司法机关的领导干部配备，必须遵从中共中央指示，必须有适当数量的党外人士。中共西充县委切实按照上级的指示精神，认真贯彻这一实职安排的重大政策和原则，使一大批党外人士走上了人民政府的各级领导岗位，与中共真诚合作，共行国政，共商国是，共建国家。至1956年的7年中，仅民盟西充组织，就有2名盟员担任了各界人民代表会议副主席，1名担任了副县长，1名担任了高完中校长，1名担任人民法院院长，8名做了政府部门的科长、副科长，从教的盟员均为高完中的领导成员和业务骨干。

做好"党外有影响、有代表性高中级知识分子的工作，是中国共产党领导下的爱国统一战线工作的重要任务"，也是统一战线的基础工作。

西充解放初期，县委统战部根据中共中央和省、地委的指示和上级部门的安排，着重开展"高、老、大"知识分子的"争取、团结、教育、改造"工作，为其创造学习和实践锻炼的条件，使之"逐步转变为工人阶级知识分子"。统战部向县委推荐了122名在西充有影响、有代表性、从旧社会而来的知识分子，并提出了使用、安排的建议。经县委批准，在政府职能部门安排12名正、副科长；在教育部门安排了44名中小学正、副校长、教导主任和中学骨干教师；在医卫部门安排18名医院院长、卫协主任；20余名安排在文化、工商联、市管会等部门工作。党对"高、老、大"知识分子的量才录用、妥善安排，激发了全县广大知识分子的爱国热情和敬业精神，使之成为所在部门特别是教育、医卫战线的骨干、中坚和依靠力量。

从1950年至1956年的7年间，中共西充县委高度重视统一战线工作，认真贯彻"长期共存、互相监督、肝胆相照、荣辱与共"的方针，注重发挥统一战线"团结、沟通、协调、自我教育"的特殊功能和智力、人才、联络、交友的特殊优势，积极支持县委统战部履行其工作职能和社会职能，从而充分发挥了统一战线中各界民众的爱国主义、社会主义的积极性、主导性和创造性，使统一战线为县委和政府广交朋友、广纳群言、广求善策，为县委和政府实现决策的民主化、科学化提供了有力依据。

实践证明，加强和重视统一战线工作，加强共产党和党外人士的合作共事，有利于巩固和完善人民民主专政的国家制度，有利于保证各方面人民群众广泛行使当家作主的民主权利，有利于调动各种社会力量一起贯彻党的方针政策。因此，统一战线永远是我党的重要法宝。

（赵文宝，西充县地方志办公室退休干部）

回民县长冶玉书的统战情

吴　妤

　　冶玉书（1922—1981），又名冶瑞林，男，回族。他1936年投身革命，1938年参加中共地下党，历任中共阆中地下交通线联络站主任、中共阆中特别支部负责人。新中国成立后，他曾任阆中县党训班主任、县供销社主任、县财经党组书记等职，1951年4—9月参加在北京举办的中华全国合作社干部学校学习，同年加入中苏友好协会，1957年1月当选阆中县人民政府县长。

　　冶玉书是一位为党的统战工作做出了巨大贡献的少数民族县长。

　　1957年"反右"时，冶玉书曾被错划为右派，"文革"时遭到迫害。党的十一届三中全会后，他恢复了党籍和名誉，被选为阆中县第五届政协副主席，1980年被推送参加全国五一天安门观礼团，1981年3月因病去世。

习文尚武　结缘宗教

　　19世纪末，阆中古城内有一户寄卖古董的回族商家，丈夫叫冶仲良（又名冶习之），妻子冶达氏。他们善于经营，到了民国年间，冶习之已是小有名气。冶习之乐善好施，1923年创办了清真回民小学（后为阆中县民族小学），造福民众教育。1922年农历四月二十八日，冶家再添一子，取名冶瑞林。

　　冶氏家教甚严，子女们都得习字作文。待得瑞林长到七八岁时，他已是眉清目秀、肤白如玉的英俊少年，他与其弟瑞祥最喜欢去的地方一是国小，二是到蟠龙山下的回族圣地巴巴寺①习武。沿袭传统，住持巴巴寺的阿訇都是从宁夏、甘肃等地来的，他们大都是在世高人，不仅医术了得，而且武功高强，后瑞林、瑞祥两兄弟双双拜王阿訇为师，得到王阿訇的喜爱和严教，学习做人真谛，练习武功。由此，瑞林练成了大刀武术（新中国成立后，闲暇时，多次应百姓要求，挥舞大刀，表演助兴）；瑞祥除习武外还习画，他新中国成立前曾到重庆大学读书，参加革命入党，新中国成立后被推送到西南军大读书，后调往北京，曾在国家计委、国务院经济研究所、社科院等单位工作。

这个时期，沉淀了瑞林、瑞祥两兄弟朴实、仁德、正义的思想基础。

投身革命　迎接解放

1934年，冶瑞林毕业于阆中县国立四中，从小就接受进步思想，其父病故后，自己经营了一个小百货铺。1936年，延安党中央派吴显国、王招才（即王子模）二同志来阆中重建地下党组织，以抗日名义组织了抗日国难青年宣传团和民众剧社（党的外围组织），冶瑞林积极参加以上两个团体的活动，如上街头演抗日话剧、散发传单等，并开始接受党的领导和考验，学习党的知识。为了更好地为党工作，他接受组织建议，改名为冶玉书。

1938年7月，经过王维全（陈希）、唐梦吉介绍，年仅16岁的冶玉书正式加入中国共产党。唐梦吉是刚从陕北安吴堡"青训班"培训后，受组织派遣回阆中发展党员的，第一批就选中了冶玉书等同志。

冶玉书入党后，工作积极主动，他联络保帮林、保精华、吴德元等人创办了"战时书店"，向民众介绍进步书籍，传播党的统战政策，宣传抗日。他们把书店作为阆中中心县委的秘密交通站，既负责内外交通，又推销进步书报杂志（如《抗战歌曲》《抗战宣传手册》《新华日报》等）。1939年9月，"战时书店"被国民党查封，他们又转入地下活动，通过地下党的联

① "巴巴"是阿拉伯语，意思是"祖先""祖师"，而在这里，则特指穆罕默德第29代圣裔华哲阿布董拉希（1574—1689）。100多岁的华哲阿布董拉希死于阆中，葬在巴巴寺，所以成为穆斯林的圣地。

系，将大批抗战宣传资料和红色书籍推销到南部县大王镇、剑阁县罐儿铺，以及苍溪县城和阆中城乡等地区，不到一个月时间就推销书刊7000余册，1940年4月，交通站遭到破坏。

在此期间，冶玉书以书店店员身份做掩护，长期担任与延安和上级来的同志秘密接头工作。由于白色恐怖，地下党工作十分危险，他们就把接头地点放在阆中嘉陵江畔白塔山下对岸的"弃儿崖"。这里是大片的茅草和柳林沙滩，曾是旧中国古城穷苦百姓活不下去寻短见和弃婴的地方，被称为"鬼地"，当时人称这里充满煞气，到了夜晚更是恐怖至极，但这就是冶玉书同上级接头的最佳之地，有几次接头的时间是在雷电交加的夜晚，他都是按时到达，并看完上级传达的文件和指示内容后，便立即当面销毁。此外，他还经常利用到重庆进百货的机会，向党组织汇报工作，接受新的指示。

1940—1941年，国民党对我地下党进行了大规模的"围剿"，当时有许多优秀同志被捕，如韩迁、明昭等同志被捕后，被送到重庆刚刚修建的渣滓洞和白公馆关押；我武工队队长秦润奎同志在剑阁县城与敌军警遭遇，在激战中被捕，被杀害于剑阁城关。鉴于当时情况，上级党指示"隐蔽精干，长期埋伏，积蓄力量，以待时机，反对急躁"，阆中地下党决定暂停一切活动，只留下没有暴露的人力车、渡船3个支部和五金、丝厂2个小组，以等待上级的指示。当时，中心县委王叙五向冶玉书传达了党组织撤走的指示，并指定他为地下交通线联络站主任，以便今后联系。

1946年，党从重庆给冶玉书寄过两次党内文件《挺进报》，内容是揭露国民党反动派发动反人民的内战阴谋。

1947年冬，上级党组织派人到阆中与冶玉书联系，传达"逐步恢复阆中地下党组织，配合解放全中国"的指示，于是，阆中地下党逐步恢复了组织工作。1949年，为迎接阆中解放，又以统战的形式组建了党的外围组织——"新民主主义研究会"。同年底，随着解放战争的节节胜利，阆中地下党开展了接收川北各地党组织的工作，成立了临时特别支部，特别支部由冶玉书、邓克新、文良治三同志负责，先后接收了12个支部。

1949年冬，阆中国民党政府和军队加紧对中共地下党的搜捕，并策划破坏古城。阆中地下党根据上级指示，动员各支部成员，坚决地与敌人展开斗争，积极保护古城，迎接解放。当时，为及时听到党的声音，冶玉书、保大玉利用统战关系，疏通阆中图书馆杜馆长，每天深夜潜入图书馆，在收音机前收听党的指示和信息，并及时转达给各党支部和人民群众。

当时，国民党盘踞在阆中的反动势力欲孤注一掷，策划拟在他们逃离之前，实行毁厂、烧仓、屠杀等罪恶勾当，阆中人民面临着一场腥风血雨。在此情况下，阆中地下党领导各族同胞参加了保护工厂、粮仓，以及保护人民生命财产的"三保队"，日夜监视着反动派的动向，随时准备战斗。

当年12月，阆中解放已成定局，但从各地溃逃的国民党军队和特务等涌入阆中城内。在党的领导下，冶玉书与其他同志又一起积极策划对国民党驻阆中3个步兵团和保安团的起义反正工作，并制定了保护古城重要设施的一系列措施。当时，地下党派冶玉书作为代表与曾任过阆中县长且有一定影响的肖毅安谈判，再由他俩一起劝降时任县长的贺德府。与此同时，冶玉书连夜请来城里最好的裁缝，躲在他家店铺里制作五星红旗，随后冶玉书勇敢地将制作好的五星红旗插在阆中东门城楼上，阆中地下党顺利地从国民党手中和平接管政权，并成立了阆中县解放委员会。

1950年1月2日天刚亮，冶玉书便以地下党负责人的身份，带队出城步行经过二道沟，前往广元至阆中的官道迎接解放军。他们在离阆中城10余里之地，与久盼的解放军一八三师先头部队相逢，副师长张介民与冶玉书亲切握手，然后带领大军进入古城，受到了阆中人民群众的热烈欢迎。几天后，冶玉书作为解放阆中的有功人员，被中国人民解放军西南军区授予"解放西南胜利纪念章"。

尊重回民　落实政策

阆中解放后，阆中人民在党的领导下，积极开展土地改革、镇压反革命、支持抗美援朝等一系列伟大斗争。当时，川北行署授命冶玉书担任阆中县党训班主任，对全县干部尤其是党员干部进行了严格的培训，他不仅严把参训学员的政治素质关，还亲自备课授课，先后培训4期，共有200多名干部接受了培训，为解放后阆中各方面工作的开展提供了干部人选与来源。

1950年10月19日，冶玉书被委任为阆中县人民法庭审判长，参与肃反镇反运动。

1951年4—9月，冶玉书被送到中华全国合作总社干部学校培训，学习归来时正是举国支持抗美援朝，他又被委任为阆中县供销社主任。他接受任务后，深入乡村和场镇，调研社情民情，了解供销渠道，建立了县、区、乡三级供销体系，为抗美援朝筹粮筹款筹物资，并从无到有地在全县发展社会主义合作经济，且很快占领城乡社会主阵地，使社会主义制度的经济优越性逐步显现出来，有力地配合了当时对农业、手工业和私营工商业的社会主义改造，为解放初的阆中政权巩固、经济秩序和社会稳定做出了重要贡献。随后，他被任命为阆中县财经党组书记，1954年被送到四川省党校学习培训。

1957年1月，冶玉书当选为阆中县人民政府县长，也是阆中历史上第一位回民县长。他在县长任期时，严格执行党和国家的各项方针政策，并严禁在建设时损坏古城古迹。同时，他清正廉洁，把自家祖辈在古城主街的铺面房产全部捐献给国家。

阆中古城由于三面环水，古城平坦，每到夏秋嘉陵江河水暴涨，便会严重威胁古城和民众的安全。为此，冶玉书上任第一大事就是修筑防洪大堤，这也是古城回到人民手中政府为百姓办的一件实事，大堤修好后有效地防止了洪水对古城的破坏；同时还发布保护河堤的县长令，规定了对破坏者严厉的惩戒措施，得到了组织和人民群众的肯定。

阆中古城又是回族聚居地，很多古迹都与回族的特性相关，冶县长多次主持相关会议，积极落实党的民族宗教政策，如对清真寺和巴巴寺的修缮保护及其回族财产的归位，制定尊重回民习俗的相关政策和条文，鼓励回民饲养牛羊和发展生产，等等，极大地鼓励和激发了回民参加阆中社会主义建设的积极性。

奉献余热　保护古城

冶玉书在"反右"和"文革"中，也曾遭到迫害，被错划为"右派分子"和"走资派"，还被拉到南充等地揪斗并下放偏远乡村和农场改造，其身心受到摧残。但他在长达21年的折磨中，却始终坚定地相信党。在此期间，他多次向上级申诉，反映自己坚定的党性立场，并能够在极其艰难并被监视的情况下，乐观地唱革命歌曲度日。

1978年，在党的十一届三中全会后，冶玉书恢复了党籍和名誉，并当选为阆中县第五届政协副主席。他恢复名誉后，在全县恢复他名誉的大会上激动得热泪盈眶，深情地说："是党给了我第二次政治生命。"为感恩组织关怀，他毅然把补发的21年工资2万多元全部用来补交党费。

由于"文革"的折磨，冶玉书当时已重病缠身，但他却怀着强烈的责任感和政治觉悟，拖着带病的身体走访调研，积极倾听民众的呼声。当时，古城已经逐渐兴起撤掉门板铺面、装饰现代风格的潮流，冶玉书看到一些被毁的古迹和老院落，痛心疾首！他利用各种机会，或提议案，或拜访政府要员，大声疾呼停止毁坏老建筑，要保护好这座古城。那时人们时常看到昔日的老县长，披着蓝色棉大衣，裹着围巾，步履蹒跚地走在古城大街上，人们无不为之感动。

他是回民，了解回族群众呼声，故还汇集民意写了《关于回民生存现状的调查及其解决的办法》等报告，以及多项回民专题议案和提案，并提交给政协会议，以从根本上解决回民关注的问题，如恢复和归还清真寺给回民；恢复巴巴寺前门外的回民坟地和巴巴寺后山门外至剪刀沟一组约50亩的回民坟地，当时还为此打下界桩，积极落实了党的民族政策。此外，他的很多献言和建议，为政府决策提供了重要依据，经过历届政府的努力，也刹住了在古城搞现代建筑的风潮。

1980年"五一"期间，冶玉书作为四川省南充地区唯一的代表参加全国少数民族观礼团，赴北京天安门城楼观礼，得到邓小平等中央领导的接见，并与中央领导合影留念。

（吴妤，阆中市融媒体中心记者）

记贺伯琼的革命生涯

陈良文

贺伯琼（1914—1951），1932年加入中国共产党。她在艰苦的革命岁月中，经风险受磨炼，奋斗不息，终于迎来了黎明的曙光。不幸的是，正当她和全国人民满怀激情庆解放之时，却被诬告，以"特务""叛徒"罪处以极刑。中国共产党十一届三中全会，总结了正反两个方面的历史经验，实事求是地纠正历次运动中的冤假错案，蒙冤数十载的贺伯琼得以平反昭雪，恢复了她革命者的本来面目。贺伯琼同志"立志为革命，长夜育桃李，热情迎解放，负屈不忘党"的动人事迹，感人肺腑，其悲惨遭遇又催人泪下，特于记之，以励后人。

立志为革命

贺伯琼，又名贺瑶贞，1914年1月20日（甲寅年腊月二十五日）出生于阆中县凤鸣乡七宝院（今裕华乡七宝村）一佃农家。父瑞风、母高氏，一生勤劳，但家道贫寒。由于其父四旬有余，高氏才生下她，故将她视若掌上明珠，尽其家财送她念书，殷望成才。伯琼乐从父志，从小就热爱学习、热爱生活，10岁时随父迁往阆中南津关租用党玉哉家的一草店住下，仍勤学不辍，故初中未毕业就越级考入省九属川北保宁联高。在高中时，她衣着简朴，常受人冷眼，甚至有的教师也鼠眼于她，可她并不自卑，反而更激起奋发读书的热情，终于博得了教师和同学的好评。

这时，保宁联高已有马步旭（南部县人）、张人权、何芗、赵文治（苍溪县人）、戚映元（阆中县人）等共产党员组织的"读书会"。1930年秋，品学兼优的贺伯琼经戚映元介绍，与同学席懋昭、侯超（仪陇县人）等一道参加了"读书会"，他们阅读鲁迅的《呐喊》《彷徨》等著作；参与反对驻军田泽孚（田颂尧侄子）操纵学校领导权的斗争，并与300余名同学上街游行，进行择师运动，引起反动当局的惊恐。保高遂于1931年暑期，将她和席懋昭、侯超、王野晴、蒋咏秋等80余名进步学生默退。

贺伯琼被退学，这对持有伦常观念的贺父是一个沉重的打击，他误认其女被学校默退有伤门面，一气之下，将女禁闭于家，同时又受人诱言执意要将她嫁与一营长为妾。当时有教师廖敬六等人，见心急如焚的贺伯琼求学心切，便慨于资助，又得族上和肖泽根的接济，于是伯琼瞒着父亲考上三台女中，不料该校一女教师（南部县人）指名说她是共产党，致三台女中不予录取，于是她又与席懋昭、蒋咏秋等人到成都，伯琼考入大同中学，席懋昭、蒋咏秋考入天府中学。

1931年秋，热血沸腾的贺伯琼在成都由侯超、赵文治介绍加入中国共产主义青年团，1932年她又由共青团成华市委书记黄志鼎（中江县人）介绍加入中国共产党，被安排负责共青团工作并兼任大同中学团支部书记。此间，贺伯琼还在成都祠堂街四川饭店楼上茶厅，直接为程坤（成都市人，新中国成立后任新疆日报社党委副书记，现离休，住成都市青羊宫干休所）、王野晴（阆中县人，新中国成立后任广元中学副校长，现离休）等人接转过团的组织关系。在工作中，她以学生身份为掩护，遵循党的指示，发动进步学生参加"红军之友社"，宣传"反帝反封建、拥护红军与苏联"的主张。

同时，她在住所张家珍（成都市三层街61号）家里，教张家珍及其邻居陈光汉两家子弟念书，以一边工作一边学习为掩护，进行地下联络活动，她牢记"服从组织，严守纪律，牺牲小我，努力工作，起核心作用，启发斗争"的入党誓词，积极谨慎地工作，她曾去成都东门火柴厂书写"打倒军阀！"标语，并发动组织工人、学生罢工、罢课，进行示威游行，顺利地完成了组织分配的各项任务。1934年她中学毕业，与席懋昭结婚。

培育"桃李"

1933年秋，学业优良和工作热情的贺伯琼，于成都大同中学毕业，由于陈文（女，川东人）、廖维坤（隆昌人）的叛变，成都的党组织遭到破坏，她同革命伴侣席懋昭一道转移到川南邛州牟场教书，在教导主任孟在邨的领导下，继续进行党的地下工作。但在两月后，伯琼、懋昭的地下活动被敌人察觉，孟在邨被捕，他俩又转移到荥经任教，并在此又发展一穷家女生石文英（荥经县城后街人）入党。一年后，他们因与党组织失去联系，便决定到席懋昭大哥席伦（时为刘文辉部营长，驻防天全）那里找个职业做掩护，以坚持革命工作。

1935年春，伯琼同丈夫懋昭到天全，兄弟妯娌相聚，非常亲热喜幸。春节后，席伦拟请上级给他弟弟要个营部军需职务，而天全县县长为讨好席伦，提前委任懋昭担任灵关庙小学校长，伯琼做教导主任。她（他）们在搞好教学工作的同时，给学生讲解革命道理，并利用课余时间向学生家长及学校附近的劳苦群众宣传无产阶级革命道理，揭露国民党反动派的反动和腐败，动员劳苦民众跟中国共产党闹革命。中央红军长征路过灵关，贺伯琼夫妇组织民众保护索桥，迎接红军入关，并积极为红军安排驻地、配合红军镇压灵关团总杨南甫及恶霸徐成武、汪如昌。

当时，伯琼夫妇请求与红军一道北上长征，而组织上仍指示她夫妇留后方工作，当年6月中央红军两名指挥员找到懋昭说："中央决定派人去上海恢复党组织，派你护送陈云出川。"懋昭接受任务后即告别伯琼，立即护送陈云同志出川。

红军离开灵关后，地方土豪和原灵关庙小学校长徐和谦便上告她夫妇"是共产党，开关迎接红军，在川南担负重要工作"，因此国民党将他们画影通缉，且四处悬挂捕贺伯琼赏银800元，捕席懋昭赏银1000元的布告。在席送陈云走后刚三个小时，国民党刘自乾部杨姓旅长就派兵将贺伯琼抓捕，监禁月余后转雅州连日审讯，但贺伯琼不畏酷刑，不受利诱，严守党的机密，敌人未得到只字招供，只好将她解往仪陇关押。此时，席懋昭在安全完成护送陈云出川的任务后，返雅、蓉时均未找到组织，因形势恶化便化装回仪陇，途中被敌逮捕下狱仪邑。这时，伯琼在仪陇狱中身患大疮，几岁的爱女亦正出天花，丈夫也在狱中患上痢疾，可她在严刑审讯中坚贞不屈，一再以"误入红军五日"为供，后经家中诸弟办钱托保，她夫妇才于1937年3月15日出狱。出狱后，懋昭通过张澜先生的关系，到顺庆紫竹街营业税务局做了一名三级组员，伯琼随后也到南充芦溪镇金台场小学任教。

1937年9月，席懋昭到延安中央党校学习，她遂与小女返仪陇再考教员，先后在县城关岳庙和太平、观音等地任教。在关小，她仍坚持革命活动，不时揭露国民党反动派的腐朽和欺骗宣传。1938年8月，席懋昭从延安回到四川仪陇，先后谋得县府稽征员、民众教育馆馆员和观音乡乡长的职务，并以此为掩护，积极进行党的地下工作。

1942年10月，席懋昭再次被捕，1943年春经活动上层取保获释。懋昭回家休养一个多月后，又以经商为名再上西康。临行时，他深情地对贺伯琼说："要把我们的工作继续下去，要深入农村，抱着牺牲态度，要勇敢些，不要怕什么！"

丈夫走后，伯琼一面从事教育工作，一面和林华艺、丁平、冯邦正、陈天伟（原苏区干部）等人继续进行革命活动，发动群众反对国民党抓壮丁和乱派款，遭到地方恶势力的嫉恨，他们认为"虽然席懋昭走了，而异党活动更甚"，便不断上告，国民党也随之派李章南领队去观音"清查"，冯邦正、陈天伟等人均遭吊审和抄家。这时，贺伯琼的处境更为困难，既要对付地方的恶势力，又要应付乡丁常来催收丈夫为赈饥贫民所放出的稻谷，曾一时弄得衣食难保，连12岁的爱女也因身患重病而无钱送治而亡。但她在这一极端悲痛的困境中，仍坚持党的工作，信守党的"三勤"（勤学、勤业、勤交友）指示，做好党的工作，她曾在《自述》中写道："吾中华民族有五千年之文化，九百六十万平方公里之土地，四万万之人口，其衣、食、住、行法则，资源本极高尚丰富。时至今日，反为粗野、卑陋、争盗、窃乞、乱邪昏懦之现状。而一般心理，苟且萎靡，其发现于行为者，善恶不分，公私不辨，本末不知；官吏则虚伪贪污，人民则麻木散漫，青年则堕落放纵，成人则腐败昏庸，富者则烦琐浮华……结果，天灾不能抗，人祸不能弭，内忧荡至，外侮频仍，乃至个人、社会、国家同受其害，流为非人生活。推其究，实为教育不张之故也。"

为了提高工作能力，她不断加强学习，除寻阅《新华日报》外，还常去乡邻梁拱北（在成都读书）那里借来《高尔基文学》《列宁主义》等书籍，去信成都程垒（成都市郊人，现已离休）处要来有关文学与教育方面的书刊阅读。在工作中更加尽心尽责，并定期出刊学生"壁报"，向学生宣传革命思想，鞭挞蒋介石统治的反动，启迪学生的觉悟，并对学生的生活极为关怀，常将水果和自做的蒸馍发给学生，特别是对贾朝选、陈家伦等穷苦学生还要资助学费，故而深得东家和学生的崇敬。

席懋昭自到西康后，一直在雅安、泸定、天全、懋功、芦山、德昌、丹巴一带，积极建立和发展党的组织，筹备革命武装力量。1948年春，他在雅州被国民党特务逮捕，7月他六弟席志俄、四弟席鼎亦先后遭到敌特的逮捕，后伯琼通过阆中县立中学校长朱跃辉（原为贺伯琼老师）的关系，将六弟救出。

1948年10月6日，伯琼在观音小学组建"学友互助团"，通过团内成员传阅《新民主主义论》等进步书刊，以街头讲演等各种方式抨击地方恶势力。同时，她还乐于为贫苦大众排难解忧，如资助佃户贾朝科夫妇买牛；以"抱子"为名，将已被抓为壮丁的贾朝科保回。当年，仪陇县观音乡乡长魏鼎烈告她是"共产党"，国民党仪陇县警即派兵去她家"清查"，她沉着冷静对付，使县警未能搜查到自己的《共产党员证》无果而去。

不负党心

1949年11月，中国人民解放军完成渡江战役之后，进军大西南的喜讯传到仪陇，仪陇人民无不欢欣鼓舞，贺伯琼更是格外欣喜，切望早见黎明，重见亲人，她积极向民众宣传我人民政府的各项政策，抚以各安其居，搞好社会秩序。当时，以罗毅为首的一些头面人物，眼见国民党大势已去，惶恐不可终日，她便向其讲明我党的政策是"坦白从宽，抗拒从严"，只要老实交代罪行，从此改过自新，就会得到宽大处理。同时，组织"学友互助团"成员随时准备迎接解放。

1949年12月23日（农历冬月初四），仪陇解放，无限愉悦的贺伯琼被群众推举、仪陇县解放委员会委任为观音乡解放委员会主任。伯琼旋即投入火热的战斗，她在县城参加第一期农干班学习后，回乡任观音乡乡长。在此期间，她深入农村，开展紧张的征粮、清匪工作，并动员其五弟席正缮把家里的东西献给国家。为了整顿社会治安，她先将观音街上的"红灯馆"（抽鸦片烟的馆子）查禁，得到全乡人民称赞。1950年10月12日（农历九月初二），她被党组织选送到"阆中军大"（中国革命军事大学阆中分校的简称，下同）学习。

1950年底前后，因被人诬告说她参加了"新青年互助社"（系反革命特务组织），"阆中军大"将她拘送仪陇看守所关押。后虽然有陈德斋等50余人联名向政府保救，但仍被处以极刑，含冤而死，时年37岁。

岁月流逝，春回大地，中国共产党领导中国革命数十年的正反经验终被实践所检验。1986年6月23日，党和政府公开为沉冤九泉的贺伯琼平反昭雪，历史又恢复她的本来面目，使之"精神方犹在，忠魂笑长眠"。

（陈良文，仪陇县人民政府办公室退休干部）

回眸南部县落实统战政策

胡新民

1978年12月，中国共产党第十一届三中全会在北京召开。这次会议是中国共产党和国家历史上具有深远意义的伟大转折点。全会重新确定了马克思主义的思想路线、政治路线和组织路线，彻底抛弃了"以阶级斗争为纲"的"左"的指导思想，将党的工作中心转移到社会主义建设上来，使中国共产党和国家进入了一个新的历史时期，统一战线也进入了一个新的历史发展阶段。

根据中共十一届三中全会精神和上级的安排部署，在中共南部县委的领导下，县委统战部和相关部门历经近7年艰苦细致的工作，通过拨乱反正，进一步全面落实统一战线的各项政策，纠正了"文化大革命"中统一战线方面的冤、假、错案，处理了一批历史上的遗留问题，使统一战线从长期"左"的束缚中彻底解放出来。

一、落实改正错划右派政策

1979—1984年，我县近30年的右派问题宣告解决，错划为右派的392人全部改正，收回工作130人，直接办理退休18人，补发抚恤金97人，恢复党籍17人，预备党员转正2人，补发了扣发8人的工资。在反右派斗争中原定为"中右"及"五种人"的195人，因右派问题而受到株连的亲属、子女22人，也分别按政策做了纠正，恢复名誉。改正后收回工作42人，直接办理退职退休

27人，补发抚恤金27人，恢复党籍19人，受到株连的家属子女以"知青"对待7人，恢复城镇户口和转为城镇户口87人。

二、落实工商业者政策

对原定518名工商业者，经复查确认，改定为劳动者的473人，补发定息311人，补发金额206299元；原被精减下发的工商业者改定劳动者29人，除对6人死亡给予抚恤外，收回工作7人，退休16人，补发安置抚恤53人，恢复干部职称36人，补发20人工资7795.6元，退赔金额522元，退还被占房屋118平方米，落实房屋政策26户，计1425平方米。

三、落实三胞、三属政策

全县为台胞台属33人、侨眷侨属10人落实了政策，其中收回工作3人，直接办理退职退休4人，恢复党籍11人，转为正式教师3人、工人2人，重新作出结论的2人，补发工资1049元。在历次运动中，因"海外关系"而受审查批斗的61人（其中台胞台属43人，侨眷侨属18人），也分别以不同形式由有关单位平反恢复名誉。同时，办理台胞子女农转非4人，3人被安排了工作；办理台属子女农转非11人，3人安排了工作，3名台属待业青年以专项指标安排了工作；办理侨属农转非1人，并给予安排工作。

四、落实起义投诚人员政策

在落实政策中，认定起义投诚人员602人，其中将级2人，校级25人，尉级180人，士兵395人；颁发起义证书576人，投诚证书26人。在起义投诚人员因政治运动受处理的170人中，复查改正了164人，减刑2人；将改正后收回工作的22人直接办理退职退休，其中恢复党籍4人，补发安置抚恤费4人，给予定期生活补助72人。

五、落实宗教界人士政策

在宗教界，为我县4名天主教、基督教神职人员改正了冤假错案。原被挤占的宗教房屋2855.2平方米全部退还。

通过全面落实统战政策，有力地调动了广大知识分子、台胞台属、侨眷侨属、原工商业者、起义投诚人员、民族宗教界人士等为社会主义服务和祖国统一的积极性，增强了团结，促进了社会稳定，进一步巩固与发展了爱国统一战线。

（胡新民，南部县政协原副主席、县委统战部原部长）

营山县落实统战政策回顾

姚白云

1978年，党的十一届三中全会后，营山县遵照中央、省、地的指示开展落实统战政策工作。据统计，全县共落实统战政策2619件，其中政治平反1890件，清退私房51件，补偿查抄财物363件，收回安置工作201件，落实农转非户口83件，落实受株连31件。案件涉及人数1961人，其中政协委员75人，党外人大代表48人，知识分子15人，民主人士13人，地下党朋友11人，原工商业者47人，台侨属58人，民族宗教10人，民主党派6人，改正错划右派308人，落实原国民党起义、投诚人员政策875人，区别原工商业者214人，改正错划其他人员281人。通过落实党的各项统战政策，使他们长期在"左"的思想影响下受到各种不公正对待的问题得到妥善解决，政治上得到彻底平反，经济上得到适当补偿，工作上得到合理安排，生活上得到妥善安置。这既恢复和发扬了党的实事求是的优良传统，提高了党和政府的威望，又激发和调动了各方面人士为振兴中华、统一祖国服务的积极性，有力地促进了全县的政治稳定和经济建设。回顾这段历史，主要有以下几个方面。

一、纠正"文革"中的冤假错案

1966年5月—1976年10月的"文化大革命"，是一次全面性的长时间"左倾"严重错误，使党和人民遭受到新中国成立以来最严重的挫折和损失。在这期间，林彪、江青反革命集团为了达到其篡党夺权的反革命目的，疯狂地破坏党的各项方针政策，实行"打倒一切""全面专政"，制造了大量的冤假错案，特别是对党的统一战线工作造成了极为严重的后果。

在"文化大革命"中，营山县各界爱国人士被抄家、揪斗、打击、开除公职，甚至迫害致死等案件共39人。其中开除公职回家的11人，迫害致死的4人，被抄家的6人，被扣减工资的7人，停止原有实际职务被"靠边站"的11人。

1976年10月粉碎"四人帮"后，特别是党的十一届三中全会以来拨乱反正。党坚决和全面地贯彻落实各项统战政策，实事求是地平反冤假错案。在县委的领导下，县委统战部会同有关部门对"文化大革命"造成的冤假错案进行调查、处理和纠正。对原错定为地、反、坏分子开除公职回家的11人，均报经县委研究决定，撤销原处分决定，恢复其政治名誉，收回原单位安排工作，恢复原工资级别，补发"文革"中开除期间的工资；对受迫害致死的4人，均已做出正确的结论，补开了追悼会，发给抚恤、安葬费，并做好了家属子女生活赡养等善后工作；对6人被查抄的物资203件（折款790元）、现金545元均做了退还；对7人被扣减的工资5318元，均如数补发给本人或家属；被解除领导职务的11人，除3人退休外，其余8人均已按他们的身体条件、工作能力和需要，恢复原中学教导主任、小学校长、门市部主任等相应的职务。

二、改正错划右派

在营山县开展的整风"反右"斗争中，全县共划右派分子248人（其中正式党员15人，预备党员1人、团员36人）；国家干部中划了中右分子295人（其中正式党员43人，预备党员4人，团员12人）；在县民警、集体企业，乡镇基层干部、工人、农民和城镇居民中还划了"反社会主义分子"2809人。

当时，凡被划为"右派分子""中右分子""反社会主义分子"的人均受到了不同程度的处分。是党、团员的，受到开除党、团籍或留党察看的处分；凡担任了党内外领导职务的均被撤销职务；凡属国家干部和企事业单位职工的分别受到开除公职、开除留用、判刑、降低工资或停发生活费等处分。据统计，全县308名错划右派中（含外地划右派转来营山县工作的60人），开除公职43人，开除留用36人，判刑46人，下放劳动68人，撤职31人，降薪及其他处分84人。同时，所划右派人员中的52名党团员均受到了开除党、团籍的处分；划为中右的295人中，受到党团纪律处分的59人，撤销领导职务的31人，开除公职12人，判刑1人；划为反社会主义分子的2809人中，受到开除党、团籍的155人，撤销乡领导职务的13人，开除公职的13人。

整风"反右"斗争结束后，1961年10月，根据上级指示，县委成立了"改造右派分子工作领导小组"和办公室，将分散在农村、城镇、机关单位、劳动场所的右派分子的绝大多数，先后五次集中在县上进行短期休整学习，并分批摘掉右派分子的帽子。同时，对全县原划的2809名反社会主义分子也分别做了宣布取消和摘帽处理。

中共中央〔1978〕11号、55号文件下发后，为了认真做好错划右派的复查改正工作，县委建立了摘掉右派分子帽子办公室，由吴俊俗、郭福胜、苑桂成、黄正谦、张兴仁、宾松青等同志组成，办公地点设在统战部。吴俊俗任办公室主任，郭福胜任办公室副主任，并抽调组织部曹德新，宣传部王学国，统战部杜万邦、刘星耀、侯成祥等5名工作人员办理日常工作。县直属各部、局、行政单位也都建立了领导小组，确定了专职人员，狠抓此项工作，并于1979年至1984年底，对全县新划右派分子进行了全面复查和安置工作。全县共划右派分子248人，经过复查，全部进行了改正，其中1979年改正210人，1980年改正21人，1981年改正7人，1982年改正8人，1984年改正2人。同时，外地所划右派分子60人，也分别由原划地进行了复查改正。

在安置工作方面，对因右派问题失去公职的恢复公职、安排了工作。1979—1983年共收回安排工作84人（其中外地改正转来营山县安置的31人），对恢复工作后工资偏低的，重新审定了级别（即原工资不到行政23级的定为23级）；对因身体条件不适宜工作或已到退休年龄的，做退职退休处理的47人；对因右派问题原安排不当的做了调整，基本上做到了量才使用，待遇合理，各得其所。

在所划右派中，正式党员15人全部做了改正，恢复了党籍；预备党员1人办了转正手续；团员36人均撤销了开除团籍的处分；对死亡的36人，按照政策规定发给了抚恤费，并做好家属的善后工作。

另外，对因中右分子、反社会主义分子，因"右派言行"戴上其他帽子，因右派言行或他们的家属因右派问题受株连等而失去公职的"五种人"，对他们的问题改正后，先后收回安置工作25人。其中，中右分子10人，反社会主义分子12人，因右派言行戴上其他帽子的2人，因右派问题失去公职的家属1人。他们安排工作后，其工资低于行政23级或工人4级的，都分别定为行政23级或工人4级；对因病去世的中右分子2人、反社会主义分子1人、因右派问题戴上反革命帽子的1人，均按政策规定发给了抚恤费，并做好了家属善后工作。对外地改正转来营山县安置的"五种人"，有15人也进行了安置。

三、原工商业者区别"三小"

1956年，资本主义工商业社会主义改造成就巨大，但这项工作中也存在偏差和缺点。如相当一部分小商、小贩、小手工业者（以下简称"三小"）被带进了公私合营，以后长时间没有把他们从资产阶级队伍中区别出来而被当作资本家一样进行改造，混淆了剥削者与劳动者的界限，挫伤了他们的积极性。为了处理好这个历史遗留问题，1979年中共中央发出〔1979〕84号、85号文件。根据省、地委对〔1979〕84号、85号文件的具体部署，县委成立了区别工作领导小组，县委副书记唐国尧任组长，吴俊俗、蒋学英、龙建章、寇文良、杨俊卿等同志为成员，并从有关单位抽调人员组成办公室，决定先在县百货公司搞试点，后在全县铺开。

根据中央〔1979〕84号文件规定列入区别工作的范围，只在社会主义改造高潮期间和以前参加国营公私合营企业的原工商业者（包括已经退休、请长假或现在农村的和死亡的）中进行，而参加合作商店的原工商业者和参加公私合营后调到合作商店去的，都按照劳动者对待，不列入区别工作的范围；股金在公私合营企业，人未进公私合营企业的，由原公私合营单位负责区别工作，并将区别结果通知所在单位和本人。

区别的界限是看生活的主要来源是劳动所得还是剥削所得。一般讲资本家的特点是通过雇工进行剥削，有无雇佣关系和雇人多少是衡量区别的界限，资金限额只是一个辅助标准，但对行商、批发商、开栈店的则主要根据资金。当时区别的标准是：

一是凡占有少量生产资料，一般不雇佣工人或店员，自己从事劳动，依靠劳动收入为生活之全部或主要来源者，称为小商、小贩、小手工业者。

二是占有一定生产资料，雇佣少量工人或店员（商业、饮食服务业、交通运输业雇佣1—2人，手工业者雇佣1—3人），自己从事劳动，以为生活之主要来源者，为小业主。

三是合伙经营的资本主义性质的企业中，本人资金不足2000元，参加主要劳动，不掌握企业"三权"（经营管理、财产处理、人事任免和奖惩权者），也应划为小业主，小业主虽有较微剥削仍属于劳动者范畴。

在县委的领导下，区别"三小"工作，从1982年10月下旬起在全县陆续开展，同年年底基本结束。按照中央文件规定，对营山县1956年以来进入公私合营的原工商业者198人一一进行了区别工作，其中有174人（县百货公司53人、糖业烟酒公司5人、饮食服务公司9人、县酒厂25人、医药公司23人、小桥区供销社50人、双河区供销社9人），区别为劳动者，占原工商业者的88%；有22人（原资本家1人、工商业兼地主19人、地主兼工商业2人），按照文件精神不予区别，这些人按行业分布，属商业的16人、饮食服务业1人、工业1人、医药业4人。

根据南充地委统战部〔1980〕9号文件精神，对合作组织中的区别工作应本着从简精神，不搞大面积的动员工作；对于土地改革时定为劳动者成分，但仍属于"三小"的这部分人员不进行一一区别，但在各种会议上要大张旗鼓地对其宣传党的政策，做好思想教育工作，讲明他们本来就属于劳动者范畴，已经成为劳动者了；对过去确属按资本家、资产阶级处理对待的人，则纳入了区别范围。经调查摸底，当时全县合作商店共有职工1492人，列入区别范围的有16人，其中区别为劳动者的12人，不区别的4人。

按照中发〔1979〕95号文件规定，作为阶级的资本家阶级已不再存在，这个阶级中有劳动能力的绝大多数已经改造成了自食其力的劳动者。因而对未区别出来的原工商业者，今后不要再叫他们"资本家""资产阶级工商业者"或"私方人员"等，对他们应与其他职工一样，合理地加以安排使用；对他们的生活待遇、病假、医疗、退休、退职、死亡以及其他生活福利待遇，从1980年1月起分别按干部职工办法办理。这就进一步调动了工商界为社会主义建设事业服务的积极性。

四、落实对原国民党起义投诚人员政策

"爱国一家，既往不咎，一视同仁，量才录用，妥善安置"，这是我党对起义投诚人员的一项重要政策，这项政策在历次国内战争，尤其是在解放战争时期，对于瓦解敌军、发展革命统一战线发挥了重要作用。中华人民共和国成立以来，各级党委按照党的政策，对原国民党起义投诚人员进行了安排、使用、团结、教育，产生了很好的社会影响，许多起义投诚人员努力学习，积极工作，他们在社会主义建设和两岸统一和平统一大业的工作中发挥了作用。

但是，由于"左"的影响，党对起义投诚人员"既往不咎"的政策在一些地区和部门还没有真正落实。特别是在"文化大革命"时期，党的这一政策受到严重破坏，损害了党的威信。为了调动一切积极因素，化消极因素为积极因素，进一步发展安定团结的大好形势，党中央于1979年1月9日以中发〔1979〕9号文件，发出关于落实对原国民党起义投诚人员政策的指示。

为了认真贯彻中央指示，做好落实对原国民党起义投诚人员政策的工作，1979年4月，中共营山县委成立了落实对原国民党起义投诚人员政策领导小组，由县委副书记唐国尧任组长，吴俊俗同志任副组长，张鹏信、向廷喜、唐国田、邓万国为成员，办公地点设在县委统战部，抽调了7位专职人员进行具体工作。经过全面的调查摸底和复查工作，对原国民党起义投诚人员的政策，逐个进行了落实。

营山县共落实原国民党起义投诚人员政策875人，其中将级2人、校级51人、尉级321人、尉级以下501人。他们中在历次运动和因其他问题受到处理的共111人，其中原有公职受到处理的有32人（因右派问题失去公职的10人，因追究历史问题失去公职的20人，因新罪破坏军婚判刑失去公职的2人），

此32人经复查，除新罪判刑2人维持原判外，其余30人均于1979—1984年分批撤销了原处分决定，恢复了名誉，能工作的25人安置了适当工作，不能工作的7人做了退职退休处理；原无公职人员受到处理的有79人，其中因追究历史问题处极刑的4人、判有期徒刑的27人、判管制和错戴历史反革命分子帽子的30人、其他处理的18人，经复查除对新罪判刑5人仍维持原判和1人减刑外，其余73人均在1979—1984年分别由法院、公安部门发了改判和改正通知书，恢复了名誉；对处极刑的4人中，有3人分别给予其家属一次性困难补助，有1人家属系孤寡老人，除给予一次性困难补助外，每月还发给生活费。另外，对因在服刑中死亡的24人，分别不同情况，一次性发给其家属困难补助费。

此外，在落实原国民党起义投诚人员政策中，有关单位还对受过错误处理的复查改正：现老弱病残，生活上有困难的42人，分别不同情况，每月给予了定期补助；对虽未受到错误处理，但生活上确有困难的229人给予了临时性补助。同时，还对全县875名原国民党起义投诚人员颁发了证书，充分肯定了他们为中国人民解放事业和社会主义建设事业做出的贡献，体现了党和政府对起义投诚人员在政治上的关怀。

（姚白云，营山县委统战部退休干部）

嘉陵区统战工作初始回忆

左天权口述　谭光红　胡涛整理

嘉陵区委统一战线工作部的建立

左天权回忆起那段往事，觉得很知足，他仰着头说：我们那时两年干了四年或者五年的事。

1993年7月2日，国务院批准，撤销南充地区、南充市、南充县，设立南充市（地级），顺庆区、高坪区、嘉陵区。9月3日，陈荣仲任嘉陵区筹备工作领导小组组长。9月4日，我接到通知，任嘉陵区统战部部长。我又惊又喜，惊的是工作重任来得太突然，那段时间，大家都在私下议论：嘉陵区是农业大区、工业小区、财政穷区、科技弱区，可见今后肩上的担子该有多么沉重。喜的是我在南充县政协担任秘书长近十年，对统战工作比较了解。

嘉陵建区之初，工作就像和快车赛跑。经过短短一天时间的准备，1993年9月5日，中共南充市嘉陵区委统一战线工作部就建立了。机关工作人员编制4人，我任部长，唐高林任副部长，另设两名中层干部，分别是青先禄、刘庆东，临时办公地址位于南充市西桥河附近的虹桥旅行社二楼，区委办公楼下面。办公场地是区委统一租赁虹桥旅行社的房屋，办公室设施十分简陋。

当天上午，区委统战部召开成立大会，下午我们四人工作小组就正式履行职责，首先开了一个简短的碰头会，对嘉陵区统战工作进行了分工，宣布了工作纪律，然后四个人就动手布置办公室，添置设备。

9月7日，大通、安平等镇分管统战工作的同志就找上门来了，他们汇报伤残军人的生活补助问题，在接待来访人员时，连坐的凳子都没有多余的，饮用水也不能提供。他们看到我们在简陋的办公室里忙得不亦乐乎，也就理解我们的工作了。当时，有一位金凤镇上来办事的人，看到我们汗水顺着脸颊流到脖子，衣服粘贴到背上，感动地说："我算真正见到了人民的公仆。"

当初，所有资料都是我们自己写，并且是人工手写，我们没有专门的打字员，重要资料需要打印，就拿到区委办打印室去，请他们的工作人员帮忙。我们面临的第一项工作，就是对辖区各乡镇、区属各企事业单位和区级机关各部门的统战工作建立资料库，涉及伤残军人、民主党派、知名人士、抚恤安置、社情民意等内容。在那段时间里，青先禄和刘庆东每天通过手摇电话和下面乡镇逐一联系，我和唐高林便利用乡镇干部上来开会的机会，找到乡镇干部当面了解统战工作情况，硬是在短短一个月时间内，掌握了全区23个乡镇统战工作的基本信息，对全区200多名党外人士建立了档案资料，后组织推荐了83名先进党外人士，当选为嘉陵区第一届人大代表。那时，条件虽然艰巨，但对省、市、区下达的工作任务，我们却不敢马虎，兢兢业业，加班加点地去完成。

1993年冬季，天很冷了，好几个晚上，我们四个人在办公室工作到2点多钟。我家住高坪区，完成手上的工作后还要步行回家。我怎么也不会忘记，有天晚上完成省上的一个报告后，已经是半夜2点过10分了，当时西桥河外面的街上一个人影都没有，从人民南路到模范街，偶尔还有一两个上下夜班的人，来去匆匆，当我穿过模范街走上大桥的时候，雾已经弥漫在江面上，大桥上的路灯不知是关了还是停电了，桥上一片漆黑，我突然想起了一个词语"伸手不见五指"，我当即伸出五指，举在眼面前看，我此时感受到了这个词语的真实性。我不敢怠慢，左手扶在桥栏上，迈开步子摸索前行，生怕踩虚了脚跌在桥面上。一直走到白塔山上，借着微弱的路灯，心里才踏实了一些。但就在走进白塔公园时，突然一只野猫从树丛中蹿出来，"嚓啦"一声响，我吓得一个惊颤，虚汗都冒了出来。我回到家，头上、眉毛上都结了一层白霜。

第二天，早上5点半我又起床了，因当天8点钟区委有个座谈会，在这个会议上我还要发言，向区委领导汇报《关于拓宽思路，创造条件，大胆引进民营企业家的建议》，故而在6点半，我就从家里出发，本想在鹤鸣花园乘坐公共汽车，可是等了很久，不见公共汽车的影子，只好步行到办公地。工作几乎天天都是这样，有人羡慕我现在70多岁了，身体还倍儿棒，思路还这么清晰，我说："这都是我那时锻炼出来的啊！"

那时，我们办公室四个人的平均年龄还不到50岁，年富力强，个个都是一等一的好手，工作起来你追我赶。当年底，我们出色地完成了各项工作，嘉陵区统战工作得到了市上表彰。

1994年9月，接到区委通知，统战部办公地点搬迁到火花乡都尉路一段嘉陵区人民政府临时办公大院内（现嘉禾园），我们仅仅用了两天时间，就顺利完成了搬迁工作，并且那两天还是礼拜天。星期一，陈荣仲书记来检查工作，看到我们在新办公室办公了，还表扬我们："你们搬迁完成得很快呀！"可我们心里明白，礼拜天我们都没有休息呀。

筹建区政协、工商联及民盟嘉陵区支部

1993年9月8日，区委将筹建区政协和准备召开区政协一届一次会议的任务交给区统战部，区委书记陈荣仲单独召见了我，他特别嘱咐："严格按照选拔标准，按时完成任务。"我表示："绝不辜负组织的期望，保证完成任务。"

随后，我们进行了分工：我主要负责搭建区政协领导班子，唐高林和其他人员负责各界别人员的组成。搭建领导班子是组建区政协的首要任务，是选好政协主席。

区政协主席的第一人选经过多方商议，我们确定为龙仕岱，他是原南充县政协副主席，在各县（市、区）有很高的威望。我当时求助原南充县政协主席杨成忠，那时他已是嘉陵区人大主任，请他做龙仕岱的工作，动员龙仕岱到嘉陵做政协主席。

9月10日，我给陈云仲书记打电话商量此事。陈书记说："龙仕岱能来

嘉陵做政协主席当然很好，你征求一下他个人的意见。"我马上给龙仕岱打电话，龙问："谁当秘书长？"我知道他看重个人能力很强的原南充县政协宣传部部长范福元。我就说："范福元当秘书长。"话是说出来了，我还没给范福元说，但我还是有信心。随后我给范福元说："龙主席要到嘉陵当政协主席，请你来当秘书长。"范福元二话没说就答应了。我随即给陈书记报告："龙仕岱愿意到嘉陵来当政协主席。"陈书记很高兴，便立即给地委报告。第二天，也就是9月11日，地委就通知龙仕岱到嘉陵区报到。

主席选好了，接着就是副主席。按照政协章程规定，政协班子中中共党员和党外人士必须四六开。我和龙仕岱是中共党员，需要找党外人士，才能达到这个比例。当时有号召力和影响力的党外人士太少，很不好找。

我找到任思恭，他是原南充县政协副主席（无党派人士），同时也是南充县教育局副局长。这不是挖墙脚，因为南充县政协党外副主席有三个，名额有多的，我向他发出邀请，他向我提出了一个要求："因家属离城较远，希望能调到顺庆工作，以解决后顾之忧。"我找到南充市委统战部、市委组织部，请他们给予帮助，各部门对于组建嘉陵政协都给予大力支持，很快其家属就调到了南充市第四人民医院。

政协副主席的另一个人选是南充印染厂总工程师徐行熟，他无党无派，有专业、有特长、有影响力。我找熟人给他做工作，自己又亲自登门，徐也最终同意了。

1993年11月9—14日，区政协一届一次会议在南充市高坪区招待所如期召开。会议选举产生主席1人，副主席3人，秘书长1人，常委11人。至此，政协南充市嘉陵区委员会正式成立。

1994年初，市委统战部通知我们尽快把工商联成立起来。2月19日，我就向中共嘉陵区委副书记高宗成汇报了关于筹备组建南充市嘉陵区工商业联合会的工作。高宗成嘱托我，抓紧筹备，争取尽快成立嘉陵区工商业联合会。

我与唐高林一边与南充市嘉陵区机构编制委员会对接，一边整理工商联筹备报告，前后进行了一个多月，尤其是工商联主席的物色，费尽了周折。既要懂经济，又要懂管理，还要精通对外联络。我在南充县政协工作近10年，对全县人才分布结构比较了解。一番酝酿考察后，向区委推荐谯大明任工商联主席。谯大明是大学生，当过县供销社主任，和省财政厅厅长李达昌是同学，便于为嘉陵区建设争取资金，区委同意了我的建议。可是等我找谯大明谈话时卡壳了，谯大明不愿意到嘉陵区来工作，原因是供销社改制经历了资金上的困扰，明知嘉陵区穷，又去那儿履职，岂不自找麻烦。我做事情，一向是不达目的不罢休。我也深知很多知识分子的内心世界，他们做事情轻名利、重气节，我便连续三天到谯大明的工作单位找他交换意见，晚上有空时也到他家里去聊天。记得在第二次（3月9日）去他家里的那天晚上，又遇停电，我们两人坐在沙发上促膝交谈两个小时，他被我的良苦用心感动了，当即答应："到嘉陵区去干一番事业！"事后，他对人说："诸葛亮三顾茅庐也不过如此，我谯大明何德何能，左部长还这么真诚。"

4月1日，嘉陵区机构编制委员会嘉编发〔1994〕53号文件《关于设立南充市嘉陵区工商业联合会的批复》通知下达，中共嘉陵区委、嘉陵区人民政府同意设立"南充市嘉陵区工商业联合会"，为正科级机构，归口中共嘉陵区委统战部管理。7月20日，嘉陵区人民政府嘉府发〔1994〕40号文件《关于成立南充市嘉陵区工商业联合会暨南充市嘉陵区商会的批复》规定，工商联、商会实行两块牌子，一套人马的管理体制。

7月26、27日两天，嘉陵区工商联（商会）在高坪区招待所召开第一届会员代表大会，选举产生了嘉陵区工商联（商会）第一届领导班子，谯大明当选为会长，青先禄为秘书长。选举产生了区工商联执委46名，常委32名，副会长10名，会长1名，名誉会长1名。全区城乡非公有制经济代表人士63人入会，他们中安排有省、市、区人大代表，政协委员10人，进入市、区政协领导班子的有3人。全区非公有制经济代表人士队伍形成。

建区时，嘉陵区以农业为主，城区面积不到2平方公里，企事业单位的民主党派人士较少。摸底后了解到，当时只有民革、民盟、民建、九三学社四个民主党派，均没有建立基层组织，共有成员21名。在市委统战部的关怀下，嘉陵区委统战部召开了民主党派座谈会，我与各民主党派成员交流，摸清情况。民主同盟会盟员王维泗和青建伟，在带领盟员捐款捐物支援贫困地区、灾区方面工作十分出色，我和王维泗、青建伟交谈，告诉他们，"根据市委统战部意见，尽快把民盟支部建立起来"，王维泗说："嘉陵区盟员人少，加上嘉陵范围内的市级单位才7人，不知道符不符合要求。"我当即向市委统战部报告，市委统战部同意建立民盟嘉陵支部。当我把消息转告王维泗后，王维泗很高兴。经过充分准备，于1995年5月30日，成立了民盟嘉陵区支部。王维泗当选为主委，青建伟当选为副主委，这是嘉陵区建区后成立的第一个民主党派基层组织。

团结一切力量，努力开创嘉陵建设新局面

1994年中秋节，根据市委统战部的统一部署，嘉陵区委统战部主持召开了"三胞"亲属代表座谈会，宣传党的政策、方针，宣传改革开放的大好形势，帮助"三胞"们解决生活中的实际困难。

当年底，嘉陵区委统战部研究决定给党外人士和"三胞"亲属写慰问信。唐高林提出，贺卡很时尚又流行，就用贺卡吧，我们四个人坐在办公室写贺卡，花了大半天时间共写了300多张，有的同志收到贺卡后，还礼节性地给我们回寄了贺卡，干部和群众之间就像一股清泉在流淌。

我印象最深的是，我们统战工作为部分原国民党起义投诚人员落实定期生活补助的事。桃园乡范家沟王世怀，1944年17岁应征入伍，在国民党八十六军，曾参加长沙会战。抗战胜利后，他随军在河北起义，参加了中国人民解放军。1955年回乡务农。

当时，乡镇分管统战的同志告诉我们，王世怀生活贫困，我和唐高林便去到桃园乡他家中，看到王世怀屋里家徒四壁，我于是马上与有关单位取得联系，先给他发了年终慰问金，然后落实了生活补助。王世怀逢人便说："感谢统战部的领导。"

左天权说到这里，脸上露出了微笑，他说："在嘉陵区统战部成立之初那两年的工作，我记忆犹新。我们在与时间赛跑，我很满足，拼搏过，拥有过。晚年回忆起来，幸福快乐，就如一抹夕阳，灿烂美好！"

（左天权，嘉陵区统战部原部长；谭光红，嘉陵区纪委驻市场监督管理局纪检督察组组长；胡涛，嘉陵区政协专职文史员）

委员小组是发挥散居在基层委员

作用的好形式

敖赐觉

我县政协于1984年4月在全县12个区（镇）建立了政协委员小组，较好地解决了长期存在的"开会委员"问题，有效地团结了分散在农村的各界人士。一年多来，委员小组在各级党委领导下，根据各自的特点和优势，紧密围绕各项中心工作，积极开展多种形式的活动，使全县统战、政协工作出现了空前活跃的局面。

一封来信的启迪

1984年初，县政协收到了王家区一位政协委员的来信。来信说，他当政协委员除了每年参加一次全委会外，就无人过问了，想干工作摸不到门路，有了困难得不到解决，无依无靠，缺乏温暖，好像"没娘儿"。我们也深切感到政协工作"上热下凉，有头无脚"。这封信启迪了我们，县政协遂开始酝酿如何把散居农村的政协委员组织起来，但当时政协章程既无规定，左邻右舍亦无榜样，我们有些把握不准，但反过来又想，发展农村经济是全县的重点，政协工作老浮在上面，开例会，搞座谈，作报告，而不深入农村和实际结合，如何谈得上发挥优势，推动改革。同时，我们在摸底调查中发现，全县几个方面的统战对象共有1900多人，其中大部分散居在农村，应该通过政协的活动把他们团结起来。于是，1984年4月召开县政协61次常委会时，我们正式决定建立区（镇）委员小组。经过一段时间的实践，全县政协工作的确有了较大进展。连我们政协机关小院也发生了变化，出现了"两多一少"："电话多了"，12个委员小组经常开展活动，都要和政协联系，请求县政协派人参加；"客人多了"，来汇报的、反映情况的，甚至有些委员办红白喜事也先要打声招呼；"主人少了"，即县政协的领导和机关干部经常下乡下组，蹲点跑面，有人说现在的政协干部是"有头有脚、办事利索"。我们也深深地体会到，建立委员小组适应了农村经济发展的要求，满足了委员们贡献才能、造福桑梓的愿望，适应了把统战政协工作延伸到基层的需要。

四点主要成效

委员小组建立后，以服从于和服务于发展农村经济为指导思想，在组织委员和所联系人员的时事政治学习，开展协商监督，参观考察，以及提供经济技术咨询服务、培训人才、开发智力、促进社会主义精神文明建设等方面做了大量工作。其成效主要表现在以下四个方面。

1. 开展宣传教育，在"最广泛"上下功夫

邓颖超主席在全国政协六届二次会议讲话中指出：新时期爱国统一战线和人民政协的根本任务，就是要最大限度地团结一切可以团结的力量，调动一切积极因素，发展和加强中华民族的大团结大统一，努力为实现本世纪末工农业总产值翻两番的宏伟目标，建设高度的社会主义物质文明和精神文明，完成80年代以至90年代的三大任务而奋斗。委员小组建立后，为了完成这一根本任务，不断扩大团结面，着力于加强政协统战工作的宣传教育，并针对不同对象采取不同的方法开展工作。当时，凡中央有关统战、政协的指示精神或上级政协召开的会议，或发来的文件，委员小组都及时向区委汇报，并提出自己的贯彻意见，既取得领导的支持，又向他们进行了宣传；然后召开座谈会、茶话会、传达会，组织政协委员和所联系的人士学习讨论；同时对广大群众则利用有线广播广泛宣传统战方针、政策和政协的性质、地

位、任务、作用，并定期举行统战基本知识广播讲座，此外委员小组还经常走乡串户，把宣传工作做到村头、家里头。通过这样有点有面、深入广泛的宣传活动，提高了广大干部、群众对政协工作的认识，各区的党委和区公所逐步把政协工作纳入了议事日程，主动发挥委员小组的作用。此后，许多单位的领导也改变了过去对统战工作不大关心的态度，转而积极支持政协委员的工作，致使统战对象更加振奋，如在伏虎区委员小组召开的有40多位教师参加的座谈会上，有的同志说："这样的座谈会是我区建国以来的第一次。"他们联名发出倡议，决心献身四化，为培养人才倾注全部心血，当时有的党外人士在参加委员小组举办的茶话会上，被感动得热泪盈眶。兄长在台湾任职的杨正武说："过去我们到区上来都是听'训话'，如今是来做客，这都是党的统战政策好，如果我哥哥得知，他也会感到高兴的。"此后，许多党外人士积极参加委员小组的各种活动，如南隆区的政协委员只有5个人，但经常参加小组活动，与小组保持密切联系的多达412人。据了解，全县分散在农村的52位政协委员组成的12个委员小组已经联系着1000多个未作政治安排的各界人士，使政协工作的广泛性达到了前所未有的程度。

2. 积极献计出力，发展农村商品生产

我县是川北山区一个拥有117万人口的大县，也是穷县，地域辽阔，交通不便，山多土薄，资源匮乏。面对这样一个现状，如何发展农村商品生产是全县上上下下苦心思虑的大问题。1984年和1985年县政协两次发动各个委员小组在深入调查研究的基础上，立足本区，着眼全县，为振兴南部经济献计献策。各小组为此先后提出了208条建议和意见，一方面供县委、县府决策参考，另一方面由委员小组协助本区党政领导研究实施。

升钟区委员小组从本地实际出发，发挥委员专长，协助25户农民在西河水面兴办了养鱼场，通过自繁、自养、自捕、自售，一年多来产鱼5万多斤，户平均收入近2000元。他们还针对本区农民养的鸭子由于山高路远，以每斤二三角钱还卖不出去的情况，经请示区委同意后，给当地铁木工厂做工作，拨出场地、资金，又从重庆聘请来技术人员，协助农民把活鸭加工成板鸭，运往成、渝等地销售，仅去年秋季就为养鸭户增加收入近40万元。

定水区委员小组根据本区人多、土少、底子薄、人才少的实际情况，认为饲养长毛兔投资少、草料广、效益高，不失为致富的好门路，他们在有关方面的支持下，开办了"技术培训班"。经过培训，全区很快出现了72家养兔重点户，1985年总计纯收入3万多元。群众反映，委员小组帮他们请来了"财神爷"，当然如果不把委员组织起来，"财神爷"我们是请不来的。

3. 多办实事、好事，为群众排忧解难

我县各区委员小组建立后，千方百计多办实事，办好实事，为群众排忧解难，从而取得了群众的信任，扩大了政协的影响。1984年南隆区几千亩水稻遭受螟虫危害，群众心急如焚，委员小组及时建议区委组织治虫技术培训，后请了科技人员主持授课，对全区乡、村、组层层短训，先后培训700余人，有效地治住了虫害，使全区水稻获得大面积丰收，挽回了10多万斤粮食的损失。

盘龙区委员小组鉴于该区中学教学、生活条件都很差，长期未能得到解决，去年1月，他们乘区委召开干部会议时，建议区委领导带领全体干部到学校进行现场考察，了解实际情况。区委书记后经考察并当场拍板，为学校集资1.3万元，将学生的地铺换成木架床，还打了三条排水沟，改变了学校面貌，师生们赞扬委员小组为他们办了件大好事。

建兴区委员小组去年3月在义兴乡参观考察时，发现刚改建不久的一所小学校舍成了危房，他们深入群众调查了解得知，原来是乡党委书记利用职权以一角一斤的低价，买去了600多斤计划使用的旧楼板，大队干部也上行下效，名买实拿，以致建房材料短缺，资金不足，致使校舍成了危房。委员们为此及时向区委作了汇报，区委遂责成有关人员作了检讨，赔偿了损失，退回了材料。群众颇受震动，称赞"政协、政协，真能镇邪"。

4. 帮助统战对象治穷致富，使落实政策工作善始善终

近几年来，我县遵照中央和省委的统一部署，以最大的决心和最有力的措施，落实了各项统战政策，取得了明显的成效，落实政策工作基本告一段落。但是，由于相当一批过去被错误处理和长期受歧视的统战对象年老体弱，政治上虽然平了反，但经济上却难翻身，生活上仍有不少困难。委员小组建立后，积极帮助他们发展生产，治穷致富，不仅使他们在政治上能抬起头，经济上也能得改变。去年，南隆区委员小组在区委领导下专门召开了全

区台属、侨属和起义投诚人员勤劳致富经验交流会，组织大家学习《勤劳致富一百例》，讲授柑橘的速生高产技术，赠送种植、养殖技术资料，并帮助每户制订致富规划。如台属袁吉昌年老体弱，家境困难，拟开一个小商店，却苦无资本，委员小组知道后便积极给信用社做工作，帮助他贷款800元，商店开业后每月有60多元的收入，全家生活有了明显改善。

台属胡延生在委员小组支持下成了酿醋专业户，1984年获利7000元，全家五口，人平收入1400元，委员小组后还帮他牵线搭桥，与侨资公司联合开办了火炮厂。人们说，胡延生的生活是芝麻开花节节高，一年更比一年强。

对个别特殊问题，委员小组还想方设法帮助解决。大桥区原起义人员罗杰克系国民党上校参谋长，新中国成立后财产被没收，本人被判徒刑，1975年宽释后，两个30多岁的儿子娶不上媳妇，父子三人同住一间小茅屋。乡政府根据委员小组反映的情况和提出的建议，将县上分配的2米木材指标全部给了罗，委员们又动员他的邻居、亲友帮工换工，为他新修建了三间瓦房。后来他一个儿子有了对象，但对方家庭有些犹豫不决，委员小组的同志专程到女方家去做工作，终于使这一对青年结了婚。罗杰克感慨地说："我们这些人，靠的就是统战政策好，若不是政协建立了委员小组，统战工作哪能做到农村来！"

三条基本做法

政协委员小组的建立和活动，始终都是在各级党委的正确领导下进行的，并得到了有关方面和所联系人士的热情支持，县政协在指导扶持委员小组的工作中，也摸索出了一些基本的工作方法。对此，我们有以下几点体会。

1. 摆正位置，建立制度

委员小组无章可循，它既不是一级机构，更不能作为区（镇）的小政协，但组织起来总要有一定的制度才便于开展活动。经过我们反复研究，后县政协拟定了一个《关于委员小组有关事项的通知》，经请示县委同意后，下发各区（镇）。《通知》明确指出，"委员小组是在区（镇）党委领导下，在县政协指导下，推动委员学习和开展活动的一种组织形式"，并帮助委员小组制定了学习、会议、汇报等一些基本制度。

与此同时，各区（镇）领导也把委员小组的工作列入自己的议事日程，并在区公所确定了一名干部兼任联络员，以与委员小组保持密切联系；县政协相应地还设置了委组工作科，作为联系委组和委员小组的办事机构。委员小组此后有了上级组织与领导的支持，也有了合法地位，有了规章制度，故而取得了开展活动的主动权。

2. 选好组长，创造条件

委员小组建立之后，能否发挥应有作用，组长人选是个关键。我县12个委员小组长中，有4位是现职的区（镇）党委书记或副书记，8位是退居二线的调研员，他们情况熟，威信高，活动能力强，对开展小组工作极为有利。同时，县政协领导还经常利用县委、县政府召开干部会议的机会，大讲新时期统一战线和人民政协工作的重要意义，通报委员小组在基层活动的成绩和情况，并在每年经县委批转的《政协工作要点》中，要求各区（镇）党委和各有关部门重视和支持委员小组的工作。对委员小组中一些需要县上解决的问题和困难，政协都主动出面和县委、政府协商研究，尽量予以解决，为他们创造有利的工作条件。

3. 积极扶持，具体帮助

委员小组成立后，县政协领导和机关干部经常深入基层，参加小组的各种活动，帮助他们拟订活动计划，并努力做好"三给"，即"给资料，给点子，给经费"。县政协除印发会内及有关文件给委员小组外，还翻印下发了《学习资料》《政协章程讲话》《新时期统一战线基本知识讲话》《人民政协的建立和发展》以及中央领导同志有关统战、政协工作的指示等共6000余册，并用公费给每个小组订了《人民政协报》《四川政协》《半月谈》等报刊；县政协每次常委会都请委员小组长列席，还不定期召开小组长座谈会，研究工作，交流经验，树立典型；政协领导也经常给委员小组交任务，出主意，提要求。在行政经费紧缩的情况下，县政协根据区（镇）大小、成员多少，每年从业务费中拨给适当的活动经费，使小组活动得以长期坚持，不断创新。

把政协统战工作延伸到基层，这是个新课题，目前委员小组的活动也仅仅才开始，许多问题还认识不深，抓得不细，需要在今后不断探索中总结、提高，我们也更希望得到上级政协给予具体的帮助和指导。

1986年2月20日至3月1日，南部县政协主席敖赐觉作为全川地方政协八名代表之一，出席全国政协在北京召开的地方政协工作座谈会，本文是敖赐觉代表南部县政协在会上所作的书面发言，其中个别字句有所改动。

（敖赐觉，南部县政协原主席）

"统战"伴我成长

莫小东

我从1984年11月起，先后在南部县台办、南部县政协工作，从事统战工作一晃快40年了，现已近退休的年龄。回忆其间的许多往事，"统战"伴我一步一步成长。

工作"统战"　广交朋友

1982年7月，我于南充农校中专毕业，分配到南部县畜牧局，1984年8月我参加南部县第一次侨眷代表大会，了解到一些统战知识。同年11月调南部县台办工作后，通过系统学习党的统战理论、方针政策，明确了我们的工作要高举爱国主义、社会主义两面旗帜，坚持党的"和平统一、一国两制"方针，以推动和促进祖国完全统一。

工作初期，我们在全县开展台情普查，当时深入城区、乡村调查走访，一户一户掌握去台人员及其亲属基本情况，落实有关政策，解决具体困难和问题，帮助寻亲访友，热心为其服务，从而建立感情，增进情谊。1987年，台湾当局开放探亲，此后返乡祭祖探亲旅游的台胞越来越多，赴台交流的人员日趋频繁，我们也尽力做好接待工作，通过面对面宣传，使台湾同胞进一步了解涉台政策，亲身感受祖国大陆的发展和家乡的巨变，让其高兴而来满意而去；通过行前教育，让宣传入岛入心，以增进台湾同胞对祖国大陆的认同。

1991年4月,我县成立南部县台胞台属联谊会,南部籍台胞随即也在台湾成立了南部县旅台同乡联谊会,从而加强了两岸的联络互动。我们认真落实台湾同胞优惠政策,办理台胞定居、捐资,处理涉台婚姻、遗产继承、购建房屋以及丧葬、突发事件等事务,通过接待联络,交流交往,广交朋友,增进与台湾同胞及亲属的情谊,增进他们对祖国大陆的了解和认同,增强他们对祖国"和平统一"的共识,以推动和促进祖国统一。直到现在,老一代健在的台胞,与我接触的二、三代台胞台胞台属,都把我当作知心朋友。

2002年8月,我调县政协机关工作,从第九至十四届担任县政协委员,第十二届起任常委。"团结"和"民主"是政协工作的主题,"长期共存、互相监督、肝胆相照、荣辱与共"是政协工作的方针,新时期统战工作呈现出空前的广泛性、巨大的包容性、鲜明的多样性和显著的社会性,我便把广交朋友、深交朋友作为应尽之事。

政协委员来自各个界别,是各行各业的精英,我经常与对口联系单位、政协委员打交道,我真诚相待、平等协商,许多单位负责人和政协委员都与我结下深厚情谊,成为推心置腹的朋友,工作起来也更加得心应手。我在政协主要从事文史工作,南部县政协先后设立文史资料工作组、文史工作委员会、宣传文史科、社会联谊文史委员会、文化文史和学习委员会。原来政协组建有文史员队伍,因他们中有的性格不合,有的同志对人不够尊重,后来逐渐散了,我来后虚心向前辈学习,向知史老人请教,用真情感动他们,用真心温暖他们,并礼贤下士聘任一批文史员,从而重新组建起我县文史资料工作队伍,许多老同志与我还成为忘年交。像史今律、刘松乔、利炳元等老师撰写了大量高质量文史资料文章,从而保证了稿源不断。

因文而名 卓有成效

在台办,我从事对台对外宣传工作,主要向"四种人"即台湾同胞、港澳同胞、海外侨胞、外籍华人进行宣传,通过参加省、市台办的业务培训及自己的勤学苦练,特别是1987—1989年就读省委党校两年时间,我在学校图书馆阅读了大量书籍,为自己的新闻撰稿和文学创作奠定了扎实的基础。1989年由我撰写的《如何向台胞开展宣传》经验文章，使南部县破格参加了全省对台宣传工作座谈会并作交流发言，得到省委宣传部、省委台办的充分肯定，省上号召全省各地向南部学习。我后来又撰写了《海峡两岸话"缘"》《画坛怪杰席德进与艺术大师张大千的"艺缘"》，以及反映家乡建设成就等系列文章，被各级报刊电台采用。我撰写的《大禹治水与两岸"三通"》一文，由中央人民广播电台等8家媒体共同播出，1999年4月获两岸关系"大家谈"征文纪念奖，2001年6月获省政府新闻办、省政府台事办1999—2000年度全省优秀对台宣传作品一等奖，那时我因此有了一些名气。

我到县政协机关不久，2003年5月任县政协社会联谊文史委员会副主任，2006年10月任主任，后任县政协文化文史和学习委员会主任，现任县政协四级调研员。在此期间，我撰写的诗歌散文、调研报告等文章，许多被《台湾工作通讯》、中央人民广播电台、海峡之声广播电台、《华声报》、《香港商报》、《四川政协报》、《南充日报》等报刊、电台采用。2004年，我撰写的《杏林春色 爱满人间》获全国政协教科文卫体委员会和《纵横》杂志全国征文通讯类二等奖。2005年，我撰写的《发展南部县旅游业的思考与建议》一文，较早就满福坝、升钟湖、八尔滩提出整体包装、综合开发的建议，受到县委、县政府的高度重视。2012年应县上安排，撰写完成《中国4A级升钟湖景区解说词》，受到县委主要领导的肯定。2015年撰写的《发挥县级政协协商民主重要渠道的思考》（合作），参加南充市政协理论研讨会并发言，文章被推荐到省政协，被《中国政协理论与实践汇编》（中国文史出版社）收录。2019年撰写的《山水灵动的弦歌》，将满福新城融历史文化、自然风光、掌故传说为一体，受到县委主要领导的称赞。2020年撰写的《坚定文化自信 政协大有可为》参加南充市政协理论研讨会。

20多年来，我编辑出版了《南部文史资料》第13—32辑，《南部史话》1—2辑，特别是《雪泥鸿爪》《南部方言集成》《北宋陈氏四令公史述》，深受各级各部门、社会各界和同行的喜爱。其中，《北宋陈氏四令公史述》谋划经年，历时四载，走访数省，几易其稿，上下两册，百余万字。它的编纂出版，倾注了我们一班人的心血和汗水，系"三陈研究"最系统、最权威的著述，获南充市政府哲学社科成果二等奖。同时，我还出版了《生命恋歌》诗文集（2008年12月由大众文艺出版社出版）、《茅茨集》（2012年3月由中国文联出版社出版）、《飞翔的姿态》诗歌集（2016年10月由中国文联出版社出版）；参与"南部民间文化集成"《民间文学》部分的编纂，以及《岁月风送万里船》《我为祖国点赞》《读南部》地方文化书籍的编辑。

世间并不完美，人生就是修行。莲池大师说："讲到做好事，有的人说没有能力。比如凳子倒了，你把它摆摆好，不挡行人走路，这就做了善事。"我没有多大的本事，只是从自己的本职工作做起，从身边的小事做起，一路走来，却也感到充实和欣慰。我在台办、政协机关，或县作协、县台联等社会团体工作期间，都秉持踏实做人、认真做事的原则，并经常设身处地为对方着想，想到别人的难处和不容易。同时，我们做事时要把握恰当时机，追求最好状态；深入调查研究，遵循科学规律；倾听群众心声，尊重百姓意愿，力争把每一件事情做好。

（莫小东，南部县政协机关四级调研员）

一门三代统战缘

何方政

四川省政协、四川省政府文史研究馆、四川省政府参事室都是具有统战性质的组织机构。营山县福源乡何家沟何羽仪一家祖孙三代有4人先后分别成为三个组织机构的成员，被人们称为统战世家。第一代何羽仪任四川省政府文史研究馆馆员，第二代何羽仪之子爱国将领何翔迥任四川省政府参事室参事，第三代何羽仪之孙何一民、何一立任四川省政协委员。

省文史研究馆馆员何羽仪

何羽仪（1875—1955），字辈名何昭翊，又名何凌云，号羽仪，四川省营山县福源乡何家沟人，前清秀才。1903年，何羽仪考入四川武备学堂，毕业后分配到清军东校场弁目队任队官，逐步升为教练官。民国元年（1912），营山县成立常练队，何羽仪与邓锡侯同为正办，常练队于1914年改为团练局。1915年底，袁世凯决定称帝，蔡锷在云南起义，不满袁搞复辟，川北张澜先生、镇守使钟体道等于1916年3月，在顺庆（今属四川南充）率川北21县地方团练部队响应，在南充宣布独立，钟体道任川北护国军司令，1918年川北护国军改为川军第三师。何羽仪（时名何凌云）任川军第三师营长，随部退守陕南汉中等地。继任川军团长、旅长。1924年邓锡侯任省长、督办，其时，邓锡侯所部第三师驻防广汉、阆中等地，需要与省城各方面加强联系，委任何羽仪为第三师驻成都的文报处处长（驻省城的办事处处长），作为邓在成都的代表处理与各方面的关系。当时驻防成都的是第三军军长刘成勋，刘与何羽仪为武备学堂同学，其下属重要军官亦多为四川武备学堂同学。由于何羽仪为人和善，心胸开阔，豪气大方，故而各方关系相处较为融洽，相互之间联系颇多，信息甚为灵通，邓锡侯对此极为满意。1925年他出任四川造币厂总务科长、造币厂厂长，其后任建筑成（都）赵（家渡）（赵家渡即今金堂县县城）马路总局局长。1926年，何羽仪、胡又新集资10万大洋从上海购回美制1.25吨福特汽车7辆，在实业街开办华达汽车公司，又开创成都公交客运，轰动蓉城。

抗日战争爆发后，1938年7月何羽仪任四川资中营业税分局局长，其后任川康绥靖公署少将参军，从事军需后勤工作。抗战期间，川军出川抗日，转战南北，前仆后继，伤亡重大，碧血白骨散漫黄沙荒草间。为慰忠魂，川康绥靖公署决定选址皇恩山官山建造公墓，1942年11月川康抗战阵亡将士公墓筹备委员会成立，邓锡侯任主任，马德斋、何羽仪、张斯可等九人为常务委员，具体负责建造公墓事务。1949年12月何羽仪随邓锡侯部在成都起义。

1953年何羽仪被聘入四川省政府文史研究馆①。1955年病逝于成都，享年80岁。

省参事室参事、爱国将领何翔迥

何翔迥（1907—2001），为何羽仪第四子，别名何嘉惠。1925年，何翔迥就读成都高师附中时，受留法勤工俭学时的共产党员何嘉谟（何翔迥二哥）和进步书刊的影响，积极追求进步，加入了共青团（CY），并成为负责人。当时，他与盐道街中学共青团负责人周绍明、中共成都市负责人黄里洲等人单线联系，并介绍附中同学陈同生（时名张瀚，新中国成立后曾任华东局统战部副部长、上海统战部部长等职）等人加入共青团，一起开展进步活动，他们的主要活动是印发进步爱国传单，在东大街、商业场等处散发，还

---

① 省政府文史研究馆：具有统战性，由四川省政府直接管理的正厅级事业文史研究机构。

到少城公园和商业场、昌福馆等地进行宣传演讲。

1927年大革命失败后，白色恐怖十分严重，经与黄里洲、周绍明等同志研究，一致主张何翔迥去日本留学，并由黄里洲写信介绍何翔迥去重庆与刘愿庵（中共成都特别支部书记）联系，但由于刘湘在重庆镇压共产党人，刘愿庵已经离开重庆，此后何翔迥就与组织失去联系。

1931年，何翔迥从日本士官学校毕业回国后，在川军任职。抗战期间，他随二十二集团军出川抗日，曾任四十五军一二七师少将代师长，在前线8年，转战晋、鲁、豫、鄂、湘数省，参加豫南会战、随枣会战、常德会战、老河口保卫战等。1945年8月15日，日军无条件投降，何翔迥将军代表四十五军到河南兰考一带（即今河南兰考县城关镇、仪封乡等周边地区）接受日军骑兵第四旅团的投降。

抗战胜利后，他任川康绥靖公署办公室少将主任，国防部少将部员。1946年，共产党员杨伯恺（时任民盟中央委员）和其妻危淑元遭到特务追捕，杨知道何翔迥二哥何嘉谟是共产党员，又是同学同乡，在危急之中，他俩得到何翔迥的保护，当时何家谟毅然安排他们夫妻二人在何翔迥家居住，长达一年之久。1949年12月，何翔迥参加邓锡侯部的彭县起义。中华人民共和国成立后，何翔迥曾任自贡市人大代表，四川省政协委员，民革省委顾问，民革中央团结委员，四川省人民政府参事室①参事。

省政协委员何一民、何一立

何一民、何一立为何翔迥之子。

何一民，生于1953年，第十一届四川省政协委员，无党派人士，1978年秋考入四川大学历史系学习，1985年6月获得历史学硕士学位，毕业后留校至今，1993年被评聘为副教授，1995年破格晋升为教授，2000年被评聘为博士生导师，2008年被评为二级教授，1996年获国务院特殊津贴，2002年、2010年、2018年三次被评选为四川省学术带头人，现为四川大学城市研究所

---

① 四川省人民政府参事室：省政府具有统战性、咨询性的正厅级行政机构。

所长、教授、博士生导师，国家社会科学基金评委、四川省学术与技术带头人、中国城市史研究会副会长、四川省社科期刊协会会长、四川省历史学会副会长、成都市历史学会会长、成都古都学会会长。

何一民主要从事中国城市史研究。他主持完成了国家清史编纂工程《清史·城市志》。他编著的《成都通史》（民国卷）（50余万字），由四川人民出版社出版，2011年获得四川省社科优秀成果二等奖。他编著的《世界屋脊上的城市：西藏城市发展与社会变迁研究（17世纪中叶至20世纪中叶）》（85.6万字），由社科文献出版社出版，2014年获得四川省社科优秀成果二等奖。他主编完成国家哲学社会科学"十三五"规划重点课题《中国城市通史》，2023年《中国城市通史》荣获第八届中华优秀出版物奖。

何一立，生于1954年12月，四川师范大学历史专业毕业，先后担任民革四川省委宣传处干部、副处长、处长，《团结报》四川站站长，民革遂宁市委主委，民革中央理论研究与学习委员会副主任等职。由于他擅长思想政治宣传、党派理论研究和新闻写作，多次获得中共中央统战部、民革中央和《人民政协报》《团结报》社的奖励，荣获四川省委、省政府颁发的"5·12"抗震救灾纪念章。他同时还曾任第十一届四川省政协常委兼副秘书长、港澳台侨和外事委员会副主任；民革四川省委员会专职副主委（正厅级），民革中央委员。2014年11月，他被聘为省政府参事室参事，2020年1月离任。

1983年夏，何一立怀揣着四川师范学院（现川师大）的分配通知书，前往枣子巷四川省社会主义学院内民革四川省委临时办公处报到。当时，副主委兼秘书长刘元瑄高兴地对他说，你是我们分来的第一个大学生哦，好好干，民革需要你这样的年轻人。从这天起，何一立就开始在民革宣传处工作。1985年秋，何一立在同学的劝说下，也曾离开了民革，调到中共成都市委党校教书，虽然离开了民革，但他与民革保持着经常性的联系。1989年，民革省委的领导希望他回到民革来工作。当时，有人劝他说"好马不吃回头草"，但他思考再三最后还是选择了回民革工作，因为在他心灵深处，已把对父亲的爱转化为了对民革的爱。2004年11月19日，民革四川省委召开九届十一次常委会。会议任命民革四川省委宣传处处长何一立为民革遂宁市委主任委员。2007年11月，他又从宣传处调到民革遂宁市委工作，同年任民革四川省委副主委。何一立从到民革，又离开民革，再回到民革，可以说他与民革结下了难以割舍的不解之缘，也与统战工作结下了不解之缘。

作为省政协委员、省政府参事室参事的何一立积极履行建言献策的职责。多年来，他所关注的领域涵盖农村留守儿童、城市景观打造、农村职业经理人培养、基层卫生人才队伍建设、四川稀土资源开发利用等多个方面，并做出了自己的贡献。

2014年10月20日，何一立、何一民联名向四川省人民政府提交《关于编纂四川抗战历史文献，加强对四川抗战历史研究的建议》，当时省政府主要领导立即作出"关于编纂四川抗战历史文献，由省志编委组织研究、提出意见"的批示。2015年5月，省志编委印发《〈四川抗战历史文献〉丛书编纂工作方案》，同月，省政府召开《四川抗战历史文献》编纂工作专题会议，正式启动编纂工作。

交 友

——与张思智同志交谊琐记

李蚊蛟

明代著名学者苏浚在其《鸡鸣偶记》中对"友人"的界定有四："道义相砥，过失相规，畏友也；缓急可共，生死可托，密友也；甘言如饴，游戏征逐，昵友也；利则相攘，患则相倾，贼友也。"余尝以此来窥察吾日常生活交往中所接触之友人，一般相识者实属不少，要寻觅到知己知心、善解人意者却甚寥寥。

余自20世纪80年代以降，因工作关系，结识了我县县级领导干部张思智同志。当时余忝任文物管理所所长，他时任县政府常务副县长（后任县委副书记、县人大主任），喜欢研究地方史籍，对探索桑梓风土人情、古迹文物更情有独钟，他在任期间，真可谓"为官一任，造福一方"的人民好公仆。长期以来，思智同志对故乡文化事业十分关爱，给予无微不至的支持，凡是求助于他的热难问题，总是倾力帮助，及时解决。

1981年4月，文管所文物调查征集小组在南图乡（今金城镇）幸福村六生产队李家院子，发现一套清代乾嘉时期全国著名金石书法家邓石如所书的篆、隶、楷、行、草五体书石帖，因"文化大革命"浩劫，被分藏在10多户农民家中，当时我向他汇报此信息后，他顿时觉得此套石帖异常宝贵，必须马上征集，不得迟疑，并立即批拨专款，不到10天就将30块石帖全部征集运回，为故乡抢救保护好此套弥足珍贵的碑石文物。

1985年8月，文管所和县书法协会联合倡议，在城后金城山创建"金粟书岩"。他对此举特别重视，鼎力支持，并指示向当代全国书法名家征集大作，以提高岩刻的书法品位和艺术价值。他还亲自命笔创作《十六字令·金城山赞》，由书家行书镌刻岩壁。同时他又带头捐资镌刻第一届全国书法家协会主席舒同所书"继往开来"立轴，以感召县内各机关单位、人民群众，热情解囊襄助，共建当代故乡这处文化宝库。

吾乃一个无党派人士，自选任县政协副主席之职后，县委规定每位县级中共党员领导干部要与科技、文教、医卫、体艺界的党外民主人士结交两三位朋友，我与仪陇中学语文特级教师韩准甫就被安排为思智同志直接联络结交的朋友。从此以后，他随时抽暇主动登门和我促膝谈心，了解思想和工作情况，给予同志加兄弟式的热心帮助。民谚说："路遥知马力，日久见人心。"思智同志这位党内挚友和我近30年的交谊中，是肝胆相照、荣辱与共、坦诚相见、真情相助的密友，而非那种互相倾轧、尔虞我诈、见利忘义、口是心非的市侩之辈。我们之间的诚笃友谊可与弟兄情、手足义同日而语，闲观当今不少伪君子，对于在位的党内领导干部，不是阿谀奉承，就是违心吹拍，其目的无非是企图利用领导同志手中权力让自己得到好处，一旦领导同志从岗位上退下来之后，斯人则180度大转变，立马反目，佯装不识，冷若路人，甚至背后极施诽谤诬蔑之卑劣伎俩。此种交友的虚伪性，令人发指，可耻可鄙可恨，思智同志与我在悠悠的峥嵘岁月里所建立的坚不可破的革命友谊，却绝然与之相反。

1995年，思智同志从县人大主任岗位上退休后，与我有更多的时间交流思想，勉励学习，欢度晚年，力争做到老有所为、老有所学、老有所乐。他和我彼此有不吸烟，不嗜酒，不爱玩麻将、纸牌及扑克的生活习惯，但有喜好钻研文史、闲暇练笔写作的意趣，基于我们此一共同兴致，很自然地用友谊的纽带把相互的晚年休闲生活维系得愈益紧密，过得更为充实而有意义，从没有丝毫孤寂无聊的感觉。思智同志在故乡从政40余载，坚持不懈写工作日记，从未间断。在"文化大革命"中，他惨遭迫害，受到冲击，其苦心留下来的数百本日记被横行抄毁，现仅残存近300本500余万字。我向他建议："你这些工作日记，从一个侧面如实反映了党的领导干部在农村基层工作的历史轨迹，是一笔不可多得的宝贵财富，可以整理刊印成书留传后世。"他初步采纳了我的建议，现每天抽时纂辑，准备付梓。

思智同志最喜爱撰写诗词，律绝、词曲、古风、新诗皆广泛涉猎，退休后更独钟于文史典籍、诗词曲赋的研习，他在县图书馆以半年多时间通读了《宋史》《宋词三百首注释》《音韵知识》等书，信笔填写了《浣溪沙》《满江红》《临江仙》《卜算子》《阮郎归》等多首词作和难以数计的格律诗，并恭请果州诗社、金粟诗词小组同人帮助修改润色，指点津迷。他这种谦虚严谨、一丝不苟的治学精神和习作态度，令人肃然起敬，值得学习。

我们彼此间常爱以诗励志，以诗联谊，互相嘉勉，砥砺学行。1995年1月，老友唐天鑫、沈仁鸿先生邀我在县城联合举办书画义展。展期，思智同志几乎每天都要光临展厅，反复观摩赏析，并热情撰诗馈赠作者，对我们三人是莫大的鼓舞和鞭策。他题赠我之诗云："术有专攻勇求索，淡泊名利苦当歌。挥汗金粟织锦绣，躬身北台著文博。端池不涸舞龙凤，奎斋无声咏山河。桃芳李艳枝叶茂，风骨云霞启后学。"以此进一步激励我在有生之年，多为故乡文化事业的持续发展尽绵薄之力。

1997年，思智同志不幸丧偶，心情万分悲恸。我对他多方安慰，敬劝节哀养身，善加保重，并设法帮他寻伴。越数月，他与知礼明义、宽厚豁达、温良贤淑的韩桂枝女士续弦。我邀请几位与他交情相好、志趣相和的同志，专门为他俩举行了一个别开生面的祝贺续婚茶诗会。会上恭致祝颂，吟诗唱和。我献给他俩的拙诗是："古代梁孟成佳偶，琴瑟相和青史讴。今朝张韩结伉俪，相敬如宾真情稠。人慕晚霞光灿烂，我夸良缘天助留。挚友欢聚寄祝语，谨颂期颐福寿悠。"

新世纪伊始，思智同志先后两次把他历年所撰的诗、词、曲、谣精选出50余首，嘱我以新魏书、小行楷分别缮写成《张思智诗词选》《隆城春诗词》两本诗册，作为传家纪念物，留给后嗣。退休后的思智同志身退志未退，人闲心不闲，不遗余力，继续为党和人民的革命事业奉献余热。他倡议老干部局组织县离退休老干部成立诗词社，创办内部诗刊《夕阳情思》，动员我们这些诗文爱好者为刊物练笔学写诗词，并不厌其烦地帮助修改推敲，从而使大家体会到勤学习、勤用脑、勤写作对活跃身心，丰富精神文化生

活，延缓痴呆衰老的好处，对强身健体大有裨益。

思智同志退休后生活颇有规律，每天夫妻伴随，相依度日，形同筇杖，不可分离，正如他在七绝《拐棍》诗中所云："又翻相集观双影，共话初盟醉入神。一束梅花香不绝，两根拐棍互依存。"他的退休生活进程表是：早晨爬山锻炼，上午阅读书报、练笔写作，下午整理日记或会友聊天叙旧，晚饭后散步闲游，晚上收看电视，10时左右就寝。其生活学习井然有序，动静结合，劳逸适度，退休生活安排得如此有节奏、有规律，实在让我佩服，是我学习仿效的好榜样。

我与思智同志在数十年的交谊中，从相识、相知、相互信任到亲密无间地互相勉励，互相帮助，形成一种不是手足胜似手足的莫逆之交，因此他是我尊敬景仰的畏友，推崇信赖的密友，党外人士诚挚亲密的战友。

（李蚊蛟，仪陇县政协原副主席）

统战情满乡村

——记阆中市阆味香食品有限公司总经理郑月佳

潘海洋

时值仲春，阆中城北外。乘车沿国道212线往苍溪方向前行，公路两旁，田野散发着泥土的芬芳，山风吹起田间青菜层层叶浪，蟠龙山披上了绿装，嘉陵江荡漾着青波。车行至5公里处，绿水青山之间，一排排厂房坐落其中，这便是阆中市阆味香食品有限公司。

"自2015年，阆味香入驻沙溪街道金鼓村以来，依托绿色产业优势，以发展泡菜产业为抓手，走'公司+基地+农户'发展模式，积极承担社会责任，不断践行共同富裕理念，努力闯出脱贫攻坚和乡村振兴的新路子。"阆味香公司总经理郑月佳对此深有感触。

不忘回乡企业初心

郑月佳，1990年出生，四川阆中人，大学文化，无党派人士，南充市政协委员、阆中市政协委员。第一次见到郑月佳，她短发、素颜、不施粉黛，一身田间作业的装束，简直看不出是一位"巾帼英雄"。"天天都在田间地头，就把泥灰当粉儿抹了"，郑月佳寡言少语，朴实而厚重，难得开一次玩笑。这个曾经荣获"全国巾帼脱贫示范岗位""南充市三八红旗手""南充市青年五四奖章"的女强人，已自办企业8年。2015年，她放弃了大学毕业后在成都的稳定工作回到阆中，决定传承祖传泡菜技艺，开办食品加工厂。当问到她为什么要从大都市回到小乡村创业时，她说，"应该是一种责任和荣誉吧，今天农村脱贫了，乡亲富裕了，这种荣誉装在心里，可以自豪一辈子"。

郑月佳不安于父辈留下的"郑氏豆瓣加工厂"以及小富即安的状态，决定通过自己勤劳的双手，带领乡亲共同发家致富。"2015年，李克强总理的政府工作报告中指出，'要培育精益求精的工匠精神，增品种、提品质、创品牌'，这句话极大地鼓舞了我"，郑月佳说。当时，从父辈那里传承下来的郑氏豆瓣，虽有几十年的发展根基，但我回乡创业的决定却遭到了母亲的强烈反对："农村好，但农村的艰难困苦你可能吃不消，郑氏豆瓣虽可养家糊口，但很难赚大钱，你大学毕业，应该有更好的发展机会，你应走出阆中，走出四川！"对此，郑月佳也曾一度迷茫，她脑海里浮现出母亲那被烈日烤得酱黑色的脸庞，想起父亲那清瘦又坚挺的脊梁，又想起小学和初中时同学们品尝她从自家带来的郑氏豆瓣时，他们那种享受美食的满足感和"豆瓣姑娘"悦耳的赞美声。她经过慎重掂量之后，说服母亲，毅然回到家乡，决心传承祖业，并让郑氏豆瓣不断发扬光大。

2016年，郑月佳正式将阆中市郑氏豆瓣加工厂更名为阆中市阆味香食品有限公司。公司坐落在沙溪街道金鼓村，紧邻国道212线，占地面积20亩，是一家历史悠久的专业生产调味品和泡菜的民营小企业。公司建有40个泡菜发酵池，一次性可泡制2500吨泡菜，3000多平方米的露天晒场，能存放860个豆瓣缸和210个甜面酱缸。公司采取复合型调料为主的纯手工工艺，有豆瓣、甜面酱、酸菜、泡豇豆、泡萝卜、泡姜、泡蒜、泡海椒等20余个系列产品，产品主要销售到川内及四川周边地区。公司从2016年创办至今，已先后荣获国、省、市"全国巾帼脱贫示范基地""四川省'专精特新'中小企业""乡村振兴先进单位""社会扶贫工作先进集体""'万企兴万村'行动优秀企业""先进委员企业"等多种荣誉称号。

共同富裕我自豪

"一人富不是富，大家富才是富。农民增收致富和小微企业专精特新发展是我始终不渝的奋斗目标。"郑月佳是这样说的，也是这样做的。她抓富民增收，育泡菜产业，奏响了乡村振兴的"奋斗曲"，绘就了美丽的乡村"新画卷"。

公司自建基地发展订单种植，保障原料供应以来，一块块菜地不断铺展，一窝窝海椒、一行行豇豆整齐划一，村里昔日撂荒地"摇身一变"成为菜园子，订单种植给村民吃了"定心丸"，目前，全村海椒、青菜等订单种植面积达到600亩，种植10亩以上大户16户，户均增收3万元以上，飞凤镇三家塘村支部书记陈均如是说："以前，大家住的是破旧的土坯房，煮饭靠柴火，吃水靠肩挑，如今村民住进了楼房，有的还办起了农家乐，真正过上了好日子"，他笑容满面地说，"这是与阆味香公司合作'订单蔬菜种植'项目带来的幸福变化。"今天，走进江南街道老土地村蔬菜种植基地，绿意满目，清香满园。从当年的"烂泥田"，到现在的"致富园"，村民纷纷感慨家乡的美丽嬗变。在海椒种植大户邓林华的菜园，见他正在察看海椒的长势情况，"今年与阆味香签订了200亩订单种植合同，从目前情况来看，今年又是一个丰收好年景"，他喜上眉梢地对我说。

公司从2015年开始，在全市大力发展海椒等蔬菜，带动贫困户脱贫致富，先后在北门乡、治平乡、河溪镇、木兰镇、妙高镇、五马镇、沙溪街道办等乡镇（街道）发展订单种植，在全市原40个省定贫困村、10个非贫困村建立泡菜原料生产基地50个，规模面积6000亩，单品种每亩蔬菜人均增收3000元以上，帮扶带动5000余户农民走上了致富路。现在，木兰镇尖山村成为海椒种植基地，"村民田头有活干，厂里有班上，家门口有钱赚。去年，我村发展泡菜订单种植，村民人均纯收入2.6万元，阆味香'泡菜经济'带富了乡亲，既建好了老百姓的'菜园子'，又增长了农民的'钱袋子'，见证了一家'小企业'在乡村振兴中的'大担当'，这些变化离不开阆味香的订单产业，全靠郑月佳给乡亲们搭建的'致富桥'"，在该村指导工作的镇长许旭感慨地说。

郑月佳在大力发展订单种植的同时，牢牢抓住技能培训这个关键，围绕产前、产中、产后各环节，积极为农户集中开展配方施肥、病虫防治等各类技能培训。她先后聘请专业技术人员进村入户，传送蔬菜种植技术，共培训

5000余人，发放高产栽培技术资料1万余份，当时不少在外打工的农民纷纷回到家乡，从事蔬菜种植，他们既获得了可观的经济效益，又使许多留守儿童回到了父母的怀抱，产生了良好的社会效益。

李顺是江南街道龙潭寺村订单种植户中的一个，他今年流转承包土地，春季种植海椒100亩，下半年轮作青菜，以前他全年在外务工搞建筑，不能照顾家里老人和小学的孩子。"现在建筑市场不景气，外面钱不好挣，听说阆味香在村里建蔬菜基地，发展订单种植，我就决定不外出了"，他对我们说，"过去种菜不懂技术，产量低，经常亏本，现在有阆味香作技术指导，今年种植的海椒全是新品种，只要肯下功夫，钻研技术，预计亩产4000斤很有希望，全年订单收入有望实现50万元，真正是'家门口就业挣钱又顾家'。"

郑月佳除了开展种菜技能培训外，还大力开展乡风文明、社会法治、健康卫生、生态环保等各类公益培训，对老百姓既扶贫又扶智，阆味香基地村广泛流传着这首顺口溜："月佳月佳真是佳，她把农民当爹妈，问寒问暖问健康，有了问题都找她。"

同时，郑月佳根据四川的饮食习俗，注重农企融合，延伸产业链条。她说："善烹饪，喜美食，四川百姓的餐桌上，泡菜酸辣鲜香，是长久形成的饮食传统，20多年前，巴蜀城乡，千家万户，泡菜主靠自种自淹自食。今天，随着人们生活质量的不断改善，泡菜制作技艺、泡菜食品、泡菜文化等都为公众喜爱。"因此，阆味香公司在一手抓订单种植，保障原料供应的同时，还一手抓技术创新，技改扩能。她带头学习钻研现代工艺，两次自费到四川农业大学深造食品加工工艺，回来后深入车间反复摸索传统工艺与现代工艺相结合的阆味香泡菜新工艺，让"老坛子"泡出"新味道"，让古老的泡菜绽放勃勃生机，不断提升阆味香的品牌质量和美誉度。

2020年，公司销售收入800万元，缴纳税金20多万元，解决常年在厂务工就业人员20人，季节性务工人员500多人。"郑月佳拼的就是'洒尽全身千滴汗，浇灌乡村万亩菜'，她用汗水、泪水和智慧，浇注脱贫攻坚和乡村振兴的丰碑"，阆中市乡村振兴局局长张建华这样评价她。

回馈社会献真情

近年来，阆中市委市政府积极支持民企中小企业发展，为阆味香投放项目技改资金、返乡人员创业基金近100万元。对此，郑月佳感慨地说："致富不忘党恩，真心回馈社会，是我们新时代统战成员和民营企业的社会责任。"她专注社会公益，积极参加"万企帮万村"和"中国社会扶贫网"等活动，自觉投身到扶贫攻坚宏伟事业中来，发挥自己的产业化优势，帮助贫困村、贫困群众发展生产，改善生产生活条件，尽快脱贫摘帽。

从2015年开始，阆味香公司发起"共同富裕"新农人帮扶计划，通过搭建线上线下平台，提供直播电商技能，免费为基地种植农户提供种苗、化肥和信息等途径，有针对性地引导和帮扶贫困农户发展产业；采取农产品成熟现场收购以现金给农户结算；同时对加入基地的贫困户年终进行分红，让老百姓看到实实在在的收获。郑月佳说："统战人就是要架好'连心桥'，画好'同心圆'，同心同向交朋友，凝心聚力促发展。"阆味香从办厂至今，先后对治平乡牲口河村、木兰镇尖山村、金城乡大山村、妙高镇福坪寨村等40个原省定贫困村共赠送各类物资、发放生产扶持金、困难慰问金等各类社会公益活动，折合人民币累计达120余万元，覆盖500余户1200余人。"阆味香多年来持续不断地送温暖献爱心，真正体现了'雪中送炭''雨中打伞'的慈善情怀"，阆中市委统战部常务副部长王旭说，"每次看到阆味香一笔笔捐款、一车车物资送到乡村和农户手中时，我深深感受到统战力量的伟大。"

铮铮建言心系民

2019年和2022年，郑月佳相继被农业界别增补和协商推荐为南充市政协第六届和七届政协委员、阆中市政协第十四届和十五届政协委员。近年来，她珍惜荣誉，牢记使命，不断增强有为意识、明确有为方向、提升有为能力，主动履职、用心用责，不断提升履职质效，积极参与联组讨论发言，组织乡镇政协委员联络组成员深入一线开展调研，她先后撰写提案5篇、反映社情民意信息10条。她撰写的《关于实施科技强农推进农业高质量发展的建议》《关于加强农业园区后期管理助力乡村产业振兴的建议》提案，被评为"年度优秀提案"；反映的社情民意信息《关于在疫情防控中切实加强补短板强项行改作风确保坚决打赢脱贫攻坚的建议》《关于做大做强千佛竹根姜特色产业的建议》等，得到了市政府主要领导的肯定性批示，她多次被评为"阆中市政协优秀政协委员"。郑月佳豪情满怀地表示："我要倍加珍惜政协委员这一光荣身份，珍惜统战这个温暖的大家庭，珍惜农村这片肥沃的土地，不负韶华，继续奋斗，做最美的自己。"

春天里的金鼓村，花儿开放，鸟儿鸣唱，山里农人与阆味香车间里的工人在忙，这一切在金鼓村合奏出了一曲曲欢快和谐的乐章，更是统战情怀在金鼓村绽放出的时代光芒。

（潘海洋，阆中市政协人口资源环境委员会主任）

千秋大爱留桑梓

——刘天伟先生捐资助学纪略

何青云

刘天伟，1936年生，营山县小桥镇人，1950—1953年就读于营山中学初七班，后考入重庆建筑专科学校，毕业后曾在重庆、成都、深圳等地从事建筑业。他凭着过硬的专业知识和勤勉、质朴、严谨的性格，很快便在国内建筑行业闯荡出属于自己的一片天地，他先后担任四川省第三建筑工程公司副经理、中国华西第三工程公司经理、中外合资四川建筑装饰工程有限公司总经理等职。他学养精深，卓然成家，为建筑业中的高级工程师，曾是四川省土木建筑学会第六、七届理事会常务理事，四川土木设计院院长，曾主持承建过若干大型工程项目，其中深圳体育馆荣获1987年国家"银质奖"和中国首届建筑工程"鲁班奖"，成都热电厂120万千瓦燃煤机组工程获国家能源部"优质工程奖"。

1992年，刘天伟先生从四川土木设计院院长职位退休，组建了四川省撷英物业发展有限责任公司和四川撷英建筑有限责任公司，担任董事长。

"胡马依北风，越鸟巢南枝"，刘天伟先生虽然大部分时间都在他乡度过，但他无时无刻不关注着家乡的发展，总是尽自己的最大努力帮助、支持营山各项事业的发展，把多年来对家乡的眷恋化作回报社会、感恩桑梓的实际行动，书写了一曲曲感人的爱之乐章。

1995年，刘天伟先生在母校营山中学成立70周年之际，捐资43万元兴建"天伟图书馆"，该馆集藏书、阅览、学术研讨、办公等多种功能，是营山中学最重要的建筑之一。

1998年，刘天伟先生捐资113万元，兴建营山县天伟初级中学，该校占地近20亩，建筑面积9867.8平方米，在校学生1900余人，自肇建至今，已向高一级学校输送学生数万名，成为营山县高中教育的重要生源地。

1999年，刘天伟先生再次捐资15万元，在小桥镇基石村建起了"天伟小学"，同时又捐资10万元建起了小桥镇老年活动中心和工农村水泥平板桥。

2010年，刘天伟先生再次捐资100万元，为营山中学修建"天伟会堂"，该会堂坐落在校园西侧，建筑面积1100平方米，砖混结构，白墙青瓦，外观古朴典雅，庄重大方。堂内设舞台，置座椅，宽敞明亮，舒适惬意。该会堂成为营山中学乃至营山教育系统大型集会、文艺演出的重要场所。

2012年，刘天伟先生再次捐资25万元，对1995年捐建的"天伟图书馆"进行了重新装修。

多年来，刘天伟先生累计为家乡捐资300余万元，2008年被评为营山首届"公德人物"称号，受到营山县委、县政府的表彰，得到社会各界的赞美与尊敬。

年过八旬的刘天伟先生开朗平和，既能平静地面对自己所付出的一切，也能平静地面对一切荣誉。他曾经在营山中学"天伟会堂"落成剪彩仪式上说："长长一生，值得我们感恩的人与事很多，但是，少年时代所接受的教育恩泽是最值得感谢的，我最美好的时光是在这里度过的，我的性格也是在这里形成的。今天，能够在古稀之年为母校做一点贡献，这是我最大的骄傲与幸福。"也许正是这一份感恩之心，成就了刘天伟先生辉煌的事业，同时也成就了他心中的那一份大爱。

千秋大爱留桑梓，百代高风仰俊贤。刘天伟先生的捐助不为名、不为利，可以说他捐助的不仅是金钱，更重要的是一种精神力量，是一种新风正气。在他之后，捐资助学在营山蔚然成风，如陶仁富、何希智、王宏渊等，据县教育局统计，2007—2012年仅五年时间，营山县许多单位、企业、乡镇、社会组织和营山在外乡友捐资助学资金达4000余万元，无数优秀营山儿女用实际行动把悠悠乡情演绎成了爱心与责任、回报与感恩的动人乐章！

（何青云，营山县小桥中学副校长）

弘扬"黄埔精神" 做好统战工作

郭建蓉

黄埔军校是中国现代史第一所培养革命干部的新型军事政治学校，其作用巨大，声名显赫，影响深远。据资料显示，自黄埔军校成立至内战结束，南充有2400多名青年考入黄埔军校学习，他们在反帝反封建、争取国家统一与民族独立的斗争中立下赫赫战功，为抗战胜利和中华民族的解放做出了重大贡献。中华人民共和国成立后，大陆的黄埔学生为社会主义建设贡献智慧和力量，特别是"黄埔同学会南充市联络组"成立后，大家继承和发扬黄埔精神，积极开展对台宣传及海外联谊活动，为"四化"建设服务，为南充经

成立联络组开展统战工作

济发展建言献策，为巩固和发展爱国统一战线做出了积极的贡献。

自1987年开始，陆续有侨、台胞回到南充省亲或寻亲，一些健在的南充黄埔军人如林尚志、王玉清、张希孔等，也与离别30多年的台湾、香港及海外亲人取得联系，他们热情周到地接待返回南充省亲或寻亲的原黄埔同学，宣传祖国改革开放以来在经济建设方面取得的成果，产生了很好的统战效果，得到了南充统战部门的充分肯定。

1988年6月16日，"黄埔同学会南充市联络组"成立，黄埔军人、民革党员林尚志任联络组组长。当时，联络组的主要工作是开展对台宣传及海外联谊工作，通过牵线搭桥，为南充的侨、台属联系寻找海外亲人，建立通信关系，恢复联络感情；接待回乡省亲的台湾同胞、港澳同胞和海外侨胞，为其解决困难和问题，并开展"三引进"①工作，取得了很好的成效。同时，联络组成员还多次参加由民革南充市委召开的祖国统一理论研讨会、报告会和图片展览及征文等活动，参加南充民革"祖国统一委员会"召开的中秋茶话会、反对"维护祖国和平统一，坚决反对台湾独立"声讨会或专题讲座，对"台独"谬论进行批判和声讨。通过参加上述活动，使南充健在的黄埔老兵进一步提高了政治思想觉悟，坚定了在共产党领导下走中国特色社会主义道路的信心和决心，进而通过各种方式，向"三胞"②宣传改革开放以来人民生活的不断提高及祖国城乡面貌的巨大变化，为巩固和发展更广泛的爱国统一战线做出了贡献。

光阴荏苒，岁月流逝，虽然当时南充黄埔军人的人数逐年减少，但黄埔军人的血脉永存，他们的革命精神当由后代传承。自2011年以来，由我担任南充市黄埔军人后代联络组（以下简称"联络组"）组长。我抱着对历史负责的态度和满腔热忱，学习黄埔军校历史，了解南充健在黄埔军人的身体和生活现状，开展关爱黄埔老人活动。在每年春节、黄埔军校成立纪念日、国庆节都要组织开展相关活动，为弘扬黄埔军人精神，继承黄埔军人优良传统，为巩固和发展爱国统一战线尽自己的绵薄之力。

---

① "三引进"：指引进资金、引进技术、引进人才。
② "三胞"：指台湾同胞、港澳同胞、海外侨胞。

坚持开展关爱黄埔老人活动

近10多年来，每年的春节、国庆节，联络组都要逐一上门走访慰问南充健在黄埔老兵，还配合中共顺庆区委统战部，联合社会公益组织或爱心人士开展"关爱黄埔抗战老兵送温暖"公益活动，为老兵们送上慰问品及慰问金，表达对他们的敬意和问候。

10多年来，联络组与区委统战部先后走访黄埔老人60余人次，共计向黄埔老人发放慰问金10万余元，给予困难补助金3万元，及时将党和政府及社会的关爱和温暖送到黄埔老兵心上。

10多年来，凡黄埔老兵生日，联络组都要为老人祝寿；老人因病住院或去世时，都要到医院探望或上门吊唁。联络组还为生活困难的黄埔老兵提供力所能及的帮助，协调有关部门解决他们的实际困难，通过热情周到的服务，进一步增强了联络组的亲和力、向心力、凝聚力和影响力。

组织黄埔军人后代开展相关活动

近10多年来，联络组以团结黄埔军人后代为基础，以宣传黄埔军校历史，弘扬爱国革命的黄埔精神为宗旨，在开展形式多样、丰富多彩活动的同时，热情讴歌党的光辉业绩，进一步激发大家爱党、爱国、爱社会主义的热情，坚定走中国特色社会主义道路的信心，也充分展现南充黄埔人热爱党、热爱祖国的炙热情怀和良好精神风貌。

现在，尽管南充的黄埔军人已无一人在世，但在每年春节、黄埔校庆日、抗战胜利日和国庆节，联络组都要举办迎春团拜会、黄埔军校校庆、抗战胜利纪念及庆国庆座谈会、茶话会或黄埔军人后代联谊会，唱响爱党歌曲，组织表演歌舞节目，制作"我对党说心里话"微视频，创作歌颂祖国、赞美经济社会发展的书画和诗歌，等等。同时收集整理部分南充黄埔军人的口述史和黄埔军人后代的追忆文章，以抢救黄埔军校历史、继承黄埔军人优良传统、弘扬伟大的黄埔精神。

2023年以来，联络组成员先后参加相关联谊活动，使统一战线工作的开展卓有成效，如4月19—21日，南充两名黄埔军人后人参加由省黄埔军校同学会开展的"学习贯彻二十大，争做黄埔传承人"爱国主义教育活动，前往重庆探寻抗战遗迹，追忆先烈足迹，使大家受到了一次民族抗战精神和爱国主义教育。

5月10日，香港黄埔后代亲友联谊会与省黄埔军校同学会一行赴顺庆考察交流；同月15日，省黄埔后代联工委负责人及黄埔军校史研究学者来到南充市，就联络组的工作及活动开展情况进行调研，部署黄埔军校百年校庆事宜。

大家参观了罗瑞卿故居纪念馆、顺泸起义誓师大会遗址和西山顺泸起义纪念碑，知悉了中国共产党领导的第一次独立武装斗争的艰辛历程，回顾了杨闇公、刘伯承、朱德等无产阶级革命家的丰功伟绩，感悟了共产党人不畏艰难、不怕牺牲、不屈不挠的革命精神，受到了一次中国共产党军史教育和深刻的爱国主义教育。

这两次考察、调研活动受到中共南充市委统战部领导的高度重视，莅临指导、陪同参观并讲话。

抓好联络组成员的思想建设

30多年来，在中共南充市委和市委统战部的领导下，不论是原黄埔同学会南充市联络组还是如今的南充市黄埔军人后代联络组，始终坚持把学习教育放在首位。学习习近平总书记关于统战工作的讲话精神，学习党中央关于统一战线的决策部署，进一步增强历史责任感和使命感；紧密团结在统一战线旗帜下，把思想和行动统一到中央和各级党委的决策和部署上来，把党的统一战线方针政策始终贯穿在联络组工作之中，以更好地服务于地方经济社会发展。

30多年来，联络组始终致力于宣传黄埔军人功绩，继承黄埔军人的优良传统，弘扬黄埔军人的革命精神；积极参加地方经济建设，围绕各级党委政府中心工作开展专题研讨，参政议政、建言献策，为地方经济社会发展贡献智慧

慰问贫困户

和力量。在顺庆区脱贫攻坚战中，联络组主动对接区委统战部扶贫工作点，组织黄埔军人后代参加顺庆区金台镇包包田村脱贫攻坚工作，多次带着食油、大米、棉被和现金看望慰问贫困户，送去了黄埔后代的温暖和爱心，为贫困村民脱贫贡献了力量。

30多年来，联络组开展的各种活动经《团结报》《四川统一战线》《南充日报》《南充晚报》《今日顺庆》及三国源论坛、华人头条等媒体报道后，在本地及海内外产生了广泛的社会影响，很好地宣传了南充黄埔军人及后代为巩固和发展爱国统一战线所做的努力和取得的成绩。

我既是黄埔军人的后代，也是一名共产党员。我作为联络组组长，始终要以共产党员的标准严格要求自己，不忘初心，牢记使命，并团结全体成员，继承和弘扬黄埔精神，为南充经济社会发展，为完成祖国统一大业、实现中华民族伟大复兴贡献力量！

（郭建蓉，南充汽车运输集团高客站原书记）

民革

在南充，我们这样传承中山精神

王晓贤

民革是在继承和发扬中山精神的基础上成立的，继承和发扬中山精神是民革的优良传统，民革创始人李济深说："对于一个革命家最好的纪念就是贯彻他的革命主张，发扬他的革命精神。"成立70多年来，南充民革对中山先生的纪念从不曾停止，对中山精神的传承一直在赓续。

一踏入民革南充市委会机关，你就会发现：墙上挂着的草书内容是中山先生的语录，会议室正中悬挂的是中山先生的画像，书架上排列的是《三民主义》《建国方略》等中山先生的著述，南充民革微信公众号上有中山先生头像做成的LOGO……目光所及之处皆与中山先生密切相关，萦绕脑海中的都是中山情结。追溯南充民革组织的历史，你还会发现，南充民革对中山先生的纪念还体现在其他方面，有过去助推社会现代化建设的经济实体，有当下引人入胜的中山林，等等，可以说，对中山先生的纪念和敬仰，已经深深印在每一代南充民革党员的心中。

服务"四化建设"的中山经济实体

孙中山先生说："中国乃极贫之国，非振兴实业不能救贫。"实业救国是孙中山思想的重要组成部分，南充民革成立伊始就积极投身于实业建国、实业兴国之中。

1950年7月5日，民革川北区临时工作小组（民革南充市委前身）成立后，就把协助政府开展剿匪征粮、减租退押、工商业改造、抗美援朝等运动和发展生产及各种政令宣传推行作为中心工作。党员们也积极投身于新中国巩固和建设中，如临时工作小组时任秘书萧端重，同时担任抗美援朝寒衣劝募委员会主任，鼓励大家捐钱捐物购买飞机大炮，把家乡阆中一条街的祖业房产都捐献给了国家。

1984年12月，中共中央统战部向民主党派发出为"四化"建设服务的号召，特别要结合当前经济体制改革和对外开放，把为"四化建设"服务推向新的高度和深度。此时，刚刚恢复组织活动不久的南充民革，在党员人数还不足百人的情况下，积极参与到服务"四化建设"的潮流之中，开启了长达近20年的实业兴国之路，先后带领党员创办中山业余学校、中山函授站、中山蚕种场等数十个中山经济实体，激励广大党员为南充社会主义现代化建设服务，在内引外联、创建学校、创办实体、科技咨询等社会经济活动中贡献了南充民革力量。可以说，在当时城市面积还不大的南充主城区，以中山命名的民革经济实体随处可见，成了最常见、最醒目的标志。

仅以中山业余学校为例，就可以看到这些中山实体经济在服务"四化建设"中的重要作用。中山业余学校创建于1984年，由南充市人民政府批准成立，时任民革南充市委会副主委苟纯如任校长，民革党员黄文芳为副校长。市委会在"三无"——无资金、无校舍、无师资的情况下，通过租用校舍，聘任民革中退休教师任教，先后开办了高教自考班、中专文化补习班、书法班、音乐班等，还承担了部分党政机关干部文化素质提升任务，最多时曾一次性开办22个班，由单科文化补习逐步发展成为一所综合文化服务学校。到1997年停办，学校14年里累计开办120多个班次，培训各类学员6700余人，为南充"四化建设"培养了大批人才。

接续不辍的中山理论研讨

孙中山先生一生怀抱着振兴中华的伟大理想，并且为实现这一理想而奋斗了一生，我们需要对他的革命思想、革命事业和经验进行全面而详细的研究，并不断推进中山精神时代化，不断探索其在不同历史时期的内涵和外延，探究不同历史时期所赋予的不同的使命和责任。

早在20世纪80年代，市委会就陆续组织开展中山理论研讨。1986年11月12日，为纪念孙中山先生诞辰120周年，民革南充市委会举行了隆重的理论研讨活动，首次汇编《孙中山先生诞辰120周年纪念专刊》，收录了17名党员缅怀孙中山先生光辉业绩的论文、诗词等作品21篇。时任中共南充市委统战部部长杨光龙亲自为《纪念专刊》撰文，时任副主委苟纯如的文章《"三民主义"与"一国两制"》还被民革中央"孙中山研究学术讨论会"作为交流论文，存目收录。

进入新时期后，南充民革更加重视中山理论研讨，从2005年开始，连续18年坚持开展中山理论研讨。南充民革坚持把中山精神与时事主题相结合来开展理论研讨，先后与中共十八大、十九大、二十大等划时代会议精神相结合，与中国共产党成立100周年、新中国成立70周年等历史节点相结合，与孙中山先生诞辰纪念日、逝世纪念日、辛亥革命100周年等纪念日相结合，开展理论征文、知识竞赛、演讲比赛、座谈交流等形式多样的研讨活动，完成了一本本成果汇编，形成了南充民革坚持数十载的特色品牌。曾任民革中央孙中山研究学会四川省分会理事的老党员傅国才说："研究中山精神是我毕生的追求，它也改变和指引了我的人生道路。"时任民革四川省委会专职副主委、民革中央理论研究与学习委员会副主任何一立，在南充民革纪念辛亥革命100周年暨孙中山先生诞辰145周年理论研讨会上由衷赞叹说："南充民革的中山理论研究有政治高度、思想深度和实践厚度，是代代南充民革人的思想智慧结晶，值得点赞推广。"

更令人高兴的是，在南充民革党员中，学习研究中山精神正在赓续相传。有一家三代致力于中山精神研究的，如傅碧波、傅国才、傅小茜；有兄妹二人相互影响相互促进研究传承中山精神的，如杜睿、杜铮；还有如陈运全、杜云啸翁婿二人和郑辉、王虹颖婆媳二人一起学习研究孙中山的生平与思想，他们的热情与对孙中山的敬仰，以及他们对中山精神的传承，在南充的民革党员中被传为佳话，也影响和吸引着更多的民革党员加入研究中山精神的队伍中来。

蔚然而深秀的"中山林"

"植树造林"是孙中山先生立志强国的重要举措，从青年时提出"植果以收利，蓄木以为薪"的理想开始，到他在《建国方略》中提出在中国北部和中部大规模进行植树造林的勾画，他的林业建设思想在中国近代化发展中起到至关重要的作用。

2009年，市委会选址风景秀丽的4A级景区凌云山主峰，自筹资金10余万元，立碑打造"南充民革中山林"。自此开始，利用"3·12"植树节和孙中山先生逝世纪念日，组织市委会领导班子成员、市委委员、基层组织主委和骨干党员赴"中山林"开展植树护林活动，融纪念和教育为一体，就成为南充民革各级组织10余年来的"必选动作"。2018年和2019年市委会又对"中山林"进行了两次较大规模的维护，清除了黄桷树等不适宜当地土质的树木，增植了香樟树、辛夷花、樱花、海棠等苗木，如今春暖花开之时，"中山林"花团锦簇、郁郁葱葱，四处洋溢着沁人心脾的清香；游客们纷纷到"南充民革中山林"石碑前拍照留念，流连忘返，"中山林"已经成为凌云山风景区的一个网红打卡点。

"中山林"也是基层组织活动的常选地，是民革党员携亲带友踏青赏花、与外地民革党员交流学习的好去处。民革四川省委会、民革泸州市委会等民革组织前来参观学习，他们对"中山林"的建造给予了高度赞赏，称"中山林"已经成为南充民革党员的精神家园、思想高地、教育基地。

追寻伟人足迹的观故居行

市委会深知，要想深刻、全面了解孙中山先生，到生他养他的地方进行实地考察，结合他成长生活的环境解读他、分析他，是非常重要也十分必要的举措。

2016年3月，市委会根据民革中央的部署，组织了第一批"观故居，走多党合作之路"活动，目的地是位于南京的"中山陵"。我们从环绕着浓浓中山先生浩然正气的博爱坊进入，沿着喻义当时全中国3亿9200万同胞的392级台阶拾级而上，跨过暗喻民主革命道路之艰辛的10个平台，穿过刻有"民族""民生""民权"祭堂的三拱门，来到祭堂正中拜谒孙中山先生的全身坐像，遥想当年孙中山先生为振兴中华所付出的一切努力和所经历的一切艰辛，最后再想到他"革命尚未成功，同志仍需努力"的谆谆教导和不屈不挠的精神，那一瞬间，来参观的党员们眼眶湿润了。

2017年3月，市委会组织了第二批"观故居，走多党合作之路"活动，前往孙中山先生位于广东省中山市南朗镇翠亨村的故居。记得在细雨飘飞中，一行30人依次参观了孙中山故居、孙中山纪念馆，认真听取解说，仔细阅览图文资料，孙中山先生从一个普通的农村子弟一步步成为近代革命的先行者的人生轨迹逐渐清晰地浮现在大家眼前。通过探访故居，大家仿佛亲眼见到了：在这里，孙中山先生苦读古今书籍，探索救国救民真理；在这里，孙中山先生撰写《上李鸿章书》，提出"人能尽其才、地能尽其利、物能尽其用、货能畅其流"的主张；在这里，孙中山先生召集志同道合者，商讨民族救亡的方略；在这里，孙中山先生开设诊所，为乡亲们看病治疾……

2016年，在纪念孙中山诞辰150周年大会上的讲话中，习近平总书记强调说："我们对孙中山先生最好的纪念，就是学习和继承他的宝贵精神，团结一切可以团结的力量，调动一切可以调动的因素，为他梦寐以求的振兴中华而继续奋斗。"追溯历史长河，回首南充民革走过的道路，我们深切地感受到，中山精神是激励民革人在中国共产党的领导下为讲好多党合作故事而努力的思想基础和精神力量，南充民革市委会将会在继承和发扬中山精神的道路上继续努力和探索。

（王晓贤，南充市政协副主席、民革南充市委主委）

忆先父刘寿川

刘长征

我同父亲一起生活的日子不多，1960—1962年虽然在成都相聚，但各因工作关系而且又不住在一处，所以少有时间了解他的一生详情，现就记忆所及，写成此篇。

父亲刘寿川，名天祐，字培禄，生于光绪二年（丙子）正月二十七（1876年2月21日），祖籍广东韶州乳源县，在清末"湖广填四川"之时，先祖辗转迁移到四川仪陇县凌云山西麓董家沟定居，祖辈务农，至先祖父刘雨山始在仪陇县衙任书吏。

父亲少年聪颖，在先祖父母的教养下，8岁读书，19岁考取秀才，当时清政府腐败衰弱，对外百般屈从，内则残酷剥削压迫，父亲目睹此情，渐长富国强民之志，他于1904年28岁以公费留学日本，入宏文学院学习师范。当时东渡日本，既远且艰，戚友中多为之担忧而劝阻，父亲委婉解释，并谓"游学日本，志在振兴中华，义无反顾。"我母亲则慰勉之，并说："上侍父母，下抚子女，凡家务诸事自能担当，勿须挂念。"①父亲能远渡重洋，专心学习，实得我母亲之助至巨。留学期间，父亲细心考察日本新教育，学习自然科学之术，以作振兴中华之借镜，后在日本接受民族革命思想，加入同盟会。

1906年，清政府举办新学，父亲提前回到家乡。他带回理化仪器，以及各

---

① 此段情况，在父亲祭先母文中言之剀切，原祭文我曾亲读。

种画册图书，在家乡做多次科学实验，展出画片图书，开阔民众眼界。当时，朱德（字玉阶）的祖母以亲戚关系带着他来我家，朱德正值青年，他对新事物很有兴趣，向往科学，向往维新。先祖母（朱德的姨祖母）夸奖其聪颖有志，劝其祖母必须送他读书，她很恳切地说："妹妹，就是吃红苕、稀饭也要送玉阶读书。"

1906年，父亲任顺庆府中学监督及校长，遂邀朱玉阶到该校读书。1907年，朱因故未继续入学，父亲又劝其去四川高等学堂附设体育学堂学习，其主旨是以体育强国民之体质，洗"东亚病夫"之耻辱，达到强国强民之目的。

1908年，父亲推荐朱玉阶任仪陇县高等小学堂体操教习。当时，仪陇社会封建势力顽固，对朱多方排斥和打击，朱愤然离去，我父鼓励并资助他投考云南讲武堂。（玉阶在讲武堂改名朱德）

1909—1915年，父亲在外地谋生，在家中的时间较少或只作短时逗留。

1917年，父亲应朱德邀请至泸州，在其旅部以作咨谋，后因南溪人士要求选任一个有治理地方才能的文人做知事，朱德遂选派父亲担任南溪县知事。在任期间，父亲将几经战乱的南溪逐渐治理得物阜民安。

1921年，父亲随滇军去昆明，当时西南局势已陷入军阀混战中，朱德也不愿在滇军久留而另谋救国途径，父亲先期离滇返川，1922年任川军第二军军长杨森的秘书长。是年，朱德与之在重庆商议出国留学事宜，他们认为日本是学德国而维新成功，中国要富强，就应直接学德国，朱德遂于当年8月拒绝了杨森的极力挽留，决意去德国留学，当时父亲赶到上海亲送朱德乘法邮船出国。此后他们之间通信不断，父亲不时亦予以经济帮助。

1924年，父亲任成都造币厂厂长。

1925年先母去世，父亲回家守孝。他鉴于当时川局混乱，不愿外出任事，后只应川军二十九军军长田颂尧之聘，任"高等顾问"之名誉职，但仍长期在家从事劝农劝学之事，他自书："要好子弟，读书耕田。欲高门闾，积德垒善"，并将之刻石立于大门，以教后代。

在此期间，他见家乡只有私塾，农民子弟无学校可上，便约同乡邻在铜鼓乡凌云山下董家沟建成农村小学一所，学校除教授文化外，亦传授农业知识，以捐地数亩作为农业试验场。为鼓励农民办学，特地把为建校出力的人，书名于教室的大梁之上，以示传之永久（该校后被仪陇县政府改为县立小学）。

那时，仪陇没有中学和女子学校，青年男女求学十分困难。父亲有鉴于此，倡建仪陇中学，责成我大哥刘长庚（即刘星北，成都师范毕业）放弃在外的工作，回本县进行筹建，长庚被县知事委为筹备主任，择旧考棚处为校址。中学建成后，又倡建县立女子小学，女校专聘晓庄师范陶行知门生张从吾和另一位女教师主持教学事宜，首先送我的妹妹和戚属余公甫（日兴人），鲜阳谷（鲜家坪人）之女入学，以为倡导。

1930年，父亲任四川省通江县县长，他目睹地方贫困，军阀横行，于1932年11月辞职而去，他离开通江不久，红军便解放通江，当时反动派还造谣说，通江是刘寿川出卖给朱德的，以此为国民党兵败失城寻找借口。1933年，红军首次解放仪陇，当时在我家墙壁板上书写"赤化全川"四个大字，在白色恐怖下，父亲竭力将它保存到共和国时期仍无损。1935年，经地方人士及政府当局邀请，为清理地方财政，父亲担任县财务委员会委员长。在此期间，父亲注重家乡桑、棉、林木的发展。我家原一直植桑养蚕，但规模小，父亲后从成都购回大量桑苗在农村推广，劝人养蚕，并选本乡青年去顺庆蚕桑学校学习。1934年又从河南农学院引进新棉种"斯字棉"及"德字棉"，邀请遂宁棉场技术人员到乡传授种植新棉种技术，后又安装绞花机，以方便农民加工皮棉。同时，他还从重庆引进速生乔木桉树，亲植于园圃中，作为推广示范（现树高达数丈，围大数尺），并在凌云山顶广植马尾松，其大片成活，生长成林，被乡人誉为"寿林"，并刻石以志之，新中国成立后政府列为国有林。

1938年，朱总司令由延安写信邀父亲去延安参观新社会，并寄半身相片一张，当时父亲正患足疾，兼之年老远行不便，未能如愿以偿，后来谈及此事，他十分遗憾。抗战初期，国共合作抗日，经父亲与各方联系，地方政府决定每年赠送朱总司令仪陇家属300元，以表达地方对朱总司令及其家属的尊敬，后因国民党破坏合作抗日，此赠送仅两年后即告中断。

1946年，父亲任仪陇县参议会副议长，张幼房任议长。1949年4月，父亲第一次争取重庆市长杨森起义，并劝其参加北平新政协，那时父亲亲笔写信给杨森，信中剖析形势，动以大义。此信由我面交杨森，他当时未表态，而外间传出"刘寿川替朱德当说客，劝市长（指杨森）投共产党"之流言。

1950年，朱总司令派族侄朱刚回仪陇，并持总司令的亲笔信面交父亲（此信现存中国革命博物馆），介绍他参加工作，时任川北行署主任的胡耀邦在给父亲的信中写道："寿川老先生，顷奉朱总司令手示，敬悉先生多年来赞助人民革命事业甚力，特致敬意，并请对我川北今后建设大计多多赐教为盼。"父亲后被委为川北行署委员兼禁烟委员会副主任，在党的领导下，川北行署辖区当时很快便禁绝了鸦片烟。此外，父亲还以特邀代表身份出席川北各界人民代表会议，多次在会上发言，并书写文章、诗词，歌颂毛主席，周总理、朱总司令等领导人，宣传中国共产党及人民政府的政策，提出工作建议。从1950年9月至1951年10月，父亲在《川北日报》发表《对于川北农业发展之我见》《1951年元旦献词》《农民谈话对我的启示》《加紧镇压反革命的工作》《庆祝中国共产党三十周年声中话川北》《1951年国庆献词》《大规模开展爱国增产节约运动》七篇文章，以及1950年国庆日写的《国庆纪念颂》《颂毛主席》《颂朱总司令》三首诗，《国庆纪念颂》为四字句，长达九十六句。

他在《颂毛主席》诗中写道：

读罢沁园春，长吟壮志豪。
盛名天下重，至德北辰高。
汉武功犹逊，唐宗气莫骄。
大同真有象，实现在今朝。

他在《颂朱总司令》中写道：

长征几万里，血战三十年。
中国无双士，人民有二天。
功名欧亚震，主义马列传。
仪陇公故里，曾无附郭田。

父亲在川北行署时期的表现，得到毛主席、朱总司令和周总理的赞赏，胡耀邦同志曾在我父亲的工作笔记本上写下了"在毛主席旗帜下，同心同德为人民服务到底"的题词。

行署合省后，父亲任四川省监察委员会常委，后改任四川省人民政府参事，同年参加了民革并任委员。

1955年4、5月，承朱总司令的邀请，到北京参观工厂、学校及名胜古迹，还偕朱总司令专程参观永定河官厅水库，两位老人兴致勃勃登上水库高地，同坐在一条长板凳上，畅谈水利建设。在北京期间，朱总司令同父亲多次聚谈，并签赠一本《辩证唯物主义》中译本。此书经父亲反复阅读，受益很大（此书现存中国革命博物馆）。

1955年，党和政府号召国民党去台军政人员弃暗投明，回到祖国，父亲又第二次争取杨森回国。此事父亲先得到朱总司令同意，后写信给杨森，他在信中剀切杨森指出其回国之主要理由和前途之光明所在，该信由省委统战部辗转送交杨手，但一直未见回音，父亲曾感慨地说："我两个学生，一个走上革命大道，为人民立下大功，一个走上歧途。"

父亲与朱总司令交往数十年，互相影响至为深刻，新中国成立后父亲参加了革命工作，受到党的教育，看到了社会主义建设成就，也认识到自己的不足。他自觉地提高自己的政治觉悟，拥护中国共产党的领导，拥护社会主义道路，他常说，在晚年更要以余力为社会主义建设事业做出贡献，故而从北京返川后，一方面积极宣传党的方针、政策和社会主义建设成就，另一方面努力工作与学习，积极向政府提出建议。1957年"八一"建军节前后，父亲写了《建军三十周年作诗以颂之》七律十首：依次为《南昌起义》《井冈会师》《遵义改组》《长征万里》《延安奠都》《山西抗日》《东北砥定》《南京请降》《北平解放》《人民专政》，此诗当时寄中央办公厅转呈毛主席、朱副主席，中央办公厅复信并致谢。1959年，父亲在四川省人大会议上发言，提出"发展生猪十点建议"，并由《四川日报》刊载。

1962年6月，父亲抱病出席第三届省人大会议，作了《我省在今年农业战线上一定要打胜仗》的书面发言，6月20日感到身体不舒，却仍然坚持出席会议，22日病重送入四川省人民医院医治，但因患动脉粥样硬化，经多方抢救无效于6月30日逝世，享年86岁。

父亲在住院期间，四川党政领导曾多次前往看望，朱总司令亦专电询问病情。逝世后，省委统战部、省政府参事室及民革省委联合举行追悼会，朱总司令及省党政领导送了花圈，朱总司令发来电报，表示哀悼，当时到会300余人，并对家属表示慰问。会后省政府派专车送灵柩回仪陇原籍，安葬于凌云山西麓，并蒙朱总司令亲笔撰写墓碑文。

（仪陇县政协文化文史联谊委员会供稿）

致力于多党合作事业的李炳英教授

傅国才

    李炳英（1889—1957），字蔚芬，原名李江灵，化名李绍白，四川省中江县吉兴乡人。他自幼就聪明过人，在读私塾时就表现出了超人的天资，父亲见其是可塑之才，就将其送至广西伯父家就读新学，他17岁时考入上海中国公学。

    他刻苦攻读了英语、日语，常在课余和夜间翻译英文《大代数》，凭着扎实的英语功底和数学功底，在中国公学毕业之前就将这部《大代数》完整地翻译出来，并将其交由商务印书馆出版发行。这部学术译著竟出自一个20岁的弱冠青年之手，无论是在当时，还是在科技十分发达的今天，都是十分罕见的。

    1910年，孙中山先生领导的民主革命运动像磁石一样吸引着这个有志青年，李炳英拟东渡扶桑，寻求革命救国的真理，但未得到家庭的支持，他毅然将《大代数》的版权一次性卖给商务印书馆，将200元的整笔稿酬作为路费，只身来到日本求学。没有经济来源自费留学生的生活是十分艰苦的，尽管他节衣缩食，在宏文学院坚持了大半年，不仅稿资耗尽，还落下严重的胃病，他凭着扎实的根基，于1911年考入了东京高等工学院官费生，才摆脱了困境。

    留日期间，李炳英与具有民主革命思想的熊克武、但懋辛、李培甫等诸君交谊甚笃，同在章太炎门下听讲《庄子》《说文》《楚辞》等书，列名称弟子。章太炎还传播孙中山的革命思想，经章太炎、钟正懋介绍，李炳英在

1911年加入了"中国同盟会"。辛亥革命首次成功，李炳英备受鼓舞，他赓即回到上海接受同盟会总部的指令。

1911年12月，李炳英受同盟会委派运送军械弹药到天津"京津同盟会"，李炳英出色地完成了任务，根据孙中山的安排，李炳英留津担任京津同盟会机关报《民意报》的主笔兼编辑。他在《民意报》上撰文，宣传革命、推动共和，揭露沙俄侵华、华俄道胜银行倒闭内幕。1912年8月，孙中山应袁世凯邀请赴京，途经天津停歇一日，发表了与记者的谈话，李炳英再次见到了中山先生，并聆听了中山先生的讲话。

1912年11月20日，孙中山发表了《民意报》周年纪念祝词，对民意报给予了高度评价，激励该报坚持"毋激而过，无党而偏，以利国利民为前题（提）"的办报方针，希望民意报自历千秋万岁而不崩不骞。1913年，李炳英撰文揭露袁世凯背叛革命和独裁专制的民意报遭到查封，他被通缉，同盟会工作被迫转入地下。李炳英化名李绍白南下受聘于武昌高等师范学校做学监主任。次年辗转回四川，供职于万县第四师范学校做主任教员。1917年受熊克武之邀，担任督军府秘书；1921年出任南充县知事，次年就任嘉陵道尹公署秘书长。

1925年，熊克武被蒋介石夺走兵权，并囚禁于虎门，李炳英看破世事，决定弃政从教，走教育救国之路。他先后执教于成都公学、石室中学、成都县中（现成都七中），他在教学上颇有建树，在教育界享有很高的名望。1928—1932年，他应邀参加了四川大学的改组，1932年国立成都大学、国立成都师范大学、公立四川大学合并为四川大学，李炳英被聘为川大主任教授，执教于中文系。

1937年，他升任中文系主任，主要讲授《庄子》《史记》《历史文选》等课，同时进行了古汉语的研究。李炳英的古汉语功底十分深厚，无论是在教学和科研上都成果颇丰，尤其对《庄子》《孟子》《史书》等研究造诣颇深，所著《史记讲义》《庄子补注》，翻译日本学者武内义雄的《庄子概说》，以及日本泷川龟太郎《史记会注考证》中所摘译而成的《史记正文佚文纂录》等著述，都具有极高的学术价值。他早年研究了《庄子》《史记》的部分论著，曾由川大、华大刊印流播，受到史学界高度重视。新中国成立后，人民出版社等单位多次与之约稿，《孟子文选》1957年由人民出版社出版发行并列入《中国古典文学课本丛书》，香港出版社还重印了此书。他还把自己珍藏多年的千余本书籍，包括百衲本《史记》《全唐诗》等书，悉数捐赠给了川师图书馆。

李炳英作为省参议院的参议，在抗战时期衷心拥护抗日统一战线，曾公开撰文谴责国民党的反动政策。抗战胜利后，蒋介石挑起了内战，李炳英在参议会上慷慨陈词，反对称共产党为"共匪"、称共产党军队为"匪军"。李炳英的胆识和气魄为不少人士称赞，同时也引起了国民党当局的关注。

1947年，李炳英因不满川大校长黄季陆的专制，拒绝了四川大学的续聘，愤然离校，受聘于华西大学（后改为成都大学）任教授，担任成华大学院院长。1949年李炳英为"川康民众自卫委员会"起草宣言，痛斥国民党反动派的黑暗统治，遭到国民党当局的围追堵截。

四川解放后，李炳英担任了川北大学（后更名为四川师范学院）中文系主任，还兼任了川北行署土改工作委员会委员，川北区一级暨南充市一级机关"三反"联合人民法庭审判员等职。1951年，经胡耀邦主任推荐，民革中央主席李济深亲自批准，他加入了"中国国民党革命委员会"（以下简称"民革"），并成为"民革川北区工作委员会"的主要负责人之一。1952年底撤区并省后，他是民革南充市筹备委员会的主要负责人。

1957年4月，李炳英抱病参加四川省政协会议，在大会上发言时突然昏倒，确诊为食道癌，并于当年6月28日不幸去世。

（傅国才，民革南充市委原组宣部长）

把共产党当作终身挚友的李树骅

傅国才　李隆庆

　　李树骅是原国民党中将，生于1893年，遂宁县吉祥乡（今属蓬溪县）人。1913年，他考入四川陆军小学堂，1915年在上海加入"中华革命军"，曾先后参加反袁护国军蔡锷部参谋、川北靖国军总司令部参谋长兼二团团长、马边县知事、盐源县镇守史等职。后被任命为"边防军农村警备部"（民团组织）司令。

　　1928年，经中共川北区地下工委书记王叙五及王子度介绍，李树骅加入中国共产党，成为一名光荣的共产党员。

　　李家钰当时是边防军总司令，因旷继勋部提前起义而引起其警觉，决定将边防军司令部下属的李树骅收编在自己名下，并授予李树骅农村边防军警备部司令的头衔。这一收编，给李树骅埋下了祸根。

　　1930年6月1日，李树骅突然接到地下党的指令，得知吉祥乡地下党的武装组织遭到李家钰派兵"围剿"的消息，要求李树骅前去解危。随后，李树骅又接到李家钰的命令，迫令他率部前往吉祥乡"剿共"，李树骅怕延误时日，赓即骑马赶往吉祥乡，李树骅刚到吉祥乡，就被一颗流弹击中左耳而落马。

　　由于敌我双方实力悬殊，手枪队队长、共产党员吴尔笃及队员10人惨遭杀害。这一事件引起了中共川北区工委的高度重视，因李树骅负有不可推卸的责任，经研究决定，给予开除李树骅共产党党籍的处分。在这次事件中，李树骅也竭力保护共产党员。共产党员赵子文、李戴浦、程俊夫三人研究应变对策之际被李家钰所部包围，见李树骅赶来，他们三人对边防军说："我们是李树骅民团的人。"三人才幸免于难，李树骅还派专车将他们送到了成都。

李树骅对这次处分没有任何怨言，相反，他因吴尔笃等10余人遇难感到内疚，他认为自己是有罪的人，欠下了共产党的债，对不起共产党，决定要以自己的行动来弥补这一重大过失。

1930年后，他为了摆脱李家钰的控制，对农村边防军进行了整编和改组，改投邓锡侯麾下。邓锡侯十分赏识李树骅，先后任命李树骅为川军第十师参谋长、二十八军混成旅旅长。

西安事变以后，李树骅坚定地支持抗日统一战线，积极主张停止内战，共同抗日。经邓锡侯申报，李树骅被任命为川西疏散警备区指挥部少将指挥长。他聘请了中共川北区委王叙五等共产党员，来自己部队任职，掩蔽身份并开展共产党的各项工作。他不仅与中共川北区工委建立了密切的联系，还保护了地下党员王叙五、李载浦、王涵等摆脱国民党的跟踪，使之安全转移到指挥部。他还让中共的同志，与指挥部官兵一道招募志愿人员报名参军，出川奔赴抗日战场，为国共合作、共同抗战做出了贡献。

当时，川内不少有志青年都向往到延安革命根据地"去找毛泽东"，李树骅的女儿李隆蔚是进步青年，她与何郝炬、荣高棠、李清等都想去延安，李树骅支持这些进步青年，还将他们送出成都，让他们踏上了革命新征程。

1940年春，李树骅晋升为川西疏散警备司令部中将司令、防空司令部司令，主要负责温江、郫县、崇庆、新津、灌县的社会治安，以确保抗日大后方的稳定，营造一个安静祥和的大后方，这也是邓锡侯让李树骅留守四川、未让他出川参战的原因。温、郫、崇、新、灌及周边地区在李树骅的精心治理下，杜绝了匪患，治安秩序稳定，征兵、征粮工作也做得井然有序，邓锡侯对此非常满意。

抗战时期，李树骅除安排中共川北地区地下党员在司令部挂职，以便开展各项工作外，还营救过协进中学教务主任何时光。

飞虎队进驻成都后，飞虎队一名飞行员的金表被盗，因飞虎队是美国为支持中国抗战而来的，李树骅高度重视这一案件，在短时间内抓住盗贼并追回了金表，飞虎队队长陈纳德对此非常感激。

李树骅一直和中共川北区工委的领导人王叙五、王子度、王涵等联系密切，支持他们的各项工作。

1945年，周恩来得知李树骅是国民党的中将，在四川的口碑很好，便委派他的女儿李隆蔚回四川做川军的策反工作。抗战结束，蒋介石得知李树骅的女儿是中共党员，还从延安回到四川了，就夺去李树骅的兵权，只给了他一个中将高参的虚衔，李树骅成了光杆司令。李树骅看清了国民党虚伪的嘴脸，毅然辞去中将高参之职。

1949年12月，应时任中共川北区委组织部长王叙五之邀，李树骅举家从成都迁到南充，以民革党员身份参加川北区第一届各界人民代表大会筹备会，以民革副首席代表身份参加南充首届"各代会"，以第二召集人身份筹备并成立民革川北临时工作小组和民革南充市支部，以剿匪委员会副总指挥和禁烟委员会副主任身份参与清匪反霸等工作。

（李隆庆，民革党员）

记周正麟先生不平凡的人生

傅国才　　傅小茜

周正麟（1917—2012），出身于四川崇宁县（该县于1958年撤销，属地主体并入郫县，其他部分并入彭县、灌县），在未满1周岁时，父亲就被大地主、袍哥大爷打死而成为孤儿，寄居于外祖母及舅舅家。他5岁开始读书，因家庭特别困难，学习十分刻苦用功，在县中和在成都的省立工学院附属高中连年名列前茅，连续六年获学校奖学金、助学金，1936年7月考入南京中央军校（黄埔军校）第十三期炮兵科。

西安事变以后，促成了国共第二次合作，建立抗日民族统一战线，换来了国共两党军队同仇敌忾，与全国人民团结一致，共同抗日的局面。周正麟渴盼早日奔赴战场。

1938年9月，周正麟从中央军校毕业后，与6位同学一道奔赴抗日前线山西中条山，在国民党第九军五十四师任排长，参加"中条山战役"。由于他骁勇善战，次年被提拔为军佐队副队长，同年底调任迫击炮连连长，后因屡立战功升任中校炮兵营营长。周正麟带兵参加过十多次战役，直至抗战结束，为国共合作的抗日民族统一战线立下了汗马功劳。

抗战胜利后，蒋介石挑起内战，促成了以国民党高级将领李济深等为主的反蒋阵营。当时，周正麟是孙元良部的上校骑兵团长，他早有弃暗投明的打算，并多次与部属商议此事。1949年1月9日，在淮海战役中，周正麟率部投诚。在华野高级军官团学习时，他表示一定要为全中国的解放、为中华民族的统一尽心出力，遂向领导提出希望回国民党部队策反。

　　1949年，周正麟回到四川，10月任国民党第四十七军二师九〇五团上校团长。当时，中华人民共和国已经向全世界宣告正式成立，四川作为蒋介石大后方的西南地区尚未解放。同年12月初，他率部开往成都，9日参与刘文辉、邓锡侯、潘文华部组织的"彭县起义"，为解放四川、解放大西南做出了贡献。起义结束后，他被分配到成都川西起义高级军官班工作，1950年底调任重庆军政大学高级研究班做教员，后又分配到第二炮兵学校任教员。

　　1952年，周正麟升任第二炮兵学校（后更名为重庆炮校）主任教员，1954年转业后任南充市人民政府民政科副科长，并当选为南充市人民代表。

　　周正麟在南充的工作中，任劳任怨，刚正不阿，1956年经龙宇成介绍加入中国国民党革命委员会，成为民革党员。1957年，他被错划为右派分子，受到了不公正待遇，但他坚信共产党不会放过一个坏人，也不会冤枉一个好人。改革开放后的1979年，周正麟得到了平反，被安排到白塔中学任教师，1982年当选为民革南充市第五届委员会副主委、四川民革祖统联谊工作委员会委员，同时担任了南充县政协副主席，他非常珍惜这迟来的春天，决心把余生奉献给民革。

　　当时，民革的中心工作是为四化建设服务和促进祖国和平统一。他通过和侨台属联系，为台湾同胞寻找大陆亲人；还提出要加强宣传，建议办实物书画展和图片展；关注中山学校、中山蚕种场的工作；收集"祖统"工作资料。1987年，在民革川、滇、黔三省为四化服务经验交流会上，已是七十高龄的周正麟，还代表南充民革在大会上作经验交流，得到参会三省代表的一致好评。

　　周正麟退休后，仍然关心和支持民革的各项工作，他经常到机关来，关心机关干部的工作学习情况，尤其是1992年3月，中山学校九二级学前教育（幼师）专业的学生毕业前要实习，周正麟亲自联系云南个旧市的女儿、女婿所在的幼儿园，介绍到个旧市实习，那时周正麟已75岁高龄，学生和家长对周正麟十分感谢。

　　他晚年十分重视锻炼，心胸开阔，还经常邀约机关干部畅谈如何正确对待人生，对机关干部的成长浇注心血，对干部们有很大帮助和启发。由于他心胸开阔，性格平和，到95岁高龄才与世长辞。

（傅小茜，民革党员）

多党合作在南充民革的实践

傅国才　傅小茜

中国共产党领导的多党合作和政治协商制度，是我国基本政治制度。有着73年悠久历史的南充民革，对此有着极其深刻的体会，可以说，没有中国共产党领导的多党合作和政治协商制度，就没有南充民革的今天。在此，笔者仅从南充民革75年来的实践，谈谈中国共产党领导的多党合作制度，对南充民革的深远影响和它对民主党派开展各项工作的重要性。

早在1950年2月，南充解放仅仅3个多月，饱经战争创伤的新中国满目疮痍，百废待兴。但是，中共在接管南充以后，很快就完善了川北区党委和行署的建制。胡耀邦担任了中共川北区委书记、川北行署主任，同时还兼任中共川北区委统战部部长。胡耀邦是统战工作的专家，深谙多党合作的重要性。

当时，原国民党中将、地下民革党员龙杰三，接受民革川康（重庆）分部负责人李紫翔的指派，以召集人的身份，到南充组建民革川北区（省级）地方组织。原国民党中将、解放战争时期就与中共川北地下党组织有着密切联系的爱国将领李树骅，经中共川北区委组织部长王叔五引荐来南充，安排在川北行署担任协商委员、禁烟委员会副主任兼川北军区剿匪司令部副总指挥。

6月23日川北各代会筹备会议召开，龙杰三、李树骅、蹇幼樵、尹子勤、萧端重等五位地下民革党员应邀参会。中共川北区委统战部常务副部长刘玉衡，代表中共川北区委、中共川北区委统战部，亲切接待了五位民革代表，希望能尽快成立民革川北区地方组织。代表们表示，将在"各代会"召开期间，专门协商此事。可以说，从这时开始，就揭开了川北区中共与各民主党派多党合作的帷幕。

从1950年7月5日成立民革川北区临时工作小组筹委会，到1951年10月1日成立民革川北区分部这段时间，民革在减租退押、清匪反霸、戒烟、工商业改造等多项工作中，都完成得很好，得到了中共川北区委和统战部的充分肯定。

1951年9月8日，中共川北区委、川北区委统战部主持召开了川北区第一次双月座谈会，统战部刘玉衡再次传达了中共中央的统战工作方针及胡耀邦对川北区统战工作的要求，即"全区、全市人民在民主统一战线的旗帜下，团结起来，共同建设新川北、新南充"。并决定双周座谈会由民革、民盟、政治协商会、统战部轮流主持。

1951年，减租退押、清匪反霸工作开展得如火如荼，广大农民群众对这一政策衷心拥护。但是，川北民革的创建者全部都是地下民革党员，同时他们也是原国民党时期的党政军人员。他们的家庭普遍都比较殷实，有的还雇用了短工。但他们在中华人民共和国成立之前，就投身到了民主革命的阵营，一位同志还是从重庆渣滓洞逃生出来的，而一些不明就里的农民群众，出于对恶霸地主的切齿痛恨，到川北行署要人，要把他们抓回去批斗。当时接待的同志根据中共中央的统战政策，耐心地给予解释但无效果，行署的同志将情况反映到了胡耀邦那里。胡耀邦同志亲自接待了上访的群众，他风趣地说，你们要想抓回去批斗的人，都是新中国成立的功臣，我们应当敬重他们，你们要"接"他们回家看看，是完全可以的，但"接回去"是什么样子的人，"送"回来也必须是原来的样子，否则我们将按政策法律的相关规定，追究其责任。同时，他还告诉大家，至于减租退押的问题，政府将根据实际情况合理解决。事后，政府拨出专款解决了涉及民革、民盟，还有宗教人士的减租退押问题。从这件事我们可以看出，中共对各民主党派还真是关怀备至，"肝胆相照、荣辱与共"。

为了纯洁民革组织和确保能在较短时间建立民革川北区地方组织，胡耀邦和川北区委统战部常务副部长刘玉衡亲自把关，协助民革搞好组织发展工作，胡耀邦举荐川北行署副主任裴昌会、川北大学中文系主任李炳英教授、川北行署高干刘忠良同志加入民革，为确保万无一失，他亲自与民革中央主席李济深联系，得到李济深的支持，他们随后都成为民革党员。

1951年10月1日，在中华人民共和国成立两周年纪念日这一天，民革川北区分部正式成立，他们成为民革川北区分部的领导和骨干。通过川北区委统战部常务副部长刘玉衡的支持、帮助和严格把关，民革组织在保证党员质量的前提下，得到了健康发展，到1952年1月28日新党员宣誓时，民革党员已增至73位。

从上面的两件事，让我们深刻体会到，中国共产党领导的多党合作和政治协商制度，就是中国独创的社会政治制度，它不同于西方国家两党制和一些国家的多党制，中国共产党是执政党，各民主党派是参政党，我们的多党合作有着共同的奋斗目标，那就是把中国建设成具有中国特色的社会主义现代化强国。

南充民革在多党合作的实践过程中，感受最深、影响最大的应该是改革开放后，由中共南充市委统战部具体实施的，对民主党派中受到不公正待遇的同志落实政策。这一工作极大地鼓舞了民革党员为社会主义经济服务和促进祖国和平统一工作的信心，在此期间，中山学校、中山财务会计函授站、中山蚕种场、中山园艺场，开展建筑工程咨询服务和法律咨询服务等为四化服务的机构雨后春笋般建立了起来，多次在省内外获得表彰奖励。同时还促成了不少台湾及港澳同胞与大陆亲人团聚，南充民革先后接待了从台湾、港澳及海外回大陆探亲访友、参观旅游的同胞近60人次，还引进外资，在成都开办了第一家外资医疗机构——麦格眼科医疗中心。引进了梦尔多植物健生素，并在绵阳、南充、广安、乐山等地推广，取得了良好的效果。

南充民革在中国共产党领导的多党合作和政治协商制度中所取得的成就，主要体现在以下两个方面。

首先体现在参政议政和政治协商工作中。仅以2016—2020这五年为例，在《民革南充市委参政议政成果精选》一书的《民革南充市委优秀参政议政成果目录》中，就收录了236件参政议政的成果信息，包括全国政协、四川省、南充市党政领导批示及省市人大、政协、统战部所采用的参政议政的议案、提案等信息。同时，还精选了99篇范文，作为民革省市人大代表、政协委员及民革党员提高参政议政水平和质量的借鉴。

其次是促进祖国和平统一的"祖统联谊"工作。在引进外资方面，促成侨胞为仪陇乐兴小学多次捐款捐书助学，还为其捐建了一栋包括微机室全套设施齐备的教学楼；先后接待了台湾来大陆访问的台湾中华生产党执委、组织部副部长彭俊兰，台湾国民党中央候补委员邓志平及一些返大陆探亲访友的台胞，并与他们进行了交流。同时还找寻到了包括从台湾回大陆定居的抗战老兵278名，为生活困难的老兵解决生活补助费，祖统联谊专委会每年中秋节都要召开侨台属党员座谈会。因祖统联谊工作做得很出色，南充民革得到了中共各级党委的肯定和民革中央的表彰。

"成绩只能说明过去，一切还得从零开始。"我们将永远牢记孙中山先生尚未完成的"统一祖国，振兴中华"的历史使命，把已取得的成绩和荣誉，作为实现伟大的中国梦而不懈进取的新的起跑线，在中国共产党的坚强领导下，为多党合作和政治协商竭心尽力，为把我们祖国建设成具有中国特色的社会主义现代化强国而继续奋斗！

"五一口号"的忠实践行者

傅国才

中共中央1948年4月30日发布的"五一口号"，提出要"巩固和扩大"统一战线。新中国成立后，各级统战部在践行"五一口号"中做了大量的工作，为巩固和扩大统一战线做出了积极的贡献。原中共南充市委统战部（现顺庆区）部长杨光龙可以说是"五一口号"的忠实践行者，是一位非常受人敬重的领导干部。

20世纪80年代初期，民革党员傅碧波、张克敏夫妇向杨光龙部长反映，希望统战部能帮助落实新中国成立前就参加了地下民革组织的问题。杨部长多次亲自登门拜访傅碧波先生，了解他们是何时、何地，由谁介绍加入的民革组织，新中国成立前参加和开展过什么活动，在经过了解并反复核实后，亲自委派统战部一位干部和民革市委机关的两位同志，到民革重庆市委查证原始文字材料、申请书及党员登记表册，找到相关证人证实。外调的同志回来后，杨部长亲自主持撰写和完善落实相关材料，使问题得到了圆满解决。傅碧波夫妇到统战部向杨部长表示感谢，杨部长说："这是我们应该做的事，你们的事，就是我们的事，要感谢，就应该感谢党的统战政策。"

杨部长十分支持、关心民主党派的工作，谙熟各民主党派的章程，支持、指导各民主党派在积极参政议政的同时，发挥自身的特点和优势，扩大民主党派的社会影响。1986年10月14日，召开"南充市各民主党派、工商联为四化建设服务经验交流会"，杨部长对民革机关的干部说："下个月就是孙中山先生的诞辰，你们可以利用这个机会，搞一个经验交流及纪念孙中山先生诞辰的展览，以扩大民革的影响！"民革采纳了这一建议，不仅搞了展览，还出了"纪念孙中山诞辰120周年"专刊，收到了非常好的宣传效果。

　　杨部长非常重视发挥民主党派的特点和优势，他说："民革《党章》写得非常清楚，民革是以经济建设为中心，以促进祖国和平统一为工作重点，你们要发挥自身的特点和优势，牢牢抓住中心和重点，做出成绩，向党汇报。"民革按照杨部长安排和布置，积极工作，中山学校被评为省级先进办学单位，中山蚕种场场长李惠明是全国老有所为精英奖获得者。同时杨部长还亲自参与民革祖统工作委员会与侨台支部共同组织的"对台工作展览""促进祖国和平统一工作展览"，还带领统战部的干部参观展览，三次展览的参观人数逾千，一位参观者在留言簿上写道："没想到，民革为促进祖国和平统一工作做了这么多事，让我深受感动，获益匪浅，我向民革致敬！"

　　同时，杨部长还非常重视民主党派领导班子的建设。1986年底，老主委肖端重病逝，民革四川省委电告南充民革，由原国民党高级将领胡临聪之子胡蜀平代主委，杨部长完全支持民革省委的决定，并且在换届时，推荐引进了原国民党元老的后裔、高级工程师王爱等进入领导班子，既保持了民革的组织特色，提高了民革市委领导班子的整体素质，又使之年轻化，更有利于民革的组织建设、思想建设和作风建设。

　　《中共中央关于坚持和完善中国共产党领导的多党合作和政治协商的意见》（中发〔1989〕14号文件）下达后，统战部组织了民主党派、工商联的机关干部集中传达学习，杨光龙部长在总结时说："14号文件给统一战线带来了又一个春天。"他说："这个文件对民主党派有了全新的定性和定位。我国的民主党派，是由拥护社会主义的劳动者和拥护祖国统一的劳动者组成的政治团体，是参政党。"他对文件精神作了深入浅出的阐释，升华了我们对中国共产党领导的多党合作和政治协商制度的认识。

　　"14号文件"对民主党派的定性，肯定了民主党派是由劳动者组成，这一定性让我们异常振奋——它搬开了长期压在民主党派身上的一块大石头，我们终于摘掉了"资产阶级政党"这顶帽子！文件对民主党派的定位更是催人奋进——民主党派不是"在野党"，而是建设中国特色社会主义和促进祖

国和平统一，与中国共产党同心同德、同舟共济、风雨同行的"参政党"！

我们从"14号文件"中看到了，像杨光龙部长一样，战斗在统一战线这块热土上的无名英雄，他们不忘"五一口号"巩固和扩大统一战线的初心，牢记建设中国特色社会主义和促进祖国和平统一的历史使命，他们用辛勤的汗水浇灌着这片热土，使这片土地上，开出了绚丽的统战之花，结出了丰硕的统战之果！

记忆里的"桐子花开"

——记民革党员、剧作家萧善生先生

柯　敏

　　无论是在桐子花开的时节，还是当我走入山乡望见那一树树苍翠葱茏的桐树；无论是人们谈论起桐子花的话题，还是当我接触到有关桐子花的各类文学艺术作品，一个人的音容笑貌和他所创作的小说总会浮现在我的眼前，他就是《桐子花开》的作者之一、南充民革老党员、剧作家萧善生老先生。

　　人们往往在阅读一部文学作品时，总是怀着好奇心想去探究作品的背景，以及作者的人生经历，而桐子花带给我的记忆，不只是记录着那份最美的当初，作为一位读者，我更想通过作品唤起并留下一份记忆的明朗和人文的美好。

　　桐子花是在清明时节应时而开的，也是春、夏递嬗之际广袤的川北沃野上一种很常见的植物。在我的童年，桐子花已是这一季节植入我记忆深处的山乡美景，读懂桐子花，已是我人过中年、半生忙碌之后，而读懂桐子花的人文情怀和丰富内涵，却是从20世纪90年代与一位长者结识，了解到《桐子花开》与萧善生的传奇人生开始的。

　　认识萧善生先生，源于民革，源于他的文学作品《桐子花开》，更源于我与前辈之间的忘年之交。

　　20世纪90年代初，我于阆中加入民革，萧老则于80年代在当时的南充市加入民革，而阆中也是我和萧老共同的故乡。20世纪80年代，萧老从南充地区文化局创作室退休后回阆养老，90年代末又将民革组织关系转由阆中民革代为管理，此后，我们之间的接触与交往就多了起来。

在与萧老的接触和交往中，我了解到更多关于他的身世与家世，特别是他坎坷的生活经历、曲折人生，以及一些个人的传奇色彩、经历细节和创作中的心路历程，作为川内乃至西南颇具影响的实力剧作家，他的一生正应了那句"戏如人生，人生如戏"。

萧善生（1926—2012），原名萧忠良，四川阆中人，1926年5月出生，1985年加入民革，1949年毕业于上海东吴大学法学院，20世纪50年代初曾于西南川剧院从事川剧编剧与创作，创作改编了大量川剧剧目和题材，以川剧《十五贯》为代表的系列川剧剧目及作品，在西南地区影响颇广。1953年10月，随第三届中国人民赴朝慰问团总团长贺龙率领慰问团入朝慰问志愿军将士。50年代末，他因冤案入狱，60年代出狱后回原籍阆中自谋生路，在古城下新街临街一处萧家小院居住，70年代末因平反落实政策，于南充地区文化局创作室从事专职创作，除川剧剧本创作外，也是川北灯戏中卓有建树的知名编剧，时任中国戏剧家协会四川分会会员、二级编剧。

萧老长期从事戏剧创作及戏剧理论研究，由他创作、改编、整理的大小川剧及川北灯戏剧本40余个，《折桂斧》由重庆出版社出版；《张知县送亲》在《剧本》杂志上发表，获省戏剧创作三等奖；与人合作编著的《川北灯戏》，由四川文艺出版社出版；合作创作的川北灯戏《包公照镜子》《幺妹嫁给谁》《周元献鸡》，在省级专业刊物上发表，并应邀赴上海、北京中南海等地演出，获得专家赞誉。

1991年后，萧老因长期艰难曲折的生活经历，以及酷爱写作和读书的习惯，罹患青光眼而渐渐导致双目失明，即便是眼睛看不见，他在创作上仍笔耕不辍，潜心著书创作，于古稀之年仍坚持创作，与作家彭碧珠合作，创作了以民国时期川北风土人情和社会市井为背景，讲述"一代油王"曲折动人的人生与情感经历的《桐子花开》，2003年该作品又被改编成25集电视连续剧，由西安影视公司拍摄后在全国各电视台播放，名噪南北，被誉为《大染坊》姐妹篇。此外，其《川北灯戏探源》等戏剧理论广为影响。萧老除痴迷戏剧创作外，还酷爱历史，勤奋博学，后期潜心研究巴渝人文历史，其论著《巴渝舞探源》更是系统全面地追溯和探讨了巴渝舞的历史起因与演变，1997年由青海人民出版社出版发行。

在与萧老的接触和交往中，我最喜欢和他谈天说地，聊人生，聊过往，聊他所亲历的生活趣闻。萧老不仅豁达开朗，也十分健谈，他告诉我他在上海的求学经历，以及一些家世更是让我记忆犹新。

1945年抗战结束后，19岁的萧老考入了享誉全亚洲的东吴大学法学院，这所由美国人于1915年创办的以"比较法"为特色的法学院，因向后来的远东军事法庭东京大审判中国代表团输送了既精通英美法又精通中文的法官、检察官而名噪一时，是那个时期所有向往当法官和律师的青年俊才的梦想，他非常有幸地考入了这所位于上海昆山路的东吴大学法学院，每当谈到这段大学经历和上海生活时，他总是面带瑞色和喜悦。

萧老的祖父萧泽根，是近代川北颇有影响的民族实业家，也是一位享誉社会的儒商，一贯讲究商业道德，尝书"商人以信义为无形之资本，无欺为生财之妙法"以自警。在阆中古城上新街开设的"崇新长醋房"，所酿制的"三鼎牌保宁醋"，于民国4年（1915年）荣获美国旧金山市"巴拿马太平洋万国博览会"金奖。民国时期，他在阆大办实业，大兴教育，出资办学，于民国早年在古城三陈街创办国民公共图书馆，购置有"万有文库"图书等书籍，免费供人阅读；在古城临济堂街出资建房，创办"德育社"及春晖学堂，开辟运动场供青年人文化娱乐之用；在白果树街创办萧泽根女子学校，倡导女子接受教育、入学读书。萧家养成了良好的家风家训，八子八女自幼培养，先后受到了良好的教育，培育出了以"萧氏三杰"为代表的社会楷模，为国家之所用，在阆中社会有"养儿要学萧泽根"之誉。

萧老的父亲萧端重，是川北地区乃至四川省资深民革老前辈、老党员、老领导。1949年他于成都加入民革，民国时期曾就任过县长、四川省财政厅科长；1950年5月调入川北行署财政厅研究室，当年7月调入民革川北筹委会任秘书，1955年4月至1961年9月，任南充民革第一届、二届市委会副主委，1961年9月至1986年9月，任第三至六届民革南充市委会主委，其间还曾任过多届的南充和省上的人大代表、政协委员。

"萧氏三杰"之一萧礼重，后改名王揖，是萧老父亲萧端重的五弟。

他于1937年18岁时即奔赴延安参加抗日革命，新中国成立后长期任《人民日报》副总编辑，并先后任中华全国新闻工作者协会第一书记、中共中央宣传部新闻局局长、中华全国新闻工作者协会常务副主席等要职。他多次陪同毛泽东主席、周恩来总理、邓小平副总理等领导人接见外宾。

"萧氏三杰"之二的萧庄重，又名萧敬若，为萧老的六叔，17周岁奔赴延安参加革命。抗日战争时期，他在中央军委情报部三室工作，1945年年仅24岁的萧敬若担任爱珲县人民政府的第一任县长，兼任黑河军分区政治部副主任，1948年任东北人民政府教育部秘书主任，1955年5月任中央教育行政学院党委书记兼副院长，1959年调任中央教育部任督教司、中学司司长。1972年他恢复工作，主动要求回教育前线工作，1980年调北京师范大学，任党委常委、常务副校长。

"萧氏三杰"之三萧守璞，又名萧玲，萧端重胞妹，1936年在北京国立第一助产学校学习，同年初参加了北京市妇女救国会并任常委，1937年被派回四川参与组织"四川妇女抗敌后援会"，任常委。1938年2月，她在中共四川地下党组织的领导下，由"妇抗"出面发起组织了一支妇女抗日队伍"四川妇女战地服务团"，她任团长，长期活动在抗日救亡第一线。1938年10月，她赴延安，先后在"抗大""党校""女大高级研究班"学习，在延安时与我国著名戏剧家吴雪（后任中国青年艺术院院长，改名吴一铿）结婚，成为四川阆中在抗日烽火中为民族而战斗的妇女楷模和先驱。新中国成立后，她任《中国青年报》专栏主编，丈夫吴雪后任文化部副部长。

可以说，萧家俊彦辈出，萧老父辈中另还有人曾在大连工学院（今大连理工大学）任党委书记。萧老的家族记录着时代的变迁，其家人和所经办的实业也见证了时代的发展，从萧老的家世和个人经历中，我们看到了一个时代在新旧社会变迁中的缩影，从家族变迁、人文价值和对社会的贡献所产生的影响力，均印刻着时代的印迹。

桐子花开在最美的人间四月天，桐子花的花期也很短暂，短到我们还没来得及去捕捉它的美丽，它便抖落满地，只需几日便不见踪迹，化作春泥。正如萧老在1950年桐子花开的时节去北京拜访齐白石老人，白石老人相送两言"小也了了，大未必佳"。萧老每每向我讲述这段拜访白石老人的经历，总是淡然而笑，他说："真的很准，算是说上了，这就是我的一生啊！"

2010年夏季，萧老84岁生日时与作者合影

2012年初春，还未等来桐子花开，萧老走完了86载跌宕起伏、坎坷传奇的人生之路，他用《桐子花开》终结了自己的记忆，但《桐子花开》却延续了我对他深深的崇敬和永远的记忆。

萧老用生动的笔触和情感去写故土家园，用家族兴衰和人生曲折去记录时代变迁，用坎坷经历去表达人性的喜怒哀乐，正如桐子花美好的花语：不为自己求享乐，但愿众生皆离苦。

一个人的命运多舛，坎坷一生，看似不幸，但他却通过自己的人生探索和不倦创作，为我们留下了宝贵的精神财富，从萧老的坎坷一生和他的大量作品中，我渐渐读懂了桐子花和人生那份最美的当初，也渐渐读懂了那段依旧明媚的岁月和时光的美好。

（柯敏，民革党员）

高扬爱国旗帜　做好统战工作

朱婧祎

1987年，台湾开放老兵回大陆探亲，揭开了两岸民间交流的序幕。此后，巩固和发展爱国统一战线，促进祖国和平统一事业成为民革的主要工作之一，也是民革南充市委（以下简称"市委会"）的重要工作之一。

成立统战工作专门机构

南充民革具有侨台属多，与台湾党、政、军界有联系的人士多，原国民党中、上层人士及其子女多的特点，对开展爱国统一战线工作是一个十分有利的条件。

为了统战工作的顺利开展，市委会于1984年6月16日成立了"祖国统一联谊工作委员会"。此后，市委会不断加强侨务、对台宣传及海外联谊工作，为民革党员中的侨台属联系寻找海外亲人，帮助有"三胞"（指台湾同胞、港澳同胞、海外侨胞）关系的本党党员和社会人士学习中共的有关政策，沟通与"三胞"亲友的联系，帮助他们解决实际困难和问题。

联系并热情接待台海同胞

南充民革党员中有33名党员有亲人在台、港及其他国家，到1987年底，已有29人与台、港或海外亲人取得了联系；从1988年开始，有多名民革党员与离别几十年的台湾、香港及海外亲人在南充或外地见面相聚。

市委会除了帮助侨台属党员寻找、联系亲人，以及热情接待返乡探亲的"三胞"外，还为他们排忧解难，如对于生病或住院的侨台属党员，一定要上门看望；为他们解决子女上学或就业问题；对返乡探亲生病的侨台胞积极联系治疗；对去世的侨台属一定前往送葬。每逢春节，市委会都要向驻市侨台属赠送贺年卡祝贺新春佳节，还通过侨台属向在台湾、港澳及国外亲人赠送贺年片等，向他们表示节日的问候和祝福，因此增进了彼此之间的了解，消除了两岸同胞的隔阂，起到了很好的统战效果。

积极联系外资到南充投资

多年来，市委会积极支持和帮助侨台属党员加强与海外亲友的联系与沟通，鼓励和欢迎他们的海外亲友赴大陆考察和投资，牵线搭桥引进资金、技术、人才，为南充地方经济建设服务，为家乡经济发展出力。

1991年，时任民革南充市委主委胡蜀平从国外引进植物素"茂尔多"，经南充、绵阳、泸州等地推广后，农作物增产效果明显，取得良好的经济效益和社会效益；1992年他又引进价值300多万美元的美国现代医疗设备，在成都市创办独资的"麦格四川眼科医疗中心"，为许许多多近视眼患者进行了手术，让他们摘除眼镜恢复正常视力。

1989年，民革党员胥凌云引进外资，将南充县（今高坪区）华侨企业公司更名为虹桥公司，解决了辖区20多名侨台属子女的就业问题。民革党员汪亮到美国出差，促成四川丝绸产品出口美国，创汇70多万美元；他还作为南充绸厂、绢纺厂、丝绸印染厂多个引进项目的谈判代表，为引进外国先进设备做了大量卓有成效的工作。

1990年，民革党员秦群林通过侄女从加拿大引进外资5万美元，在火花镇（今嘉陵区）创建雅豪实业公司，解决了30多人的就业。同年7月，民革党员阎起鸢的兄嫂回大陆探亲，他动员侄儿阎泯乐到南充投资；1992年，阎泯乐投资30万美元、两部五十铃货车，成立"南充中外合资新龙畜产品公司"。

1992—1993年期间，民革党员王宋联系香港依玛打联华世界有限公司捐赠100万元人民币的器械和药物，在阆中市创办"阆中市中山医院"。

2011年，民革党员罗飚为高坪引进广东美达投资2亿元的项目，在都京坝工业园区生产尼龙差别化纤维，该项目投产后解决了1000多人就业，对地方经济发展起到了积极的促进作用。

市委会以引进资金、技术、人才为地方经济建设服务为导向，在开展与港澳同胞、台湾同胞和海外侨胞的联系及统战工作上取得了明显的成效。

坚持召开统战工作会议

30多年来，市委会坚持按照民革中央、省委和中共南充市委统战部的部署和要求，紧扣台海形势的变化，就南充民革统战工作作出了具体、务实的安排。

一是利用传统节日、纪念日或根据形势发展的需要，组织有侨台属关系的民革党员或与驻市其他民主党派联合举行祖统联谊活动，如通过举办座谈会、专题报告会，开展考察活动等方式开展祖统工作；二是以"对台工作与台海形势""你好台湾""维护祖国和平统一坚决反对台湾独立"等为题，邀请专家学者举行专题讲座或报告会；三是组织全体党员学习《一个中国的原则与台湾问题》白皮书，学习《反分裂国家法》，开展对"一边一国"论的批判，重温党和国家领导人对台工作讲话精神，使民革党员认清"台独"危害、消除"台独"影响；四是组织党员到大邑县建川博物馆参观，了解抗战历史，缅怀抗战英烈，铭记和弘扬抗战精神；五是与部队、学校联合举办"迎中秋、庆国庆"联欢会，表达对海外亲友的诚挚问候和美好祝愿。

关心台资企业的生产和发展

30多年来，市委会多次组织调研小组前往有台资企业的县、区，就台资企业生产经营情况开展调研，视察企业的生产经营情况，听取当地政府有关部门关于台资企业发展的情况介绍，并与企业负责人座谈，然后针对其在生产发展过程中遇到的困难和问题，提出建设性的意见和建议，形成了《关于进一步促进我市台资企业发展的建议》《改善台资企业营商环境》等调研材料。

市委会有针对性地提出促进南充台资企业发展的意见和建议，有的被政府有关部门采纳后，有效地解决了台资企业在生产经营中遇到的困难和问题，有力地促进了企业的生产经营和发展，在祖国统一工作上起到了很好的作用，产生了很好的影响。

与"黄埔同学会"的联谊活动

1988年6月16日，"南充黄埔军校同学会联络组"成立，南充民革党员林尚志任联络组组长。此后，市委会一直积极支持其开展活动并参与其中。

自1994年至2014年，在每年6月16日黄埔军校建校纪念日，市委会都要与南充市或顺庆区委统战部联合举行纪念黄埔军校建校座谈会或庆祝会，在座谈会上，都要吟诗作赋或表演歌舞节目，中共南充市委或区委统战部领导、市黄埔军校同学会联络组及后代联工委成员参加座谈会。

在市委会每年开展"祖统工作会议"或"迎中秋、庆国庆"活动时，也邀请原黄埔军校学生或他们的后人参加活动。

持续开展统战宣传工作

30多年来，市委会始终坚持开展爱国统一战线工作，利用民革与国民党的历史渊源关系，宣传"一国两制"的基本方针，积极促进祖国和平统一事业的发展；多次举办"推进一国两制，实现祖国和平统一"展览，展出照片、实物及书画作品等；多次参加由中共南充市委统战部召开的"统战工作会议""统战系统为经济建设服务经验交流会"等会议，并在会上发言。

自2009年起，市委会先后组织4批次共120多人到台湾观光考察，鼓励台属民革党员到台湾宣传大陆改革开放以来取得的辉煌成果，增进台湾同胞对大陆的了解和认同；从2014年开始的每年春节和中秋节，市委会都要组织民革党员逐一上门慰问南充抗日老兵，为他们送去慰问品及慰问金，因此产生了很好的社会影响和统战效果。

近几年来，市委会"祖统工作"亮点频现。开展有侨台属关系的民革党员清查摸底工作，建立管理台账；召开抗战胜利纪念日座谈会，规范关怀抗战老兵活动；组织党员开展贫困侨台属慰问工作，为他们送去组织关怀的同时，宣传中国改革开放的成就和对台政策。

30多年来，市委会多次召开"祖统工作总结表彰大会"，对上年度市委会"祖统委"的工作进行总结，对祖统工作"先进个人"进行表彰和奖励。从20世纪90年代开始，市委会多次被民革中央、民革四川省委评为"祖统工作先进单位"，多名党员被评为"先进个人"荣誉称号。

30多年来，民革中央机关报《团结报》、《四川对台工作》、《四川统一战线》、《南充日报》、南充电视台等媒体对南充民革开展的统战活动多次进行宣传报道，产生了广泛的影响。

（朱婧祎，民革嘉陵区基层委员会机关支部副主委，嘉陵区信访局副局长）

融进贫困留守学子的暖暖情

——记中共高坪区委原统战部长侯春晖

谢德平

大约在18年前，与时任高坪区统战部部长的侯春晖认识，是在她的办公室里，那是当年召开党外知识分子座谈会之际。她通知我早点过去，要与我谈谈关于留守儿童的问题。因为当年我们正在做关于留守儿童的课题，获得了2005年省市普教科研课题第一名，在全省赢得了很大的反响，甚至辐射向了全国，她希望我在会上就关爱留守儿童的问题谈谈我们的研究成果和关于成果的运用情况。按照她的安排，在会上我作了关于留守儿童教育与研究的简短发言。会后她告诉我，她正准备拟订一个关于留守儿童教育与帮扶的实施计划，这个计划是什么，我不好打听什么，因为那是领导层面要考虑的事情。

不久后的一个周末，她打电话要我陪他们一起去会龙乡做一次调研，同行的有统战部的几位同志，还有我们民革的何为老师。因为是周末，家长和孩子都在家，便于更好地了解情况。出行前，我们通知了会龙学校的领导，请他们派人给我们引引路，顺便介绍一下相关情况。到了目的地，我们走进了一户杨姓家庭，这是一家很典型的留守家庭，家中只有婆孙俩。两间破旧的穿木小瓦屋，屋内只有寒酸的家什、零乱的陈设，以及随意搁置的乱七八糟的东西，它近乎让我们每一个人忍不住要掉泪。

侯部长给我的印象一直是一个很随和且温暖的人，她自己找了一个凳子坐下，与老人拉起了家常，随行的学校领导也向我们介绍了她家的情况。经过了解，老人的老伴早年过世，与年幼的儿子相依为命，儿子也没有读什么书，长大后每年挣不了几个钱，而且他还沾上赌博，欠下不少钱。后好不容易娶了个媳妇，但她受不了这份苦和累，生下女儿不久就离家出走了，杳无音讯。儿子见媳妇走了也一气之下外出，好多年都没有回家，更没给家里寄回一分钱，留下年迈多病的老人与孙女继续重复那相依为命的日子。家里因没有经济来源，婆孙俩连生活都十分艰难，哪有钱供孙女读书？幸好学校领导出面为小杨解决了学杂费等费用，她才能十分勉强地坐在教室里，完成她这个年龄阶段应该完成的学业。谈到家庭，谈到孙女的学习，老人一脸麻木，麻木得近乎一块从泥沙里刨出的乌木，连一丝情绪的波澜都没有。

听完老人和学校领导对这家的介绍，侯部长的脸上也露出了少有的凝重。在那个年代，类似这样的典型家庭应该还有不少，如何帮助这类家庭的孩子能像正常孩子那样阳光地坐在教室里，完成好学业，不负韶华？她在思考，拿出一个切实有效的解决方案来，哪怕作为统战部这样一个财权都有限的部门，她也要尽最大的努力，去帮助这些孩子。思索良久，她又展开了笑容，安慰了一番婆孙俩，然后拿出一个红包，递给老人，又把早已准备好的书包和文具交到小杨的手里，希望她好好学习，并告诉她，会尽一切努力帮助她完成学业。从婆孙俩的屋里出来，侯部长叹了一口长气，之后我们又走访了几户家庭条件非常困难的留守儿童家庭，送去了慰问金和文具。

大约两个月后，侯部长联系到了一个在广东办企业的高坪籍老板，对那家婆孙俩进行定点帮扶，承诺每个月给她500元的生活费，一直到她读完大学。后来跟踪了解到，那小女孩确实不负所望，在接受帮扶后心情大变，学习十分地努力，后来顺利地读完高中，考上了大学。她在大学期间，那位老板负担了她所有的学杂费用和生活费用。

这次解决贫困留守儿童问题的成功尝试，让侯部长感到由衷的欣慰，也开启了她帮扶贫困留守儿童的新大门。此后，她利用统战部门与各类人士联系的机会和自己的人脉关系，动员区内外的企业家和成功人员，尽他们所能与区内的贫困留守儿童结成"一对一"或"一对N"的帮扶对子，助力这些贫困学子完成学业。

　　侯部长通过这一途径完成了多少成功人士和企业家与贫困留守儿童结成对子，我没有统计也无法统计。但我知道，以后几年的时间里，不断地有成功人士和企业家与贫困留守儿童结对助学，其中很多都是在她的直接努力下完成的，或者有她助力的身影。

　　一份情，一份爱的执着，侯部长为很多家庭、为很多贫困留守儿童带去了温暖和对生活的希望，今天重拾那份已久远的记忆，虽然很多人的名字也已不再清晰，但那情与景却非常清晰，仿佛就发生在昨天。

　　　　　　　　　　　　　（谢德平，民革高坪区基层委员会党员）

情系统一战线　关怀抗日老兵

朱兴弟

70多年前，当中华民族处于生死存亡的危急关头，26万多南充青年告别亲人、背井离乡，慷慨奔赴国内外抗日战场。他们团结在抗日民族统一战线的旗帜下，团结一心、前仆后继、视死如归，为中国抗日战争暨世界反法西斯战争的胜利付出了巨大伤亡、做出了重要贡献；他们的战斗意志和不畏强暴、同侵略者血战到底的英雄气概值得我们铭记，他们伟大的爱国主义精神值得我们弘扬。

在1937年后的全面抗战中，奔赴前线的南充青年有近半数战死沙场，1万多人失踪，他们的遗体永远留在异国他乡，再也没能回到亲人身旁。如今，一些从战场归来且戎衣带血、身躯带伤的幸存老兵，仅有30余位还幸存在南充这片热土上，他们中年龄最大、定居嘉陵区李渡镇的熊代其已年满108岁，年龄最小、家居顺庆区的曹泽富已经94岁，他们犹如秋天的落叶正在加速凋零。

广大志愿者及社会各界关怀并帮助抗日老兵，既是统战工作的一部分，也是一项与时间赛跑的特殊公益活动；既感恩抗日老兵当年的无私奉献，也让他们在感受到社会温暖的同时，不带着遗憾离开人间。

为老兵争取生活补助和民间救助

2014年2月下旬，在民革南充市委的支持下，我拟稿在《南充晚报》发布寻找抗日老兵启事，开始推进关怀抗日老兵志愿服务项目。9年来，经核实并确认南充抗日老兵270多位。其间，我为回乡务农的抗日老兵争取到了政府给予的终生生活保障，并寻找民间救助，为他们解决生活中遇到的困难和问题，使他们的生活条件得到有效改善，让每位老兵及亲人都感受到了党和政府的关心和社会的温暖。

我在刚下乡寻访抗日老兵时，发现回乡务农的老兵每月仅有新农保55元，80—100岁的每月另有100—300元不等的高龄补助，因而他们大多生活在贫困线下，需要困难救助或生活资助。于是我在2014年6月向南充市政协上交《关于加大对国民党抗日老兵关怀力度的建议》，建议得到时任市委书记的批示；同年8月11日，市政府五届第81次常务会议通过补助方案，从当年9月起，每位回乡抗日老兵每月补助690元，每年按10%递增；如老兵去世，以当年6个月的补助作为丧葬费。自此，回乡务农抗日老兵终于有了终生生活保障。如今每位回乡务农的抗日老兵每月已有生活补助1800多元。

从2014年4月开始，我先后联系到关怀抗日老兵公益基金、深圳市龙越慈善基金会、四川省普善公益慈善促进会，为南充48名生活困难的抗日老兵提供每月300—500元不等的民间救助金，直到老兵去世。9年来，凡重病住院的抗日老兵，每次可获得民间社团最少3000元、最多3万元的住院救助金，如岳池县东板乡97岁抗日老兵张杰，因腿部骨折在南充市中医院金鱼岭院区住院治疗，我获悉后立即前往医院探望，并为其向四川普益公益争取到一次性住院补助费3万元。如抗日老兵去世，其遗孀无退休金，每月可获得四川普善公益生活救助金直到终生，如南部县雷佑民、董克清两位老兵去世后，他俩的遗孀每月都获得500元固定生活费。

坚持每年春节上门慰问抗日老兵并为其贺寿

每年春节，深圳龙越、四川普善公益都要为抗日老兵安排慰问品、慰问金和慰问信，再由我负责安排南充五县（西充县、南部县、仪陇县、营山县、蓬安县）一市（阆中市）三区（顺庆区、高坪区、嘉陵区）志愿者团队为辖区的抗日老兵送到家，9年来从未间断。其间，我还多次配合中共南充市顺庆区委统战部领导慰问抗日老兵，有时还协助爱心企业或爱心人士为抗日老兵送上慰问品及慰问金。

9年来，凡抗日老兵住院，我都要带领志愿者到医院探望，送上慰问品及住院补助金；老兵去世时，都要上门吊唁，并敬献花圈及帛金。从2021年7月开始，但凡南充抗日老兵的生日，都要敬奉深圳龙越汇来的生日礼金，99岁以下为1000元、100岁以上为2000元；从2022年9月开始，四川普善开始向每位抗日老兵敬奉生日礼金，不论年龄一律为1000元。每笔礼金都由我或安排志愿者负责送到每一位老兵手中。

慰问台湾老兵并与台湾人士互动

2015年，南部籍抗日老兵何玉洲回乡省亲祭祖，此后我们每次慰问抗日老兵的纪念品、慰问金及老人生日礼金都由其南部亲属代领并转寄台湾，2023年端午节礼包也如此，近日98岁的何老还从台湾传来新照。

2017年、2018年，时任"全球华人纪念抗日协会"秘书长、台北市感恩协会理事长钟蕾妮女士两次到南充慰问抗日老兵，与我们座谈交流。她还先后为10多位家居南充农村的抗日老兵送去慰问品和慰问金及台湾同胞的亲切问候。她说在南充看到抗日老兵的居住和生活条件，并非原以为的那样贫困，因而深感欣慰。2018年8月15日，钟女士在台中举办"抗日图片展"，展出了她慰问南充及其他地方抗日老兵的几十幅图片。

我至今和钟女士保持着联系，还及时通过微信向她传去我们开展关怀抗日老兵活动的图文；通过何玉洲和钟蕾妮，我们

台湾钟蕾妮女士慰问抗日老兵

关怀抗日老兵的活动在台湾也产生了一些影响，为统战工作尽了一点绵薄之力。

迎送抗日老兵回乡省亲祭祖并陪护老兵重返昔日战场

前几年，已有2位生活在他乡、1位生活在南充的抗日老兵在两地志愿者的共同帮助下，回到阔别七八十年的家乡省亲祭祖，圆了自己几十年的思乡梦。

2015年7月初，阔别家乡84年的102岁抗日老兵郑天付从安徽阜阳回到南充市顺庆区辉景乡；同年9月中旬，离开故乡76年的95岁王朝汉老兵从江西萍乡回到南部县龙庙乡，这两次老兵一行都是我负责南充落地接待事宜。2019年10月中旬，定居南部县的河南信阳籍95岁抗日老兵雷佑民回乡，由我和南部志愿者往返陪护。这3名年逾古稀的抗日老兵回乡省亲祭祖，先后被中央电视台及两地省、市新闻媒体报道后，产生了广泛而良好的社会影响。

2017年、2018年、2019年连续3年清明节期间，我都与志愿者陪护93岁以上的南充抗日老兵重返云南保山、龙陵松山、腾冲及缅甸密支那等原抗日战场，祭奠他们为国捐躯的战友。在后两次清明节当天，我们在密支那举行"祭奠中国远征军抗日阵亡将士"仪式时，中国驻缅甸总领事馆均向中国远征军英烈敬献了花圈，副总领事李莅蓓、领事杨晟先后在祭奠仪式上致辞，台湾东森电视台两名记者全程跟踪录像并采访。2021年清明节期间，我和志愿者陪护南充5名抗日老兵重返湖北襄樊、宜城及老河口等地凭吊原抗日战场，祭奠牺牲在那里的抗日英烈；2023年清明节，我再次陪护南充94岁抗日老兵曹泽富重返滇西原抗日战场，祭奠牺牲在异地他乡的抗日英烈，满足了老兵们重返原抗日战场祭战友的愿望。

参与纪念抗战胜利活动并编辑《南充抗日老兵口述史》

2020年9月2日上午，我在中共南充市顺庆区委统战部主办的"纪念抗战胜利75周年"座谈会上，为大家讲述了南充人民在兵源、物资等方面为抗日战争所做出的重大贡献。近几年的每年9月2日，我都要陪护南充抗日老兵前往成都，参加次日由四川普善公益开展的抗战胜利纪念日活动。

在9年多的上山下乡寻访、慰问抗日老兵活动中，我主动收集老兵口述抗日经历，主持编辑了上下册共60万字的《南充抗日老兵口述史》，书中记录了271位南充籍抗日将士当年艰苦卓绝、令其难以忘怀的战斗故事。该书由南充市档案局和民革南充市委联合出版，不但填补了南充抗战历史的空白，留下了极其宝贵的历史资料，还让老兵们血与火的抗日经历和英勇不屈的抗战精神留传后世，因而在社会产生了良好影响。

陪护抗日老兵返乡省亲

9年多来，我们关怀南充抗日老兵的相关活动，经大陆和台湾新闻媒体以及北京《团结报》、阜阳《城市周报》、江西《萍乡日报》、《春城晚报》和《华西都市报》等外地报纸及《南充日报》、《南充晚报》等本地新闻媒体宣传报道后，产生了很好而广泛的社会影响，为巩固、发展和宣传爱国统一战线起到了积极的作用。

（朱兴弟，原南充食品罐头厂退休干部）

倾听一段故事　回望一段历史

——民革党员与老兵的故事

严海钦

　　每个人都有自己的故事，而每一位复员老兵背后都有许多动人的故事。在战火纷飞的时代，一群不到束发之年的青涩少年，为了后世的和平拿起了刀枪，穿上草鞋，背着干粮，别了亲人，离了故乡……他们从长城内外到大江南北，从东海之滨到西南高地，在冰天雪地里，在白山黑水间，一寸山河一寸血，十万青年十万兵。对于参加过这些战争的人来说，那是永远无法忘却的峥嵘岁月，而这些抛家弃子、甘洒鲜血的故事似乎仅在我看过的书本或影视剧中，距离和平年代今天的我很远很远，直到2020年1月8日，我才恍然发现书本中、剧本中描写的原来也是我身边的故事。

　　那一天很冷，天空没有一丝阳光，我正和一群书友在温暖的茶室品茶、闲聊，突然接到慰问老兵的通知，我抱着很多的疑问和期待与仪陇民革支部的另外两位同志一同踏上了前往仪陇县三河镇的行程。对于仪陇来说，三河镇是一个比较偏远的乡镇，远到在这之前我都没有听说过，近两小时颠簸，我们终于抵达了李崇忠老兵的家中。一下车，我就看到93岁高龄的李老佩戴着功勋章在院坝边迎着我们，他目光中透露出军人的坚韧。这天下午，李老给我们讲了当年他参军、参战的故事，还对近几年时事政治也如数家珍地剖析给我们听，李老家人说，他数年来每天都坚持看报纸，了解新闻资讯，感慨共产党带来的这些翻天巨变，经常教导子孙要感恩党和政府带来的幸福生活，也常将自身的抗战经历作为"忆苦思甜"的事例讲给后辈们听。我感到这天下午的社会服务意义是如此之大，远远超出我的想象。从这一天起，我就与抗战老兵们结下了不解之缘，两年来我先后与支部同志慰问抗战老兵20余次。

2021年，在仪陇爱心公益协会的帮助下，我们支部又寻找到了国民革命军第三军第七师十九团二营四连的余发良老人，他在参加中条山战役中右手被炸伤，留下残疾后在河南西亚口龙古寨与日军战斗中俘虏了一名日本兵，余老和战友不仅严守革命纪律不虐待俘虏兵，还将仅有的粮食全给了俘虏。余老说，"那也是一条命，不能因为他是日本人就不管他。"抗战胜利后，余发良所在部队被整编到国民革命军第九十一军一九一师五七三团三营七连，他任连部军需官、上士军衔。国共内战时期，余发良通过对解放军的了解，觉得只有共产党才能救百姓于水深火热之中，于是投诚起义，成为一名解放军。

2021年7月17日，是国民革命军第四十四军一六二师四十八团二营三连一排王国富老兵102生日，我有幸与支部白红英老师参加了王老的寿宴。在席间，王老告诉我们他左小腿的伤疤是在湖南石门县与日本人交战时被日军炮弹片击中留下的，那场战役国军的武器很落后，但他们凭借着坚毅的精神仅用了3个小时就将日军击退；后来，他被调去看守武器库，有一次为保住武器，当时战死了很多百姓与军人，是他带领幸存者含泪挖出土坑，将烈士就地掩埋；在湖南岳麓山战役中，日军举白旗投降，我们占领了日本人占据的驻地，当时战士们体力耗尽，但面对日本人煮熟的一锅锅猪肉、鸡肉却不能去食用。王老讲到那段用生命搏击的日子，以及"文革"时周遭对他的偏见，老人几度哽咽，围桌之人也都红着眼眶。

走访老兵，聆听着他们的热血青春，我才明白那些离我们似乎很远很远的战火纷飞的岁月，原来在他们的记忆里却是那么的刻骨铭心，听他们讲述，仿佛一幕幕硝烟弥漫的战争场面就在眼前。他们用自己的青春岁月见证着那一段段惊心动魄的保家卫国、驰骋沙场的峥嵘岁月，也以充满情感的记忆为我们讲述了那大爱背后的义愤激昂或酸楚悲伤，我们也从中受到了一场场生动的爱国主义思想教育。

（严海钦，仪陇县离堆小学教师）

统战有我　我有统战

吕　竹

2014年4月27日，我有幸加入了"民革"，光荣地成为统一战线中的一分子。从那以后，我就知道自己拥有了一种政治身份，多了一份政治责任，就要坚定不移地接受中国共产党的领导，全身心地投入伟大祖国的建设，践行为人民服务的宗旨，在自己的岗位上放光发热。

参加工作以来，我在蓬安县人民法院，以及高坪区政法委、司法局、信访局等多个单位，都把维护群众合法权益、增强全民法治素质、维护社会和谐稳定作为使命和责任，切实做到一名民革党员对待本职工作应有的尽职尽责，故而我负责的业务工作也多次荣获省、市、区级集体表彰和个人表彰。

在本职工作之余，区委统战部、民革市委、民革高坪基层委员会为包括我在内的民主党派人员搭建起了一个对外交流学习、自我展示提升、参政议政履职的广阔平台。近十年的统战时光，我在党外干部培训班、提升班的专题学习中进一步强化了统战思想武装，坚定了理想信念，提升了能力素质；在座谈交流、文艺演出等党派活动中，领略了身边党员努力奉献、勇于担当的风采，进一步激发了我对本职工作和党派工作的热情；在参与爱心助困、脱贫帮扶、农村义诊等社会公益服务中，倾听到群众的心声和困难，让我真切地感受到肩上为民服务的责任重大。这十年里，我还有幸被推荐成为一名政协委员，围绕经济社会发展和人民群众关注的热点难点问题，积极履行参政议政的神圣职责，提出的关于完善养老服务、关爱留守儿童、规范早教市场、解决城区停车难、加强噪声污染管理等提案，受到了有关部门的重视，并使其中许多影响民生的问题得到了较好的解决。

回顾这十年，统一战线让我从本职工作走向广阔天地，给我提供了机会和平台，帮助我不断成长和进步。2021年12月，我被提拔到高坪区螺溪街道办事处担任副主任，负责分管疫情防控、教育、医保、社保等工作，担负着保障群众老有所养、病有所医、学有所教的重大责任。面对角色的转变，及基层工作的考验，我必须勇于担当，才对得起自己党外干部的责任。

2022年，是疫情防控最吃紧的一年，我们民革大家庭里大部分党员都是奋战在医疗、教育和基层的一线岗位，在做好自己本职工作的同时，志愿抗疫服务有他们逆行的身影，热心捐钱捐物有他们奉献的爱心，正是全体党员这种众志成城的精神，为我作出了很好的典范。在"8·21"①"10·15"②本土疫情期间，我都吃住在单位，当时与其他同志一起冒高温、战酷暑、顶风雨，不分昼夜开展全员核酸、区域静态管理、防疫卡口值守、风险人员排查等工作，最终牢牢筑起了疫情防控的坚固防线，做到了在国家全面放开之前辖区内无一例感染病例，并因疫苗接种率、全员核酸数量位居全区第一而受到表扬，本人也被推荐为区"8·21"疫情处置工作先进个人。

三年同心抗疫，统战有我及每一个像我一样平凡的基层干部、医护人员、志愿者的奉献担当，我及每一个像我一样普通民众也有统一战线这个坚强后盾和保障。在"8·21"本土疫情期间，为守护主城安全，阻断疫情传播扩散途径，维护人民群众生命健康，高坪区连续15天实施静态管理和交通管制。螺溪街道为切实担负起牢牢守好交通"小门"的责任，共设置了13个交通查验卡口，严格落实24小时值班制度，对进出司乘人员严格按照"不漏一车不漏一人"的原则进行查验登记和上报。因为经费困难吃紧，临时设置的交通卡口仅有路障、桌椅等最基础简陋的设施，当时正值高温酷暑，150余名工作人员头顶烈日、冒着风雨昼夜坚守，因中暑、热射病累倒的干部陆续出现。高坪区委常委、统战部长彭辉了解到这一情况后，向统一战线的爱

---

① "8·21"，指南充本土新冠疫情发生后，8月21—26日，南充市辖三区按下"暂停键"，全域施行静态管控。
② "10·15"，指10月15—22日的本土新冠疫情，防控有别于"8·21"疫情市辖三区实行的全域静态管理，对经济社会发展和群众生产生活的影响相对较小。

心企业发起捐赠倡议，当时由区委统战部、区综合行政执法局、区工商联及四川省华中建设集团、南充明云掀新车业有限公司、辽原律师事务所、成都西御酒店物业管理有限公司南充分公司四家企业共同捐赠6个A级防火箱房，总价值6万余元，全部用于螺溪街道疫情防控卡口值守，让奋战在一线的我们感受到浓浓的爱意和温暖，更加坚定了我们统在一起、战在一起、战斗必胜的决心和信心，最终打赢了多轮疫情防控阻击战、歼灭战、合围战。

点滴微光成星海，如何通过一滴水的执着、一缕阳光的温暖，让更多的人增进思想共识，汇聚磅礴力量，进一步铸牢中华民族共同体意识，这就是统一战线的意义。面对当前复杂多样的国内外形势，在全面建成社会主义现代化强国的新征程中，必将会出现更多的新问题、新矛盾、新情况，我相信在统一战线凝聚人心、汇聚力量的强大领导下，没有翻不过的山，没有跨不过的坎，我也将继续在统战的广阔舞台上不断强化政治素养，提高业务水平，提升履职尽责成效，努力为经济社会高质量发展和民生实事做出自己的应有贡献。

（吕竹，高坪区螺溪街道办事处副主任）

做"和谐社会的守护神"

梁燕辉

我是一位民革党员，现为蓬安县十一届政协常务委员、南充市蓬安县司法局依法治理股股长、法律援助律师、市人民调解员。虽然我没像体育健儿纵横赛场，也没像年轻战士那样去临危受命、保卫国防，但我也有别一样的风采："立足基层、服务群众，依法办事、取信于民"，这就是我的责任与担当。

为社会和谐冲锋在前

系群众、化民怨、解民困，是我常挂在嘴边的一句"口头禅"。多年的工作经验使我深刻领会到，调解纠纷犹如救火，退一步就可能酿成大祸，必须挺身而出，临危不惧。2009年秋的一天，巨龙镇羊角嘴村与关家坪村两村民因婚外情发生纠纷，女方一气之下自杀身亡，其亲属30多人抬着死者来男方家里，要求男方披麻戴孝，赔偿30万元，而男方也叫来30多位亲友，有的举起锄头，有的扬起扁担，矛盾一触即发。我不顾危险，冲入对峙人群，稳控住了当事人的情绪，并连续工作15天，最终促成双方达成协议，使一宗矛盾尖锐的"人命案"终告平息，被当地群众誉为"和谐社会的守护神"。

2009年，蓬安一公司通过职工代表大会团购了"马电花园小区"1129套房屋，用于改善职工住房条件，当时有近400户人将指标对外转让。2011年10月，房屋竣工户主准备选房时，转让指标的公司职工针对房价猛涨的现状，要求终止《指标转让协议》，迫使选房进程搁置下来。当时，转让人和受让人纷纷向县委、县政府领导请愿，有的在网上论坛发表信息，有的甚至越级上访到省，这是一起涉及面广、纠纷数量多、关乎民生的群体性纠纷，这种人员众多的不稳定因素让县委、政府领导无不揪心。当时负责调解的我轮流对800余名当事人进行了询问调查，用了长达4个多月的时间终使该纠纷圆满化解。当1129户团购房业主进入选房大厅的时候，他们握住我们的双手一致谢，说蓬安县又解决了一桩实实在在的民生大事。这是我调解的涉案人数最多，也是最为复杂的一起纠纷。"调解结案后，我长舒了一口气，同时内心涌起了强烈的自豪感，也更坚定了我当人民调解员的信心和决心。"

30年来，我指导参与调解各类矛盾纠纷4200余件，调解涉及当事人死亡的纠纷40余起，制止和预防重大群体性上访事件20余件400余人。我知道，只要做到"忠诚、尚法、为民、担当"，老百姓就会信任我，就会支持我。

为群众幸福挺身而出

家庭内部、邻里之间，以及公司法人与员工之间等社会人群中，常为一些小事发生纠纷，如果处理不好，就会激化矛盾，以致影响社会稳定。我的职责就是让那些纠纷消除在萌芽状态，让那些濒临破碎的家庭重归于好，让那些发生纠纷的双方握手言和。

此外，当困难群众请不起律师、打不起官司时，我为他们提供法律援助，维护他们的合法权益，让法律的阳光沐浴每一个弱势群体。2013年7月，蓬安徐家镇20户居民与个体户邓某签订房屋买卖合同纠纷，涉案金额300余万元，引发了群体上访。得知情况后，我主动介入，引导当事人走法律途径，并无偿提供法律援助，促使该案圆满解决。

2022年春，51岁的李某在蓬安一工地上班期间受伤，最终鉴定为九级残疾，用工单位支付了前期住院的医疗费后便不再过问。当时，伤者母亲患高血压，女儿有心脏病，眼望后期生活及治疗费用没有着落，李某一家顿时陷入困境，我便主动为李某提供法律援助。那时，工作繁忙的我周末跑工地询问、核实相关证据，晚上在办公室翻阅查找有关法律依据、写材料，后经多次与公司协商相关赔偿后，为李某争取到19万元的赔偿金。

30年来，我累计向群众提供法律咨询2万余人次，提出法律建议2000余份均被采纳；办理法律援助500余件，为弱势群体挽回经济损失3000多万元；促成400多对夫妇破镜重圆，300余户不愿赡养老人的年轻人知错悔改，150余名有不良行为的年轻人经教育后自我得到有效矫正。2022年，调解某公司拖欠向某等17名农民工工资案被四川省总工会评为农民工维权典型案例三等奖。每当看到他们化干戈为玉帛，眼里露出欣喜的神情，我的自豪感油然而生。

为百姓安宁苦累情愿

真正的"忠诚、为民"，需要建立在一种浓烈的、真挚的感情基础上，这种感情就是血浓于水的亲情。

我在调研中发现，"很多老百姓的矛盾纠纷，并不是什么大事，重要的是让老百姓找到疏解的方法和途径"。因此，2011年10月我创新设立了"梁燕辉调解室""群众说事谈心室""信访法律服务室"，方便让有想法、有困难、有矛盾纠纷的群众来"说事"，把群众引导到相信法律、尊重法律上来，用真心、细心、耐心做好接访和化解等工作，为促进社会和谐稳定探索出了一条"绿色通道"。2019年12月，"梁燕辉调解室"被南充市总工会命名为"梁燕辉劳模创新工作室"。

同时，为满足群众和外出务工人员的法律需求，我还建立了"委员微信法律服务室"，将自己的手机号和微信号通过"委员便民服务卡"发放给群众，成了昼夜忙碌的"法律服务热线"。现在，委员法律服务平台已成为我与群众的"连心桥"、为民解惑的"开心锁"，被当地群众亲切地称为"法律服务110"。

"普法"讲的是法律，做的是服务，如果生搬硬套讲解法律知识，老百姓不仅听不进去不爱听，而且听不懂也记不住，有时候讲个普法小故事，或打个比喻，开几句玩笑话，反而会收到意想不到的效果。一番琢磨后，我总结出了一套独特的十六字秘诀调解，即以情制胜、以理制胜、以法制胜、以巧制胜，并自创了"茶座调解法"，即借助一支烟、一杯茶、一个故事对当事人进行调解。一般地讲，乡镇、村（社区）两级调解组织人员的工作经验丰富，也熟悉当地情况，但法律知识较为缺乏，由此我编写了一套《人民调解工作实用手册》，并分送到各乡镇（街道）、村（社区）调委会，供人民调解员学习借鉴，以提高他们的调解技能。

面对刑满释放人员和社区矫正对象这个特殊的群体，如稍微管控不好，就会有人重新违法犯罪。对于他们，我不抛弃、不放弃，坚持用一片真情打动他们、感化他们，让他们重新做人，我曾用一颗温暖的爱心融化了上百名"刑满释放"人员和矫正对象那一度冰冷的心，用真心唤回他们的自尊自爱，为他们铺平遵纪守法、勤劳致富的道路。

自2019年以来，为全面提升服务民生、服务社会的能力，我深入全县每一个角落，开展法治扶贫、送法下乡500余场次；在"五五"普法期间，创新探索出"法律进寺庙"在全国推广，有力地促进了教职人员和广大信教群众尊法、守法、依法信教、爱国爱教；组织拍摄法治专题片、微视频50余部；组建乡村法治宣传队335支，深入乡村开展各类普法宣传活动6000余场次，组织发放各类宣传资料10万余份，受众50余万人次，在全县有效形成了"办事依法、遇事找法、解决问题用法"的良好法治氛围。同时，我先后指导"宽敞沟村""油坊沟社区""红豆村"开展"民主法治示范村"创建，"宽敞沟村""油坊沟社区"分别被司法部、民政部命名为全国民主法治示范村（社区），"红豆村"被司法厅、民政厅命名为省民主法治示范村。

看到一个个你死我活的疙瘩化成圆满的句号，面对一张张喜悦的笑脸，听到一声声温暖的谢谢，都让我感到欣慰。为此，我先后被国家科委评为"全国青年星火带头人"，司法部评为"全国模范人民调解员"，人力资源和社会保障部、司法部授予"全国司法行政系统先进工作者"称号、"省部级劳模"，中共中央、国务院授予"人民满意的公务员称号"；我原任职的巨龙司法所也被司法部评为"全国先进司法所"。我的办公室满满挂着老百姓送给我的锦旗，这些荣誉与一面面锦旗上的感谢之词，我深感这是党和政府以及老百姓对我工作的一种激励和鞭策。

众里寻他千百度，不忘初心志更坚。我工作中取得的这些成绩，包含着广大群众的理解和信任，各级党委政府领导的关心和重视，还有同事的支持和鼓励。但这些成绩离上级领导的期望和人民群众的要求还有不小的差距。今后，我将继续扎实苦干，当好法律政策"宣传员"、矛盾纠纷"协调员"、群众法律"服务员"，努力为人民群众提供优质高效、便捷专业的法律服务，用法治力量守护人民群众美好生活。

（梁燕辉，蓬安县司法局依法治理股股长）

每一份紧缺的物资都是她工作的动力

——记"抗疫"期间的民革党员杨建芳

唐 恒

民革南充市蓬安县支部主委、蓬安县经济合作和外事局副局长杨建芳，自新冠肺炎疫情发生以来，已联系定向捐赠一次性医用口罩118000个，N95口罩500个；协调联系从境内外采购一次性医用口罩85000个、防护服2050套、护目镜1000个用于蓬安县疫情防控；联系协调在外蓬安籍企业家和乡友捐款267688元、捐赠价值16000元的"避瘟疫香薰粉"用于新型冠状肺炎防控；协调联系美国休斯敦华侨商会会长卿梅女士（蓬安人），发动侨胞采购捐赠医用物资30余万元；协助翻译甄别境外医疗物资6批次。她作为蓬安县新型冠状病毒感染肺炎疫情防控指挥部"疫情防控与医疗救治组"成员，一直坚守在自己的工作岗位上，奔走联系捐赠、筹措物资，有力确保了蓬安县口罩、防护镜、防护服等医疗防护物资的正常供给。

在抗击新冠这场攻坚战中，杨建芳白天黑夜不停地替相关物资采购部门发布需求信息、提供物资渠道信息，回复各地乡友的咨询，杨建芳笑着说，她从来没有像现在这样关注过手机上的微信群，手机一直处于24小时不关机的状态。疫情发生后，她既要做好自己的本职工作，对单位干部职工及家人情况进行反复摸排，严格管控本单位疫情防控，又身兼对外疫情宣传、参与社区疫情排查等数职。在协调联系各地捐赠款物的过程中，她有时替企业或乡友收货、运输到指挥部后，还要自掏腰包给捐赠人寄送收货证明或发票，但从没提过一句。她总是说："大家都倾囊相助捐赠物资，我这点算啥？"为了让侨胞、客商朋友、乡友企业家树立战胜疫情的信心，她撰写并在微信朋友圈发布了《致广大客商朋友的一封公开信》，向他们宣传疫情防控知识，通报蓬安县疫情防控工作现状。为了牢牢守住社区这一道疫情防控的重要防线，她还主动参与社区疫情排查、上街劝导、环境消毒整治工作，为减轻社区疫情防控工作压力贡献了一份实实在在的力量。

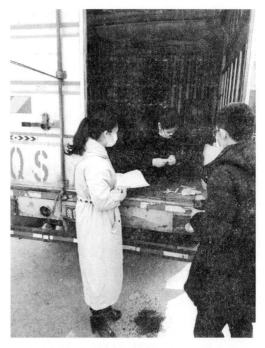

图为杨建芳与质监局药械股同志一起检验采购物资

杨建芳的父亲是一名72岁高龄的老人，也是蓬安县鲜店乡的一名社区聘用干部。在疫情暴发之初，老人便通过视频连线召开家庭会议，在家人亲朋中统一思想、宣传政策，要求大家守规矩听指挥。随后，老人还单独致电杨建芳，叮嘱她要无条件服从组织安排，尽最大努力为疫情防控工作做贡献。

面对严峻的防控形势，老人主动参与社区宣传、劝导工作，在交通要道对过往人员进行检测，24小时一轮岗，吃住都在应急帐篷。杨建芳担心他年龄大吃不消，打电话询问父亲能否换年轻人值夜班时，父亲却说："没问题，老年人瞌睡少，我身体好着呢！你把工作干好就行，不要担心家里。"每每提及此，杨建芳总是感慨不已，她说："每当工作遇到困难或感到疲惫时，想想身上的责任和担当，想想父亲的叮嘱和榜样，浑身就又充满了力量和斗志！"

作为民革蓬安县支部主委，她认真组织党员学习中央及省、市有关新冠疫情防控的重要文件精神和防控知识，要求党员要统一思想、增强信心，主动向单位和社区请战，积极参加社区疫情防控，做好疫情防控法律法规宣传。

在她的倡导下，支部14名党员全部都持续奋战在一线，党员累计协助社区疫情防控排查500余次，通过微信群、QQ群、横幅、宣传栏、LED显示屏等阵地宣传传染病防治法等法律法规信息1000余条，利用微信公众号、QQ群等推送病毒防控知识100余条，利用LED屏不间断滚动播放疫情防控宣传内容20条，以实际行动展现了民革党员的责任与担当。

"疫情当前，每一份紧缺的物资都是我工作的动力。我们多一分辛苦，老百姓就会多一分保障，就算拼尽全力也绝不让一线工作人员'赤膊上阵'"，刚刚结束与爱心企业联系捐赠事宜的杨建芳用略带疲惫而又坚定的语气说道。

由于杨建芳出色的工作，她先后被民革四川省委、民革南充市委评为"优秀党员""优秀党务工作者""抗疫先进个人"，也获得了南充市"三八红旗手"称号。目前，她已是蓬安县工商联主席，又奋进在一个新的工作岗位上，如她所言："我深知，是党和人民培养教育了我，是身边优秀的民革党员影响了我，是多党合作事业的发展成就了我。在以后的日子里，我将竭尽所能，切实做政治上靠得住，学识上有造诣，工作中有本事，品德上能服众，关键时候能起作用的民革党员。"

（唐恒，蓬安县自然资源和规划局调查监测和确权登记股工作人员）

民　盟

从不妥协的战士

冯玉姝

杨伯恺（1894—1949），
原名杨洵，字道融，四川省营
山县原骆市区小蓬乡杨家坝
（今营山县骆市镇花园村）
人。四川中共和民盟组织的创
始人之一，四川学运、青运、
农运的重要领导人。

杨伯恺与夫人危淑元，女杨洁（右）、杨宁
（左）合影

情系家乡心爱民

　　1919年，杨伯恺通过吴玉章同志联系，以勤工俭学赴法国留学。1921
年，他积极投身周恩来、赵世炎、蔡和森等领导的留法勤工俭学学生运动。
1922年6月加入旅欧共青团组织，任团支部书记。1923年加入中国共产党，与
赵世炎、李富春等一同进行革命活动。1925年3月，杨伯恺回到上海，积极
向群众做反帝爱国宣传。1926年2月中共重庆地委成立，杨伯恺任教育委员
会委员。同年春，杨伯恺回到家乡，积极在营山组建中共支部。
　　1926年1月8日，杨伯恺在重庆时就曾致信党中央、团中央："营山县
现在尚无支部，年假返家定要组织，因为可靠青年及成年多人可以立即介
绍。"杨伯恺回到家乡后，他冒着严寒，跋山涉水，深入调查，了解情况，

179

宣传革命，物色进步分子，培训农运骨干，发展共产党员。2月9日，杨伯恺又向中央写了第二次报告说："此时县中的支部第一次会决于后天开，请中央对于新加入的三位同志予以批准"，他还表示必须使其在最短期中对于主义与组织有相当的了解，且使其为全县的工作努力。随后，中共营山支部建立。

同年3月2日，党组织建立以后，杨伯恺在骆市组建了全省第一个农会——营山县农民协会。根据党的主张，他亲自撰写《农民协会章程》，号召农民们团结起来，踊跃参加农民协会，为求得翻身解放，积极投入反帝、反封建、打倒军阀和土豪劣绅，废除苛捐杂税的斗争。在杨伯恺的领导下，经过农会工作领导者的组织，营山各地农民协会雨后春笋般建立，并得到蓬勃发展。农会的斗争有力地打击了地头蛇杨焕堂和团总杨芴的反动气焰。

与此同时，杨伯恺积极投入大量精力，与陈同生、郭经阶等一起筹资，在骆市兴办了一所鳌山嘴模范学校，解决本乡失学儿童入学问题。因为农村文盲太多，他们又办起了农民夜校，以启发农民的阶级觉悟。他亲自编写通俗易懂的夜课教材《农民四季歌》《中国女子真可怜》等，深受农民喜爱。在他的积极倡导下，营山农民运动蓬勃发展，到1927年，营山全县共建立县农会1个，区农会22个，乡农会64个，会员8000多人，是全省农会会员最多的县，由此激发了农民强烈的爱国热情。在"万县惨案"中，营山农运会对英帝国主义行为的抗议、示威游行和愤怒声讨，展现了营山农会的强大力量。营山农会也得到了"全省之冠"的肯定。

如今，营山骆市镇修建了纪念杨伯恺的骆市陵园，作为全县爱国主义教育基地，每逢清明、五四期间，群众都自发前来，纪念永远活在营山人民心中的革命烈士。

书生报国笔如箭

在杨伯恺的一生中，他撰写的千余篇文章，犹如一支支利箭射到了国民党蒋介石的心脏，又如一盏盏明灯，照亮了人民前进的大道。

1924年，中国共产党和国民党合作，在全国掀起了打倒外国列强、推翻北洋军阀的大革命热潮。1925年3月，杨伯恺在法国参加了孙中山先生逝世追悼大会之后，毅然回国，投入了轰轰烈烈的革命洪流。

1925年5月，杨伯恺到达上海时，正值"五卅"运动爆发，中国人民的反帝斗争形成高潮。中共中央为配合"五卅"运动而出版的《热血日报》发刊词说："上海市民的热血，已被外人的枪弹烧得沸腾起来了。"杨伯恺怀着满腔仇恨，四处讲演，痛斥日本帝国主义在华的暴行，还撰写了题为《是毒计也是蠢想》《谁是洪水猛兽》等文章，在《热血日报》上发表。当时，圣约翰大学的学生抗议帝国主义的暴行，该校校长大骂学生们是"圣约翰误养的一批强盗"。为此，杨伯恺又在《热血日报》上发表犀利的杂文《是叛徒不是强盗》，揭露帝国主义的本性，歌颂五卅爱国运动，热情赞扬学生们的正义行动。

1927年大革命失败后，杨伯恺任中共上海沪东文化支部书记。抗战爆发后，他回到四川从事统战工作。

1939年初，杨伯恺得到华西日报社内的党小组长、编辑部主任唐征久的支持，开始暗地为该报写社论。1939年1月国民党五届五中全会后，蒋介石集团消极抗日，积极"反共"，连续掀起"反共"高潮。杨伯恺根据党的政策，发表社论，评论时局，坚持抗战，力求团结。

1943年春，他被华西日报社正式聘为主笔，专为该报撰写社论，紧密配合《新华日报》的宣传。周恩来还特别为此派黎澍、陈白尘前来协助，新华日报社社长潘梓年也亲自到华西日报社研究两报言论统一口径问题。

1944年，杨伯恺参加中国民主同盟，并先后当选为民盟中央委员和民盟四川省委宣传部部长。

抗战末期，国内民主呼声高涨。杨伯恺不遗余力，撰写了大量有分量的社论，喊出了人民的心声。当时，国民党特务数次来报馆捣乱，砸烂印刷机，抢走报纸，打伤工友。杨伯恺领导报社工友呼吁、抗议，他的文章也不因威胁而稍敛锋芒。一些好友劝他"不妨写得含蓄些，避一避风头"，而他却从容微笑地说："擦亮大众的眼睛，唤起人民，这就是战斗！"

杨伯恺在尖锐复杂的斗争中，紧跟党的部署，推动报纸不断前进，使《华西日报》愈来愈办得光彩夺目。抗战胜利那年，民盟张志和前往延安，毛泽东主席亲切地问到杨伯恺，要张讲杨的近况。张从毛泽东主席书房的报纸中捡出杨为《华西日报》撰写的社论请毛泽东主席审阅，毛泽东主席看了非常高兴，称赞杨伯恺的文章写得不错。

《华西日报》不但为国内众所瞩目，还引起了国际上的注意。1944年，苏联驻华大使罗果夫来成都，专程到报社访问了杨伯恺等，赞扬报纸的积极主张和战斗精神。蒋介石对此却极为恼怒，勒令潘文华于1945年5月28日将报纸查封，但报纸在人民中间造成的巨大影响是磨灭不了的。

英勇无畏铮骨傲

1946年5月，由民盟主办、张澜任社长的《民众日报》创刊，杨伯恺任总经理兼主笔。杨伯恺不断为民主而呐喊，先后写出了《民主的理论性与现实性》等千余篇社论文章，这些文章令国民党统治集团如芒在背，怕得要死，恨得要命。

为此，国民党反动派将杨伯恺视为眼中钉、肉中刺，意欲除之而后快，他也就成了国民党在成都地区急于拔除的首要目标。当时，有人通知他须躲避风险时，杨伯恺却认为，文化小组成员只剩两人了，在此危急关头离开，置广大盟员于不顾，这将在政治上和工作上造成很不好的影响，应该硬顶下去。

1947年6月1日凌晨，杨伯恺不幸落入了敌人的魔爪，被囚禁在成都政治犯集中营——将军衙门监狱内。敌人多次审讯，要他供出民盟的"秘密"组织，他却坚定地说："民盟从来没有什么秘密组织，民盟是公开的政团，它的政策是民主、和平、团结、建国，这不但过去对，现在对，将来也是对的。"

经党组织和进步人士积极设法营救，重庆西南长官公署曾被迫同意释放杨伯恺，但国民党四川省特委军法官却趁机要杨伯恺写悔过书，还曾假惺惺地说："只要你随便办个手续，就可以出去了"，杨伯恺对此严词拒绝，"要放就只能无条件地释放，其他任何条件，都是绝对办不到的！"他说，"就是马上枪毙，我也不会写一个字。死怕什么！人随时可以死，只是死得要有价值！"敌人又问："杨先生，你到底想不想出去？"杨伯恺坚定地说："放不放由你，我决不请求！"杨伯恺大无畏的革命精神赢得了难友们的尊敬，大家称他为"在狱中不肯取保释放的老英雄，斗争里从不妥协的老战士"。

　　1949年12月7日深夜，凄风瑟瑟，黑夜茫茫，一股匪特在杨伯恺头上蒙了一块大布，颈部拴上绳子，嘴里塞满棉花，将他连同35位共产党员、民主党派成员和其他革命人士从成都将军衙门的政治监狱里用汽车拉到西郊外十二桥附近全部活埋，史称"十二桥惨案"。这是国民党离开大陆前的最后一次大屠杀。云山苍苍，江水泱泱，铮铮铁骨，浩气长存，革命英烈，英魂不朽！

（冯玉姝，民盟营山总支专干）

清空两袖王卓维

冯玉姝

王卓维（1919—2008），四川省西充县永清乡人，民盟盟员、中共党员，川大化学系本科毕业。新中国成立之初，他出任营山县文教科长（相当于后来的文教局长）；改革开放之初，负责营山民盟的恢复和发展工作，任民盟营山县支部委员会第一任主任委员；县政协恢复工作后，任第五、六、七届营山县政协副主席。

1919年，王卓维出生在西充县永清乡马蹄沟一户勤劳善良的农民家庭，父亲勤劳多艺，母亲善良节俭。王卓维从小就跟随父母下地干活，或观察学习父亲的各种竹篾编织、缝纫等精巧手艺，父亲在闲时卖盐、卖酒、开茶馆时，他还不时从旁协助，这些使他从小养成了勤劳、节俭、朴实、善良、自尊自爱、自强不息的好品质。

王卓维一生勤奋好学，6岁发蒙读书，10岁时入保关场（今莲池镇）高级小学，1931年秋考入西充县立初级中学，课余阅读大量课外书籍，开阔了眼界。1935年转入省立南充中学后，积极参加西充旅果学友会活动，还在会刊上发表诗歌抒发自己对新生活的感受。1936年，他到成都求学，被成都师范录取，当时成师教师中先后有张秀熟、车耀先等共产党员担任教员，学校还曾邀请梁漱溟、晏阳初、张伯苓、魏时珍、刘百量等知识界名人来校讲学，宣传教育救国思想。在他们的影响下，王卓维的思想受到很大震动，进步很快。

1937年7月7日卢沟桥事变后，在全民抗战的声浪中，王卓维积极参加民众自发组织的反日群众集会，声援民众日益高涨的抗日热情。他联络同学罗斯品等10人与华西协中共同组建抗日演出队，到外南簸桥机场慰问空军将士，上街募集寒衣捐款；积极参加成都市抗敌后援会大中学校宣传队和学生生活社、读书会等组织的各种抗日宣传活动。当年寒假，他和同学张怀瑜返乡一同在川主庙开办农民夜校识字班20多天，在教识字的过程中，积极对学员进行抗日宣传。

1939年8月，成师毕业后，王卓维先后到南充成达学校、西充金永中心小学、西充巴蜀中学任教。在两年的任教生涯中，他深感知识不足，决意进一步深造，1941年被四川师范大学录取。在川大三年时间，他先后参加过"省立成都师范川大同学会"、"省立南充中学川大同学会"（任会长）、"川大理化学会"（任会长）和"川大学生会"（任理事）等组织，经常以学生会名义，邀请社会著名的专家学者来校演讲或作报告，很受学生欢迎。

1944年，王卓维从川大毕业，在岳池、新繁等地工作一段时间后，于1946年9月再次赴川大化学系完成本科学业。其间，国民党在美国的支持下发动全面内战，为反对国民党一党专政，他联络于心、张怀瑜等同学成立"西充县专科以上学校学友会"，王卓维任常务理事和监事，编辑出版学友会《会刊》，抨击国民党一党专政，参加各界"反内战、争自由、要民主"的群众运动。

1947年8月，王卓维川大本科毕业，受聘于射洪县建设科工作，同时兼任射洪县立女中教务主任，并组织鼓励学生开展各种进步活动。1949年，中国共产党领导的中国人民解放军以摧枯拉朽之势解放了全国绝大多数地方，国民党即将垮台。王卓维于当年7月辗转回到西充，在巴蜀中学任教，同时接近西充地下党和民盟，参加各种革命活动，思想进步很快。

1949年12月，西充县由地下党员、民盟盟员和进步人士成立了人民自治委员会，接管了县政府，王卓维任教育组社教股长兼任民众教育馆馆长。为迎接解放，他每晚用收音机收录新华社发布的社论、新闻和通讯，抄写成大字报，次日一早就张贴在报架上，摆在公园门口让观众阅读。此外，他还把地下党到南充与解放军秘密联系后带回的《约法八章》和《共同纲领》刻印出来，出专辑广泛散发，这些宣传对于安定人心、稳定社会秩序起到了很好的作用。同年12月下旬，解放军进入西充县，西充解放。从此，王卓维结束了到处奔波谋生的日子，迎来了他政治生命中的第一个春天。

1950年1月，西充县人民政府成立。2月，他奉命参加县青年干部训练班学习，学习结束后被委任为巴蜀中学教导主任；3月当选为西充县各界人民代表大会第一届第一次会议教育界代表；6月出席川北区第一届各界人民代表会议，受到胡耀邦主任的接见；9月任西充县人民政府秘书室秘书；11月被聘任为西充县人民政府第一届第三次各界人民代表会议秘书长；12月被推选为西充县公路抢修委员会秘书长；1951年秋被选为西充县统一生产办公室主任，负责收集各区乡生产情况汇报，为县委提供决策参考。

1952年春，王卓维担任西充县全面开展"三反""五反"运动办公室负责人，4月调任仪陇县文教科科长，同年8月又调任营山县文教科科长，12月赴成都参加全省教育工作会议。在学习期间，他积极活动，反复向上级反映情况和恳切要求，为营山中学争取到19000多元建修款，用这些钱修了临操场的四幢平房共16间教室和河边的两个长排学生宿舍，大大改变了营中的校园面貌和办学条件。

当年冬季，王卓维按照国家要求和营山县部署，大抓扫除文盲工作（新中国成立前，民不聊生，劳动人民的子女上不起学，故无论城乡文盲都非常多），他在全县大力推广祈建华"速成识字法"，到各地检查指导，扫盲学校迅速增加，到当年底全县共办冬学1078所，入学人数达35万余人，使许多"睁眼瞎"（文盲自谓）摘掉了文盲帽子。

为了进一步提高中、小学教师业务能力，更好地搞好教育、教学工作，从1953年秋季开始，王卓维在全县教育系统开展了学习借鉴苏联教育家凯洛夫《教育学》的活动，教师们通过学习提高了业务能力，全县各学校的教育工作和教学质量也得到了整体提升。

1955年，在全县推广普通话教学，为提高教师普通话教学水平，王卓维和县文教科的同志们在暑期组织开办了中小学教师语音训练班，共有100多名教师代表参加了培训，此后普通话开始在学校使用。当年秋天，按照省教育厅的部署，县里选址决定在小桥新建一所初级中学。王卓维和县文教科相关的同志研究，从文教科、营中校、小桥区抽调干部、职员组成建修领导小组，立即备料动工，他经常到工地检查指导，解决具体问题，终于赶在次年秋季开学前完成了建校任务，如期开学。

1957年暑假，反右运动开始。在整风学习会上，领导一再动员给党提意见，王卓维响应党的号召，给当时的县委书记提了几条改进工作的意见，不久便多次受到无情的批判斗争，他不仅被撤销了文教科科长职务，每天由监管人员押着进行劳动改造，而且还连降五级工资。1958年3月8日，在刚落成的大礼堂召开的千人大会上，正式宣布他为"右派分子"，随即下放到大庙、新店、济川等地劳动改造。在改造中，他态度端正劳动积极，1959年10月20日被首批宣布摘去右派帽子，1960年9月接组织部通知回城，到营山师范任教，1961年春回营山中学教书，1962年8月调回龙中学任教。

1966年"文革"开始后，他因曾划为右派被归为"地、富、反、坏、右"黑五类人员，禁登讲台达五年，其间除了被批斗外，还在造反派监督下从事各种劳动。在长时间受到不公正待遇和被监督劳动改造中，他都努力去做，从无怨言，坚信中国共产党是伟大的、正确的、光荣的党，相信对自己的不公正待遇总有一天会得到纠正。1973年3月，调绿水中学任教。

1976年10月，"四人帮"被打倒，"文革"动乱结束，我国政治思想领域进入拨乱反正时期，过去大量的冤假错案逐渐得到了纠正。1979年5月4日，绿水中学党支部当众宣读中共营山县委营委函〔1979〕131号文转中共南充地委南委函〔1979〕41号批复，改正对王卓维1958年的处分，决定恢复名誉，同时也恢复原行政级别和工资待遇。

党的十一届三中全会以后，改革春风吹遍了祖国大地，花甲之年的王卓维精神焕发，迎来了他政治生命中的又一个春天。1980年10月，王卓维接到县委统战部通知，到南充出席地区各界代表人士座谈会，回来不久被安排在恢复不久的县政协工作，在1981年召开的政协营山县第五次全体委员会议上，王卓维当选为副主席。其后，他又连任第六、七届副主席，分管学习委员会、文教组和科技组的工作（当时的县政协下设办公室、协商联络科、委组联络科和学习委员会、文史委员会、提案工作委员会三个专门委员会。全体委员按界别划分为工业、农业、科技、文教、医卫等10多个组，在本组委员中产生组长、副组长和秘书，各组由委组联络科联系、协调开展活动），第五届、第七届兼任学习委员会主任，第六届兼任提案工作委员会主任。

当时，正是政治思想拨乱反正时期和改革开放初期，在全党和全国人民中"解放思想，更新观念，团结一致向前看"是当务之急，政协组织各界人士学习的任务很重。王卓维对学习工作抓得很紧，他制订学习方案，选好学习内容，不仅组织大家学习，自己还带头发言引导，通过大量制度化的学习，使各界人士提高了认识、统一了思想。同时，他还利用橱窗剪报宣传党的统战政策，收到良好的宣传效果。

王卓维抓政协提案工作也很扎实。他不仅积极发动委员们写提案，自己还带头写提案，个人曾前后共写提案建议67件。在他的组织和带动下，委员们写出了大量有价值的提案，为领导决策和部门改进工作发挥了重要作用。此外，他不顾自己年岁已高，拄着拐杖到文教组和科技组去参加和指导委员活动，使这两个组的委员活动开展很活跃并卓有成效。

王卓维过去曾长期从事教育工作，从政后仍然心系教育。他看到当时很多初中毕业生考不上高中，高中毕业后考不上大学，特别是升不了学，就不了业，他心里着急，就积极想办法，并向政协提建议，经主席会议同意后，县政协创办了高中复习班和翠屏职业高中，他亲任翠屏职业高中校长，努力改善办学条件，使翠屏职高越办越好。此后又经几届政协领导努力，还在城府小学附近新修了教学楼、宿舍楼和学生食堂，后经政协移交政府发展成为今天的营山三中。

与此同时，王卓维认真贯彻党的知识分子政策，十分重视团结党外知识分子在党的领导下一道努力工作。他注重调查研究，积极反映广大知识分子的诉求，热忱为一些过去受到不公正待遇的知识分子奔走呼号，向相关部门反映情况，使他们的诉求得到了合情、合理、合法的解决，如帮黄建极、田仲良等人落实了政策。他一直把"当伯乐、举贤才"当成自己义不容辞的责任，通过广泛的调查、了解和多渠道的建议、推荐，使一批知识分子干部得到适当的政治安排和提拔重用。他作为营山县在新中国成立以来的第一部县志的编撰委员会副主任委员，积极参与县志编纂工作，在众编委的共同努力下，历时七年的《营山县志》（1989年版）终于编撰成书，为营山两个文明建设发挥了积极作用。

同时，王卓维为营山民盟组织的恢复和发展，也做出了巨大贡献。新中国成立之初，营山建立了民盟小组，盟员发展至10人。"文革"开始后，不少盟员受到批判斗争，民盟小组的活动处于瘫痪状态。"文革"结束后，营山仅剩下两位盟员，在党组织和上级盟组织的关心帮助下，王卓维于1983年3月加入了中国民主同盟，肩负起了恢复和发展营山民盟的工作。

此后，营山县成立了民盟小组，他担任民盟小组组长。在此期间，他及时到上级民盟组织寻找相关资料，联系在营山工作过的各地老盟员，请他们提供情况，经过长时间努力，完成了《民盟营山小组简史》的撰写工作，它全面翔实地记录了新中国成立前营山籍盟员的活动，以及新中国成立后民盟营山小组的工作情况，为营山民盟组织留下了一份珍贵的历史资料。

同时，在县政协和县委统战部的帮助下，他和另外两位盟员一起，先后在营山党外知识分子代表人物中发展盟员7人，着手筹备成立民盟支部，并担任筹备组长。1987年1月4日，民盟南充市委南盟组〔1987〕1号文件批复同意成立民盟营山县支部委员会。

同年1月20日，民盟营山支部成立大会在县工人文化宫召开，王卓维当选为民盟营山县支部第一届支部委员会主任委员，当时县委、人大、政府、政协在家领导到会祝贺，盟员所在单位的党支部书记和有关单位负责人及党外知名人士应邀参会，中共南充地委统战部、地台办、盟市委领导同志也专程到会祝贺。

在主持民盟营山支部工作期间，王卓维谆谆告诫盟员必须首先明白民盟参政党的地位，坚持长期共存、互相监督、肝胆相照、荣辱与共的方针，认真履行政治协商、民主监督、参政议政的职能。他要求全体盟员必须坚定不移地接受中国共产党的领导，始终保持坚定的政治立场、正确的政治方向、鲜明的政治态度，充分发挥民主党派和盟员个人优势，围绕县委县府工作中心，认真履行职责，积极开展服务，努力为营山经济社会发展做贡献。经过民盟支部和全体盟员的共同努力，营山盟支部在教育、文化、科技和农业等方面做了大量卓有成效的工作。

为加强对新盟员的思想教育，王卓维组织盟员到朱德纪念馆及故居、木垭铜鼓寨、骆市陵园等地学习参观，缅怀英烈。为了做好宣传工作和信息交流，他提出并创办了《营山盟讯》简报，并在他任主委期间编印了《营山盟讯》14期。他及时给全体盟员分发《中央盟讯》《四川盟讯》《南充盟讯》等内部刊物，为盟员订阅《群言》杂志、《光明日报》等报刊，并将支部的报刊每月装订成册，以便查阅。1989年，王卓维因病请求辞去民盟主委职务（组织未批准），后移居南充治病休息。

王卓维同志热爱中国共产党，热爱社会主义祖国，坚定不移地走社会主义道路。在他毕生的革命生涯中，即或是在那些遭受打击批评的岁月里，他始终坚定共产主义信念，对党和人民的事业无限忠诚，以党和人民的利益为重，在革命和建设事业中经受住了考验。他虽为基层民盟组织负责人，但"加入中国共产党"是他心中的最高目标，在即将卸任县政协副主席、盟支部主委并退休时，他毅然向党组织递交了入党申请书。1990年1月20日，已逾古稀之年的王卓维同志被批准成为一名中国共产党员。

退休后，他积极参加党、盟支部的组织活动，移居南充后定时向组织写思想和活动情况汇报，仍然关心国家大事和营山的经济建设，支持政协和民盟工作，努力奉献，不断进取，表现出了一位共产党员、民盟盟员崇高的政治思想觉悟。

王卓维一生笔耕不辍，退休后到过祖国不少地方游览，每当看到祖国日新月异的变化时，他都十分欣喜，情不自禁地用诗词或短文抒发他内心的喜悦，热情讴歌党的英明决策和领导。1996年，他将自己的诗文进行整理，出版了《王卓维诗文集》，1997年出版了他的自传《平凡人生》，1999年《王卓维诗文集》续集问世。2001年新千年新世纪开始，为向中国共产党成立80周年和迎接党的第十六次代表大会胜利召开献礼，82岁的王卓维完成了《王卓维诗文集》（三），以表达一个跨世纪老人的爱国赤子情怀。

　　本文原载于《四川民盟》《南充盟讯》《营山县政协文史》，其中个别字句有改动。

忆西充县民盟前辈阳承一

何荣兴

　　西充县民盟建立迄今70周年，我把记忆中部分点滴往事串联于此，以此显示张澜故里民盟组织的光荣革命史以及党与民盟的亲密关系。

　　民盟西充县支部是南充地区最早建立的支部之一，当时成员均为新中国成立前入盟且以1945年前入盟为主，譬如张抚均、赵璧光（毛选中提到的赵璧光）、阳承一、杨竹君、杨元明、李长润、龚继吉等。其中阳承一对我影响最大，虽然他已离开我33年，但其音容笑貌宛在眼前，其做人做事准则也时常鞭策着我，激励我不畏艰险、砥砺前行。

　　阳老系新中国成立后四川省西充中学第一任校长。1950年11月8日民盟西充区分部建立时的第一任主委，后为多年的民盟西充县支部主委，西充县人民代表大会第七、八、九届人大常委会副主任，省第五届人大代表，民盟南充市委顾问。

　　阳老1917年2月出生，从小目睹旧中国积贫积弱，屈辱悲愤，亲历了日本侵略、国家濒临亡国灭种的悲惨和绝望，从学生时代就滋生了为民族独立、立志报国的强烈愿望，加之阳、杨二老与民盟诞生地民主之家"特园"主人鲜英是亲戚，故阳老在重庆大学电机系读书时便受革命思想影响，于1946年6月加入中国民主同盟。阳老入盟后积极参加"反饥饿，反内战，反独裁"的学生运动，参与、支持、声援"12·1"惨案、"5·20"惨案，以及抗议"沈崇事件"的反美示威游行和请愿活动，并受民盟指派聆听周总理演讲以担负暗中保卫。

1947年夏，阳老大学毕业，同年10月后，民盟组织分配盟员回原籍继续地下革命活动，积极响应民盟中央1948年1月在香港召开的一届三中全会的号召，联合共产党推翻国民党的反动统治，迎接解放。民国38年（1949年）7月阳老发动、主持了清算国民党西充县政府当局贪污修建县中礼堂、壮丁优抚、大专生补贴等款项行为的学生集会，遭国民党专、县两级的三次秘密审讯，幸有王成章、杨达璋、张抚均多方斡旋、作保，阳老方免入狱。阳老积极参与并组织了1949年12月23日成立的以赵壁光为主任的西充自治委员会的工作，维护县内社会秩序，迎接1950年1月4日人民解放军入驻西充县城，从而保证了1950年1月8日西充县人民政府的顺利成立。

阳老作为共产党的友党负责人，带领广大盟员恪守"甘当助手、永当诤友"的政治承诺，要求盟员绝对保证党的领导，发扬中共与民盟的光荣革命传统。他多次讲，在中共与民盟的关系上，1949年1月，民盟公开声明接受共产党的领导，这就增强了盟员的光荣感和政治责任感。新中国成立初期，阳老担任抗美援朝西充县分会的副会长，积极宣传、支持抗美援朝运动，动员组织广大盟员捐资购买"民盟号飞机"，积极认购国家建设公债。他亲自担任队长宣传、参加土改运动，动员盟员参加中共西充县委组织的宣传队，赴区、乡、村宣传抗美援朝、土改、"三反"、"五反"、"镇压反革命"运动的文艺演出活动。同时，阳老当选为川北区各代会代表，西充县各代会代表，西充县第二、三届人民代表。

1957年，阳老被错划为"右派分子"，"文化大革命"中，惨遭迫害批斗。1979年阳老被平反昭雪后，对历史上受到的不公待遇置之度外，不计得失，欣然接受了中共西充县委统战部的建议，主持了西充县盟员大会，服从安排任西充中学副校长。这体现了一位早年革命出生入死、有良知知识分子的高贵品质和革命气概，赢得了社会广泛赞誉。

阳老注重教育兴县、科技强县，他邀请民盟盟员西南农学院教授刘佩英率队专程来西充考察、讲学，提出"把发展食品工业为西充工业发展的第一产业"。他创办了西充历史上第一所由社会力量办学而成的"西充县化凤补习学校"，及由此发展壮大的"西充县晋英职业技术学校"和后来的"四川函授大学西充面授站"，并开展了动员、组织、支持科技界盟员积极开展科技咨询、科技下乡、科技扶贫、科技攻关等活动。

阳老勤奋好学，认真调查研究，积极且善于参政议政，他就教育体制改革、经济体制改革、政治体制改革、党风廉政建设提出过300余条很有价值、很有见地的意见和建议。宪法修改草案征求意见稿下发后，他提出了54条修改意见。

阳老还是一位好老师、好校长。阳老教我高中物理，业务娴熟、教艺精湛。作为校长，具有高超的治校才能，是师生认可的最好的校长，现在学生们提起阳校长都肃然起敬。记得1961年高考，阳老师编著的高中物理复习资料（白纸显黄色，手工刻写），我一直从中学带到大学，1965年跟随我到工作岗位，1973年我从昆明中国水电十四局基础实验室调回西充中学时，我又把这本物理复习资料带回西充中学参考。学生们受阳老师影响，考大学时的志愿多选与物理相关的专业，我也是其中之一。我从当学生时起就佩服阳老师教书教得好，课堂上雄姿英发，一副学者风度，当校长时指挥若定，颇具政治风范。当我调回母校西充中学教物理，与阳老师同一个教研组，我以他为楷模，常主动听他的课。他有时也来指导我的讲课，他的风范影响着我，思想潜移默化着我。阳老师的讲课非常精彩，他在课堂上没有一句空话，出口成章、简明扼要、重点突出、举例贴切，可以毫不夸张地说，我的授课技艺全是阳老师所传。记得1979年阳老师到省上开会时，要我为他代高八〇级一班（全县特招最好班）的课，恰遇上难教的"振动和波"一章，代课后学生们评价我"像阳老师一样教得好"。

1981年初，我时年39岁，经阳承一、杨竹君二老师介绍，就加入了中国民主同盟。入盟后，阳老首先就强调要立足做好本职工作，我从1979年起担任县上大专物理函授指导老师，任务逼我操起学生时的普通物理和高等数学，那时一个人要做好两个人的工作，而且多年都是如此，甚至要做好三人的工作，还要挤时间学习多党合作的政党理论，自学与党的统战部门组织的专门学习相结合。阳老希望我早日做到从组织入盟飞跃到思想入盟。几年后，我就从任盟的支部委员到分工文教的副主委，让我在负责的岗位上历练成熟，在参政中提升政治领导能力，以期早日进入角色。

1984年春，县第八届人代会我被选为县人大常委，在常委会阳老携我三年，先是他出点子、让我出面壮胆子，练口才，让党政领导、社会各界认知我。忆到这里，可以高兴地告慰阳老，1989年我任西充县晋英职业技术学校校长，1991年12月20日张澜故里的中国民主同盟西充县总支部（下设三个支部）成立时，1984年加入中共的我任第一届主委，接着任第二、三届主委。1993年，我任县政协副主席，其后任两届县人大代表、常委、高级教师，并多次荣获地市级优秀教师、市政协委员等荣誉，并被推荐为盟省委表彰的优秀盟员，出席盟省委代表大会代表，社会赞扬我"继承了阳老的遗志，发展壮大了西充民盟"。这些成绩，都是阳老的谆谆教诲和悉心指导的结果。

（何荣兴，民盟西充总支原主委、西充中学教师）

一代名师阳承一

杜成永

阳承一（1917—1988），字震湖，1917年2月15日生于西充县仁和乡5村7社。从小聪明好学，1943年以优异的成绩考入重庆大学电机系。大学期间，多次聆听周恩来在重庆大学的时政演讲，深受教育和启迪。后受西充老乡、民盟领导人张澜和鲜英的影响，于1946年6月秘密加入中国民主同盟。读书期间，他追求进步，向往革命，积极参加学生运动，先后参与声援"12·1"惨案、"5·20"惨案和抗议"沈崇事件"的请愿和反美示威游行活动。1949年7月，阳承一主持清算国民党西充县伪政府当局贪污修建县中礼堂、壮丁优抚、大专生补助等款项行为的学生集会，遭到国民党专、县两级的三次秘密审讯，后因巴蜀中学代理董事长王成章、南充育才中学校长杨达章等人多方斡旋作保，才幸免于难。

新中国成立后，阳承一长期担任民盟西充县区分部（1987年改为西充县支部）组长或主委，先后担任西充中学副校长、校长。1951年，阳承一担任抗美援朝西充分会副主任，带领盟员积极宣传，支持"抗美援朝，保家卫国"运动，组织广大盟员捐资购买"民盟号飞机"，自己带头捐款200万元（旧币，属全县最高），动员和支持盟员参加中共西充县委组织的宣传队，奔赴区、乡、村开展宣传抗美援朝、土地改革、"三反"、"五反"等运动的文艺演出活动。因此，他先后担任西充县第一、二届人民代表大会代表，西充县各代会代表，川北地区各代表会代表。

1952年因工作出色、能力强，被当时担任川北行署主任的胡耀邦同志提名为西充中学校长。在学校管理上，他以人为本，关注师生的发展。对犯了错误的学生，他不主张开除，以教育为主；对思想上落伍的教师，他不主张公开批评，以帮助为主。为了听到学生的真心话，他有时上学生厕所，假装解手，其实是想听学生的意见。对学生谈论的人和事，只要他认为是对的，必定整改。如有一次学生谈到食堂的馒头小了，他深入调研，发现果真有点小，学生吃不饱，后来就整改了。

1957年的"反右"斗争中，由于阳承一校长说实话、讲真话，并且多次向上级党组织提意见和建议，后被错划为"右派分子"，免去了校长职务，并受到批判。当时，许多学生为其鸣不平，特别是西充中学高中1957级、1958级不少学生四处奔走，宣扬阳承一校长的功绩。当时有人给阳校长贴大字报，就有学生悄悄给撕掉了；当批斗阳校长的时候，学生在下面起哄。据说有一次准备第二天批斗阳校长，给他做了一块较大的木牌子，上书"打倒右派分子阳承一"，结果晚上学生偷偷给换成了用纸壳子做的牌子，学生们对他的爱可见一斑。由于当时的政治原因，保护他的学生被叫作右派分子的"应声虫"，在升学上和政治上也受到了牵连。

阳承一老师虽然受到了不公正的待遇，但他坚信自己没有错。白天尽管受到批判，晚上他仍然坚持备课，认真批改学生作业，以一名普通教育工作者的身份，苦心耕耘在三尺讲台上。上讲台前，他都要写好每一节课的教案，从不用旧教案。他常对老师们说："就是同一堂课，教一万遍也要备课。因为科学在进步，知识在更新，教育的对象在变化，不能老用同一种模式去教不同对象的学生。"他的课生动活泼，实用性强，学生最爱听。他不仅用通俗易懂的语言讲清基本概念和基本理论，而且联系生活和生产实际，学以致用，培养了一大批优秀学子，为高等学校输送了许多优秀人才。他所教的学生，后来有的成为部门领导、专家学者，据不完全统计，在国内比较有名的有89人。

阳承一老师衣着俭朴，生活节约，他把积攒下来的钱用来资助那些家庭贫困的学生。特别是那些品学兼优的贫困学生，他特别关心，多次请他们到家里吃饭，给他们"打牙祭"（西充方言，就是做点荤菜吃）。他不仅关心他们的学习和生活，而且关心他们的心理健康，鼓励他们树雄心、立大志，人穷但不能志短，困难是暂时的，应该好好学习，用知识来改变自己的人生，要相信知识总是有用的。只有有了知识，将来才能更好地报效祖国和人民。

后来，随着运动的深入，阳承一老师被剥夺了教书育人的权力，被下放到伙食团当工人，接受劳动改造，为学生买菜、拉红苕。但他坚持原则，烂菜坚决不买，烂红苕坚决不拉，拒绝把烂菜和烂红苕卖给学生。这样又得罪了某些人，因此他的"右派分子"帽子一直摘不了。

1979年，阳承一被彻底平反昭雪，恢复了名誉。根据党组织安排，他先后又担任了西充中学副校长，西充县第七、八、九届人民代表大会代表，人大常委会副主任和四川省第六届人民代表大会代表。在担任县人大常委会副主任期间，他廉洁奉公，一身正气，对不正之风，敢于直言和抵制。据说有一次县上某位同志想到财政局当局长，主要领导同志也支持，但阳承一听到一些群众对该同志有不良反映，就表示反对。后来，该同志找上门来，又是送烟又是送酒，都被阳承一拒绝，阳老对他讲：只要人民支持你，我就支持你！

晚年，阳老关心民盟组织的发展，发展了一批新盟员，培养了一批年轻干部，使西充民盟薪火相传，在南充乃至四川都很有影响。同时，他主持创建了"西充民盟化凤补习学校"，为落榜学生复习提供帮助和支持，先后为高等学校输送合格新生150多人；开办了10余个各类技术培训班，为西充和外地培训实用人才1000多人。

1988年11月16日，阳承一因突发脑溢血，经抢救无效，病逝于西充县人民医院，享年71岁。时任中共西充县委书记刘国兴亲任其治丧委员会主任，对其作了高度评价：阳老，忠诚党的教育事业，站得高，看得远，大事讲原则，小事讲风格，为人坦荡，顾全大局，甘当助手，永做诤友，是我们学习的榜样。县内外不少学子为其赠送诗联，缅怀他的高尚品德。有诗云：

> 向往光明战恶流，党盟风雨济同舟。
> 杏坛春暖树师表，大地狂飚类楚囚。
> 日照神州庆昭雪，胸怀祖国为民忧。
> 一生廉洁心无忌，正气浩然鬼见愁。

（杜成永，西充中学正高级教师、四川省中小学教学名师）

西充和平解放进程中的赵壁光和张耀枢

吉怀康

2021年，为庆祝中国共产党成立100周年、西充建县1400周年，我应县文广旅局之聘请，撰写献礼作品《热血苕乡》。于是我又系统而深入地对西充的历史人物进行了一次梳理，赵壁光和张耀枢给我留下了较深的印象。2022年是党的统一战线政策提出100周年，今年南充市政协和南充市统战部将联合编纂《南充统战钩沉》一书，特作此文以示纪念。

赵壁光（1901—1975），号荆璞，西充太平镇壁山垭人。因在《毛泽东选集》第4卷中出现过他的名字，他更成了西充家喻户晓的人物。

1919年，赵壁光中学毕业即投笔从戎。1938年抗战爆发，少将旅长赵壁光率部在湖北与日军浴血奋战。1941年少将师长赵壁光因在对日战争中屡立战功，被国民党国防部授予金质勋章一枚。

1948年，赵壁光在淮海战役第一阶段率残部2000余人向解放军投诚，受到中共中央主席毛泽东的肯定。毛主席在《敦促杜聿明等投降书》中说："你们应当学习长春郑洞国将军的榜样，学习这次孙良诚将军、赵壁光师长、黄子华师长的榜样，立即令全军放下武器，停止抵抗。"其后赵壁光被送往山东解放军军官训练团学习，而国民党国防部保密局却下令通缉他，撤销其党籍、军籍。

1949年，赵壁光奉中国共产党的秘密派遣，返回西充做策反工作。同年2月，赵壁光在重庆加入中国民主同盟。返回家乡后，他向群众介绍他在解放区的所见所闻，宣传只有共产党才能救中国的道理，揭露美帝国主义和蒋介石的反动罪行。不久，四川省第十一行政区督察专员杨冬柏即密令西充县县长张耀枢，立即逮捕赵壁光，送重庆法办。

张耀枢（1917—2009），四川华阳县（现成都市）人，1947—1949年任西充县县长。

张耀枢曾拥有显赫的身世。他的祖父张祥和乐善好施，以医济世，被称为"张善人"，在清末被四川推选为"议绅"。其外祖父刘豫波，华西大学教授、著名诗人、书画家，为四川"五老七贤"之一。父亲张镜蓉，曾任四川高等法院民事庭庭长、成都地方法院院长，华阳、资阳、峨眉等县县长，四川省参议员，并办过"慈惠堂"等慈善事业。叔父张澄安，曾任成都市第一人民医院中医科主任、四川省政协委员；叔父张寒父，著名篆刻家、诗人，曾任重庆大学中文系教授、重庆市沙坪坝区人民代表；岳父颜楷，清末翰林，著名书法家，曾留学日本东京帝国大学，曾任四川保路同志会干事长、四川法政学校校长。

张耀枢天资聪慧，1940年他便以优异的成绩毕业于北京朝阳学院（中国人民大学前身）法律系，随即参加并通过了全国高等文官考试。1941年，张耀枢被分配到四川省政府编译室任编译。

1944年，张耀枢参加全国公开招考县长的考试并获得通过，但因当时他只有27岁，不符合30岁以上才能担任县长的规定，所以只保留了录用资格。1947年张耀枢刚满30岁，即被任命为西充县县长。妻子颜涓，毕业于华西大学，随同张耀枢到西充，任西充县中英语教师。

张耀枢深受传统文化的熏陶，有较浓郁的家国情怀，悲悯之心，能关心民瘼，洁身自好。在那样一个乱世，相较于旧时官场绝大部分官员，他作风正派，清廉自律，能行惠政，口碑较好。国民党为了对付共产党，要求每县成立一个师的武装，还委以县长兼师长职务，可以自行招兵买马。张耀枢为了安民，只将县上原有的两个保安中队扩编，对外号称一个师，再将王缵绪以前赠送给县里的一批陈旧枪支弹药作为装备，以应付上峰检查。

1949年，国民党已陷于风雨飘摇、人命危浅的境地。张耀枢没有趁机搜刮民脂民膏，然后裹挟钱财，在兵荒马乱中抽身，一走了之。此时，赵壁光回到西充，谎称自己是兵败被俘逃回来的。他找到张耀枢，说自己没官当了，亲戚朋友也看不起他了，想请县长赏他一碗饭吃。张耀枢鉴于他当过正规军的师长，有少将军衔，就聘他为县政府的军事顾问。

一天，张耀枢接到专员打来的密电，称国防部来了密令，赵壁光已在淮海战役中叛变，回乡潜伏，伺机作乱，责令张耀枢速将赵壁光缉拿归案。张耀枢揣着明白装糊涂，他按赵壁光自己的说法，亲自以身家性命出具"保状"，强调赵壁光是兵败被俘，不是战场叛变；是回乡协助"戡乱"，不是要"伺机作乱"，而且西充县政府已聘请赵壁光出任西充县国民自卫总队高级顾问。

赵壁光后仍被押送重庆，但得到乡人鲜英、张澜等人多方营救；张耀枢又向督察专员杨冬柏禀报赵壁光确系冤枉，后来上峰就以张耀枢的"保状"为据，释放了赵壁光。赵壁光化险为夷，躲过一劫，并暂时隐匿。

1949年上半年，张耀枢深感国民党不得民心，大势已去，遂以"因病住院"为由，向省政府递交辞呈。而省政府则严厉批复："不予准许，如敢擅离职守，当按临阵脱逃论处！"

1949年冬，张耀枢与南充地区的几个县长私下商议，认为时局混乱，凶多吉少，走为上策。而张耀枢的妻子颜涓已身怀六甲，潜逃不易。正在张耀枢左右为难之际，第二天县政府突然来了一人，此人正是消失已久的赵壁光。

赵壁光问张耀枢："现在局势很严峻，你打算怎么办？"张耀枢诚实相告："想回去。"赵壁光安慰他说："你没做坏事，很有前途，共产党对你很在意。"他劝说张耀枢留下来继续主持县政府的工作。张耀枢如此绝顶聪明的人，当然对赵壁光的身份、赵壁光要干什么早已心知肚明，他转忧为喜，马上说："那就请你帮帮忙！"赵壁光不仅立予答应，并且主动留下来辅助张耀枢。

当时，国民党有两个师的兵力驻扎在西充县内，为了摆脱敌人的控制，熟谙军事的赵壁光建议张耀枢，先将县署迁到附近山上，以抢占制高点。同时以对付"共军"为由，构筑防御工事。张耀枢又在赵壁光的授意下，派手下人四处散布消息，称西充地下党正在联络南充七宝寺的地下党，将在西充举行武装暴动。这样一鼓噪，早已如惊弓之鸟的敌人两个师逃之夭夭，溜之大吉。这就为后来西充的和平解放创造了条件。

为与解放军取得联系，张耀枢出具西充县政府公函，交由一名地下党员去寻找解放军。联络员找到解放军后，汇报了西充的情况，一位营教导员与张耀枢通电话，欢迎他率员投诚，但教导员所属部队的前进方向不是西充，他希望张耀枢谨慎行事，等待时机。

1949年12月，张耀枢决定不再拖延时间，征得中共地下党的同意，率西充县机关法团宣布起义，成立西充县人民解放委员会及乡镇分会，以等待解放大军的到来。同月23日，"西充县人民解放委员会"改名"西充县人民自治委员会"，作为过渡政权，维持地方社会治安，为解放军筹备粮秣等。赵壁光任主任，张耀枢任副主任，中共地下党委派一名干部任秘书长。另一位副主任杨达璋，也是中国民主同盟盟员。他组织学生为安定西充教学秩序和社会秩序而奔走呼号，以保障人民解放军顺利进城。

1950年1月4日，中国人民解放军进驻西充，西充和平解放。8日，西充县人民政府成立，赵壁光代表西充县人民自治委员会向西充县人民政府办理移交手续。同年3月15日，西充县各界人民代表大会第一届第一次代表会议在西充中学大礼堂召开。会上宣读了《接管工作报告》并提出了征粮、剿匪、生产三大任务。同年11月14日，中共川北区委统战部派人来县召开盟员会议，推举赵壁光负责主持盟员登记工作。

赵壁光在共产党的教育下，积极向人民靠拢，心悦诚服接受共产党的领导，并成功策反张耀枢。新中国成立后，赵壁光历任第一、第二、第三、第四届西充县各界人民代表大会代表，第一届人民委员会委员、交通科长，第二届人民委员会副县长。1974年9月，赵壁光病重住院时还写信给在台湾的原部下，规劝他们爱国不分先后，为祖国统一大业出力。2005年，中共中央、国务院、中央军委授予赵壁光"纪念抗日战争胜利60周年"纪念章一枚。

西充县人民政府成立后，张耀枢带着家眷离开西充，返回成都。

张耀枢在中共地下党的指引和进步人士的影响下，率员起义，降低了解放西充的难度，使西充免受战争的破坏，为西充的重建和发展提供了基础。新中国成立后，张耀枢曾在西昌专科学校、四川林学院、四川省林业学校工

作，担任过灌县、都江堰市政协委员，内江市政协委员、常委。

西充的和平解放不仅是党的统一战线政策在西充新旧政权更替中的一次成功实践，成果丰硕，而且使赵壁光和张耀枢走向光明，并能为新中国的建设贡献自己的聪明才智，同时他们的进退荣辱又影响着他们身后一大批家人亲友。

由此可见，无论是化敌为友，克敌制胜，还是凝聚人心，汇聚力量，执政兴国，党的统一战线政策都能发挥重要的作用。

（吉怀康，西充县教师进修学校原教导主任）

仪陇县和平解放的助推人——康济南

龚开健

康济南是我的外祖父，字洪刚，仪陇县观音河场（现三河镇）人，1896年5月12日出生，民国9年（1920）毕业于川北保宁师范，1922年任国民革命军第二十九军团副，后因其勤务兵丢失公文包而担心军事文件失密离职。

外祖父离职回到家乡，初在小学教书，后因得罪县长陶梦，而前往万县向军阀杨森毛遂自荐，并书写20余页"万言书"，对当时四川的形势和治理策略做了全面分析，因此被杨森看中，委任为二十军营部参谋主任，后升任营长、五旅参军、副旅长、参谋室主任、师副参谋长等职。民国27年（1938）后，又相继任川康绥靖公署少校参军、重庆市江北防空地区指挥官兼任新编二十八军留蓉办事处处长、第二旅副旅长。民国32年（1943）离开部队，与谢德戡合办成部德华烟草公司，兼任厂长至民国38年（1949）。

他在成都期间，目睹国民党政府的腐败，思想倾向进步，于民国38年（1949）4月加入中国民主同盟，同年9月受成都民盟组织派遣，回仪陇进行军事联络，迎接解放。返回仪陇后，他协助中共党员戴天德、胡从德等人的地下活动，多次做仪陇上层人士李觐光、李章南等人的稳定工作，并在中共地下党组织的领导下，成立了"仪陇解放委员会"，任仪陇县解放委员会副主任委员兼治安组长。1949年12月23日上午，外祖父陪同仪陇地下党员和地方中上层人士到3公里外的蛮枝丫迎接中国人民解放军六十一军一八一师官兵入城，当时仪陇人民群众敲锣打鼓在"毛主席万岁！""朱总司令的队伍回来了"的欢呼声中宣布仪陇的和平解放。在此过程中，外祖父对保存仪陇地方武装，整编仪陇地方武装，维持仪陇社会治安，促进仪陇社会秩序稳定，起到了相当积极的助推作用，同时也是中共仪陇地下党组织认真贯彻党的统战工作取得的结果。

1950年1月，县人民政府成立后，外祖父任建设科长，1951—1952年，他被选为县各界人民代表会议常务委员会副主席，兼任县电力公司经理、县抗美援朝分会副会长、县反革命案件审查委员会副主任及县人民法庭委员。1953年，他又被选为县人民代表大会常委，县人民委员会委员。1956年被选为第一届副县长，连任第二届副县长，主管工交工作，他积极向政府提出合理化建议及善意的批评意见，团结各方面人士一道工作，为仪陇县工业、交通事业做出了贡献，在党内外各界人士中影响很大。

1957年反右派斗争中，外祖父被错划为右派分子，被撤销一切行政职务，调县文化馆工作，全县受牵连达56人之多，史称"五十六人集团"。1972年正月初八，外祖父病故，享年76岁，1979年9月平反，恢复政治名誉，补发抚恤金，对家属及子女均按政策妥善安置。

（龚开健，仪陇县金城中学退休教师）

民主人士与新中国成立初期的
西充教育事业

吉怀康

1949年12月，西充和平解放，百业待兴，人才匮乏，高素质的教师尤为难得。而在新旧政权更替之际，又更加凸显了发展教育、培养新的建设人才的重要性和紧迫性。

1950年1月，西充县人民政府教育股成立，立即接收全县各级各类学校。党和政府除引导教师加强在职进修外，还采取若干措施提高教师的政治、业务、文化素质。同年6月，人民政府对私塾进行改造，废除其封建的教学内容和陈旧的教学方法。8月开始，县人民政府举办首次小学教师讲习会，学习《中华人民共和国政治协商会议共同纲领》和《新民主主义论》，学习时事政策。组织教师参加减租退押、清匪反霸、土地改革和抗美援朝宣传等政治运动，让教师在实践中锻炼。1952年夏、秋，中学教师和大部分小学教师又分批参加了南充专署主持的思想改造学习，帮助教师树立为人民服务的思想。此后也根据不同时期的中心工作，组织教师学习党的方针政策，马列主义、毛泽东思想，哲学、政治经济学等常识，提高思想政治觉悟，树立无产阶级世界观，为社会主义革命和社会主义建设服务。

在党的统一战线的指引下，经过这样一些教育和学习运动，大浪淘沙，一批民主人士从旧的教师队伍中脱颖而出，成为最早一批人民教师，为新中国成立初期的西充教育事业做出了重要贡献。

康冻（1906—1964），号素寒，西充青狮乡人。黄埔学生，后又到苏州艺术学校求学，曾先后出任新繁县、汶川县县长，为官场清流，被百姓誉为"草鞋县长"。康冻被挤出官场后，受聘为巴蜀中学国文、美术课教员；后在西充县立初中任教。1950年春出任西充中学校务委员会委员，1951年在胡耀邦等人的帮助下被保送北京美术学院学习雕塑、油画，返校后继续任美术教师。

杨克恭（1906—1966），西充人，民盟盟员，毕业于四川艺术专科学校，先后在多县县中任教，1948年秋到巴蜀中学任图画、音乐和劳动课教员，兼任事务处主任，新中国成立后一直任教于西充中学。

王琨（1909—?），西充仁和镇人，毕业于国立四川大学史学系，1950—1983年一直在西充中学工作，教授历史、语文，管理图书。他为人豁达，知识渊博，授课趣味横生，大受学生欢迎，到了退休年龄，学校破例挽留，一直干到74岁才退休。

张敬虞（1900—1967），西充永清乡人，中国民主同盟盟员。青少年时代，张敬虞在顺庆府中学读书时，就曾受到监督张澜的青睐。在成都高等师范学习期间，受到校长吴玉章和《新青年》进步思想的熏陶，高师毕业后曾在多县多所学校任教和担任训导主任、副校长等职。新中国成立后，他一直任教于西充中学，担任数学教研组组长，1954年被选为县人大代表，1957年被评为南充地区教育先进工作者，1958年当选学校教工会主席。

张敬虞学风、教风严谨，执教40余年，对三角、几何、代数的教学内容烂熟于心，深为同行叹服。他总是严格要求学生概念准确，运算无误，书写规范，并且努力把学生的学习和性格的陶冶结合起来，使求知和做人相统一，《四川日报》曾发表通讯，对他的教育教学给予高度评价。

赵伯皋（1906—1973），西充大桥乡人。1926年赵伯皋以优异成绩考入国立四川大学中文系，古典文学功底深厚，毕业后曾在省内近10个县的中小学、师范学校任教。新中国成立后，他担任西充中学语文教员兼教研组组长。1951年被选为西充县文联负责人和各界代表大会代表，后又当选县人民代表，1956年被选为西充县人民委员会委员。赵伯皋忠诚党的教育事业，总是不懈钻研，探求最佳教学方法。他对学生坚持学业、道德并重，作文与做人同步，其学问之宏赡和诲人不倦的精神为人所称道。

阳承一（1917—1988），西充仁和镇人，1947年毕业于重庆大学电机系，后在重庆、岳池、西充等地任教。1950—1957年，先后担任西充中学副校长、校长、物理教师。阳承一从青年时代起就一直追求进步、追求真理，1946年在重庆读大学期间加入中国民主同盟，1949年在西充巴蜀中学任教，曾引用鲁迅"俯首甘为孺子牛"为下联，自撰上联曰："誓死不做帝王狗。"同年7月，他和50多名大专学生集会，清算县政府的贪污罪行，曾多次受审。1950年西充和平解放后，成立民盟西充小组临时工作委员会，阳承一任主任委员，以后又任了三届民盟西充县支部委员会主任委员。

1950年春，阳承一受聘巴蜀中学校长；同年秋，巴蜀中学与西充中学合并，阳承一任副校长，1951年春川北行署文教厅任命阳承一为西充中学校长。在管理上，他以人为本，关注师生的发展，热爱教育事业，从教30余年，教学和辅导总能有的放矢，从来不用旧教案。他说："同一堂课教一万遍也要备课。因为教育的对象在变化，科学在进步，知识在更新，不能老用同一种模式去教不同对象的学生。"他重视实验、实习，总是率先示范，后来还创建"西充民盟化凤补习学校"，为西充和外地培训1000多名实用人才。他曾当选西充县第七、八、九届人民代表大会代表、人大常委会副主任，四川省第六届人民代表大会代表。

熊必昌（1921—1973），西充人，1944年毕业于同济大学（重庆）工科。1946年回到西充任西充多扶小学校长，1948年到巴蜀中学担任物理教员，后来合并到西充中学。20世纪60年代初，他往返于西充中学和义兴中学之间，担任两所学校的物理课教员，勤勤恳恳，呕心沥血。

李麟（1923—1989），武胜县人，中国民主同盟盟员，四川大学物理学院毕业后，又转到法学院学习。李麟老师在西充中学担任化学教研组组长达20余年，无私传帮带青年教师，化学教研组无数次被评为先进教研组。他刻苦钻研教材，对学生循循善诱，曾同时担任7个班的化学和2个班的物理教学，教学成果显著。退休后又积极参与民盟化凤补习学校的创办。

王厉清（1925—2006），西充车龙乡人，1950年毕业于川大机电工程系，中国民主同盟盟员，后来加入中国共产党。王厉清先后在西充车龙完小、西充中学、多扶中学、双凤中学任教，任完小校长、中学物理教研组组长、教导主任等职。

新中国成立初期，中国社会发生了天翻地覆的巨变，完成了半殖民地半封建社会向社会主义社会的过渡。中共西充县委和县政府遵照中华人民共和国的施政纲领《共同纲领》，在所有学校实行新民主主义教育，以提高人民文化水平，培养急需的国家建设人才，肃清封建的、买办的、法西斯思想，确立为人民服务的思想。

上述民盟成员和其他民主人士，都是旧社会旧教育制度培养出来的旧知识分子，显然不可能承担这一至关重要的任务。但是，他们思想进步，学有专长，教艺精湛，都是重要学科和教师稀缺学科的顶尖人才，一代名师。所以根据党的统一战线政策，西充县委、县政府在知识分子中进行思想教育和政治教育，有计划、有步骤地改革旧的教育制度、教学内容、教学方法，不仅拨正了学校的政治方向，而且使这些民主人士获得了崭新的人生，他们不再年年经受"六腊战争"的煎熬，工作有了保障，才华也放射出绚烂的光彩。他们不仅成了教学和教研的骨干，有的还被提拔到了学校，县政协、人大、政府的领导岗位。他们不仅为西充和国家培养了大批优秀人才，同时还以身作则，诲人不倦，带出了一大批优秀的教师，使西充教育后继有人。

西充人民具有崇教尚学的心理和精神品格，历代巍科相续，人文炳蔚。在国民党反动统治被推翻、新中国诞生之初的特殊历史时期，上述民主人士对西充教育的承先启后、继往开来起到了重要的作用，其功不可没。这也是党的统一战线政策无比威力的具体体现。

本文参考了《西充县志》《西充教育志》《西充县政协志》《四川省西充中学志》等。

忆68年前张澜先生逝世及国葬全过程

张澜纪念馆

今天是2023年2月9日，是张澜先生逝世68周年的纪念日。回望1955年2月9日，张澜先生永远地离开了我们。

1955年1月27日，张澜先生年事已高，又因常年辛劳于工作，积劳成疾，体力日渐衰弱而入北京医院诊治。当日，张澜先生感觉口舌麻木，医师诊断为患重度动脉硬化及肺炎。2月9日12时30分，张澜先生经抢救无效在北京医院逝世，

1949年出席全国政协一届一次会议张澜签到

享年83岁。张澜先生逝世后，成立了以朱德为首，包括刘少奇、周恩来、宋庆龄、林伯渠、董必武等37位党和国家领导人组成的"张澜先生治丧委员会"。

9日下午，张澜先生灵柩移到中山公园中山堂，国旗覆棺，晚上9时入殓。毛泽东、刘少奇、周恩来、宋庆龄、陈云、邓小平、彭德怀、林伯渠、董必武、李济深、沈钧儒、郭沫若、黄炎培等党和国家领导人亲视含殓，先生的夫人刘慧徵及其子女在旁守灵。

同日，中国民主同盟中央委员会向夫人刘慧徽女士暨家属发去唁电，电云："张夫人暨家属礼鉴：表方主席从事民主运动，主持我盟工作，辛劳备至，今遽溘逝，全盟痛悼，谨电致唁，并希节哀。"

2月10日，民盟中央常务委员会在京举行临时扩大会议。民盟秘书长胡愈之报告了张澜主席的病况及临终情况，会议发布了关于悼念张澜主席的决议，沉痛哀悼张澜。张澜逝世的消息传出后，各方唁电纷至沓来，表示哀悼。同日，在张澜先生的故乡四川省南充市，中共南充市委会、南充专员公署和南充市人民政府的负责同志到张澜先生故居向张澜家属致唁。

2月12日，首都各界人民、各国外交使节到中山公园吊唁张澜。

2月13日，全国人民代表大会常务委员会、人民政协全国委员会为张澜举行公祭大会。全国人大常委会委员长刘少奇担任主祭人并在灵前献花圈，国务院总理周恩来，全国人大常委会副委员长沈钧儒、李济深、黄炎培、郭沫若等为陪祭人，参加公祭的还有林伯渠、陈云、邓小平、贺龙、董必武、彭真、习仲勋等。全国人大常委会副委员长林伯渠致悼词，称张澜先生"是一位可敬的爱国主义者"，悼词回顾了张澜一生走过的道路，充分肯定了他在辛亥革命、抗日战争和解放战争时期对争取人民民主、支持人民革命的贡献。悼词最后说，"他是中国人民民主政权的领导人之一，他是中国人民民主政权的支持者和拥护者"；"中国人民感谢张澜先生在爱国运动中的贡献"；"张澜先生不朽！"公祭大会完毕。11时起灵，执绋的有：刘少奇、周恩来、沈钧儒和参加公祭人员，灵车经西单出复兴门至八宝山烈士公墓，张澜先生遗体于下午1时安葬。

同日，中国民主同盟四川省支部和成都市分部举行民盟主席张澜追悼会，各界人士和张澜先生亲友等500余人到会。同日举行追悼会的有民盟四川省支部所属重庆、南充、遂宁等8个市县组织，还有上海、天津、湖北、武汉、广东、广州、安徽、青海、太原、南京、哈尔滨、苏州、芜湖等地的民盟地方组织。

2月15日，在上海市民盟支部举行的张澜主席追悼大会上，上海市长陈毅以一个同志和战友的资格，对这位前辈教育家和长期从事民主运动的社会活动家的逝世表示深切的哀悼，他赞颂张澜先生说："先生是我们的好战友，是一个典型的民主战士"，"以先生一生事迹来说，他的贡献是很大的，人能如此，死了也没有什么遗憾了"。

今天，我们再次回望1955年，深切缅怀张澜先生功绩。先生深受传统文化影响，具有深厚仁爱思想和鲜明民本意识，在政治上是与时俱进的民主革命主义者。他品德高尚，人格伟大，是近现代中国少以"德"持己、不断自省修身的道德典范，是值得人们学习和发扬的。表方千古，浩气长存！

张澜故里保护与开发建设纪实

杜亚利

张澜先生，字表方，毛泽东尊称他为"表老"。"表老"既是毛泽东对张澜先生的高度赞扬，又是对张澜先生在中国近代史上的崇高地位的准确总结。今天，名满天下的"表老"魂归故里，故乡人奉他之名，为纪念他，学习他，弘扬他"清廉爱民，造福乡梓"的精神，以建设伟人故里为契机，打造"伟人故里，最美乡村"的旅游品牌，带动一方百姓致富，促进县域经济发展，为中国农村丘陵地区探索出了一条绿色生态发展之路。

西充县位于四川盆地的中心丘陵地带，从西充县城往南行将近10公里，即是西充县莲池乡场镇所在地，汇集了西充县境内主要区域水源的西充河绕场镇而过，顺河前行4公里，有一条背山面水的小山沟，这就是一代伟人张澜先生的出生地——张观沟。据史料记载，张澜父亲张文倬，字海楼，勤奋好学，读书有成，为族中第一秀才。张氏先祖自清朝康熙年间搬来张观沟，世代居此，到张文倬已是第七代。经过祖祖辈辈的辛勤劳作，日夜耕耘，张观沟水田旱地，阡陌纵横，张氏族人在此春种秋收，耕读传家，人丁兴旺，蔚为大族。

在张观沟最顶端，有一座坐西向东的农家三合院，整个建筑为穿斗结构，青瓦粉墙，泥地木梁，房后竹林环绕，门前水田映照，属于典型的川北民居风格。1872年，张澜先生就在这座农家小院诞生，直到1887年随父母佃居到与张观沟隔山相望的永清乡召善沟之前，在此度过了15年的童年和少年时光。张澜就是从这里出发，一步步从川北小山沟走向南充，走出四川，直到登上天安门。

张观沟，有传说久远的观音古庙，有遮阳避雨的参天古树，有与他血脉相连的亲人，有滋养他成长的土地。在这里，他曾随父母刻苦耕读，上山放牛，下河洗澡，到处都有他童年和少年成长的足迹，在这里也能找到他精神世界的源头。

2015年1月，四川省旅游标准评定委员会发出公告："西充县从2011年开始启动张澜故里景区创建4A级工作，在当地政府和主管部门以及群众的努力下，该景区2014年底通过省级检查，列为4A级景区。"这是西充历史上第一次获评的国家4A级景区。西充地瘠民贫，自古号称苕国，境内无高山大河，从来与"景区"二字无缘，此次破天荒地获评4A级，无疑是创造了一个奇迹。在这个奇迹背后，是西充县发展思路的创新突破，是来自全国各地热爱张澜先生的人们的大力支持和全国盟员们的倾力付出。

张澜故居的保护及开发建设始终是县委、县政府考虑的重点，也是民盟西充总支及全体盟员的期盼。2010年1月，南充市人大、政协"两会"期间，县委主要负责人吩咐县政协主席冯顺华，要求在县政协全会上作一个关于加大对张澜故居保护与开发建设的大会发言，为县委决策提供前期铺垫。冯顺华主席赓即与县政协副主席、民盟西充总支主委何德清商量，以民盟西充总支名义向大会作一个关于加强对张澜故居保护及开发建设建议的发言。接到这一任务后，何德清主委马上召集相关盟员到其所在南充会议驻地研究发言材料，落实发言人员，限时拿出材料审定，在第九届县政协全会第一次会议上，我代表民盟西充总支作《打造休闲文化景区　丰富张澜故里内涵》的发言，县委主要负责人在会上就发言材料作出了及时的批签，并亲自召集相关部门研究，成立了以县长为指挥长，县委副书记、县政府分管副县长、县政协相关副主席为副指挥长的工程建设指挥部，正式启动张澜故居保护与开发建设。

指挥部遵循"政府主导、社会参与，统筹规划、分步实施，尊重历史、还原自然，重抓产业、富民增收"的原则，努力把张澜故居保护开发工作纳入嘉陵江流域南充段旅游开发总体规划统一建设，将其建设成为巴中—广安—南充红色旅游线上的重要景点和继小平故里、朱德故居之后又一集产业扶贫、旅游观光于一身的爱国主义教育基地，并通过沿线旅游产业和现代农业开发，达到带动农民增收，推动现代农业发展的目的。县政府在财力非常紧张的情况下，想方设法整合项目和资金，投入8000多万元用于张澜故居保护及开发建设工作。2011年全面完成了土地征用、民房拆迁、经果林补偿、村落民居改造、农渠系整治、绿化美化、护坡等景区建设配套工程，以及生态停车场、游客接待中心、生态广场、民盟陈列馆、蟾宫折桂、亲水木栈道、观景平台、一二三环游步道、梅园、清莲池、竹林书院、民盟林等基础设施和景观景点工程建设。在建设过程中，盟省委领导吴正德、赵振铣，市委、市政府主要领导多次到建设现场调研指导，县委、县政府主要领导经常深入建设现场，督促工程进度，及时解决工程中存在的问题，对工程建设顺利完工给予强有力的组织保障。

2012年，是张澜先生诞辰140周年，作为时任开发建设小组副指挥长、政府副县长、民盟总支主委的何德清，深感这一重大活动实为推动故居建设的一大契机，遂和南充市人民政府副市长、南充民盟主委朱家媛，西充县委统战部部长王智一道主动向时任民盟中央副主席、省政协副主席、民盟四川省委主委吴正德汇报并取得支持，在张澜故居建设"中国民主同盟林"，并向全盟发出"我为张澜故居植棵树"的倡议，得到了时任全国人大常委会副委员长、民盟中央主席的蒋树声的认同。民盟省委、南充市委和西充总支迅速组织专家规划设计民盟林的建设方案，由民盟总支代民盟省委起草了"我为张澜故居植棵树"的倡议书，由民盟四川省委代民盟中央起草了"我为故居植棵树"的活动方案，于2011年11月正式向全国盟组织发起倡议，民盟中央机关积极带头，各级盟组织、盟员纷纷捐款。

2012年4月2日，蒋树声莅临张澜故居参加"中国民主同盟林"启动仪式。中国民主同盟林主要区域位于竹林书院后方，依山而建，蜿蜒盘旋，由民盟中央林（梅园）和各省（区）、直辖市民盟林共同组成。民盟中央林占地面积约27亩，位于故居核心景区，栽植20余种不同品种梅花，以梅花之高洁象征张澜先生一生追求民主、廉洁正直的品格。各省（区）、直辖市民盟林和四川南充民盟林位于故居二环游步道两侧，面积为135亩，按30个省（区）、直辖市和南充分为31个区域，围绕故居依次排列，并配以各省

（区）、直辖市代表性树种和相应植被。漫步在园区的游步道上，可观赏富有色彩层次感的花草树木，感受风景如画的乡村气息和张澜先生为教育事业呕心沥血、为民主事业奋斗不息的革命精神。

2012年5月9日，时任全国政协副主席、民盟中央第一副主席张梅颖回到张澜故居参加民盟历史陈列馆开馆仪式，为"中国民主同盟历史陈列馆"揭幕。中国民主同盟历史陈列馆占地5.6亩，建筑面积580余平方米，由著名画家、民盟盟员范曾捐资120万元支持建设。

中国民主同盟林和中国民主同盟历史陈列馆，为张澜故居增添了厚重的历史文化内涵，也是张澜故居独具特色的人文景观，人们来到这里，了解中国人曾经有过的那段追求民主自由的历史，向张澜先生和民盟先贤致敬。

为迎接张澜先生诞辰140周年，西充县再次投入近500万元对故居进行大规模保护性修缮并重新布展，修缮布展工程于2012年2月1日动工，2012年4月1日完成，分为张家生产工具、生活用品展示；先生诞生地展示；先生父母卧室展示；张家书房展示；张家堂屋展示等部分。目前，"张澜诞生地"已被四川省政府公布为省级文物保护单位，正在申报国家级文物保护单位。

十年磨剑，众志成城。从2004年启动故居修复到今天，一座融川北民居风情博览、农耕文化体验、生态田园休闲、名人故居观光、爱国主义教育为一体的4A级景区屹立在川东北的大地。从这里走出一代伟人是一个奇迹，让伟人历史在故乡的土地上重新复活，又是一个奇迹。

据时任民盟西充总支主委、西充县副县长何德清介绍，近年来，西充县突破传统发展思路，大力发展绿色农业，建设生态经济强县，打造中国西部绿谷和中国西部最美乡村。在此背景下，西充县将张澜故里建设置于"全景西充"的大视野来思考和谋划，跳出故居，打造故里，发展故乡，将张澜故里的红色文化和全县的绿色经济相结合，以张澜故里为品牌和龙头，带动西充现代农业、新农村建设和乡村旅游的全面大发展。

故居、故里、故乡，不仅仅是地理范围的变化，更是视野和思维的拓展。今天，我们走进西充县，山清水秀，空气清新，蓝天白云，阳光明媚，处处有景点，全县是景区。张澜故里、古楼万亩充国香桃园、凤鸣双龙桥有机生态循环第一村、多扶凤凰山佛教圣地、青龙湖国家水利风景区、百福寺森林公园等，共同形成了一个融民主教育、文化创意、养生体验、娱乐休闲、农业观光、花卉田园为一体的文化旅游、绿色生态大景区。张澜故里，就是这个大景区的灵魂和龙头，它将带动伟人故乡的产业腾飞，帮助这里的人民走出贫困，走向致富。

"魂兮归来，遗爱乡里。"今天，我们怀着崇敬的心情再次拜访了张澜先生故居，走进张观沟，山花满坡，莲池清澈，鸡鸣犬吠，竹林农家，山还是那座山，房还是那个房，一切都仿佛还是张澜先生少年时代的旧模样。先生铜像布衣长衫，昂首含笑，仿佛刚刚远行归来。

先生故居，简洁朴实，和其他伟人的故居相比，这里少了神圣肃穆，多了亲切自然。先生表里如一，清廉一生，不改本色，故居的打造风格，正是体现了"本色"二字。先生终其一生，主要时间皆在家乡施仁政、办教育、兴实业、推蚕桑、搞自治、争民主，造福乡梓，名满天下。今天，张澜先生正以另一种方式归来，在用他的精神滋养这片土地上的人们的同时，也给这里的父老乡亲带来了脱贫致富的希望。

魂兮归来，表老当含笑故里。

（杜亚利，民盟西充总支原副主委、西充县人大机关二级主任科员）

我与张澜故居

姚其清

　　张澜故居位于今南充市西充县莲池乡张观沟，距西充县城约10公里，始建于清代康熙初年，这里山清水秀，乡风淳朴，百姓勤劳。

　　故居依山而建，为川北民居风格的三合院，堂屋居中地势略高，两侧厢房依次分为两级，上下由石梯连接，院内由青石板铺成。所有建筑均为人字架穿斗式结构，房顶盖小青瓦，墙体用竹片编制，再敷上黄泥和稻草节，外抹白灰。

　　现已建成的故居景区有张澜出生地、中国民主同盟历史陈列馆、张澜生平陈列馆、民盟中央林、各省市民盟林、张澜家风陈列馆、表方石广场、竹林书院、生态林登山道等多处参观点。2013年4月由时任全国人大常委会副委员长、民盟中央主席张宝文亲自授牌确定为"中国民主同盟传统教育基地"。现为国家4A级旅游景区、省级文物保护单位。

　　张澜故居绿树成荫、设施齐全、交通便利，已成为全国各地民盟组织、统一战线和当地干部群众的爱国主义和传统教育基地，尤其到了节假日更是摩肩接踵、游人如织，然而10多年前的故居却是另外一番景象。

　　2002年，我当选民盟省委委员、南充市委副主委、西充县总支主委后，怀着无比崇敬的心情带领总支的同志到张澜故居开展学习教育活动，映入眼帘的是一幅破败不堪的景象。因为故居的房屋早年全都分给了当地村民，堂屋被拆除了一半，部分厢房已被改建，多半房屋因无人居住年久失修，摇摇欲坠的墙上"农业学大寨"的标语清晰可见。院内杂草丛生，遍地枯枝败叶，屋内堆积着柴火，蛛网密布、鼠蝇乱窜，显得异常萧条冷落。看到眼前的情景，联想到张澜先生波澜壮阔的一生，内心的感受无以言表！

回去后我的心绪久久难以平静，无论作为先生家乡的一员，还是作为一名盟员、先生家乡民盟组织的负责人，我都责无旁贷，有义务为先生的故居做点事，有责任为改变先生家乡贫穷落后的面貌做点贡献。

于是，我以盟员的身份积极争取各级民盟组织的支持，同时作为省市县三级人大代表，在参加省市相关会议的时候，只要有机会我就大力宣传保护开发张澜故居的重要意义，并提出了一些具体建议，努力寻求社会各界的支持和帮助，收效却不太明显。

终于有一天机会来了。那是2004年8月5日，天气炎热暑气逼人，正在午休的我突然接到电话通知有客人来参观张澜故居。来人正是时任民盟中央委员、民盟中央区域经济发展委员会副主任、群言出版社社长范芳同志和民盟盟员、雅昌集团董事长万捷先生。我和民盟南充市委的领导陪同他们冒着炎炎烈日到了张观沟，看到一代伟人的故居如此破败，主客一行相对无言、心情沉重，参观完后准备直接前往重庆。送别客人后，我总觉得于心不甘，难道就这样让他们一走了之吗？冥冥之中我似乎感觉到了某种机会，于是一边叫司机调转车头前去追赶，一边加紧联系，最后终于把他们挽留在南充吃晚饭。我不想错过这次送上门来的机会，一边吃饭一边不厌其烦地汇报保护开发张澜故居的重要意义以及西充方面的打算和困难。经过反复沟通和交流，雅昌集团董事长万捷先生表达了可以支持张澜故居保护开发的意愿，但对工程的实施和资金的管理仍心存顾虑。最后通过反复商议达成初步意向，即由我负责按照修旧如旧的原则，尽快做出维修方案，提出最低的资金预算，报万捷先生审定，并保证整个工作由民盟西充县总支牵头，捐赠资金由我具体负责管理。当时我就像抓到了救命稻草一样看到了希望，当即表态愿以我的盟籍担保，如果达不到要求自愿接受任何处理。宾主相谈甚欢，依依惜别。

送走客人后，我既欣喜若狂，又倍感责任重大。喜的是有人愿意帮助，苦盼多时的张澜故居修复终于看到一线曙光；忧的是不知如何着手，万一做不好怎么办。

第二天刚上班，我就迫不及待地向西充县相关领导报告了此事，并立即组织专业人员到现场进行勘测，走访当地的群众，开展方案设计。很快，按照"修旧如旧、恢复原貌"的原则设计的修复方案，在广泛征求各方意见后得到了民盟中央的认可；在经费预算上，我们省了又省、压了又压，生怕让别人认为我们是狮子大张口，从而错过了这次难得的机会，最后锁定17万元。这个数目在今天看来微不足道，但当时在我的心目中，这已经是一个很大的数字了，更重要的是这代表着金钱换不来的难得机遇。

纸上谋划终觉浅，世事躬行方知难。要按照修旧如旧的原则做好故居的修复，必须把规划范围内的村民搬迁出去妥善安置，可当地民风淳朴、观念传统，百姓生活清苦，要让他们搬离世世代代固守的老家，内心很难接受，群众工作非常不好做。再加之专业人才缺乏、材料不好采购、交通运输困难等多方面的原因造成修复工程难度极大，仅靠捐赠的资金远远不够！

然而，开弓没有回头箭，既然领了军令状，天大的困难也要上。我们在当时的莲池乡党委政府和村委会的支持配合下开展宣传动员工作，利用院坝会向当地村民进行宣传。我在做好本职工作的同时，带领总支一班人，走村串户、挨家挨户做村民的思想工作，苦口婆心劝说他们搬迁，动员他们献出张澜先生生前物品。我们从张澜先生伟大而光荣的一生讲到县上修复故居的有关政策，大力宣讲修复故居的深远意义，最后我还以个人名义保证在修复故居的过程中最大限度保障他们的利益。

那时，从莲池乡到张澜故居的4公里路全是土路，路窄弯多，路面凹凸不平，一遇雨天车辆就无法通行，我们只能步行进去，因此雨靴和雨伞成了我的常备用品。当地的村民上午和下午基本上都是下地干活，只有中午和晚上才在家，我们大多数都是利用休息时间上门去做工作，有时连饭也顾不上吃，经常都是伴着月色拖着一身疲惫回到家中。记得有一次在村主任家研究工作，过了午饭时间，村主任的爱人把面条煮在锅里就干农活去了，待我们开完会去吃饭时，面条已成了糨糊，大家相视一笑只好将就充饥。好在皇天不负苦心人，经过我们苦口婆心地劝说和耐心细致的工作，村民顺利地签下了部分协议。为了体现我们的诚意，我把10多万元现金装在手提包里带在身边，谈妥一户就现场付款，遇到面积大的拆迁户签协议付款后，就安排我的车把他们送到乡信用社去把款存上确保安全，从而赢得了大多数村民的支持。其中，也有一户不太配合甚至故意坐地起价，我们动用了县乡村三级干部苦口婆心反复做工作，还通过该村民子女工作单位的领导帮助劝说，但还是无济于事。眼看时间一天天过去，为了不耽误工期，实在没办法我们只好痛下决心，开出了当时在县城可以买到商品房的高价对张澜先生出生的那间屋子进行回购，从而确保故居修复工作如期开展。

修复过程短暂而复杂，被拆除的部分要重建，被改变了的部分要恢复，被损毁了的部分要维修。要"修旧如旧，恢复原貌"，对材料的要求很高，而在当地几乎买不到符合要求的材料，我们便聘请县内的古建筑专家和文物专家，到川北一带四处寻访到处采购。聘请县里的专业技术人员和张观沟健在的老同志到现场指导，对施工细节反复推敲多次调整，以保证恢复故居原有的历史风貌。为了保证质量安全和工程进度齐头并进，我和民盟总支的同志们数十次亲临现场指挥，监督工程质量，督促施工进度，严抓安全管理。

2005年初，得知范芳同志和万捷先生要到故居考察，我带车到成都双流机场接机。万捷先生从深圳飞过来时已是中午，在等待范芳同志的时候，我俩和司机就在路边的一个小馆子吃了一锅老萝卜炖鸭子，虽然只花了58元钱，但亿万富翁的万总却吃得津津有味。随后，范芳带着重感冒从北京飞到成都，她顾不上吃饭就和我们直接赶往西充，一路上不停地咳嗽，到酒店住下已是晚上10点多钟了，好在我提前安排家人给她熬好了青菜粥，可她太疲惫了没吃上几口。第二天一早，我就陪同他们到了故居维修现场，他们对工程进度和质量都非常满意，万捷先生当即决定再捐资金为张澜先生塑一尊铜像，他们还口头传达了时任民盟中央副主席的张梅颖要"修旧如旧，不要扰民"的指示。

为了提高效率加快进度，在土建施工的同时，我们分为几条线同时开展工作。一方面组织县上盟内外文化界的专家10多人分为3个组，分赴整个川北地区去收集张澜先生生前的学习、生活用品近百件，按照过去的模样精心摆放。另一方面请民盟中央、群言出版社和雅昌集团帮我们收集了近百件非常珍贵的文字和图片资料，用于故居的陈列布置。由于中共西充县委、西充县政府的重视，在社会各界的大力支持和帮助下，历时半年的张澜故居修复工程于2005年2月初步竣工。

土建工程基本结束后，需要一块合适的牌匾，当时有领导建议用金丝楠木，经了解至少得花四五万元，经费不允许，请什么人题写也不好确定。经过反复研究，考虑张澜先生一生艰苦朴素勤俭节约，决定就地取材选用当地的柏木，这种木材质地坚硬、耐风雨耐虫蛀。牌匾上的内容就选用楷体繁体字作为"张澜故居"的字体，这种字体刚劲有力，象征着张澜先生刚直不阿的高尚品格。牌匾长220厘米、宽85厘米，悬挂在故居堂屋的正中央，庄重大气令人肃然起敬，到今天已经过19年的风雨洗礼仍没有一点变形和一丝裂纹。

2005年春节前夕，由雅昌集团捐赠的盟员雕塑家吴为山设计制作的张澜先生青铜塑像送抵成都，我马上安排人员迅速接回，并组织工程技术人员做好安装的准备工作。考虑到先生一生布衣土衫、长须美髯、一身正气、两袖清风，我们决定选用黑色花岗石作为底座，从而显得庄严稳重朴素大方。然而安放前又遇到了新的困难，当时故居外面是一条只能容下一个人行走得很窄的土路，铜像加上外包装有2米多长、1米多宽、200多斤重，从这条小路根本抬不过去，最后只好组织了10多个壮汉把先生的铜像用手捧着穿过冰冷刺骨的冬水田送到了故居的院子里。安装过程更是紧张而又庄严，当时没有吊装设备，只好因陋就简，用结实的木材搭成三脚架，再选上好的柏木做杠杆，大家怀着崇敬的心情小心翼翼屏住呼吸，终于顺利地将铜像安装稳妥，施工队点燃了鞭炮，在场几十人自发地响起了热烈的掌声。

历时半年的修复过程令人既期盼又紧张又不安，我已记不清熬了多少夜，挨了多少饿，受了多少误会，到这时才长长地松了一口气，悬着的一颗心终于落地了！为了永远铭记那难忘的日日夜夜，为了表达我对张澜先生的敬仰，我自己花钱买了两株铁树敬献在故居堂屋前面的台阶上。

2005年3月31日，是张澜先生家乡人民永生难忘的日子。张澜先生的孙女，时任全国政协副主席、民盟中央常务副主席的张梅颖亲临西充县参加张澜故居修复竣工暨铜像揭幕仪式，人们将这一重大消息奔走相告，当天上午县城万人空巷，许多商店也关门歇业，当地和从县城及其他地方赶来的民众把张观沟挤得水泄不通，大家心中荡漾着激情，脸上洋溢着喜悦，共同见证这个在西充历史上难忘的日子！看着眼前的一切，我的眼角湿润了，心里感慨良多！

　　而今，一条平整宽阔的快速通道从西充县城直达张观沟，水泥路修到每个农户家门口，公交车和旅游大巴车都可以开到故居游客接待中心，古朴典雅的张澜故居掩映在苍松翠竹之中，中国民主同盟林郁郁葱葱、生机盎然。作为继承光荣传统、感怀先辈精神的民主教育基地，不仅"修旧如旧"地完好保存了珍贵史迹，更是通过文旅融合带动了当地经济发展，让革命历史活起来，让先辈精神传起来，让村民生活富起来。家乡人民也正满怀豪情，奋力谱写新时代乡村振兴的光辉篇章！

　　当前，"凝心铸魂强根基、团结奋进新征程"主题教育正在盟内深入开展，一批又一批来自全国各地的新老盟员走进张澜故居与中国民主同盟历史陈列馆，缅怀张澜先生波澜壮阔、两袖清风的一生，致敬先生爱国奋斗、民主团结的崇高精神，回顾民盟同中国共产党风雨同舟、肝胆相照的光辉历程，凝聚全面建设社会主义现代化国家、全面推进中华民族伟大复兴的磅礴力量。让张澜故居成为盟内"精神地标"，我想这就是先生故居建设的最大意义。

　　（姚其清，四川省政协原常委、副秘书长、一级巡视员，民盟原中央委员、四川省委副主委）

张澜与南溪山庄

林安福

我的家乡青居镇可说是嘉陵江水滋润出来的。照原来的建制，青居为区，江水一线贯穿永安、青居、曲水、河西、溪头五个乡，而浸水、阙家、石圭、神殿四乡则散缀、环护在它的四旁。从青居上溯5公里左右是永安镇，在永安红岩半山腰有一座普普通通的农舍，翠竹绕屋，面瞰大江，它和川北许许多多农舍一样，静静地卧在黛青的山坳上——这就是张澜先生的故居南溪山庄。

这所农舍是1924年修建的居室。当时，张澜夫人刘慧征女士不愿过居无定所的生活，遂与娘家兄弟商量，在娘家南充县溪头场以民间"打会"（又称"请会"）的集资方式筹借到一笔款项，在南充县南溪口靠近嘉陵江畔的野猫溪山腰购得10亩荒地。据张澜女儿张继延讲："这里依山傍水，远看山形似卧虎，气势雄壮。"家人都满意，很快就建造了一座川北农村通用格局的木结构瓦房，三间正房，两边是厢房。新房落成后，张澜老友、保路运动同志会领导人之一、书法家颜楷亲撰对联一副相赠，联为："江山多爽气，云鸟自闲飞。"

张澜一往情深地热爱这所农舍。他在《梦南溪山庄竹盛长》诗中表达了这种感情，诗曰：

南溪先生抗脏身，一梦蓉城过五春。
石室远惭文郡化，祠堂空拜武乡神。

旧山自种多新竹，此夕情亲似故人。

更有梅花廿株在，归来同结岁寒邻。

　　这首诗是张澜先生于1931年"时决辞成都大学校长职"的愤慨之作，当张澜先生在成都大学校长任期，兼容并蓄，唯才是举，提倡思想自由，作风民主。成都发生屠杀成都大学进步学生六人在内的"二一六"惨案，张先生营救不及，愤而辞职，师生挽留，社会敦促，先生继任。后共产党员曹荻秋发动广汉兵变，成大学生参加者众，国民党迁怒先生，强行将成大改组四川大学，先生毅然和国民党反动派与军阀们决裂，表示返回故里与新竹、红梅结为"岁寒邻"。后来，他回到日思夜想的故乡的南溪山庄。然而，故乡虽有带烟杨柳，如雪芦花，东崎山屏，西萦江带，但他没有沉溺于家乡的如画美景，而是复任南充中学校长，孜孜投身于家乡的教育事业。

　　在这所普普通通的农舍里，他和家人过着俭朴的生活。为官不置公馆，不买田地，一生孜孜致力兴实业。刘慧征平时除种庄稼外，还利用空闲时间在屋后及其余的荒地上栽种了桃树、李树、杏树、核桃树和竹子等，还种了不少梅花、桂花及一些花草。当阵阵江风吹来的时候，四处弥漫着令人心旷神怡的花香、果香。曾传说军阀混战时，驻地部队的士兵到乡下寻财劫掠，见田间一农妇，未想到她竟是堂堂省长夫人，入其屋唯见粗陋家具、生活用品，脸红面膜而归，世人得知此事后也禁不住长喟说："张澜川北圣人之名不虚也。"

　　张澜夫妇非常关心四周的贫苦乡亲。先生每次从城里回家时，总要带回一些常用药品，让刘慧征分送给生有小病且又无钱医治的乡亲。同时，刘慧征也向在溪头场开小卖店的二兄弟要些白酒来泡药，当乡亲干活突遇跌打损伤时，常以此药酒救急。张澜还买回《本草纲目》《验方大全》等一些医书，供乡亲们借阅，让他们初步了解医药常识。

　　他居住在这所普普通通的农舍，心忧天下，民系苍生。1936年春夏，四川农村面临毁灭性大旱灾，执政要员漠视赈济，一边是"周览京滇""坊灯园剧"，一边是"百幅东川饿殍图"，先生轸念民瘼，受聘川北赈济委员会会长，跋涉川北，查灾千里，恤民情殷，气赈呼救。夜难入眠，听嘉陵江水拍岸，幽幽咽咽似涛声低诉，看枝枝绿竹映窗，摇摇曳曳如挥笔直书，先生提笔成章，情凝笔端，有《乡居杂感二十首》，字字血，声声泪，为受害灾民疾声呼救。诗摘如下：

> 借贷西邻空手回，踽行一妪语堪哀。
>
> 女无敝袄儿无裤，又是天寒十月来。
>
> 市上朝朝负荷人，几多堂构析为薪。
>
> 已因日食愁难继，又况枯时远过春！
>
> 家物惟存老瓦盆，从今何以长儿孙？
>
> 为愁冻馁难宵寐，又听催科晓到门。

听家乡人说，时年有溃兵闯入民宅，擒鸡牵猪，先生闻声从农舍走出，神色黯然，厉言疾声，一群散兵在弄清张澜身份后，战战兢兢赔礼认错。

张澜一直关心南充的教育事业，提出要重振南充教育的主张。早在1924年，他在《南充之实业自治》一文中指出："南充的教育可以说是实业的教育，因而南充的自治，也就是实业的自治。"同时，他还对南充未来10年兴办地方自治、发展实业教育做了美好的设想和规划，他认为"南充将来一定可与南通媲美的"。1931年1月，张澜辞去成都大学校长职务，回到南溪口老家。下半年的新学期，他受南充教育界人士推举，复任南充县立中学校长。为达到学用结合的目的，他大力推行教育改革，加强实业教育，于第二年将南充县立中学与南充县立初级实业中学合并，更名为南充县立初级职业学校，分设农业、工业、乡村师范、普通中学等科（《南充县志》1993年版，第709页），为南充培养了大量的优秀人才。

为加强南充蚕桑的发展，张澜于1936年与奚致和等社会人士向四川省建设厅力争，将"四川省蚕桑改良场"建在南充，7月1日正式成立，由著名蚕桑专家尹良莹任场长。该场着重研究改良蚕种制造及蚕桑技术推广工作，负责全川蚕丝改进和培养蚕桑技术人员。

张澜对南溪口的居住环境非常满意。无论是在外工作归来，还是辞职在家时，他总要抽出时间登上附近的尖山寺远眺美景，或携子女乘舟乏江，归来赋诗纪之。张澜在南溪口的农舍中留下了许多珍贵的诗词，除了大量关爱民生、抨击时政的纪实诗词外，还有不少诗词表达了他对"南溪山庄"和嘉陵风光赞美的真挚情感。诗中既有"同游野庙携儿女，旧会吾庐念弟兄"的家人天伦乐趣和弟兄相会的骨肉感情，又有"入室村醪留客饮"的淳朴人情，以及携儿女小船泛江的融融亲情，但到底掩不住他心头阵阵袭出的"登台亦有熙熙意，多难无如世未平"那绵长的隐忧。我们不妨从他写于南溪山庄的《渔父》《重九登尖山寺》诗来窥见一斑。

渔 父

不羡荣华不羡仙，浮家泛宅自年年。

笠蓑风雨常终日，儿女犬鸡共一船。

杨柳带烟当晓汲，芦花如雪覆秋眠。

嘉陵江水如图画，一任流连号乐天。

重九登尖山寺

老来腰脚健如常，上到峰尖快举觞。

远响高风吹落木，轻寒昨夜降新霜。

山屏东峙遥明眼，江带西萦曲抱岗。

此境自佳堪久坐，茱萸无用插头忙。

令张澜感到特别惊喜的是，1936年秋，离别10年的次子张嵝（慕良）从苏联返川与家人团聚，兴奋之际，先生赋诗《喜次子嵝自欧洲归》：

游子音书断羽鳞，重瀛一旦作归人。

老亲乍睹惟双泪，异国远离已十春。

消息误传忧物化，瞻依如昔见天真。

时艰正是需才切，爱汝应知善立身。

　　张崿，1907年生，1926年加入中国共产党，1927年与廖承志等人赴德国留学，曾任中共旅德支部书记（支部成员有廖承志、成仿吾等）。1933年赴莫斯科，在第三共产国际工作。1936年日军侵略华北，国难更加深重之时，中共中央电召张崿回国并被派往四川，利用张澜的社会声望和在四川军政界的特殊作用及影响，开展党的统战工作。此外，他还协助父亲深入山区赈济灾民，同时还秘密整顿遭受破坏的党组织，后终因劳累过度，不幸于1938年春逝世，安葬于南溪口住宅附近。痛失爱子，张澜常在竹林中沉思，感慨地对家人说："这些竹子都被我摸御了！"（"摸御了"，川北土语，此处指由于过度悲伤，扶竹而泣，把竹子都摸光滑了。）

　　自1924年以来的20多年里，刘慧征女士绝大多数时间都在南溪口乡间耕种田地，操持家务。张澜先生则从这所普普通通的农舍走出，为国是奔走于成都、南充、重庆、武汉、南京、上海及川内贫寒山区，以身赴国难，为抗日的民族大业而呼号，而奔走；以身许大义，为国家民族大业而鼎力，而奋斗。他从家乡的普通农舍走出，一直走上了天安门城楼，在开国大典上，他依然是布衣布帽，一身正气，两袖清风，节俭如故。

　　新中国成立后，身为中华人民共和国中央人民政府副主席的张澜，仍单身一人住在北京。胡耀邦到达南充后，于1950年3月3日与中共川北区委员会、川北人民行政公署和人民解放军川北军区的几位主要领导联名，写信给张夫人刘慧征女士及其家属表达慰问之情，并派干部王朴庵和常耀五亲送信件，征求刘慧征女士的意见，希望她携子女赴北京照顾年近八旬的张澜的生活。

　　1950年4月，在胡耀邦的周密安排下，刘慧征及子女离开了南溪口农舍，路过重庆又携长子张乔啬及其子女一同赴京与张澜团聚，当年的"五一"节前夕，全家人欢聚在北京。

　　先生走了，他把那座普普通通的农舍留在家乡的土地上，还有曾担任中共旅德支部书记的共产党员、为党工作尽瘁一生积劳成疾而早逝的次子张崿，悄然长眠在这座普普通通的农舍旁，让他安享家乡的水光山色和夕阳。在这座普普通通的农舍旁，脉脉的嘉陵江水浩浩东去，先生手植的新竹依然那么葱蔚翠绿，红梅依然那么含笑绽香……

（林安福，四川省作家协会会员）

我的朋友在党里

韩准甫

"一二三四五六七，我的朋友在哪里？"每当听见小朋友们唱着这支充满友爱的歌儿时，我情不自禁地想起了两位党员朋友：一位名叫王素清，曾担任中共仪陇县委常委、仪陇县人民政府副县长（后担任南充市人大常委会副主任）；另一位名叫张思智，曾是中共仪陇县委副书记（后担任仪陇县人大常委会主任）。当时，中共仪陇县委为了密切党员与非党人士的关系，安排县委县政府党员领导干部与党外人士交朋友，我这位党外人士于是与这两位党员干部结交成了朋友。我们之间推心置腹，亲密无间，可说得上是净友与挚友。

在1985年12月11日的《四川日报》上，曾刊载了一篇《交心谈心换得教师安心》的报道，文中写道："仪陇中学一位骨干教师，有段时间因家属农转非问题没有解决，准备到山西晋中地区去应聘。县委常委、副县长王素清主动同他交朋友，推心置腹地交谈思想，沟通感情，并以张思德同志全心全意为人民服务的精神互勉，使这位教师深受感动。不久，县委听取了王素清的汇报，及时解决了这位教师的困难。他便全力以赴搞教学，取得显著成绩……"文中写的"仪陇中学一位骨干教师"就是指的我。那时提倡人才流动，我虽说不上桃李满天下，但好多地方都有我教过的学生。经他们推荐，晋中地区文教局、重庆一子弟校、南充一银行校，都以提升二至三级工资，家属农转非，并安排就业等优惠条件招聘我。当时我的工资低，家属未农转非，也未安排工作，见了这些单位的优惠条件，自然喜出望外想去应聘。王素清同志闻讯，登门劝阻。我虽无韩信之才干，但她像当年萧何一样尊重人才，再三挽留我，以至出现了"萧何月下追韩信"的新佳话。我深受感动，打消了去晋中、重庆、南充的念头，要不是这位净友开导，我很难说不见异思迁。

古人说："君子之交淡如水。"我和另一位党员朋友时任县委副书记张思智的交往就是这样。1988年国庆节清晨，张思智同志来到我家，找我促膝谈心，我谈了自己的工作与生活，学校的教学，教师的后顾之忧，当时从7点谈到8点半，但我爱人迟迟不叫吃早饭，原来她只煮了一锅稀饭，炒了盘青菜，切了一碟泡咸菜，不好意思端出来款待这位不速之客，但对方却有意要留下吃我家这顿近乎"寒碜"的早饭，我不得已端了出来，他毫不客气地与我们一家人共进早餐，吃得有滋有味。随后，他仔细看了看屋内十分简陋的家具，翻了翻准备在当天批改的一大堆作文本，临走时深有感慨地说："教师生活清苦，工作辛苦。"不久，我应邀参加县委召开的落实党的知识分子政策的座谈会，身为副书记的张思智同志作了激动人心的发言，大讲教师的清苦与辛苦，强调要为教师办实事，以改善工作条件，解除其后顾之忧，他此时讲到的"苦"而与会教师却感到"乐"，因为教师的种种困难已被县委领导同志所理解，提出的意见已被有关部门所接受。这使我意识到他来我家，既叙友情，又把我作为知识分子和一只麻雀来解剖，由于善于解剖这样的麻雀，他便成了知识分子的贴心人。

朋友之间需要相互砥砺，共同进步，我这位挚友理论水平高，工作经验丰富，但对语文知识却感到不足。当成人大学请我讲授《大学语文》时，他尽管工作繁忙，却挤出时间来听课。地方人大成立10周年之际，他嘱咐人大常委会成员之一的我，要认真总结经验，我于是写了《兼职委员谈"兼"》一文，该文参加《民主法制建设》杂志举办的"地方人大十年"征文竞赛，获得了二等奖。

共产党员与党外人士广交朋友，这是统一战线工作性质使然，几年来，我结识了不少如同上述两位那样亲密的党员朋友。通过与这些党员朋友的交往，我认识了统一战线的意义与作用，增强了干好党的教育工作的信念。由于我的工作做得出色。近十年内，我先后获得省优秀教师，中学特级教师，

县拔尖人才等称号，1993年我担任了仪陇县政协副主席。我能有这样大的进步，是由于得到了这些诤友、挚友的激励与帮助。

现在，当我听见小朋友们唱着"一二三四五六七，我的朋友在哪里"的时候，我这位党外老朋友要满怀激情地回答一声："我的朋友在党里。"

（韩准甫，仪陇县政协原副主席、民盟仪陇支部原主委）

以平凡践行盟员责任

王永健

　　不忘初心跟党走，坚守信念不动摇，是每个盟员不忘时代使命的必然选择。干好本职工作，再以盟员的身份积极投身广阔的社会实践，服务人民，贡献社会，是高知盟员们的自觉要求。这里我将以所见所闻的故事再现民盟南充六中支部盟员的平凡事迹，以此讴歌新时代，唱响主旋律。

支　教

　　2020年9月的汶川水磨，太阳还是那样的毒，但室内和早晚已经透着凉意，李举（南充六中民盟盟员）老师放下行李，就在校园里转了转，绿树中的蝉音如故乡般的悠扬婉转，但校园的午后寂静明亮，只有偶尔路过的一眼就能识别出的藏羌族学生，才使自己意识到，这里已是自己的新家。

　　学校为支教老师提供的单身宿舍，没有空调、电视、洗衣机、电冰箱，也没有锅灶，难有家的感觉，而烤火炉突兀地放在房间的中央，却预示着冬天的这里将很寒冷，从窗户向外望去，远山隐隐，直抵天际。

　　毅然辞别年迈的父母和尚在上小学的孩子，他孤身来到人生地疏文化相对落后的藏区支教，对于一个刚刚步入中年的教师而言，需要多么大的勇气和决心。然而使命所在，远山召唤，自古忠孝难两全。

　　藏羌族学生基本都能听懂汉语授课，但文化课基础确实太差，理解能力不强，课程推进很是困难。一首《闻王昌龄左迁龙标遥有此寄》，读背讲硬生生花了三课时。来自红原的藏族学生邓珠次仁学习很用功，十分积极上进，理想是以后考上成都的大学学习计算机专业的课程，但一首陆游的《游山西村》就背了整整的一天，第二天抽背时依然结结巴巴，对诗歌意境的理解更是生涩呆板。尽管班上只有24名学生，在内地属于很小的班级，但要达到预期的教学效果，工作量和所花费的心血都是成倍的。教书还要育人，来自牧区的藏羌学生的行为习惯普遍较差，如何让他们树立正确的理想信念，提升他们的品格和修养，始终是摆在教学中的重要任务，是每一次备课和上课以及课外活动都必须追求达成的目的。

工作的艰难不是最难，每当夜深人静的时候，李举老师对家的思念，对父母孩子的想念，才是对人性和韧性的最大考验。打开视频电话就久久不愿挂断，父母的身体怎么样，孩子听不听话，作业有没有写好，家里的柴米油盐，水费电费煤气费，哪一样都要操心，千叮咛万嘱咐。

时间飞逝，李老师和学生的磨合逐渐产生了作用，学生学习语文的效率越来越高，越来越遵守纪律懂得规矩，自己和学生与环境的融合越来越好。

盟员陈军老师，以巾帼不让须眉的气概，从李举老师手中接过接力棒，继续走在支教汶川的道路上。她以汶川为故乡，以水磨中学为家，把藏羌学生当亲人，一干就是两年，努力终成长流水，滋花养树润一方。

扶　贫

2015年9月的一天，"罗朝发家的房子严重漏雨，再不想法修葺，恐怕还有垮塌的危险，今天我们去看看怎么弄"。一大早盟员杨培兵（南充六中支部盟员）就接到总支主委打来的电话，上完两节课，他立即驾车赶往顺庆区金台镇包包田村。一夜急雨，罗朝发家的房子摇摇欲坠，村干部和主委等几个人正在那里手忙脚乱地帮助收拾打理。

村民罗朝发患食道癌手术后身体一直很差，老婆患严重的顽固性皮肤病需要长期用药，老两口都70多岁，基本丧失了干重体力活的能力和规划家务的能力，是精准扶贫的对象。作为民盟总支帮扶对象，总支每个礼拜都得派盟员到他们家一两次，杨培兵最近一年多，就多次积极主动去参与这项工作，帮着播种收割，帮着指导养鸡喂鸭，帮着打扫房前屋后，帮着求医问药，帮着对接村上、乡镇各级的帮扶政策落实，无微不至，简直就是他们家的一员。

2016年春天，杨培兵利用支部捐款买上鸡崽鸭苗，并修了鸡舍鸭舍，给鸡鸭打了疫苗，还帮助调解因为鸡鸭啄食邻里的菜苗而发生的纠纷；等秋天鸡鸭长大，再把鸡蛋鸭蛋和成鸡成鸭帮忙卖出去。同时，他还联系做果树产业的朋友，买来果树苗，和罗朝发夫妇一起栽种好。他自己现学现用，再手把手地教他们施肥、打药、修枝、疏果、套袋、采摘、储运、销售等，希望能借此增加他们夫妇的基本收入，达到扶贫扶智扶技的目的。

有一次，罗朝发夫妇在和我聊天时，对杨培兵和民盟顺庆区总支去过他们家为他们出过力的盟员和领导大加赞赏，对社会主义和共产党大加赞赏，他们语言朴实，感激之情溢于言表。我在想，只要党的一声号召，盟员们总是冲在前面，总能为国家和党分忧。

抗　疫

2022年的7月天气炎热，做核酸检测有时是一大早或黄昏时就开始，有时早上四五点钟就得到指定的点位上去工作，大家拿着小话筒不停地喊，甚至是挨家挨户地去喊，有时声音都嘶哑了，还有几次到晚上12点左右才结束，尽管大家踏着夜幕回家，但心里却特别满足和踏实。李承先老师对我讲，他穿着防护服，衣服瞬间被汗水湿透，后来有了经验，只穿一条内裤外套防护服就好很多；有时遇上蛮横不讲道理的人或有急事的人不好好排队，他还得上去劝半天并做好协调工作。

李承先（民盟六中支部盟员）是个大忙人，疫情期间身背四份工作，有班主任、英语老师、行政领导和志愿者四重身份，唯独没有他自己和家人。在疫情形势特别严峻的时候，既要备课、上网课、疏导学生心理，又要完成学校的抗疫值班任务，放下这些后还要作为民盟志愿者到社区完成抗疫任务，从宣传摸排打疫苗到做采集核酸，再到在隔离区哨点站岗，搬运抗疫物资，他一点都没落下。他说做分内的工作和做志愿者一样重要，为学生服务和对社会服务，都是为国家做贡献，都是为盟组织添彩，责无旁贷。

盟员杜春燕老师，回老家突遇社区管控，她便自觉就地成为志愿者，主动积极扛起抗疫工作，起早贪黑地干，受到居民委员会的热情表彰。

整个几年的抗疫期间，民盟六中支部成员，都积极地响应政府号召，在社区、街道和单位做工作人员，做志愿者，他们积极主动，不怕苦不怕累，不退缩，总是冲锋在最前线，有的熬出了病，有的人因热虚脱晕倒，当然他们也熬出了成绩和光辉的集体形象，为抗击大疫奉献了一份大爱。

写到这里，我为我是一名民盟盟员而骄傲，我为我的盟员朋友骄傲，他们甘愿为国家和人民奉献的精神深深地感动着我，也必将感动每一个人。

（王永健，民盟南充六中支部盟员）

路漫漫行则至　情深深言则诚

夏　云

　　当我行走在清溪河畔，心情是多么的坦然；当我静坐在白塔公园，心境是多么的惬然；当我游览在凌云山巅，心胸是多的宽然；当我畅游在嘉陵江中，心意是多么的自然。

　　高坪的大街小巷，高坪的山山水水，高坪的乡村、城镇、学校、工厂……无不留着我这高坪民盟盟员的足印！

　　1994年盛夏，我从教育部门考调到政法部门，带着踏上新征程的责任感、使命感、荣耀感，我到市民盟，找到王主委办理组织关系转迁手续，王主委语重心长教导我：关注民生，出主意、想办法、做好事、做实事，向老盟员多学习、多请教、多交流。到了高坪，李兆祥、姚小池、万泰辉、徐天喜等老盟员对我亦师亦友，给我莫大的信任、莫大的支持、莫大的理解、莫大的帮助。李兆祥老师让我边学边干民盟机关支部主委的工作：加强与盟员所在单位党委联系，坚持党的领导，坚持服务大局，促进党盟团结；加强组织建设，当时袁伟平、何跃、周永明、滕小燕、陈瑞荣、周芳……一大批新生力量涌进了民盟组织；搭建起了建言献策的优质平台。"两会"召开之前，召集盟员开座谈会，群策群力把人民群众关注的民生大事，作为提案、议案，诚挚地提交。

　　那年那月，清溪河畔曾堆满了垃圾，夜晚啤酒摊的顾客们朝河里"唱歌"（指乱丢垃圾、小便等）的不雅行为常见，清溪河被污水染成臭水沟，高坪民盟盟员看在眼里、急在心里，他们奔走呼号，一年又一年、一次又一次交上整治清溪河的提案，细列出整治清溪河的方案，终于我们的呼声得到了回响。清溪河畔，清风徐徐，丝丝淡甜，护栏静观，我不由感慨万千，小溪以前无人管理，污泥浊水流到嘉陵江，让我们的母亲河水被污染，而今你洁净流入嘉陵江，母亲河丰腴而洁净，其柔软的身段、甘甜的乳汁，让南充儿女骄傲无比，当我行走在清溪河畔，心情是那么的坦然。我感谢着盟友昔日对她的关心，更希望着盟友助力溪水的净化。

那年那月，白塔曾孤寂地伫立在白塔山上，明月远远地陪着，暗黑的影像，不能让它掩没了白塔的价值。记得当时民盟机关支部过组织活动，每月大都在那长满苔藓的白塔山上的小园，大家认为：顺庆"莲池倒映"，北湖休闲公园打造得很不错，咱们高坪"白塔晨钟"，也是南充八大景之一，怎样打造白塔公园？让白塔公园美起来、亮起来，大家群策群力，为此向政府写出提案，引起了当时区委区政府的高度重视。随后几年内，白塔文化艺术长廊映入人们眼帘，白鹤飞起来了，宝寿寺的烟火燃起来了，我们在那里植下的小树长壮了，劳动之后吃着素食大餐，好香、好香……似乎白塔晨钟真的响了，它悠扬、悠远、悠久，唤来了朝霞中的白塔广场挥动球拍的健儿，唤来了黄昏中游弋在耍都的常客，唤来了阳光中静坐在白塔公园木椅上参禅悟道的老人。

那年那月，通往凌云山的泥土路上，颠簸着一辆中巴，在三清寺前的空坝中停下，高坪的盟员们下车后曲径通幽，访老君殿，察北山地形，寻摩崖石窟，观五行天成。其后民盟人描绘出凌云山的美景，提出了整治、打造凌云山的提案。随后，盘山路硬化了、净化了；护栏装上了。记得那年的三月三，随着人海的涌动，凌云山上的灵气，随云涛山风在南充的大地上传诵，我的心也随之天地宽然。

那年那月，嘉陵江停着游轮，经营餐饮，残渣剩水污染江面，长乐、东观的造纸小厂排放的废水也污染江域，为整治污染源头，让南充人民能饮放心水，我们提议优化饮水取水站，着力源头治污。而今最美的内陆河嘉陵江，自然的风光，让多少压抑的人儿释然。

那年那月，高坪区教育委员会聘我和数名民盟盟员为教育督导员，我们带上笔记本、茶杯走进高坪中学、白塔中学、小佛小学、走马小学……访校风校貌，查食堂卫生。在座谈中，我们对留守儿童（少年）的现状、学生的食品卫生与身体健康，以及学生的素质教育极为关注，并对学校在德、智、体、美、劳等方面的教学质量上建言献策，我们为未来有高质量的人来推进祖国现代化建设，以复兴中华而一直在行动。

那年那月，记得在一个礼拜天，我们参加"盟溪"合作驱车到溪头乡，在场镇上，在政府大院中，我们礼拜着当地农民，轻言细语给他们诊病、普法，送医下乡，送法下乡，送温暖下乡，我们得到的回报，是农民们信任的目光、感谢的话语，以及那最为珍贵的质朴情感！

那年那月，我们考察十里工业长街，竹板厂、顺生制药厂、氮肥厂、织布厂等，对厂房建设的质量问题、农民工遭遇工伤问题、生产原料的质量等问题深入调查，发现问题，并提出解决问题的具体建议。

路漫漫，我们在中国共产党的领导下，背负着人民的期望，从那年那月就行进在建设南充的队伍中，在这多情的土地上，真诚地建言献策，往事并不如烟，往事永生难忘。

（夏云，高坪区人民法院四级高级法官）

善作善成的统战情

罗建琼

第一次接触杨庚是他在政协会上发言，当时的年轻小伙满眼的统战情结，一身的浩然正气，给我留下了深深的印象。

杨庚，1980年9月出生在四川阆中，2015年12月加入民盟，南充市人大代表、阆中市政协委员、阆中市侨联副主席、四川康阆鲜农副产品销售公司董事长。2019、2020、2021连续三年被南充民盟评为"盟务工作先进个人"、阆中市"脱贫攻坚先进委员企业"、阆中市第十四届"优秀政协委员"。

善作善成实干成家

"万番琢磨方成器，十载耕耘自建功！"大学毕业后的杨庚在企业工作10余年后，为了更好地实现价值、施展抱负，毅然决然选择了辞职创业。在充分调研论证的基础上，杨庚意识到随着社会的发展，越来越多的人开始重视教育，认为教育咨询有限公司的发展前景非常广阔。在亲人朋友的帮助支持下，杨庚于2012年创办了自己的第一家公司——成都鑫海阳教育咨询有限公司，致力于早教产品研发及销售、亲子活动策划、儿童营养保健咨询等等。在市场竞争极其激烈的环境下，杨庚始终坚持自己的创办理念：教育机构的目标是帮助学生提高学习成绩和能力，而不仅仅是为了赚钱。打造优秀的运营团队，招聘专业性强、教学经验丰富的专职教师，根据学生情况订制个人教学计划，多措并举激发学习兴趣和动力。他的努力与真诚获得了家长认可、群众赞誉。

2016年，杨庚瞅准时机，合伙创办了第二家公司——成都康鲜达农业科技有限公司，2019年又创办第三家公司——四川康阆鲜农副产品销售有限公司。

致富不忘桑梓情，杨庚在企业发展壮大的同时，始终怀着感恩之心，不忘家乡人民。他立足企业优势和专业特长，先后对接阆中望垭镇政府、鹤峰乡政府，在两地全覆盖推行"公司+基地+农户"模式，指导农户以撂荒地治理为突破口，规模种植冬瓜、海椒、番茄、豇豆等蔬菜。他结合村情特色，大力打造特色产业、产业联盟，带领企业团队围绕产前、产中、产后各环节，为上千户农户开展农资供应、农机作业、技术指导、疫病防治、市场信息、保价收购等服务，实现了在政企合作中"输血""造血""活血"，走出了一条引领乡村振兴的新路径。此外，他长期与两个乡镇中的农户，特别是脱贫户、监测户、低保户等困难农户合作，以高于市场价的标准签订黄桃、生猪、家禽等购买协议，帮助解决偏远地区销售渠道窄、销售价格低等问题，维护老百姓个人利益。

2022年1月，"千佛泡菜"被列入了四川省农村生产生活遗产名录。在群众院坝会上，杨庚详细介绍自己的想法和计划："在南充地域，千佛泡菜已小有名气，但是在全省，甚至全国，它的知名度还不够，没有给大家带来更多的收益。我们要利用好这个资源，在规模种植、口味打造、包装宣传上努力。"老百姓纷纷肯定杨庚的建议，表示会在用地、用工等方面予以全力支持。杨庚用他的智慧、实干和真诚赢得了父老乡亲的认可。

统战的爱洒满山乡

"为什么我的眼里常含泪水，因为我对这土地爱得深沉。"说起这些年帮助过的孩子，杨庚扶了一下眼镜，泪眼婆娑、深情款款："第一次做爱心助学是朋友牵线，让我帮助民族小学的学生，他们中有的是孤儿，有的是单亲家庭，生活很困难，但他们积极向上，学习成绩好。印象最深的是郑雨涵小朋友，她初见我时很紧张，我蹲下身拉着她的手，鼓励她要心怀阳光、继续努力，她什么话也没说，只是坚定地点头，然后给了我一个深深地拥抱，'杨叔叔，谢谢你！'泪水湿了我的肩膀。"再提往事，杨庚依旧难掩心疼之情。他决定长期捐赠郑雨涵、吴叶雨等8名民族小学、七一中学等学校学生，承诺资助他们直至大学毕业。

随后，杨庚牵头成立阆中爱华教育促进会，他广泛吸纳20余名爱心人士，积极开展爱心助学、关爱师生、支援学校发展，以及促进教育质量提升等活动。据不完全统计，杨庚先后为土垭小学、千佛小学、朱镇中心校捐赠11万余元书包、书籍等学习用品；向治平乡、朱镇等地100余户贫困家庭按照1000元/户的标准捐赠助学金10万余元；在千佛初中开展"捐赠一本书、成就一个梦"活动，捐赠价值10万元的学习用品，并向5名贫困学生捐赠现金2万元；通过牵线搭桥，带领港商洛德加集团黄国强先生赴阆捐赠30万元教育资金；不定期为阆中中学、多维小学、思源小学等学校捐赠学习用品和助学金，累计捐赠达400余人次，金额40余万元。这些数据，是笔者通过询问相关方面、翻找资料佐证得到的。杨庚很低调，他从不统计捐赠了多少，只是默默无闻地献爱心，不宣传报道、不图个人名利。"很惭愧，我只是做了一些力所能及的事。"这句话，他总挂在嘴上。

此外，杨庚主动申请加入肢残互助会，通过协会组织的各类活动，为残疾人献爱心、送温暖，捐款捐物达10万余元。千佛镇残疾老人杨大升老年丧子、生活极其困难，杨庚不定期去看望、陪伴，送爱心物资，多方协调为老人免费安装假肢。2023年3月，杨庚因为残疾人事业作出的突出贡献，受聘为阆中市肢残人互助会名誉副会长。杨庚还会定期走访敬老院，与老人们交心谈心，送米、面、油等物资，爱心足迹遍布阆中大小角落。

他说，"脱贫攻坚先进委员企业、第十四届优秀政协委员、民盟南充市委优秀盟员，这些年组织授予我很多荣誉，我感觉很惭愧，做得还远远不够，唯有加倍努力，才能对得起大家的信任和厚爱"；"政协委员不仅仅是荣誉，更是一份沉甸甸的责任，担负着党委政府的重托和人民的期望。我将始终保持'一万年太久，只争朝夕'的紧迫感，发扬'一锤接着一锤敲'的钉钉子精神，继续以饱满的斗志和激情投入其中，高擎坚定的信仰、饱蘸全心全意为民服务的情怀，在奉献、担当的大路上阔步前行！"

诤诤建言情系民生

2016年12月，杨庚正式与政协结缘，成为一名政协委员。他按照"懂政协、会协商、善议政，守纪律、讲规矩、重品行"的要求，积极学习习近平新时代中国特色社会主义思想，学习政协章程，以及中央、省委、市委政协工作会议等精神。"书香政协"活动开展后，他先后提交《凝心聚力跟党走，踔厉奋发促振兴》《学习贯彻中共二十大精神，以政协委员履职担当助力阆中高质量发展》等多篇学习贯彻二十大精神读书体会。

作为界别代表，杨庚认真对待政协的大会小会、调研视察、走访监督等各类活动，并根据活动主题提前列出提纲、准备发言稿。在深入走访、反复研磨的基础上，他先后提出天然气户内燃气设施检测、城区噪声污染治理、主街间纵横街道交通秩序整治、饮用水保护、加强营商环境民主监督等意见建议，数据真实、建议务实可行，市委市政府领导多次签批，相关职能部门及时采纳落实。在"有事来协商"平台建设中，杨庚作为五马镇政协委员联络组的一员，经常走村串户、深入院坝，与群众拉家常、讲政策、解疑惑，与联络组成员一同研究探讨，通过搭建各类协商平台，助力解决群众反映强烈的实际问题，让群众真切地感受到政协离得很近、委员就在身边。

作为青年委员，杨庚积极参与"同心共建现代化阆中"专项行动，围绕聚焦"工业强市"助力引领构建现代化工业产业体系、聚焦"文旅兴市"助力全面促进文旅发展提档升级、聚焦"乡村振兴"助力推进农业现代化建设、聚焦"民生福祉"助力增强人民群众获得感幸福感、聚焦"生态文明"助力"美丽阆中"建设、聚焦"法治建设"助力推进市域社会治理现代化、聚焦"营商环境"助力提升服务效能和构建亲清政商关系等"七聚焦七助力"行动计划，主动思考、勤于调研，利用提案、社情民意信息等履职通道，以实干实绩扩大"专项行动"的影响力和带动力。

2023年5月，连任两届阆中市政协委员的杨庚在市委政协工作会议上娓娓道来："我清楚地记得，2016年12月，我第一次参加政协全会时的百感交集。对新平台的荣誉感、新职责的使命感、新任务的焦虑感，我迫切地想成为一名称职的、合格的政协委员。今天，能作为委员代表发言，我真的倍感欣慰和自豪。"

而今，杨庚虽已过不惑之年，但依然像一个血气方刚的少年。他说："聚是一团火，散是满天星。当无数的点滴星火凝聚起来的时候，我们政协人才有力量跨过一个个艰难险阻、历经一场场风霜雪雨，从而傲然屹立。"

（罗建琼，阆中市政协办公室副主任）

仁心"老井"统战情深

秦嘉顺

在古城阆中，有一所闻名川东北的牙科连锁医疗机构老井牙科，那宽敞大气的诊室，现代化的医疗设备，络绎不绝的患者，让人印象深刻。提起牙科连锁医疗机构的创始人蒲瑾的大名，市民更是赞不绝口。他是一位民盟盟员，没有辉煌夺目的经历，也没有惊天动地的壮举，然而却有着不变的为民初心和执着奉献统战工作的家国情怀。他三十四年如一日，辛勤耕耘，无怨无悔，一步一个脚印，在平凡的岗位上献出了宝贵的青春年华，取得了不平凡的业绩，为党和政府凝聚社会各界人士助力经济社会发展做出了突出奉献。

方寸口腔书写绚丽人生

1967年5月，蒲瑾出生在阆中天宫乡偏远山沟里一户贫困农家，童年的家境给他留下深刻的烙印。他上小学时农村缺医少药，常常看到乡亲们突患牙病难以进食，呻吟不已的痛苦情景，故而从小就萌生了当一名口腔医生奉献社会的人生理想。

1986年9月，他如愿考取了石家庄白求恩医学院口腔医学临床专业，三年系统学习，打下了坚实的口腔医学理论基础，1989年以优异成绩毕业后，毅然放弃当地医院高薪聘请，返回家乡创业。当年，年仅24岁的他筹措10万元，在白果树街开办了阆中第一家民营诊所老井牙科。

为了尽快提升诊疗技术，他当时举债购置3D数字化口腔扫描仪、德国真空高压消毒设施，以及速迈根管显微镜等先进设备；引进CBCT人工种植、COXO微创无菌气电拔牙、口腔激光美容治疗仪等国际先进技术和设备。与此同时，他还往返北京成都等地，拜师卫生部口腔种植中心吴大怡教授、华西口腔医学院陈新民教授、北京口腔医学院许天民教授和穿翼种植大师高振华老师等著名专家，率医疗团队多次自费赴华西医院进修，学习掌握现代临床口腔治疗和管理技术。

此后，老井牙科在阆中率先开无痛拔牙、微创种植、隐形正畸、椅旁数字化、固定修复等先进技术服务，在微创种植、固体正畸，自体牙再植等方面独具特色，受到市民欢迎。同时，他结合临床实践，主动与省内外知名口腔医院开展学术交流合作，钻研吸收现代口腔医技理论，所撰写的《口腔种植修复在牙列缺损治疗中的应用与临床有效性研究》等多篇论文，在《世界最新医学信息文摘》和省内外学术专刊发表后，受到广泛好评。

2020年以来，老井牙科与微牙洁牙、美国HITEETE合作，建立阆中首家个人专属口腔护理中心和口腔美白中心。在此期间，上海一位年逾80的高龄老人牙齿逐年掉落未治，导致无法进食，昼夜疼痛难安，辗转送市内外治疗无果，病情日益转重，身体每况愈下。2021年5月，家人抱着最后希望，慕名来到老井牙科，经检查，老人的牙槽吸收超过一半，10余颗牙齿缺失，口腔重度感染，所存牙齿全部松动，并伴有高血压和心脏疾病，随时都有并发重度疾病风险。蒲瑾根据病人状况认真评估，精心制订手术方案，严格实施手术流程，防止牙周感染及并发症，他采用帐篷钉、垂直骨增量技术，分步实施人工牙齿植入，历时1—8个月修复稳固全口牙齿。老人多年顽疾治愈，家人十分感激，出院后专门来阆再次致谢，并赠送亲自书写的墨宝"医德高尚，大爱无边"。

在蒲瑾和他的团队辛勤努力下，老井牙科以技术精湛享誉川东北，远近患者纷纷来阆就医。34年历经坎坷，辛勤耕耘，老井牙科从一家名不见经传的小诊所发展到设备先进，技术力量雄厚，专科技术凸显的五家口腔医疗连锁机构，集口腔颌面外专业、口腔修复专业、口腔正畸专业、儿童口腔专业、牙周病专业、牙体牙髓专业、预防口腔专业等诊疗专业于一体，业务从阆中辐射到川东北和成都等地。2021年以来，每年口腔诊疗突破5000余人（次），近五年累计收治各地病人80000余例，位居川东北民营牙科医院前列。

回馈社会演绎赤子初心

幼年的家境贫寒，乡亲们缺医少药饱受痛苦的情景，蒲瑾刻骨铭心，作为改革开放后成长起来的民营企业家和政协委员，人性之光始终在他心中持续燃烧，感恩回报的善念不断萌动苗壮，随着单位的发展，他义无反顾投身公益事业，奉献社会爱心。老井牙科始终坚持救死扶伤，治病第一理念，治疗收费一直低于全省同行业，遇到特困家庭，常常免费治疗，受到群众赞誉。

2018年，老井牙科相继在成都和阆中率先建立了儿童和老年人口腔保健中心，常态开展口腔专业保健咨询和治疗服务。每年春秋两季和"六一"儿童节，蒲瑾亲率医技人员带着科普资料和医疗设备，走进阆中上品幼儿园、金贝贝幼儿园，全纳早教、城北小学、思源小学、东风中学、阆中中学和成都院区学校，举办"科技成就梦想，助力健康成长"口腔科普讲座，开展"小小牙医"体验活动，普及爱牙护牙知识，为学生全面检查口腔义诊。重阳节和全国爱牙日期间，老井牙科派出专家团队开着专车，深入七里，江南街道和玉台镇两路口村、朱镇敬老院等处，为5000多名山区农民和孤寡老人送去慰问品，免费口腔治疗。2019年以来，他累计投入110多万元支持保宁、七里街道10多个社区开展各类文体活动，被群众誉为最美阆中人。

青年是祖国的未来，育人铸魂，关爱未成年人健康成长是蒲瑾的不变初心。2011年，老井牙科赴阆中玉台镇开展口腔义诊，获悉边远山区贫困家庭濒于失学人数较多，他决心开展关爱行动，尽自己所能帮扶贫困家庭，主动向镇政府了解情况表达意愿。玉台镇白顶子村3组冯云星父母残障，一家生活艰难，迫于生计，冯云星濒临失学。在镇政府安排下，蒲瑾亲赴家庭探望，村民介绍的家庭遭遇，他深深震撼，赓即送去慰问金，并当场承诺全力帮助完成学业，让年幼的冯云星燃起渴望读书的希望之光，冯云星一家当时满含热泪，表示绝不辜负蒲院长希望，一定让孩子就学圆梦。从冯云星读小学三年级开始，蒲瑾每年送去学费、生活费，春节期间他和他的家人带着慰问金和年货登门看望，连续10年累计资助5万多元，冯云星也先后完成小学、中学学业，今年（2023年）如愿考入辽宁石油化工大学。蒲瑾的大爱善举成为当地佳话。

矢志不渝献身统战工作

统一战线是党的政治优势，也是党和政府团结凝聚各族人民，夺取新时代中国特色社会主义事业胜利筑梦中华民族伟大复兴的重要法宝。蒲瑾作为民主党派人士和有着家国情怀的民营企业家，他深有感触地说："老井牙科能够得取得今天的成功，全靠党和政府关心支持，我们一定要听党话、跟党走。阆中现在处于最好的发展机遇期，我们深知肩上的责任和使命，我们责无旁贷，配合政府团结凝聚社会各界助力经济社会发展，与全市人民同心同德建设现代化阆中。"

蒲瑾身体力行，率先垂范，积极承担政协和统战部门工作。近几年来，老井牙科先后10多次携手阆中妇联、民盟、民革走进七里街道、江南街道社区和边远村社慰问基层群众，宣传党的政策和统战知识，开展口腔义诊，把党和政府的关怀送到基层群众心中。新冠肺炎疫情突如其来，蒲瑾想群众所想，急群众所急，主动联系民盟和统战，科协、卫健等部门，率医务人员带着防疫药品和防护用品奔赴一线，深入保宁街道和七里连山寺村、玉台白顶子村等边远山区，帮助群众防疫抗疫。今年"七一"，老井牙科会同市老科协，组织精干力量走进二龙康垭口村，为100多名老区人民开展健康服务，检查治疗口腔疾患，群众深受感动地说："今天雨下这么大，山区路不好走，你们仍然惦念我们老区人民，风雨无阻来到我们家门口，衷心感谢党和政府关心关怀。"

近几年来，蒲瑾作为民营企业家杰出代表，被选为阆中市政协委员，他更加感受到肩上的责任和沉甸甸的担子。他珍惜荣誉，身体力行，认真学习掌握党的统战政策，不断提高理论政策水平和参政议政能力。他充分发挥牙科连锁医疗机构社会接触面广的独特优势，积极履职尽责，加强与民间社团，非公经济人士联系，发动社会各界关心支持统战工作，为党和政府凝聚社会力量，搭建统一战线桥梁和纽带。为提升履职质效，他积极发挥政协委员参谋助手作用，坚持深入阆中和成都社区，走进民营企业调研，了解基层疾苦，掌握群众思想动态，积极主动向政协建言献策，用心用情反映社情民意，热忱化解社会矛盾。倾力维护社会稳定和谐。针对基层民生和经济社会文化发展现状，他会同相关界别政协委员和社会人士先后撰写上报10多篇议案，批转相关部门后受到重视。

丰碑无语，行胜于言，2013年以来，蒲瑾荣获全市优秀政协委员称号。2018年至2021年连续三年被聘为阆中市人民检察院检察员。2019年成都天府新区华阳街道将军碑社区授予老井牙科党建联建先进集体。2021年他本人连续三年荣获中国民主同盟南充市委授予盟务先进个人称号。他用誓言和行动彰显了新时代民营企业家和爱国民主人士的真挚统战情怀和不懈的社会担当精神，他情系人民，心系国家，多年如一日的执着奉献，赢得了人们的由衷赞誉。

（秦嘉顺，阆中市老科协副会长）

我与统战结缘

谢兴发

初识统战，我始终怀着一颗敬仰之心。中学时期，我从政治、历史课本中知道一些有关统一战线的知识，如统一战线是中国共产党在中国革命中战胜敌人的三大法宝之一，但那时，我对统一战线认识还比较肤浅，觉得"先进民主人士""统一战线工作"离我生活太远，心里更多的是一种好奇。到大学阶段，我学习了很多政治历史知识，也了解到一些民主人士、社会贤达在中国革命和建设、参政议政方面的突出事迹，我便对他们所做的努力和发挥的作用充满了一种发自内心的敬仰倾慕之情。这时，我认识到"统一战线"并不是一个虚无缥缈的概念，而是实打实、看得见的史实。

结缘统战，我始终怀着一颗学习之心。我参加工作后，通过对统战工作的学习理解，于2016年终于如愿加入中国民主同盟南部县支部委员会，并加入南部县新的社会阶层人士联谊会等统战组织，并从2011年起，先后任县政协第十三届、十四届、十五届常务委员。时光飞逝，岁月如梭，我作为一名政协委员，已有12年。这12年里，我始终把自己当成统一战线的"家人"，全力克服"本领恐慌"，在认真完成政协委员履职培训和参加相关统战活动的基础上，我每天坚持挤出1小时的时间学习，全面自学了《宪法》《政协章程》《民法典》和党的统战政协方针政策、统战政协理论知识，从而全面提高政策理论水平，不断提高参政议政能力，不断提升自身修养。

相伴统战，我始终怀着一颗求实之心。统一战线工作与群众的生活密切相关，在新时代里，群众对住房、教育、医疗、社保等方面都有更高的期待，我作为一名政协委员，始终把调查研究作为履职尽责的重要环节，深入基层、访贫问苦，查实情、解难题，及时反馈群众的真实心声，并积极谏诤言、献良策。履职12年来，我先后开展调查研究、访贫问苦15次，走访村（社区）5个、群众50余人次，形成调研报告8篇，提出建设性意见建议10余条，提交提案10余件，反映社情民意信息6条。

同行统战，我始终怀着一颗服务之心。对我来说，加入民盟党派、当选政协委员，是荣誉更是责任，故而关注民生，排民难、解民忧是我应尽的责任和担当。我始终提醒自己，不忘担任政协委员时的初衷，进了"政协门"、当好"政协人"、做好"政协事"，坚持把服务群众、服务人民作为自己不懈的追求。2010年，我积极推动四川荣煜食品有限公司入驻河东工业园并建成投产，考虑到附近村民收入低，便就近招收几十位村民到厂就业，对其中几位建档立卡贫困户进行更多的"关照"，助力共同富裕奔小康。2011年，我了解到因厂区的修建致使部分群众出行困难。我积极联系当地村委会，并协调厂区，让厂区围墙后退6米，我个人无偿提供部分资金、无偿提供施工水电。修建了宽3.5米长100米的水泥路，大大方便当地10余户村民的出行，受到当地百姓的交口称赞。

时光荏苒须当惜，风雨阴晴勤值历。未来，我将继续珍惜政协委员这份荣誉，深入学习贯彻习近平总书记关于做好新时代党的统一战线工作的重要思想，更加履职尽责，为全县统一战线贡献绵薄力量。

（谢兴发，南部县政协委员、四川荣煜食品有限公司总经理）

在统战的旗帜下成就梦想

唐建超

在20世纪90年代初，我加入了中国民主同盟。从此，在中国共产党领导的统一战线旗帜下，我置身科学技术引领和推动人类从工业社会向知识社会演进的辉煌时代，在建设中国特色社会主义的伟大实践中，不辱使命，立盟为公，参政为民，不靠权力靠能力执着追求理想的人生，彰显了盟员的价值与担当，成就了梦想！

理想的实现，是创新探索的最高回报。数十年来，我与盟内同人同共产党人一道，专注事业。在生产技术科长、质保工程师、厂长、副局长和县政协专委会副主任的岗位上，始终躬耕实践，坚持向贤追先、博采众长，搜集、整理和储存、应用经济技术信息140多项，并不断用已有的知识经验，按照新的猜想与构思，去分析、应用信息解决经济建设与社会发展中的新问题50多项；以敏锐的悟性去感知和注意世间习以为常的事物，从中发现矛盾，提出质疑100多项次，进而产生强烈的探索动机，经过创造性思考，获得新颖、独特的认识，形成了《县域工业的兴衰史略》《我县农业产业化现状分析及对策研究》《论新型农业体系建设的基本途径》《时代呼唤教育平等的制度环境》《蓬安民营经济发展之路》《创建学习型组织强化参政党功能》《做好新形势下民主党派组织发展工作》《参政党要在"参政"上发挥作用》《健全社会主义协商民主制度》《践行"六要"铸魂塑形》《勠力同心圆国梦》《党外知识分子思想政治工作之我成见》等近百项研究成果，用以指导革故鼎新。

践行初心，用智展长。我在工业化的道路上，坚持科技为生

产建设服务，先后为企业提供科技管理与技术攻关咨询200多次，负责和指导企业开发新产品40多个，完成21户企业计量定级和9个产品生产取证，制定产品技术标准36件、管理标准12种300多件；深入企业解决机械制造工艺、压机故障、冲压复合模设计制造、拉延起皱、圆角处断裂和平板釜门使用安全力学计算、釜端法兰齿根受力分析等一系列生产技术问题，提高了质量安全效益；举办企业职工技术培训和盟员经济技术写作培训班82期，培训17类专业技术人员和质量体系责任人、标准化职场骨干2000多人次，强化了工程技术人员的素质；编写了《压力容器制造质量保证手册》《科技报告的写作》《经济技术论文写作》等专著，为生产力发展倾注了心血，贡献了智慧。

践行初心，建言谏净。我长期以科学的态度关注民生，探索未来，针对市县经济社会发展中的重大问题，提出有价值、可采信的市、县政协提案200多件，提出建议意见1000余条，使参政参在了点子上，议政议到了关键处，受到市、县领导的多次批示督办，转化了创新成果；撰写《村党支部书记是乡村振兴的领头雁》《产业化是农业振兴的根本途径》《工业园区现状调查与建议》《白酒产业发展调查与建议》《关于我县乡村振兴调查与建议》《关于我县工业经济发展调查与建议》等经济技术调研论文260多篇，提出了大量易采信、可操作的意见和建议1200多条。我把调研工作对准党政与社会最关心的地方，做到社会最需要的时候和人民群众最满意的程度，从而用创新的思维指导创新的实践，充分发挥了在实现好、维护好和发展好人民的根本利益中的带头作用，以及在"三个文明"和"四个全面"建设中的促进作用，在发扬社会主义民主中密切联系群众的纽带作用，在国家政治生活中的政治协商、民主监督和参政议政的作用，从而展示了盟员的智能优势。

践行初心，启智明心。我在理论与实践的探索中，牢牢把握经济社会发展的"脉搏"，文抒心志，用长期博观约取的理论成果惠及社会，先后在人民日报时代潮、中央党校、全国政协刊物和《中华名人文论大全》《中国学术大百科全书》等60多个国家一级刊物上发表了经济技术论文360多篇，其

中《论质量保证体系实现控制职能的核心》《开发与保护并重是实现生态和谐的关键》《参与西部大开发工业抢挤快车道》《应对入世调结构》《略论新农村建设的基本途径》《诚信是市场经济的灵魂》《希望在于提高品牌竞争力》《略论产业集群创新》等50多篇论文被评为国际优秀论文和世界重大学术成果。与此同时，立足乡土，情系山河，激浊扬清，厚积薄发，创作并在国家和国际华文诗刊上发表诗词4000多首，从而以坚韧的文化创造力，传承了民族文化，弘扬了浩然正气，展示了人物春秋，彰显了时代精神，为祖国灿烂的思想文化宝库嵌入了耀眼的一页，向人类社会奉献了美好的精神食粮。

践行初心，为盟图新。我倡导青年盟员要善于学习，工作之余扎进知识"王国"的沃土吮吸知识营养，努力使自己从专业领域的佼佼者向参政党的佼佼者升华，以个人的自然影响力带动所联系的群体践行社会主义核心价值观；坚持用建设中国特色社会主义的理论和方法，不断总结盟的经验成果，积极开展统战理论研究，撰写并发表了《巧搭人梯登攀路》《为了桃红李艳》《身后的足迹》等论文30多篇。探索参政党组织建设和履职创新之道；多次为盟员理论与实践培训授课，在提高盟员的个体素质和盟组织的整体功能中以智发谋，发挥了示范作用。

春华秋实，天道酬勤。在统战的旗帜下，我紧随前贤引领、后杰追逐的奋斗历程续写人生，其劳动成果引起了社会名流的广泛关注，得到了党政机关和专家学者的一致首肯。省、市、县级相关系统党政机关，先后授予我优秀经济工作者、先进科技工作者、新产品开发先进个人、标准化培训优秀辅导员、职工教育先进个人、科技创新讲（理想）比（贡献）能手、支持民营经济发展先进个人和优秀通讯员等12种荣誉称号，荣获学术论文奖500多项次，政府与社会给予了我许多荣誉与鼓励，从而实现了我的人生理想。

（唐建超，蓬安县政协机关退休干部）

传播汉文化　让菲律宾孩子爱上中国

郭安平

2012年起，四川11个市州先后向加拿大、泰国、文莱、印尼、菲律宾、老挝等国家派出华文教师100余人，蓬安县政协委员、民盟蓬安总支盟员、青年教师林泓每有幸成为其中的一员，她传播中华文化，搭建中外友谊桥梁，用一支粉笔，一头连着祖国，一头连着万千海外华人的心。

2017年，国务院外侨办派遣教师到东南亚国家支教，千人挑一，时年38岁做了21年小学教师的林泓每脱颖而出。当年，她几经辗转，于当地时间10月28日上午10点，到了菲律宾的首府马尼拉。

菲律宾是一个多民族群岛国家，十分之一左右人口是华人。菲律宾华人希望自己和后代能够保留华人的语言和文化，为此中国政府每年都会派出老师前去支教。

林泓每被分配到罗申那市同和中学。从马尼拉到学校，足足有4个小时车程，同和中学实际上是一所集幼儿园、中小学于一身的华人学校，原定还有几名志愿者老师，但因种种原因未能按时到位。为确保学生能够正常上课，林泓每一周的教学达到20多节课。

由于当地治安不是太好，同和中学的围墙足足有两层楼高，从外面看，如同一座口字形建筑。看着巍峨的围墙，林泓每觉得一切和预想的不太一样。然而，她看到当地华人对汉文化的渴望，看到中国政府为此付出的努力，心中又生出一种强烈的使命感，以及作为一名中国人的自豪感，"我是一名中国人"，身处异国他乡，她才真正理解了"中国人"这三个字的含义。

　　同和中学分英文部和中文部。中文是该校的必修课，学生按华语水平分班上课，这也意味着，班上的学生是不分年龄的，大的十八九岁，小的才五六岁。

　　国内的语文教学讲求创新求异，思维灵活发展。但在菲律宾，华语教学重点就是两个字——练习。词语、句子、语法，要不断地重复、反复地练习。在教课的过程中，林泓每发现，学生虽然在学习汉语，却很难理解汉语的意思。虽然知道中国，却对中国的概念模糊。"国家这个概念太大，我就从细小处入手。一滴水在沙漠中无足轻重，却弥足珍贵。"于是，林泓每大胆创新，开设了"中华文化课程"。

　　林泓每的第一堂课是讲《中国茶文化》，她请学生们依次品尝了红茶和绿茶这两样有代表性的茶饮。中国春节期间，她又开设了《中国食文化之饺子》专题课，带领班上20多名学生一起包饺子、吃饺子，并介绍贴春联、倒贴"福"字、放鞭炮、守岁、拜年等中国春节习俗。除此之外，她还开设了《四川》专题课。从四川九寨沟、四川火锅、四川大熊猫三个主题入手，详细地向学生介绍中国四川，并给同学们赠送了四川的风景明信片，学生们十分喜爱。

　　专题课的成功，让林泓每有了信心。她又根据不同节日组织相应的活动，让同学们了解中国的历史文化、人文风情等。同学们心里的"中国"概念渐渐清晰，他们知晓了，中国有好吃的菜，有经典的诗词，有北京天安门，有四川大熊猫……他们开始热爱中国，向往中国，学习华语的热情空前高涨。

　　2018年3月，一封来自菲律宾的感谢信送到了蓬安县教育局领导的案头，信中写道："……您县林泓每来到我校，为人正直、有大局观，工作态度端正、积极上进。来校后，她研究华语教学理论，探索'小组竞赛法'，使课堂纪律大有转变，教学效果十分显著……她热情开朗的性格和认真负责的工作态度得到了学生和家长的一致好评，非常感谢贵县为我校派来了一位优秀的教师……"信中还特别提道："非常感谢外派教师为传播中华文化、搭建菲中友谊桥梁所做出的努力和贡献，愿通过外派教师这个桥梁和纽带，让菲中友谊长存。"

4月，林泓每结束了在菲律宾的支教生活，带着菲律宾华教中心授予的外派教师最高荣誉——"优秀外派教师"荣誉称号回到熟悉的蓬安。面对菲方学校的肯定，林泓每淡然一笑，"在任何一个地方，我都不能辜负我身上的这份荣光——政协委员、人民教师"。如今，她到了县教育科学研究室，继续从事教学教研工作。

（郭安平，蓬安县融媒体中心总编）

我与统战工作二三事

康 伟

　　我系民盟蓬安县支部退休主委、原蓬安中学高中教师、民盟蓬安县总支委员、办公室主任、机关支部主委，蓬安县教育督导员，至今退休七年了，但仍活跃于民盟、县关工委，以及南充市诗词学会等众多组织机构，积极参与一些社会公益活动，并期冀以自身影响力带动更多盟员、学生和亲友关注民生、心怀教育、回馈社会。

扶贫帮困献爱心

　　2016年春节，本该是万家团圆的日子，但一场意外的火灾让我放弃了共享天伦的时光。当时，蓬安县相如镇海林沟村一位独居在家的87岁老人，不小心引发室内火灾，火苗一窜而起，将家中物件一烧而光，他的孙子正在部队服役，祖孙二人相依为命。万幸的是，老人被邻居及时救出，并无大碍。我得知此事后，立即联系村干部，将受灾老人暂时安置到邻居家中。第二天，我又亲自赶到现场看望老人，目之所及的是满地狼藉和声泪俱下的老人，我五味杂陈，眼泛泪花，安慰道："您老放心，党委和政府一定会帮您安置好！我也会尽己所能帮您暂渡难关！"随后，我四处奔走，多方联系，最终托人将老人安顿到相如镇敬老院才放心离去。

　　此类事件我曾参与了不少，如发动并带领所教蓬安中学高九一级学生为患癌学生姚晓莲筹款7万余元，为相如镇板桥院村修建村道公路捐款1000

元，为南燕乡泥巴寺村一位患矽肺病的煤矿工捐资500元，对五保老人唐玉萍、李碧尧、唐玉忠进行节假日慰问，为灾区群众和贫困群众捐款捐物，等等，这些都是我力所能及做出的点滴事情。

圆梦助学促教育

刘三毛，是蓬安县龙云镇梨树垭村人，父亲在他7岁时去世，母亲也离家出走，至今杳无音讯。从此三毛成了孤儿。三毛在蓬安二中读高一时，因家庭困难面临辍学，我时任民盟总支委员、办公室主任、机关支部主委，知晓刘三毛的情况后，立即汇报单位领导，并组织发动机关支部盟员为其捐款捐物，并长期奔走于县民政局和市学生资助中心，为他申请困难补助资金。"看看这衣服合身吗？""饭菜还合胃口吗？""最近学习遇到困难了吗？"这三句话是我在接三毛回我家中居住时经常问起的，因此三毛亲切地称我为"康爷爷"，我们建立了深厚的爷孙情。为培养三毛自立自强的能力，我又多方奔走，为三毛找到利用寒暑期实习工作的机会，希望他能学习处事方式，总结实践经验，增加经济收入，减轻家庭负担。刘三毛在我与盟员长达九年多的资助关怀下，现已经顺利从重庆医科大学毕业进入辽宁大连医科大学读研究生二年级了，并在大学二年级时就光荣地加入了中国共产党。在我和民盟总支老主委刘永梅，总支副主委何纲，总支委员王爱民、杜胜，科技支部主委蔡彪等人的关爱帮助下，刘三毛通过自己的刻苦努力，放飞梦想，让青春绽放，顺利地圆了求学梦，实现了人生的自我价值。

2022年暑假，我邀请蓬安县高考理科状元何坤和他的父亲一起吃饭，鼓励他继续在大学勤奋努力，为祖国的繁荣强盛做出贡献。我还为家庭贫困的蓬安职高毕业生兰天驰考入大学资助500元。

搭建平台抒盟志

我在平凡的工作岗位上工作了40多年，接触、认识了不少企业家和创业者。凭借着我自身的健谈、正直善良、憨厚质朴、清正廉洁的人格魅力，影响了一些协会、创业者和中小企业主，他们也纷纷加入解危济困、圆梦助学、回馈社会的队伍中来。

2018年，我联系司马相如研究会、相如诗赋书画院、县诗词学会和书法家协会等组织负责人商量联袂开展"传统文化进校园"活动。为将经典传统文化融入相声、舞蹈、歌曲等文艺表演形式，与数十名文艺爱好者绞尽脑汁地创作、设计、排练、修改、再排练，循环往复无数遍，更好地展现了传统文化风韵，在学生心中播下了文化自信的种子。

2021年，在庆祝中国共产党百年华诞的日子里，我与县关工委领导和老师一道，积极撰写讲演稿和诗歌，到部分中学与学生共同登台朗诵百句长诗《祖国明天更辉煌》，赢得学生和教师阵阵掌声和喝彩。

2017年春节期间，我联系社会爱心人士胡安全为相如街道办龙王山村80岁以上的28位老人，每人送一个红包，慰问金100元。此外，我先后又多方辗转联系、动员创业大学生爱心人士康杰银、马姝夫妇为蓬安县银汉镇长远小学、蓬安县凤石小学等学校的贫困学生和留守儿童捐赠价值12000余元运动鞋和14000余元书包、文具等学习用品，希望山区贫困孩子和留守儿童能感受到全社会的关心，并以此作为奋进的动力，勤奋学习、勇于攀登，实现自身理想和社会价值。许多人问我，为什么要在本该享清福的年龄如此操劳，我说道："虽然我已退出工作岗位，但我入盟的誓言没有忘记，如果我的所作所为能对组织、对社会有益，就此生无憾了！"

我20世纪80年代加入民盟，经过30余年民盟组织的培养、风雨淬炼与考验，我已经从一名普通盟员成长为一名政治坚定的资深盟员。今后，我也将一如既往地践行着入盟申请书上立下的誓言，不忘初心、牢记使命，实现入盟之初"继承先辈遗志、弘扬优良传统，关注民生、奔走国是"的远大志向，在党的统战思想的旗帜下，继续关注民生，关爱青少年的健康成长，为社会做一些有益的工作。

（康伟，民盟蓬安县总支原主委）

锁口村："盟绿合作"帮扶村

冯玉姝

营山县锁口村，行政区划属于绿水镇，位于县城北部，离县城35公里，最高海拔506米，2010年被确定为民盟营山总支"盟绿合作"帮扶村，2012年被定为南充市食品药品监督管理局和营山县教育局帮扶村，2015年被评为四川省环境优美模范村，2016年被确定为四川省第二批传统村落。2017年，全国政协原副主席张梅颖曾到村调研，对该村新村建设给予了充分肯定。2018年，民盟中央宣传部部长曲伟到村调研并给予高度评价。

锁口村地处大巴山余脉，背靠猴坪山，腹依绿水河，既有低山，也有浅谷。这里山川秀丽，环境优美，民俗浓郁，文化独特，秦巴山区农耕文化的诸多元素在这里沉淀聚集。

村内村外交通明晰畅达。从高速公路蓼叶出口下线，沿省道205公路向西行驶8公里，即到锁口村地界，或者沿快车道直线行驶约30分钟也可抵达。俯瞰锁口村，一条条水泥路蜿蜒曲折，像一根根银色的丝带，温柔地将一座座民居连在一起，高速、省道、村道的无缝对接，把城市的精彩和市场的资源顺畅地送到了村民的手中心里，再催生出梦想的翅膀，在蓝天里展翅翱翔。

整个村子风景如画、幽静迷人。漫步锁口村山间干净的泥石小径，绕过曲曲折折的弯，呼吸清新的天然氧气，任山风拂面，由发丝飞扬，干净、柔软、清凉、惬意。这里，绿树青山，鸟鸣流水，无丝竹乱耳，无案牍劳形，素心而来，禅意极致。这里，古朴恬静，画廊书卷，无凡尘迷目，无劳顿伤

259

身，怡然而驻，返璞归真。或者，放下尘世纠结挣扎，按自己的初心，沿山看水，跑一程山间小路；或者，干脆一气爬到猴坪山巅，一览众山小。遥望远峰，对着谷底，大声呼喊，释放疲惫，融山入水，一念心清净，处处莲花开。

锁口村历史遗迹保存完好。游走锁口村，可以探秘，坡岩上有深凹的原住巴人的居所，高低错落的蛮子洞；山腰上有险峻的逃丁避匪的山洞，阔可囤兵的黑石崖；可以寻古，书屋里有锁口村人集体的成果，洋洋58万言的《锁口村志》；林荫里有先民们安居乐业的房屋，雕梁画栋的三合院。可以欣赏，梯田若油画一般，色泽明朗，层层罗列；可以悉数，小森林里的柏树、洋槐树、银杏树、黄荆、芭茅；可以聆听秋虫春鸟欢鸣溪水河流叮咚，还可以欣赏如丝竹篾在大爷的指缝间自如穿梭，听到耄耋老人传唱别有情致的哭嫁老歌……

村旅游服务功能完善。锁口村建有一栋独特的行政服务中心，独具匠心的外观设计吸引了所有经过者的目光，完善的村级服务功能更是令人流连忘返。村行政服务中心为传统民居风格，青砖灰瓦映碧天，亭台楼阁藏画卷，里面建设有卫生室、村委会、村小学和幸福院；饿了可以品尝农家食堂的农家饭，消费就进货真价实的兴农易站；村史馆诉说锁口村千年的历史，盟史馆展示专属民盟人的空间，乡村影院可以享受K歌的快乐，也可以在线观看影视大片；读书有舒适的农家书屋，住宿到三星级配置的农家客栈，"盟员之家"既是民盟的基地，也是村里的名片，其前庭后院，花香鸟语，绿意阑珊，令人陶醉。大楼后面，在自然起伏的坡地上，利用原生态浅丘坡地，建有一个瓜果飘香的果园，既是村小学师生种植的菜地、孩子们嬉戏的乐园，也是游人的去处、村里的公园。

"万祥客栈"是"四星级"农家乐，业主是回村创业的一位年轻人，依托山羊养殖场、种植大棚和优质果园，承包经营村行政服务中心，可以为客人提供舒适的乡村旅游服务。

饿了，不妨去吃一顿香喷喷的农家饭，食材都是自种、自养、自己加工，纯生态绿色食品：土鸡、剑鸭、黑山羊、野生鲫鱼。在新村古韵里、八仙方桌上，咬一口荷香饼，啜一杯桑葚酒，喝一口石斛老鸭汤……

累了，可以在"万祥客栈"，闭帘小憩，开窗启轩，放逐寂寞，听溪水潺潺，寻找诗和远方……

锁口村，是一本书，若书海泛舟，便可以看到一群领头雁带领村民致富的勃勃雄心，一群山里人对大山的痴念以及勤劳善良，一群热心人对口帮扶锁口村留下的铿锵足迹，一群支教老师无私奉献的身影，一位质朴的村小老师对山区教育40年的执念，一群山里娃的活泼可爱与自信阳光。

锁口村也曾接待过国家领导人的专题调研。2017年5月18日，全国政协原副主席、民盟中央原第一副主席张梅颖专程到锁口村调研。

筑得舒心巢，引得群凤至。2017年以来，营山县作家协会、营山县书法家协会先后将锁口村确定为创作基地，达州、广安、南充、成都等地的民盟组织先后到村参观，数十位省、市、县领导到村调研。2018年，营山县锁口村"盟员之家"被民盟中央评为"先进盟员之家"。同年12月，四川民盟理论思想宣传工作会在村里召开，民盟中央宣传部部长曲伟到锁口村考察后，给予高度评价。因"盟绿合作"成效突出，2021年，营山民盟被盟中央表彰为脱贫攻坚工作先进集体。2022年，民盟总支倾力为村史馆提档升级，招商引资，发展果笋产业，助力锁口振兴，锁口村被评为"南充市乡村振兴示范村"。

一座山，闻着风，酣然成梦；一河水，听着声，怡然舒坦，这里云水禅心，花开见佛。若心安顿了，这一寸天地，也能有云水三千。

民 建

"合作"结硕果 盛世"岁交春"

叶代洲

　　南充解放初期，时任中共川北区委书记、川北行署主任兼统战部部长胡耀邦，不仅对各界人士关切，更关心多党合作、民主党派的发展，南充最早有民盟地下组织，因张澜先生是南充人的关系，随后扩大民盟组织，又新建"民革"与"民建"两个党派川北区级组织，并确定了机关地址。

　　民建组织成立后，一方面物色工商界有代表性人士送到西南革大学习，另一方面又将新中国成立前参加民建的几个同志组成临时支部，还在川北区三十六县市中发展一些会员，并在南充市、阆中、江油、三台、达县等地会员中培养骨干。与此同时，中共党委还在党内物色交叉民建会员，如川北区人民银行行长，商业厅的领导干部和中层干部，并开展组织活动。

　　民主党派在组建川北区组织过程中，党中央、政务院决定撤销四川四个行政区，四川省本地党派则只能建市一级组织，民建南充市支会筹备委员会于1952年10月正式成立，费锡光任主委，人民银行南充地区支行行长苏承业（党员交叉）任副主委，市工商科副科长蒋恒一任副主委，我任委员。当时，民主党派主委都被安排为地区副专员、副市长、副主席等职务。

　　民建南充支筹会正式成立，标志着与党更加亲密合作的开始，同时它还肩负着协助党完成对私营工商业的社会主义改造这一光荣历史任务，也就是将私营企业改造成为公私合营，从而进入国营，将人改造成为自食其力的社会主义劳动者，这个和平改造政策是国际共运（指在世界各国开展的共产主义运动）的伟大创举，要完成这个任务既光荣又艰巨。为此，民建与工商联组成了"协作委员会"，工商联重点做面上工作，民建则以工商企业会员为主要对象做点的工作，要求民建会员在社会主义改造中起到"三个作用"，即模范、带头、桥梁作用。

在私企改造中，做人的工作是首要，人的思想改造既重要又复杂，只要人的工作做好了，企业改造就迎刃而解。思想改造是长期而细致的工作，中国民族工商业同样受"三重大山"的压迫，内地中、小企业居多，大都经过艰苦创业阶段的过程，只要善于引导，加强教育，是可以完成和平改造任务的。党非常重视思想教育工作，在中央与地区都设有政治学校，即今天的社会主义学院，抽调各界代表人士学习，接受社会主义教育，在市县工商界中又办有"工商界讲习班"，仍由政治学校教员讲课，民建、工商联有代表性人士任辅导员，这样既有理论教员讲课，又有辅导员的现身说法，很有感染力。对于思想上暴露出来的问题，采用和风细雨的方法及"三不主义"，即"不抓辫子、不打棍子、不戴帽子"。

在学习中，人们反映出对前途看不清白，毛主席便教导我们要大家认清社会发展规律，掌握自己命运，只要为人民做好事做到底，人民不可能不给他效力机会，大家叫这是吃了"定心丸"。后来有人有厌倦情绪，觉得"改造"不好听，让人不好受，毛主席又说，谁说不要改造，共产党员也要改造，只是一个立场问题，一个世界观问题；刘少奇主席还讲"顾一头，一边倒"，即倒向社会主义一边的道理；周总理也语重心长教导大家，"活到老，学到老，改造到老"。在此基础上，民建中央对会员提出"听、跟、走"的行动纲领，即"听毛主席的话，跟共产党走，走社会主义道路"，当时大都把党的教导作为"六字箴言"，谨记在心，把"听、跟、走"当"座右铭"来勉励自己。

对企业改造，民建、工商联处于协助地位，国营企业都设有"私改科"，专门引导企业如何走上正轨，接受国营企业的加工订货、代购供销等，并把这种对私企改造叫中低级形式，还要引导企业进入全行业公私合营的高级形式。工商联业务上还要协助完成税收，组成建账委员会，协助银行调查企业信誉，协助商业局对私立企业的业务工作。

1956年，经过长期的企业改造与对人的思想改造工作，实现了全行业公私合营，私营企业主也改造为社会主义劳动者，原有工商界中有代表性的人士，在改造过程中有良好表现的，为社会主义做过贡献的，党确实没有忘记，还安排为企业的经理、厂长、副职等，家父也被安排为公私合营中药材公司董事长。

1957年，"整风反右"是一个历史性的重大转折点，"反右扩大化"使不少同志被错划为"右派"，市民建主委、副主委和两个委员都被错划为"右派"，各民主党派大都被迫停止组织发展。1966年开始的史无前例的"文化大革命"，市政协各民主党派、工商联都被迫停止了工作。甚幸者民建在企业等单位的同志，不管武斗多凶，都能坚守工作岗位，努力工作，也有不少同志遭到各种打击与抄家，但他们对党的正确领导，对走社会主义道路没有发生动摇，正如小平同志讲的，民主党派成员经受了"文化大革命"的政治考验，难能可贵。

党的十一届三中全会拨乱反正，统一战线出现了第二个春天，民建中央继"听、跟、走"之后，又发出第二个行动纲领，"坚定不移跟党走，尽心竭力为四化"，经过严冬的考验，使人对春天倍感绚丽，老同志青春焕发，提出了"老牛明知夕阳短，不用扬鞭自奋蹄"，使人铭刻肺腑，人只要解除精神枷锁，便可以喷发出无穷无尽的力量，下面讲几段第二个春天的故事。

一、发挥经济知识专长，建言献策，为四化建设出力

改革开放后，民建中央、全国工商联与中商部联合召开恢复传统食品政策研讨会，我们得到通知立即与商业局协商，组织专人调研，写出《恢复传统食品之刍议》被会议选中，成为全国唯一中、小城市代表出席会议，并被推选代表西南区、中南区联合发言。1985年，在省政协五届三次会议上以《为四化建设服务做了十件好事》为题，作了大会发言，得到省、地、市好评，并在《四川政协》刊出。1995年，在省政协常委会上与昌智主席联合选写了《对搞好国有大中型企业改革的基本认识和对策建议》，受到省领导重视，并在报上发表。

改革开放初期，有的人对农民工有错误认识，认为是"流氓"，我们则

在1993年南充市政协新一届全委会上作了专题发言，这是标志着农民在创造了包产到户，创造了乡镇企业后，又创造了一大业绩。建议加强组织领导，更好地为他们服务，要加强教育，特别是技能教育，注意体力劳动与脑力劳动结合，在本地与外地要设立专门服务机构，帮助他们排忧解难。市委机关刊物作了刊载，后被省社科院选中，以《开发人力资源，做好剩余劳动力分流》为题，选入《新时期论文选》，并受邀出席省上有关会议和出国考察。

民建在中共南充地委召开的协商会议上，就振兴地方经济、发展外贸事业、清理整顿公司、加强市场管理、减轻人民负担等提出了不少的意见与建议，许多均被地委在党刊《南充工作》上予以发表。其中，《为经济建设服务是民主党派的重要历史使命》《咨询服务的战略重点必须面向农村》《对物价改革中注意三宜三不宜》等论文在省委统战部刊物上发表；《扬长避短发展地方经济》《深化改革搞活企业》等10多篇论文列入地区出版的《深化企业改革》的专辑之中，《对当前稳定发展我市经济的几点建议》刊在《果城调研》1990年第2期上。

二、接受党交给的任务，尽心竭力为搞好地方国有企业服务

20世纪90年代初，市委、市政府向市上10个重点企业派出生产指导小组，我被委派到市肥皂厂做指导小组组长，负责协助企业改善经营管理，重点解决该厂产品积压与扭亏增盈。经过调查研究，订出了营销策略，提出改善经营管理办法，在全厂职工共同努力下，在供货会上签订1100多万元销售合同，当年扭亏增盈，并获利120多万元，居市经委系统之首。

市冷冻厂曾是全省最早的出口专厂之一，居商业部系统500强的46位，后来经济管理不善，出口受阻，连年亏损，资产负债率达118%，1990年被市政府列为特困企业之一。民建副主委费德刚由厂里民主推荐为厂长，他临危受命，希望组织帮助。我作为市政协联系企业的副主席，协助市委、市政府主要领导到企业召开专门会议，共同商讨解困良策，采取三个对策：一是民建在协助引进资金上得到省组织的帮助，在汇通银行以支援老区名义，获得贷款；二是职工集资，厂长带头，全厂响应，并组织专人催收欠款；三是大

胆改善经营管理，裁减科室，加强生产第一线，不断提高产品质量，使产品批批合格，先后获得国家动检注册证书和俄罗斯的质量认证书，成为全市唯一的"三证注册"肉类加工厂。经过不断努力，企业终于扭亏增盈，职工工资也成倍增长，市委会被市上授予扭亏为盈劳动竞赛先进单位。

南充自古就是丝绸之城，但丝绸后工艺亟待提高，急需引进国外先进机器和先进技术。我们认为杭州在这方面最具优势，遂专门请杭州民建帮助，由杭州民建经济技术咨询服务部托请"杭丝联"支部具体负责支援南充，他们不仅提供国外先进设备资料，负责引进，还派专门技术人员到南充包教包学，为南充成为全国绸都打下了良好的基础，受到我市领导和各方好评。

三、发挥经济信息网络优势，为梳理流动渠道出力

民建、工商联组织遍及全国，只要注意沟通经济信息，发挥网络优势，为地方经济发展一定能起到相当作用。我们注意并充分利用这个优势，成立了经济技术咨询服务部，负责与全国18个省市、350个单位建立了信息联络点，与174个单位有经常往来，并将收到的经济信息分政策性、业务性、咨询性三大类进行整理分析后及时通报有关部门。当时，仅丝绸一项，省外委托我们购买的就达104万米；为发展地方工业服务，购回钢板、钢材等原料；为地、市二轻局、罐头厂等单位到上海、厦门、华中等地购买原料。同时，南充有14个地方土特产品4757吨急需打开销路，我们又为其沟通信息，牵线搭桥，为服务经济的发展起到了一定作用。

四、尽心竭力为发展乡镇企业、街道工程、中小企业服务

南充地区是以农业为主的地方，民建会员中有一部分为中小业主，他们在生产经营上积累了相当经验，为乡镇企业、中小企业发展服务有其特长。如当时地区供销社所属114个企业职工2500多人，技术力量薄弱，生产设备简陋，有的产品已不受欢迎；分配的白糖、粮食上千吨作食品生产，由于缺乏技术力量也无法生产，于是地区供销社便委托我们"以会代训"举办"糖

果糕点食品技术培训班"。那时，我会有专长的会员连夜赶写《糖果糕点生产技术资料讲稿》，由供销社翻印120本做临时教材，从原料认识、商品设计、工艺流程、成本核算等方面进行课堂讲授，并示范操作，直到人人会做，个个满意为止。

我们在扶持建立四个乡镇企业的工作中，以"火花酱园厂"的成绩最为突出。由重庆酿造厂退休厂长和江津退休高工两位民建会员为技术指导，将其原生产的"原汁白酱油"以传统工艺和现代科技相结合，使该产品的质量明显提高，被省乡镇局评为省优产品，并到国家商标局注册为"火花牌"商标。此外，其他两个冬菜厂也生产出名优产品，扶持的街道工业建立了"金鱼岭食品厂"，恢复了不少名特食品，深受消费者欢迎。

五、发展智力优势，培养人才，为四化建设服务

我们以拾遗补阙、讲求实效方针办学，几年来与政协、兄弟党派联合举办了嘉陵学校，培养了不少人才，得到《人民日报》的报道；与南充市劳动局共同成立了"南充市职业培训学校"，先后有会计、厨师、毛巾针织等专业学习班，共培训1800多人；应邀到市委党校讲经济专业课程，应聘到地区劳动就业培训中心讲"职业道德"等课程，为电大经济专业担任毕业论文辅导老师，自编《中外经管管理知识讲座》，参加听讲的达4000多人次。

六、举办经济实体，为地方经济添砖加瓦，为四化建设出力

在统战部的鼓励支持下，创办了"南充建联公司"，但这原是一个一无资金、二无场地的企业，我与民建的同志决定"以才生财"，请有经营才能又有为四化建设服务的热心人出山，先推销国营企业库存积压商品，后又在各地建立联合公司，从咨询服务公司的信息中"淘金"，互相推销地方积压商品，获利丰厚，先后为北京、泸州、宜昌、张家口等地区推销积压商品，使甲地库存积压得以推销，乙地民众排队购买。尤其是组织好节日供应，做到价廉物美，顾客至上；对农村进城的中小业主全天候服务，远的送货上

门，进城的送货上车，货不对路包掉回换，如出售电器产品，乡村顾客上百里也要到户安装并教会调试。同时，要求老同志发扬商业道德，并对新学员包教包会，并要求其他支部有业务专长的同志到公司讲课；新同志定期考试，前三名有奖，企业从红利中提取奖励金；退休养老金，人人参加保险，以解除员工后顾之忧。

短短一年多时间，一个白手起家从无到有的企业，已积累了相当可观的资金，并在城里购置了营业用房，还在乡下购置了土地建厂，"建联公司"在本市声誉大振，得到各方面好评，有关领导部门都来总结经验。由于后来中央决定国家机关党派不再经营经济实体，经过统战部协调，工商联继续经营公司，民建则单独搞经济技术咨询服务。

通过以上活动，民建南充市委多次被评为先进单位和省"为四化服务先进集体"，我个人也多次受到省、地、市表扬，并给予奖励晋升工资和推选为省政协常委、省民建常委，还被推选为民建全国优秀会员代表，出席北京表彰大会。

70年来的社会实践证明：民主党派只有在党领导的多党合作这个符合中国国情的基本政治体制中、在小平同志的理论指导下，本着"十六字方针"，遵循科学发展观，与时俱进，才能在振兴中华、复兴民族的伟大事业中，对国家和人民做出自己应有的贡献。

（叶代洲，南充市政协原副主席、民建南充市委原主委）

说实话　建铮言

——民主监督二件事

李承远

制止"假打"

1997年的一天，市委统战部领导电话通知我"某局在模范街钟表城打假，要没收进口瓦时针手表等一批，店负责人不在，营业员来电话请求支持。你去了解一下情况，酌情处理。"我旋即到模范街钟表城了解此事。

我到店表明身份后提出，"该店属民营经济，老板不在，该商品真伪你们又不能现场确定，可否当柜查封，待该店出示手续后处理"，当时某局带队负责人根本不答复，叫人立即将价值近20万元手表收走，我也无法阻挡，只好将查处手续复印后带回，并向市委统战部与民建领导汇报，并提出个人意见："目前正是发展民营经济大好时期，中央出台有关支持民营经济发展的政策，地方上也有配套文件，某局并非工商和质检主管部门，这样以'打假'为名查处不利于地方经济发展。"作为从事工商联工作的干部，我及时向市委、市政府反映了这一情况，并要求查实问题，杜绝歪风。

后来，该商店负责人提供了进货手续，但因此商品当时在本省内无检测机构确定伪劣，事情就拖了下来，该商店因承受不了资金积压，多次向商会反映要求尽快处理。我深感此事难办，某局的权力也是路人皆知，何况他们又言是上级领导口头讲话。我觉得当前发展经济是大事，市工商联的成立就是为地方经济护航，是个体私营企业的娘家，是政府与他们沟通的桥梁与纽带，理应保护他们合法权益，自己又是民建会员、市政协常委，应该说真话，与党保持一致，于是起草了一份情况反映，向正在参加人大、政协"两会"的主席台领导递送了情况反映，这才终于引起各方重视，该事件最后以全部退还被扣手表而告完结。

此后，市民营经济办公室督察处以此事为线索，派人严肃清查，并退还各经营主体罚款共计数十万元，保护了民营经济，促进了其健康发展。

力保果山公园

2000年，我到果山公园（市动物园）调研时，意外发现，建筑商和公园拟联合"开发"果山公园，搞所谓"果山香居"建设，计划沿街修建住房，将公园圈在其中，并已经开始预售房屋。我到了售房处，接待人员十分热情地向我介绍该住房优点。我要求他们提供计委、建委的批示，工作人员答复道："正在办理。"我认为，果山公园中有众多历史文物，园中"奎星阁"历史悠久，"解放纪念碑"是南充为纪念抗日战争和解放战争而建的，也是顺泸起义遗址，更是南充下半城仅存的一块绿地，老百姓的休闲场所，均具有极其重要的历史价值和文化价值，是南充历史文化名城的重要标志之一，决不能搞成民居，现在已开始售房，若不制止今后更难处理。于是我立即向市委统战部领导反映，得到他们支持后，迅速起草了"紧急建议"，要求制止开发果山公园，为下半城留下一片绿地，并建议将此处建设成为南充解放广场或顺泸起义广场，创建为一处爱国主义教育基地，以保护历史文化名城风貌。"紧急建议"得到市委、市政府的高度重视，有关领导及时批示，制止了非正规开发对南充革命文物的破坏。随后顺庆区建设局领导又将重新设计的果山公园的蓝图送给我，征求我的意见。

可以说经过市、区两级政府的大量工作，才有了今天这绿树掩映、鸟语花香的"果山绿地"。

（李承远，南充市政协原副主席，民建南充市委原主委）

缅怀父亲蒋恒一

蒋昌国

　　家父蒋恒一（1923—1994）是南充民建早期的成员，于1951年加入民主建国会，1952年成立民建川北支筹会筹备组时，他是筹备组成员之一，为南充民建组织的建立、组织的发展做出过重要的贡献。1952年10月9日民建南充市支会筹委会正式成立后迁入新办公地点兴顺后街179号（原川北统战部旧址），召开第一次会议，家父当选副主委，从此他将毕生精力都奉献给了南充民建事业。

　　父亲于民国31年（1942）毕业于南充成达中学国医科班，其后在南充谦益、精武小学任教，民国36年（1947）后改行经商和行医，在这段时间中父亲便与中共地下党组织有过亲密的接触，从而受到共产党进步思想的影响。南充解放前夕，父亲一度在祖父开办的中和百货店当店员。当时川东北地下党员胡诗文、胡诗成（二人均为高坪区浸水乡人、父亲的表兄）和陈允忠三人，受中共地下党领导人袁观、袁剑、朱光壁、陈宜宣、岳小平等人的指派，也在中和百货店任店员，他们利用店员身份的掩护从事党的地下工作。我从小就听祖父和父亲讲过，当时的地下党组织利用中和百货店的掩护，经常在其楼上开展活动和召开秘密会议。为掩人耳目，表面上说的是开袍哥小团体会，实则从事的是如何推翻南充反动政权和迎接解放的大事。为了支持他们，祖父和父亲曾多次捐献黄谷、青洋布、电筒、电池等物品，并经常为他们传递信息和掩护他们活动。在他们的影响之下，父亲利用自己所学的医学知识在南充解放之初的1949年12月便参加革命工作，最早是在胡玉侯领导的县大队任军医兼文书，后在袁观市长和袁剑的介绍推荐下，到南充市工商科任副科长。1951年加入中国民主建国会，后又参与筹备组建南充工商业联合会，任筹备组副组长，工商联正式成立后任副主任，南充市工商科更名为南充地区商业局后任副局长之职。

父亲参加政府工作后，经常受到时任川北行署主任胡耀邦同志的关心和教育，因此在政治上进步很快，在工作上也十分顺利。我曾听父亲说过，胡耀邦同志在南充工作期间，曾数次到过我家，调离南充回北京工作时还在父亲的笔记本上签过字、留过言。这个签字的笔记本小时我曾在家中见过，是用毛笔字书写的，令人万分惋惜的是这本由耀邦同志签字的留言本，在"文革"抄家时被红卫兵抄没，不然的话它将是一本颇有收藏价值的文史资料。

50年代初的父亲，年轻有为、工作积极，虽然出身于工商业兼地主家庭，但他却坚定地拥护中国共产党的领导，坚定不移地跟党走，积极地宣传党的路线、方针、政策，组织教育广大工商界人士"爱国守法，跟共产党走，大力发展生产，促进经济发展"。他积极带头参加各项政治运动，宣传土地改革的政策是非常认真负责的，在自己的家族内部，他把工作首先做到位。新中国成立前我家祖父在高坪区的小佛乡双河桥、蒋家沟、永安乡和顺庆区的新建乡等地都置办有田土和产业，土改时他积极开导祖父争取开明、力求进步，为了尽快完成土改任务，父亲让祖父到西充县去参加土改工作队，为其他富户现身说法。为完成土改时我家分派的应完公粮13600斤、柴草13000斤和四处折算应交过去的"剥削"账3000余元，父亲督促祖父将二府街铺面和家中值钱的东西变卖，使其提前半月便完成了任务。由于父亲工作积极，一心为公，1953年被评为全国优秀青年积极分子并参加了在北京召开的"全国优秀青年积极分子代表大会"，在北京他见到了领袖毛主席，并与主席和其他中央领导合影留念。

在1950年到1956年的经济过渡时期，父亲尽自己所能积极地为党工作，他一心致力于商业工作和积极参与各项政治运动，为抗美援朝捐款，参加"三反""五反"，恢复发展经济，完成对资本主义工商业改造，引导工商界人士积极走合作化道路，实现公私合营等方面做出了较大的贡献。

1957年，父亲作为工商界的主要代表人物被任命为南充地区商业局副局长，正当他踌躇满志，准备为党奋力工作时，父亲却被错划为"右派"，在此后的20余年，父亲的政治生涯遭到重创。在那段漫长的岁月里，父亲被下放改造，拉过船、当过百货总店的总务和营业员，即使处于最困难的阶段，父亲的意志都没有消沉，他对统一战线有着非常深厚的感情，很多次他向我们谈自己的经历，谈自己的感受，认为是党的统一战线让他有了事业的基础，也是党的统一战线使他在历经劫难时获得再生。

1979年党的十一届三中全会后，父亲得到彻底平反。此时的父亲已年过55岁，但他没有计较过去的得失，没有向党伸手，而是以饱满的热情投入工作之中。他积极协助党和政府做好落实政策的工作，以切身的经历教育大家，摒弃前嫌，珍惜有生之年，尽心竭力为四化做贡献。他坚决拥护党的改革开放政策，积极推动鼓励工商界人士参与改革，发展经济，搞好服务；他不顾年老多病，出主意、想办法、跑项目，为发展地方经济办实事。

1980—1992年，父亲在担任民建南充市委主委期间，认真贯彻执行党对民主党派工作的方针、政策，加强民建组织的自身建设，自觉接受党的领导，与共产党同心同德，合作共事。在重大事件中，他立场坚定，旗帜鲜明，教育并带领党派成员抵制各种错误言行，维护了南充社会稳定。他积极参政议政，在政治协商、民主监督中发挥了重要作用。为坚持和发展党的爱国统一战线，为南充的两个文明建设做出了贡献。

80年代末期，父亲的年龄已接近古稀之年，但他不顾老年多病的现状，继续努力工作，为发展地方经济穿针引线，他曾数次奔波于成、渝两地和周边城市招商引资争取项目。到90年代初父亲终因疲劳奔波而病倒，从此身体每况愈下，病情日趋严重。1994年5月5日，父亲因心脑血管疾病发作医治无效在中心医院逝世，享年71岁。

缅怀父亲的一生，他光明磊落，心底坦荡，为人正直；他识大体、顾大局，从不计较个人得失；对家庭他十分负责，既是一个称职的好儿子、好丈夫，又是我们的好父亲。他对工作兢兢业业，勤勤恳恳，任劳任怨，并团结同志，乐于助人，深受民建会内外群众及各界人士的尊敬和爱戴。

父亲走后，他虽未给我们留下什么物质财富，却留下了他那高尚的思想品质，成为我们后代永远享用不尽的精神财富。父亲生前最讲诚实、信用，他时常告诫我们，人的一生必须要讲求"诚实"，其他问题均可宽恕，唯独骗人和说谎话他是十分痛恨的，是不能饶恕的。父亲除了工作认真负责外，他最难能可贵的就是对家庭极端负责任的态度，我的母亲从20世纪70年代初起，便因患类风湿病而瘫痪，此时的父亲刚步入天命之年，母亲的瘫痪使父亲在家中承受着巨大的压力，当时父亲尚未落实政策，在外他要拼命地工作，回家他又要照顾瘫痪在床的母亲和年迈的祖父，在那种景况下，尽管困难重重，但他却乐观豁达，从不抱怨，这一点我们做后人的是自愧不如。

父亲的一生是革命的一生，是与党忠诚合作共事的一生，他的去世使我们永远失去了一位好父亲，但他那优秀的品德和对待困难时乐观向上的态度，对事业不断追求和默默奉献的精神，将永远激励着一代代蒋氏子孙。

（蒋昌国，南充民建主要创建人蒋恒一之子、民建会员）

怀念父亲费锡光

费德仁

家父费进爵（1921—1974），号锡光，1921年1月12日出生在南充一个普通的手工业家庭，是南充民建的主要创建人，为民建南充市委的建立、组织的发展做出了重要贡献。他将毕生精力和心血都奉献给了人民，奉献给了民建事业。

当年驰誉川北的老字号"费宏顺"湖绉，在祖父"以诚为根、以信为本、以质为先"的经营理念下，享有"清水湖绉，永不褪色"的美誉，畅销云、贵、川、陕、甘等地，并因此被推荐参加了在美国旧金山市举行的巴拿马万国博览会展览。虽然当时的"费宏顺"小有名气，但毕竟是小规模手工作坊式生产经营，经济基础十分脆弱。民国34年（1945）夏，祖父染上霍乱，久治不愈，恰好这一年我国取得抗战胜利，举国欢庆，可是处于国民党统治区的南充，却由于国民政府滥发货币，致使物价飞涨，民怨沸腾，经济薄弱的许多工商户经不起这样的冲击纷纷倒闭，"费宏顺"也没能逃过这一厄运。此时的祖父内外交忧，病入膏肓，最终凄惨地撒手人寰。当时家父年仅24岁，身为长子的他责无旁贷地承担了这份破败的家业和全家十口人生存的担子，幸好外祖父胥泽民在这危难时刻，从财力、物力、人力等方面给予了大力扶持，才使"费宏顺"这块牌子勉强支撑下来，直到南充解放，曙光漫天。

父亲在旧社会度过了二十几个春秋，他亲身经历了旧社会人与人之间钩心斗角、尔虞我诈、大鱼吃小鱼的残酷现实，国民政府腐败无能的黑暗统治，目睹了日本侵略者轰炸南充后惨不忍睹的悲惨场面，这些经历使他渴望新生活，也为他日后坚决跟共产党走奠定了深厚的思想基础。

1949年12月10日，南充解放，果城人民迎来了光明，父亲也获得了新生，从此他拥护共产党的领导，积极投身到南充解放后的各项革命工作中。1950年，他参加了宣汉的土改工作，同年10月在南充川剧团召开的南充土改试点准备大会上，他做了挖"防空洞"的发言，对人民群众起到了很好的稳定作用。同时，他还对我外祖父转移浮财行为进行了不懈的劝解工作，纠正了外祖父的行为，这种在大是大非面前一心为公的革命行动，受到了社会各界的称赞，《川北日报》对此事进行及时报道，这在南充引起了很大震动和强烈反响，推动了土改工作的顺利进行，他从此弃商从政。

1951年初，全国人民掀起了抗美援朝运动，父亲时任南充市工商联宣教组长。由于父亲曾目睹过日本侵略者轰炸南充给老百姓造成的灾难，他非常痛恨美帝国主义在朝鲜的侵略战争，积极动员南充工商界捐献了旧币15亿元，他们用这笔资金购买了一架战斗机，支援抗美援朝战争，为打败美国侵略者做出了贡献。同时，他还举办了展览活动，并对工商业者为抗美援朝战场而加工的军用品进行质量监督和检查，对不法奸商用劣质产品充当正品的行为进行了坚决的揭发和批判，保证了向志愿军提供的优质军用品。

1951年11月，父亲作为南充工商界的先进代表，受到川北统战部和区党委的重视，被推荐到重庆西南革大民主党派干部训练班培训学习。1952年学成归来后，被选为民建川北支会筹委会主任委员，由于他工作积极勤奋，不计个人得失，时任川北行署主任的胡耀邦同志提出把他的工资定为行政十四级，但是他再三推让，最后定为行政十六级。同年，他赴北京出席中国民主建国会全国第一次会员代表大会，在会议期间见到了时任国家副主席的张澜先生，张澜副主席对他的事迹也是早有耳闻，当即提笔为他赠言："兢兢业业办事，谨谨慎慎为人。"

新中国在经过三年恢复时期后，党中央提出在全国掀起经济建设和文化建设新高潮运动。父亲积极响应党的号召，为了缓解当时南充出现的"上学难"现象，他首先发起创办一所私立小学的倡议，该倡议得到老红军、原市政协副主席、土产公司经理吴兴浩同志的大力支持，把位于二道巷的一大套房子让出作为教学场地，由工商界人士捐借桌凳、办公用具等，使小学如期开学。家父担任首任校长，这所学校就是后来的文建小学，后来扩建成文建中学，培养了许多人才，为南充的教育事业做出了不可磨灭的贡献。

1954年，父亲在南充市首届人民代表会议选举中被选为南充市人民代表，并任南充市政协副主席；同年又被选为四川省人民代表。1955年父亲出任南充市副市长，分工主管财经工作，他在任期内主持修建了南充市第一个体育场馆——市灯光球场，为南充市文化体育活动的发展创造了有利条件。

同年6月，他再次到北京出席全国民建会二大会议，开会期间曾两次应邀参加重要活动：一次是被邀请登上天安门城楼，参加北京市人民反对美帝国主义出兵侵略埃及的群众示威大会；另一次是在6月30日，由中央统战部安排参加了当天晚上由党中央举办的庆祝党的生日暨欢迎苏联首任驻华大使到京的盛大鸡尾酒国宴活动。在宴会上，他目睹了毛泽东、刘少奇、周恩来、朱德等党和国家领导人的风采，聆听了毛泽东主席、周恩来总理的讲话，感到特别高兴，深受鼓舞。

同年，父亲出席全国民建会、全国工商联代表大会。12月20日、29日在中南海怀仁堂再次聆听了毛泽东主席等领导人"关于迎接对私营工商业的改造，以及统一战线还要不要"等问题的重要讲话。回南充后，他在大北街"贸福会"召开的为期五天的传达会上，向南充地区12县市工商界代表人士传达了北京会议精神，使到会人士形成了"认清社会发展规律，主动掌握自己命运"和"争取利用、接受限制、欢迎改造"的共同心声。会议结束当天，南充市参会代表就集体敲锣打鼓向市委、市政府递交了公私合营申请书，表明了走社会主义道路的决心。随即，南充地区掀起了迎接社会主义改造的高潮，父亲带头将自己原有的生产资料全部合入南充绸厂，自己连住房都没有保留一间。那时，我们全家只好搬到我幺叔在鸡市口的一处房子居住。当时，共产党对私营工商业者执行赎买政策，也就是说，在公私合营后，原工商业者还可以按年在企业领取股息，但我父亲一直到去世都坚持不领取股息，这在南充工商业界树立了榜样，有力地推动和促进了南充对私企的改造工作，为顺利实现南充全行业公私合营做出了贡献，顺应了我国由新民主主义社会向社会主义社会转变的历史潮流，为我国的社会主义经济发展奠定了基础。

1957年，南充全行业公私合营后，父亲被派到重庆西南政校学习一年，学业期满后，上级通知他到省上参加帮助党整风座谈会。当时的口号是"知无不言、言无不尽、言者无罪、闻者足戒"，他积极地响应号召，在座谈会中踊跃发言，同年受反右扩大化影响，家父被错划为右派分子，成了反右扩大化的受害者。尽管被错划为右派，但他仍然尽最大努力接受思想改造。他经常对我们说，他坚信中国共产党是伟大的党、光荣的党、正确的党，今后一定会为他平反昭雪，直到去世，他仍然对此坚信不疑。

1958年春节，南充市人民掀起了一场大规模的义务劳动，整治莲花池（今天的北湖公园），为南充人民修建了一个非常美丽的休闲场地。在这一活动中，父亲积极地参与了挖淤泥、挑淤泥等劳动，后因劳累过度，患了胃溃疡，导致穿孔大出血送医院抢救，由于当时失血过多，来不及做切除手术，只做了修补手术，为此在后来的十几年中，病痛始终折磨着他。

1974年2月11日，父亲终因胃大出血不治而英年早逝，享年53岁。父亲去世后，当时的南充市革委会群工部（"文革"期间相当于统战部）、市工商联、市民建都送了花圈，陈世桢秘书长还多次到家关心父亲的后事安排。父亲出殡的那天，民建会、工商联的陈世桢、陶秉钧、蒲济南、青承秀、石涵玉、唐映辉等二十几位老同志前来为家父送葬。当年父亲工作得顺风顺水、有声有色的时候，是这些老前辈给予了家父大力的支持和帮助，在家父人生的最后时刻也是这些老同志送他走完他人生的最后一程。在这里请允许我代表费锡光的后人向他们深深地三鞠躬，我们感谢市工商联、市民建会，感谢那些老同志。1959年家父是南充市第一批摘掉"右派分子"帽子的人。而后1979年在市委统战部的安排下，在南充市殡仪馆为父亲举行了追悼会，彻底为他昭雪平反。

父亲为人谦和，时常告诫我们要"低调做人，高调做事"。记得在他出任南充市副市长后，有一天他把我们三姐弟叫到跟前，语重心长地说："你们今后在学校不要张扬，不要在同学面前耍威风，要和同学们交朋友。"在家人面前他是好儿子、好父亲，在同事和朋友面前是好同志、好朋友，在工作上是党和人民的好助手。党和人民给了他太多的荣誉和关怀，作为他的后人，我们十分感激共产党使父亲得到了进步的机会，得到了为人民服务的机会，同时也得到了群众和社会的认可。

缅怀父亲的一生，虽然是短暂的，但却是光明的一生、奋进的一生，家父是剥削阶级的叛逆者，是共产党的追随者，他坚守与共产党"肝胆相照、荣辱与共、长期共存、互相监督"的准则，为社会、为人民贡献了自己的力量。他光明磊落，心怀坦荡，为人正直；识大体、顾大局，从不计较个人得失。父亲虽然在物质上没有给我们留下什么财产，但每当我们遇到艰难和挫折时，就会想起父亲身前经常告诫我们的"人贵自立"这句训示，来应对困难和挑战，这就是父亲留给我们最宝贵的遗产。父亲的去世使我们永远失去了一位好父亲，但他对工作的勤奋，对人处事的谦恭，对事业的追求和奉献精神，是我们终生的楷模，并将永远激励着子孙后辈。

南充民建已走过70余年的光辉历程，父亲诞辰也近百周年，对父亲的怀念更是日益深浓至不可抑制，谨以此文深表思念。

（费德仁，南充民建主要创建人、首任主委费锡光之子）

忆中共统一战线的忠诚挚友唐映辉

唐高林

唐映辉（1916—2009）是我的父亲，字祥葵，四川省南充市顺庆区凤山乡（现渔溪镇）唐家沟人，中国民主建国会会员，南充市工商业联合会会员，四川南充织绸厂退休干部。

父亲出生于1916年（农历丙辰年八月初一）。1949年12月南充解放后，他曾历任南充市丝织业同业公会主任、南充市丝棉纺织业手工业劳动者协会副主任、中国民主建国会南充市委员会委员和市民建工业纺织支部主任、南充市工商业联合会执行委员与常委，以及原四川南充织绸厂织绸车间生产技术管理员、车间管理员和代理车间主任。同时，他曾担任南充市第五、六、八届人民代表和南充市政协第八、九届政协委员。家父曾多次被评为"先进生产者""先进工作者"和"优秀会员"等荣誉称号，受到各级党政和民主党派、工商联组织的表彰奖励。

新中国成立前，父亲出生于世代务农的贫苦家庭，家中田地很少，人口太多，有父母及九个兄弟姐妹共十一人，他在七个兄弟中排行第六，由于家庭经济非常困难，他幼年只读了四年私塾，1929年只有13岁的他只好背井离乡到南充城内李海清（亲表哥）的织绸机房当学徒和帮工，从此走上了丝织手工劳动谋生的艰辛坎坷之路。

1932年，他16岁时学徒期满，就在四哥唐祥光的带领下，向地主家借了高利贷，在南充城内学院街租房开始自做织绸手艺，寻求生活出路。后因在丝绸炼货（煮绸子）时水温太高，时间过长，把绸子炼烂赔了大本，无钱继续织绸，加上四哥由于长期劳累，生活差，生意赔本怄气得了"肺痨病"吐血，只好终止生意回老家养病。

1936—1937年南充大旱，1937年上半年四哥病重身亡，全家生活极其困难。当年下半年，父亲的亲大姑（李海清的母亲）听说父亲在老家生活太困难，就带信叫父亲到南充城李海清的织绸机房去当匠人（帮工），他在这里一直干到1941年底，才又借钱开始自己重做织绸手艺生意，养家糊口。

父亲非常感恩共产党，坚定地走社会主义道路。1949年12月南充解放。1950年上半年人民政权刚刚建立，社会治安生活秩序需要恢复，下半年党和政府大力扶持手工业和民族工商业，恢复生产发展经济，支持伟大的抗美援朝战争，实行了丝织等各行业生产"加工订货"，付给加工费，收购全部合格产品的政策措施，从而使南充的手工业劳动者、工商业者在非常困难的时候，有了生产、生活的出路和希望，他从内心深处非常感谢党和人民政府的解救和帮助，下定决心跟党走社会主义道路。

1952年，由于父亲是贫苦劳动家庭出身，又读了四年私塾有点文化，当年初在党领导的"三反""五反"运动中积极参加，被党和政府安排推选为"南充市丝织业同业公会"主任。随后又批准他参加了"南充市工商业联合会"并担任执行委员、常委，同时还推荐他参加了中国民主建国会南充市委员会，成为市民建会的首批骨干会员，先后担任了民建市委会委员、组织委员和工业组长、综合支部主任委员、轻工纺织支部主任委员。1954年，组织上又安排推选他担任"南充市手工业劳动者协会丝棉纺织分会副主任"。在此期间，他坚决跟共产党走，积极参加了"恢复生产""三反五反"，以及"公私合营"等各项政治运动和丝棉纺织行业的领导工作。

1952年端午节，由中共川北区党委、行署号召，隆重举办了南充市龙舟表演活动，还举行了一次别开生面的联欢大会。父亲领导南充市丝织业同业公会，用彩色丝绸扎了一艘非常美观的花船在嘉陵江面巡游，并举行了联欢会议和龙舟观光活动。这次端午活动收效很好，协调了公私之间、劳资之间的关系，维护了社会各方面的团结，大大增强了各阶层人民对党和政府的感激拥戴之情。

从1953年起，南充市丝织行业将全行业200多台织绸机生产全部纳入国家计划，实行全面加工订货，走上了社会主义集体生产的道路。

1956年初，他组织南充市丝织业同业公会，号召全体同业们联合申请，经市委、市政府批准，全行业合营到西南蚕丝公司南充织绸厂，实现了公私合营，走上了社会主义公有制道路，他先后担任了南充织绸厂织绸车间生产技术员、管理员和代理车间主任。

1958年，在南充织绸厂党委、行政的领导下，他作为中层领导干部和技术骨干，积极参加"木机改电机"生产技术大改造。经过大家日夜地拼命苦干，将全厂200多台手拉脚踩的织绸木机，全部改造成简易电动织绸机，实现了生产技能、效率的"大飞跃"。

1967年"文革"期间，南充织绸厂也和社会上一样，停产闹革命，当时织绸车间领导班子成员有的因"走资派"靠边站，有的搞派性不上班，管理人员只剩下一人，他毫不犹豫地挑起领导管理生产的重担，与留下的工人群众一道，照常开机生产，闯过这一难关。当年虽然上缴利润降低很多，但还是给省、市上缴了60多万元的盈利。

父亲坚决拥护共产党的领导，积极参加民建会、工商联的各项政治活动，1964年他曾受党的安排，参加了"南充专区政治学校第二期"的培训学习，进一步提高了他对党的统战工作方针、政策的认识，增强了执行政策的水平和工作能力。

当时，他是南充织绸厂民主人士的重要代表和中层管理干部，故而经常向厂党委、行政积极提出意见建议，努力搞好生产管理，获得了领导和群众的好评和奖励，曾多次被评为厂"先进生产者""先进工作者"。群众评价他"为人公正、热情，关心他人，为人厚道；对有悖于社会公德的事情，敢于正义直言"。

1981年7月1日，南充绸厂党委召开"纪念中国共产党成立六十周年座谈会"，他受邀在会上发言，谈了自己的深切感想：中国共产党是全中国人民的领导核心，没有共产党就没有新中国，以我自己的亲身经历体验，新中国成立前国民党反动统治时期政治腐败，经济危机，通货膨胀，货币贬值，人们生活非常困难，新中国成立后穷人才翻身得解放，没有党的领导，就没有我们手工业者和原工商业者走向光明前途和幸福的道路。

由于父亲得到群众的拥护，受到南充各级党组织的信任，从1963年起，他被推选担任南充市第五、六、八届人民代表，从1982年起又被推选为南充市政协第八、九两届政协委员，1993年又受聘为南充市政协文史员。他在担任南充市人大代表、政协委员20多年的工作中，坚决执行党统一战线方针政策，认真履行职责，调查了解社情民意，积极书写并提交议案、提案，均得到市委、市政府及有关部门的认真办理，收到改进的实效。

1979年，党的十一届三中全会以后，各民主党派和工商联恢复了组织活动，他又担任了民建南充市委会两届委员，历任南充市民建综合支部、工业支部、轻工纺织支部主任委员，以及南充市工商业联合会执行委员、常委。他曾在南充市民建轻工纺织支部的学习活动中，主动收集、整理出《党的统一战线政策知识问答》和《建国初期党历史知识要点》，组织会员学习，提高了大家的统战政策知识水平。

1990年，在学习贯彻党的统一战线政策的中央14号文件精神，进一步加强民建支部的工作中，他创立了"两访一联"的工作方法，即"走访民建会员家庭，走访会员所在单位"与"举办会员家属联谊活动"，把支部办成会员的家、学校和服务集体。在工作中，他组织支部一班人不顾寒暑，利用节假日走街串巷、登门拜访，先后走访会员家庭29户，会员所在单位17个，达到沟通思想、联络感情、了解会员家庭状况，以及会员与单位合作共事情况的目的。经过艰苦细微的工作，收到很好的效果，受到民建南充市委会和会员们的表扬、奖励，被评为南充市民建先进支部。他们支部的先进事迹，还上报民建四川省委和民建中央并获得肯定和表彰。

1985年，他在69岁时退休。南充市政协编辑《南充市文史资料》丛书，记录南充历史，以史资政。他受南充市工商联、南充市民建会推荐，被市政协聘任为"南充市政协文史员"。他将自己亲身经历与熟知的南充丝绸行业解放前、后的情况，回忆撰写成文，受到好评。

他热爱社会公益事业，对党的统一战线工作非常热心。1994年，他已是78岁的高龄，当时四川省乐山市井研县为发展地方经济要筹建县办织绸厂，需专业技术力量的帮助，由于南充丝织技术和生产能力都很强，井研县通过省工商联向南充市工商联发出邀请，顺庆区工商联遂请父亲参加"赴井研县织绸厂筹备工作技术咨询指导组"。他与另外两名同志一道，不顾年事已高欣然前往，受到井研县党政领导和县工商联、绸厂筹备同志非常热情的接待。他和技术咨询指导组同志用一周时间，经现场指导帮助规划，提出了分析实施筹建的中肯意见，为四川省统一战线工作，为地方经济的发展，做了一件非常重要的实事，奉献了自己的余热。

在晚年的退休生活中，家父也热心街道、社区的公益事业，鼓励支持同厂退休的老伴担任居民组长，为群众服务，还曾获得南充市妇联、南充市精神文明办奖励的"五好家庭"奖牌三个。同时，父亲还经常吟诗会友，自己创作诗歌30余首，以感恩党的领导，赞颂港澳回归祖国，颂扬国家建设成就和祖国的大好河山美景；等等。

2009年1月16日（农历戊子年腊月二十一），父亲因病逝世，终年93岁。

父亲在他93年的人生历程中，坚定跟共产党走，全心全意地为新中国建设奉献了60余年。2021年10月，我整理出版家父的《唐映辉回忆录》一书完成后，所受教育颇多，感慨亦深，故而写下了一组七言诗，以代表全体子女和后孙们，向在天堂长眠的父母双亲，致以最崇高的敬意和深深亲情的怀念。该诗共八首，我在最后一首写道：

映辉长眠天堂星，音容笑貌永留存。
精神品格代代传，映彩辉模耀人生。

（唐高林，中共嘉陵区委统战部原副部长）

没有统战部，就没有我的今天

张成富口述　胡涛整理

我叫张成富，石龙桥村一社人，属于南湖街道办（原文峰乡三村二社）。改革开放之初，我积极响应党的号召，凭着劳动的双手，走上了勤劳致富的道路。

1993年，嘉陵区成立的时候，全区经济十分落后，没有一家像样的企业，全区以农业耕种为主。而我种植果树，每年收入不错，在村里生活还是比较富裕的。后来，我就利用荒山地发展果园，在南充市范围内小有名气，甚至在全省也产生了一点影响。我就成了农村率先富起来的领军人物，先后获得了"南充市劳模""农业开发先进个人""南充市十大致富能手""四川省劳模"等光荣称号。大报小报连篇累牍地报道我，电视上也播送我的新闻，全省各地乃至外省市的一些地方领导，都到我这里来参观学习。

2004年8月15日，是我一生中最难忘的日子，也是最荣耀的时刻，时任国家主席胡锦涛亲自来到凤垭山参观。胡总书记特地看望我，拉着我的手，向我问好，夸我是农民专家，并鼓励我带领当地农民发家致富。

很多人都羡慕我获得崇高的殊荣。其实，我仅仅是一个农村人，和有的农村人不同的是我吃得苦，勤劳肯干，也就是农村人所说的：丢了锄头拿扫把，见一样干一样的人。每天鸡叫头遍就出门，头顶星星摸黑回家。这些荣耀的取得，并不是一帆风顺，其中的艰难曲折也一言难尽。我发自肺腑地说：多亏了嘉陵区的统战部部长左天权，说实话，没有统战部就没有我张成富的今天。

1994年9月，我发现凤垭山上很多荒地，这些地荒在那里一文不值，我想把它开发出来种植果树，可这些荒地大多数是集体的，也有个别村民的撂荒地。我就找村委会和个别村民商量，准备承包这些荒地。当我提出承包的时候，它就价值连城了。一些村民要价很高，让人根本无法接受，我就打消了这个念头。

9月中旬，统战部左天权部长和另外两名同志，其中一位好像是农工委的王维泗。他们来到我的果园参观，我当时正在果园里整理排水沟，抬头看到一个瘦高个儿的中年男人朝我走来，我歇下手中的活。他说："我是统战部左天权，来了解一下你的果园。"我就带着他们去看我的果树。左部长看到地里的果树长势喜人，梨树上高挂着累累果实，金灿灿的，问我："你这梨能卖多少钱一斤？"我说："打批发不低于三块钱一斤。"左部长又问："你这一块地差不多3亩，能卖多少钱？"我说："3万元左右。"左部长又问我："种植果树不容易，有没有什么压力？"左部长的话触到了我内心深处的痛，我很想说出自己承包荒山遭受的阻力，但我还是把它压在了心底，左部长是一个明察秋毫的领导，他看到我支支吾吾，似乎有什么心事，就没有再问了。他告辞后，准备到村上去，但走了几步又转过身来，他走到我面前很和蔼地说："小张，我们统战工作就是要联络各方面的人士，了解社情民意，你有什么问题可以直接跟我说，我解决得了就解决，解决不了就向区委报告，寻求区委的帮助。"

左部长诚心诚意的态度感动了我，我就鼓起勇气，把承包荒山的事告诉了左部长。他听后十分肯定地说："把荒山利用起来，这是好事啊！"他拿出小本，向我详细询问了承包荒山的具体情况，并把我说的话一一记录在小本本上。

左部长了解完全部情况后，就到村上去了。那天晚上，有个村干部来问我："你怎么给左部长说的，左部长批评了我们村委会，说我们对种植户关心不到位。"我说："我如实地汇报了承包荒山的事。"村干部说："你承包荒山这件事，在全区没有先例，我们不敢承包给你，害怕犯错误，现在左部长表了态，我们就有胆量了。"

第二天，左部长一早地又来到村里，召开党员干部会议，把我也叫去了。他先叫我谈了自己的打算，然后听了村委会的意见，左部长说："文峰三村，自然条件好，离城区和市区这么近，经济发展的步子却很慢，说白了还比较穷，村里就应该多一些像张成富这样的人，敢于想办法致富，敢于大胆地干。"当时，有几个村干部听到左部长这么说，都低下了头，甚至脸都红了，最后表决的时候，大家都同意把荒山承包给我。接下来左部长又带领村干部，根据我提供的信息，逐一走访撂荒地户主，说服并希望他们把撂荒地承包给我，并按照合同按时付清承包款。当遇到个别村民犹豫不决的时候，左部长就耐心和他们交流，并担保土地的性质永远不变。

几天后，左部长又到我这里来，询问土地承包进展，只要我遇到一点困难，他就帮我出点子，凡涉及政府行政审批方面的事，左部长就上下衔接。如我承包的荒山中间有一块飞地是二村的，他们不愿承包，左部长就亲自到二村，给村干部做工作，在价格上适当高一点，二村的关节终于被打通。9月底，我承包凤垭山荒地100多亩全部得以落实。

第二年，我把荒山开垦出来，果园种植初具规模。那时，山上灌溉、杀虫等方式还比较原始，有一次左部长到我的果园来视察时，看到我还是人工灌溉，工棚里还点着蜡烛，就问我是怎么回事？我说："我已经向电力公司申请了，他们回答比较困难，同时还需要交3000元的物资及安装等费用。"

听到这个消息后，左部长说："我下午去一趟电力公司问问怎么回事。"左部长回到机关上下协调，并亲自去到高坪电力公司，找到他们的经理协商解决。那时，嘉陵区的电仍然属于高坪电力公司管理，左部长在老南充县工作多年，高坪是他的根据地，他一出马问题很快便得到解决。第三天，电力公司就派工人来到我的种植园，帮我把果园内的电线及照明安好了，同时还减免了所有费用。

我的事业逐渐发展起来后，收入逐年增加，在南充市的影响也越来越大。南充市大进车业集团老总韩大进带领公司七八个领导，来到我家里动员我迁移到顺庆安家落户，帮他们发展果业，答应给我高薪，还把我一家全部农转非。区委书记陈荣仲知道后，对我说："老张，你不要走，留下来和我们一起建设新嘉陵。"当时，非农业人口是香饽饽，作为一个地地道道的农民，人家开出这么优厚的条件，谁不愿意呢？我的思想曾动摇不定。左部长找到我，对我说："陈书记很重视你，你怎么能走呢？你摸着良心说，嘉陵区对不对得起你？"

左部长简单几句话感动了我，回想左部长对我做的一切，没有喝我一口水，全心全意地帮我。我是嘉陵区文峰乡土生土长的人，领导这么重视我，我哪还好意思离开呢？那天夜里，我在床上辗转反侧，睡不着觉，但却下定了决心。第二天一早，我就去到市里，告诉大进车业领导我不走了，回来后向嘉陵区委表示："一定留下来把嘉陵区建设好。"

后来，我在自己的承包地上种植经果林，每年收入可观，村里很多家村民都跟着我学习，纷纷发展经济作物。我们二社的经济出现了新气象，我也感到很高兴。嘉陵区凤垭山管委会出文充分肯定了我既是凤垭山经济作物栽种的创始人，又被树为具有四川特色农业产业化一面旗帜的主要奉献者。

1995年2月25日，我这里正式挂牌成立了"南充市嘉陵区金桥园艺场"，其意为农民脱贫致富搭桥。经过三年的艰苦奋斗，我承包的荒山变成了花果山，培育出了优质果树20多万株，当年盈利200多万元，我也成为南充市的一个焦点人物，市、区党政部门领导多次都带领参观团到我这里，叫我介绍经验。

嘉陵区领导看到我已小有成就，于是决定乘势而上。1998年，为了扩大规模，嘉陵区委、区政府研究决定把农业开发项目延展到凤垭山西面，并委托我帮助开发原文峰乡一村和火花乡九村环绕公路沿线300多亩的荒地。此后，我立即着手组织附近乡镇闲置劳动力50人左右到我处务工，经两年拼打，共培育果苗30多万株，其长势良好，硕果高挂，在管理上建成了规模化、产业化、科学化的优质果园，打造出了凤垭山果品基地的良好形象，成了全市最亮丽的一道风景线。水果刚成熟，南充市的居民就到山上来观光采摘、购买。1999年，省委、省政府的领导视察了我的果园，并给予了高度评价。

2000年，区委、区政府研究决定组建"凤垭山农业开发建设指挥部"。由区委副书记陈昌义亲自挂帅。这个机构成立以后，凤垭山农业开发进入了有组织、有计划、有规模的发展阶段，同时又制定了优化投资环境、筑巢引凤、政府搭台、业主唱戏的方针，并及时地引进了王英、张丽、杨刚等业主，拓宽了投资领域，扩大了产业规模。

2001年，四川省农业农村工作现场会在我们基地召开，与会代表一直认为：利用荒山发展模式是我省丘陵贫困地区农业开发的一个新思路。我们的果品基地被全省树立为"四川省特色农业产业化"的一面旗帜。此后，全国各地前来参观学习取经的人络绎不绝，嘉陵区政府为此专门组成了接待班子，我的任务就是给参观团讲解农村产业发展和怎样加强果树的栽培与管理技术。每次讲完的时候，我就不由自主地说："只有政府为我们个体户保驾护航，我们的事业才能一帆风顺。没有统战部的左天权部长，就没有我张成富的今天！"

（张成富，四川省劳动模范、民建会员；胡涛，嘉陵区政协专职文史员）

我与统战不了情

邓学文

2004年前，我在广西桂平电视台工作时，曾给桂平市委统战部做过一期节目，记忆最深的是当时在资料中看见一段话："统一战线、武装斗争、党的建设，是中国共产党在中国革命中战胜敌人的三个法宝，三个主要的法宝。"这就是当时我对党的统战工作的最初始的认识。

笔者参加民建南充市委组织的多党合作政治协商制度确立60周年演讲比赛

在这之前，我对统战工作的些许了解和零星知识都来自中学政治课本以及身边的人，虽然不是很了解具体内容，但心里有一份好奇、一份崇敬、一份向往。当时我也不知道我后面的人生成长能否会与统一战线结下如此深厚的缘分，然而当时它却已在我心中埋下了小小的种子，还会在这么多年中逐渐生根发芽。

2008年，我从广西桂平电视台调到南充市高坪区招商局工作，同年我加入民建，此后又参加了许多组织活动，如红色教育基地学习、参政议政培训等，在活动中我结识了很多新朋友，也增长了很多新知识，原本两点一线的生活突然变得丰富起来。

我喜欢写作，有一年我参加全国统一战线征文比赛，我写的《从"祸从口出"到言论民主》一文，在全市统战系统演讲比赛中获得二等奖，在全国统战主题征文活动中再获优胜奖。当时四川仅两名获奖者，这种荣耀使我和统一战线的缘分打开了新篇章。自此，民建组织也把我培养成了统战信息的骨干，让我能更多地关注和了解民建会员的工作情况，并宣传他们的先进事迹，仅2009年我写的报道文章上省、市级报刊和网站就有百余篇。

笔者向母校捐赠书籍

2009年，我有幸成为南充市高坪区一名政协委员，我与其他委员一起紧扣高坪区经济社会发展的重大问题和人民群众普遍关注的热点难点问题，积极履行参政议政的神圣职责。

2010年，我带着对母校师生的一片深情厚谊，联谊民建会员中的爱心企业家向母校——南部县伏虎镇小学捐赠了3万元左右的学习用品和书籍；同年我带领民建支部会员开始资助贫困家庭小学生岳某某，一直坚持到该学生上大学；2015年我参加成都市双流区"爱暖巴塘——海棠格桑齐绽放"工程手拉手活动；2019年参加民建南充市高坪区总支与凉山州布拖县的扶贫结对帮扶活动；等等。

回顾我加入民建组织15年，统一战线对我来说是从书本走进生活，从梦想走进现实，感觉我就像一棵小小的树苗，在党的统一战线给予的阳光雨露中茁壮成长。

（邓学文，高坪区对外联络服务中心办公室主任）

寻根铸魂砥砺前行　以党为师感恩奋进

彭　勇

2009年12月9日，中国民主建国会南部县支部委员会（以下简称民建南部县支部）成立，从而结束了南部县没有民主党派基层组织的历史，掀开了南部县统一战线工作和多党合作事业崭新篇章。

民建南部县支部自成立以来，始终把坚持中国共产党的领导，巩固发展爱国统一战线和多党合作事业放在首位，把推动南部全面发展作为履行职能的第一要务，同时结合开展"不忘合作初心，继续携手前进"中共党史学习，以及"凝心铸魂强根基、团结奋进新征程"等主题教育，组织开展了"寻根铸魂"系列活动，并将其作为支部加强新时代参政党建设、强化会员思想政治引领的一大工作亮点。

开展"寻根铸魂"系列活动

2018年8月13—17日，为纪念"五一口号"发布70周年，重温多党合作和民建光荣历史，支部组织会员赴重庆、南京、上海等地民建中央爱国主义教育基地培训学习。拜谒中山陵，追寻中国革命波澜壮阔的奋斗历程。重庆是民建的发祥地，在这里我们参观了民建成立旧址陈列馆和纪念碑，重温了民建创立、发展的历史，并参观红岩革命纪念馆。在上海，会员们参观了民建总会在沪旧址，回顾了民建响应中共"五一"口号光荣历史，牢记自觉接受中国共产党领导的多党合作初心；在黄炎培故居和胡厥文事迹展览馆，会员们怀着崇敬的心情缅怀民建先贤与中国共产党风雨同舟、团结合作的光荣历程。8月15日，我们到了南京，时逢日本投降73年纪念日，为铭记历史，会员们在南京民间抗日战争博物馆内，纷纷写下"牢记历史，不忘初心""世界要和平"等留言观感。通过这次"寻根铸魂"之旅，我们进一步理解了中国共产党领导的多党合作制度的历史必然性，进一步坚定了走中国特色社会主义政治发展道路的信心，决心继承和发扬民建老一辈的优良传统，沿着民建前辈的足迹奋勇前进。

2019年9月16—22日，为庆祝中华人民共和国成立暨多党合作制度确立70周年，进一步加强思想政治引领，坚定理想信念，传承弘扬民建长期以来同中国共产党风雨同舟、休戚与共的优良传统，我们一行13人来到革命圣地延安，走进这片孕育延安精神的红色土地。大家怀着崇敬的心情缅怀了中国共产党在这里领导中国人民英勇斗争的光辉历史，一座座巍峨壮观的历史丰碑矗立在我们眼前，宝塔山、凤凰山、杨家岭、枣园、王家坪、南泥湾等革命遗址和延安革命纪念馆、西北局革命纪念馆、延安学习书院……它们让会员们精神得以洗礼、生命境界得以升华。见证了中国共产党人在延安13年的不平凡岁月和辉煌伟业，见证了新时代领路人在延安7年的为民情怀和砥砺前行，也见证了我们民建会员以党为师、感恩奋进的赤诚之心。

2021年，民建南部县支部创新形式，开展了庆祝中国共产党诞辰100周年纪念活动。4月10—11日，我们赴陕西全国爱国主义教育示范基地习仲勋纪念馆、渭华起义纪念馆、八路军西安办事处纪念馆开展中共党史学教活动，缅怀革命先辈，汲取前行力量。5月23日，我们又到成都郫都区"全国乡村振兴示范村"战旗村参观学习，感受社会主义新农村建设成就。7月22日，支部隆重召开庆祝中国共产党成立100周年座谈会，特邀中共十九大代表、全国优秀共产党员高栓廷和革命先烈李鸣珂孙子李德国到会交流，分享他们在天安门广场参加盛典的亲历见闻和感受，会员们在会上也踊跃发言，深情表达民建会员不忘初心跟党走、砥砺奋进新征程的坚定信念和决心。9月26日，支部会员至重庆民建成立旧址陈列馆和中国民主党派历史陈列馆学习培训，从而更充分认识到中国共产党领导的多党合作和政治协商制度的历史必然性、伟大独创性和巨大优越性。

2022年，中国共产党第二十次全国代表大会及中国民主建国会第十二次代表大会召开，南充市民建也成立70周年了，民建南部县支部为此深入学习中共二十大和二十届一中全会、民建十二大会议精神，以及修订后的民建章程，邀请中共二十大代表、南部县蜀北街道新华路西段社区党总支书记、居委会主任郭瑜知到支部活动室宣讲党的二十大精神，不断增进会员对中国共产党和中国特色社会主义的政治认同、思想认同、理论认同、情感认同。当年，《知行合一促提升　阔步前行新征程》《喜迎二十大　奋进新征程》《百年统战路　共谱统战情》三篇会员文章获中共南充市委统战部"喜迎二十大、携手新时代"主题征文比赛优秀奖。此外，支部班子成员还"寻根铸魂"仪陇行，参观张思德纪念馆，缅怀优秀共产主义战士、为人民服务的光辉典范张思德烈士，深入学习领会"全心全意为人民服务"的精神实质。

2023年，是中共中央发布"五一口号"75周年。4月26日，民建南部县支部在中共南部县委统战部举办的纪念中共中央发布"五一口号"75周年诗歌朗诵比赛活动中，支部代表队以一首反映民建光辉历史的诗歌《远行》征服了观众和评委，获得比赛第一名。4月，还是抗日战争长沙战役常德保卫战柴意新将军壮烈殉国80周年，民建南部县支部联合南充市抗战历史文化研究会，组织开展了"南部籍抗战英烈柴意新将军之子柴陵华先生回乡祭祖省亲"活动，大家缅怀民族英雄，决心传承爱国传统、弘扬伟大抗战精神。5月，支部班子成员和各小组骨干会员前往西充县莲池镇张澜故居和民盟历史陈列馆学习考察，深深感受以张澜先生为代表的一代知识分子的爱国民主思想、忧国忧民品质、清正廉洁作风。6月29日，支部组织参加县政协在哈尔滨工业大学EDP中心委员履职能力培训班（二期）学习的11名民建界委员，前往全国爱国主义教育示范基地大庆石油科技馆、铁人精神纪念馆和铁人第一口井等地学习考察，使他们切身感受"爱国、创业、求实、奉献"的大庆精神和铁人精神，以"时时讲规矩，事事讲规格，处处讲规范，人人讲规则"为目标，努力推进家乡高质量的社会发展。

开展"烈士纪念日"系列纪念活动

2014年9月30日,是国家设立的首个烈士纪念日。民建南部县支部组织会员前往中国共产党早期的优秀军事指挥员、家乡隐蔽战线英雄、革命先烈李鸣珂烈士纪念园敬献花篮,向烈士亲属送去慰问金,以表达对革命先烈的无限敬仰和深切怀念。全体会员在李鸣珂烈士塑像前庄严宣誓:继承革命先烈遗愿,弘扬民建优良传统,风雨同舟,肝胆相照,坚定不移走中国特色社会主义道路,为实现中华民族伟大复兴中国梦努力奋斗。

2015年9月30日,我们赴湖南瞻仰韶山毛泽东故居和常德会战阵亡将士纪念碑,祭奠毛泽东主席为革命牺牲的六位亲人和南部籍抗战英烈柴意新将军。

2016年9月30日,全体会员前往南部县长坪山烈士纪念碑祭奠革命先烈,慰问红军墓第三代守墓人马全民。

2017年9月28日,大家到南部县"红军村"——升钟镇张家嘴村开展第四个烈士纪念日纪念活动,缅怀升保起义革命先烈,慰问烈士后人。

2018年9月30日,会员又前往南部县龙庙乡园通庵村慰问在朝鲜战场牺牲的汪太玉烈士亲属(儿子汪平锡)。

2019年9月21日,支部成员赴革命圣地延安"四八烈士陵园"祭奠革命先烈。

2020年9月27—28日,会员们又赴革命老区巴中开展纪念第七个烈士纪念日活动,向川陕苏区红军将士英名纪念碑敬献花篮、瞻仰川陕苏区将帅碑林;同时又到"红色古镇"恩阳,参观了苏维埃政府、革命法庭、红军经理处等旧址;在平昌县佛头山参观了刘伯坚烈士纪念馆和中国工农红军石刻标语园。

2021年9月26日,我们支部成员赴重庆歌乐山烈士陵园开展祭奠英烈活动。

2022年9月30日,会员代表前往南部县老鸦镇新建街28号向阳幼儿园,慰问1990年1月在上海执行任务时英勇牺牲的中央警卫团中队长李其太烈士亲属（母亲李传碧，弟弟李其平、李其满等）。

13年来，民建南部县支部会员由成立时的12人发展到46人，其中担任过市、县人大代表、政协委员达45人，会员中200多人次先后获得全省"抗击新冠肺炎疫情先进个人"，市、县"优秀民营企业家"，市"优秀扶贫干部"，县"脱贫摘帽功勋人物""脱贫摘帽标兵"，县"五好爱民干部""优秀人大代表""优秀政协委员"，"县域高质量发展先进个人"，民建省、市"优秀会员"等荣誉。2022年1月，支部被民建四川省委授予"魅力基层组织"荣誉称号。他们在"为国履职、为民尽责"中彰显了民建会员的担当和作为。

（彭勇，南部县政协副主席、民建南部县支部主委）

民　进

喊一声老主委："康—大—寿"

傅宗洪

自1992年5月加入中国民主促进会，迄今已逾30年，而我担任民进南充市委主委也有10余年了。作为一个参政党的成员，一个基层组织负责人，我对我会会员多有接触，其中不少的人和事让我记忆于心，感喟于怀。

本文标题中的康大寿，即我的前任主委，首先我想说说他的这个名字，这个名字太霸气，姓康，名大寿。把现在人们孜孜以求的人生愿望都熔铸在这掷地有声的三个字中。他为自己的名字颇为自得，多次在我们面前自我夸耀取得好，仿佛在他出生之时就亲自参与了为自己命名的决策过程一样。

"康大寿"于他而言，还应该是一个进行时态的名字，他今年才75岁，按照现在中国人的平均年龄计算，他只能算是达标，说他"大寿"至少目前来看还不那么准确。但他的确健康，从生理到心理都情况良好甚至优秀；至今他依然成天风风火火，是一个操心人——一会儿在写书、编书，一会儿在做报告，一会儿又在挥毫泼墨……我有一次询问他生病住院报销的程序问题，他支支吾吾、语焉不详，后来他才坦白说他好久没住过医院了，不清楚具体的程序。由此可见，他至今没有辜负他的这个姓氏。

我对康大寿的最初印象是20世纪90年代中期，我们一起供职的西华师范大学（那个时候还叫四川师范学院），统战部组织学校统战系统举行歌咏比赛，因为我粗通音乐，学校民进基委会的同人们就推荐我做合唱的指挥。当时康大寿已经担任了历史系副主任，行政事务繁杂，但他基本上不缺席每次排练。他嗓门大，又不知道收敛，其声音在合唱队伍中鹤立鸡群、独树一帜。我也不好纠正他，只能抽象地要求大家把声音收一点，但他似乎并不觉得是在说他，仍然我行我素。

后来我离开南充，去南方工作了六年多。再次回到学校工作，时不时地在校车上碰见他。他基本上都是以我回来以后的工作情况及困难为谈话主题，同时要我多参加组织的活动，等等；说心里话，我当时因为也担任了行政职务，同时还在撰写博士论文，没有太把他的话当回事。

很快，我被增补为南充市政协委员，民进省委委员，我似乎觉出了其中有康大寿的一点用心。果不其然，在2010年以后，他就含蓄地多次传达了组织有意让我在他卸任后接他班的考虑。

2011年底，我顺利地从他手里接任了民进南充市委主委，考验我参政议政能力的第一场考试是2012年度市政协全会的联组发言。如何选题、如何提出问题及解决问题的思路等，于我而言完全是一本没有打开的书。康大寿给我提出了一个选题，即"蜀道"申遗问题。当时成都、广元牵头，正提出这个历史文化发掘的课题，但两地政府部门关注的是从成都经广元出川的西线"蜀道"，而以南充为重要区域的东线并未引起学界、政府部门乃至媒体的关注，今天看来，这真是一个重大的历史文化命题。说来汗颜，我当时写的初稿，既不会提出问题，更不会提出解决问题的思路，如果记忆没有大的差错，我敢说他亲自给我大改了两次稿子。

有了他的修改、润饰，稿子的质量大大提高，我发言也有了更多的底气。我基本上是脱稿发言的，但我当时籍籍无名，多数参会的党政领导都不认识我，以至于会议的主持人不断给领导们轻声细语地介绍我的情况。我就坐在领导们对面，对此看得清清楚楚。

虽然因为种种原因，"蜀道"申遗的课题后来暂时搁置下来了。但今年（2023年）7月下旬习近平总书记来川视察，特别去了古蜀道标志性的历史遗迹——剑阁翠云廊并作了相关的重要指示。在9月27日的全省旅游发展大会上，省委书记王晓晖再次明确提出把蜀道作为未来四川旅游发展的重要线路。

同一个话题，虽然前后的对接历经了十余年，但回顾过去，让我深深体会到什么叫参政议政的能力。

　　记忆尤深的是，在我和他交接班的换届大会的闭幕会上，他作为卸任的主委做了语重心长的发言，明确表态：要扶我上马且送我一程；他还一往情深地表示，虽然从主委的位置上退下来，但他作为会员是不会退下来的，一切听从组织的安排。这两个表态让他至今"脱不了手"。十多年来，我时不时地去叨扰他，他一边说"不在其位，不谋其政"，但一边却又积极且恰如其分地为我出谋划策；他有时也想"懒政"，说"我已经早就给你送了一程了"，我反驳说"你并没有说不送第二程啊！"虽然退休多年，他的确很忙，不仅忙于学术（前几天他还在与我电话聊天的时候，说起他那本写四川辛亥革命专题史专著的最后修订工作），还忙于党派、政协甚至市人大和他所在学校的种种托付给他的工作。我到市政协任职以来，每一年的"文史资料"修改、审定，他都是最后的把关人；他依然是党派内以及统战系统、政协系统等专题讲座的常客——准确地说，应该是"常主"，即主讲人……有时他也真忙不过来，"骂骂咧咧"地抱怨，这时我就拿出我的杀手锏："你不是说你是永远的民进会员，一定服从组织的安排吗？怎么现在又讨价还价了！？"他只好苦笑一下，反复感慨一个人不能轻易表态。一件事只要他"接招"了，你就可以不必操心最后的质量问题了。

　　他为人随和，所以党派内稍稍年长的人都敢和他开玩笑，也喜欢和他开玩笑；对此他不仅不在乎长幼有序，而且有时也反唇相讥。其实，我敢说，不管是作为他同代的同人，还是作为后来者的我们，大家对他的敬重都是溢于言表更深藏于心的。

　　有时我和他也在电话、微信里闲聊。他自我标榜说他经历了风风雨雨、坎坎坷坷，能够健康地活到今天，有一个优点即是"豁达"。虽然他对自我的评价我并不都认可——比如，他说他活得洒脱，但我知道他至今出门都舍不得打的。有一次，我们一个会员亲眼看见他坐公交车，而且还需要转车才能抵达他的目的地，忍不住批评了他，而且转告我，让我好好批评他一下。我后来说他，你挣这么多钱，存起来干什么，他淡然地笑一笑说，"节约搞惯了"，你能说他这是活得潇洒吗？！不过，说他"豁达"，则真是如此。他们这代人都活得苦：虽然长在新中国，但70多年来的所有艰难困苦似乎都和他们如影随形：长身体的时候吃不饱饭，该读书的时候却在下乡。他在广元苍溪县下乡八年，后来又在攀枝花煤矿挖煤六年，以30岁的高龄才考上大学。应该说，读大学算是上天对他的最为深刻的眷顾了，从此改变了他的命运。正因为有太多的苦难经历的磋磨，以至于固化了他的某些习惯，比如"节约"——我就从来没有看见他穿过一身让我眼前一亮的衣服，以至于他出席某些重要活动穿着西装、打上领带时，还让我感觉有些不适应呢！当然，也正是因为有了这些苦难的锻铸，使他对人生能以更为和煦的目光去看待，有了这份"和煦"，于是他变得豁达。他给我讲下乡、煤矿挖煤的艰辛，也讲后来工作中的种种问题、矛盾，但他基本上只是就事论事，不轻易臧否个人。有些人事，我们都很清楚他的种种被误解和由此带来的憋屈，但他也三缄其口。从他那里，我学到了人生哲学的一课：一个人要获得别人的表扬与赞美并不难，难的是被人持久而深沉地敬重。

当然，简单地说康大寿"豁达"其实并不准确，他也有非常不"豁达"的时候。作为一个史学家，他总是不厌其烦地要求文史资料的撰写努力做到接近历史真实，他尤其反感在触碰历史时的信口开河，大而化之。一篇敷衍塞责的文史资料一旦落入他的手中，那就不可能被他轻易放过。南充市嘉陵区邀请他编撰嘉陵区籍历史文化名人韩世英的年谱，他不顾年岁渐高，多次赴现场考察，以此纠正旧有材料中的错谬、遗缺之处。发生在他身上最离谱的一件事是，他偶然发现南充市北湖公园嘉湖书院前大门有一副长联的作者落款为"任瀚（明代嘉靖八才子之一，南充人）"，他固执地认为这是错误的，为了证明自己的正确性，他查找了许多的历史文献，最终证明他的正确性，相关部门也只能根据他提供的材料重新制作了匾额。好几个市领导得知这件事后，对他赞不绝口。一个城市，多一些这样的好事者多好啊！

如此较真的人，你能说他通体豁达吗？！

他的执拗突出表现在对党派的组织建设和政治交接上。十多年前，我作为民进主委的后备人选进入组织的视野，但坦白地说，我和他并无深交。在我担任主委后，他多次在不同场合调侃我说，推荐我当主委，从来没吃过我一顿饭、喝过我一杯茶。话的表层是玩笑，但我深知他传达出来的是我们彼此之间的干净。后续的故事是，他有一次到我办公室来闲坐，我执意给他泡了一杯茶，要他一定喝一口，并且"告诫"他以后不能再以此"说事"了。

心底无私，必然豁达，这是我从康大寿身上看到的一种活的生命哲学。

有了这样的哲学精神打底，他才可以坦然面对生活和工作中的林林总总与形形色色；哪怕他有时执拗，哪怕他偶尔尖刻，人们都能够包容他、理解他，甚至是激赏他。或者可以说，他的执拗和尖刻即是他豁达的另一种表现。

有了这样的生命意志，我相信他一定会把他名字的全部内涵牢牢掌握在自己手上，不仅要健康，而且要大寿。

（傅宗洪，南充市政协副主席、民进南充市委主委、西华师范大学教授）

我为《张澜手迹选》作"序"

康大寿

2021年初，为纪念张澜先生诞辰150周年，张澜纪念馆与南充科技职业学院在中共南充市顺庆区委、区政府和南充科技职业学院领导的关心与指导下，组成《张澜手迹选》编辑委员会，决定在次年先生的出生纪念日（2022年4月2日）之前编印出版。他们经过近一年的史料征集、资料整理、图片精修、文稿校对之后，于2022年3月初基本完成。记得当时张澜纪念馆馆长、该书主编阳琼女士打电话给我，希望我能为《张澜手迹选》作"序"，我当时既吃惊又高兴，因为编辑《张澜手迹选》也是我曾经想干的一件事，虽然那时还未见到稿本，但仍欣然接受了她的邀请。

张澜先生不仅与我同是南充家乡人，而且他的人格与学识，尤其是他在中国近现代史上表现出来的爱国精神让我钦佩不已，正因为如此，他的生平与思想便成为我在中国近代史研究中的一个重要方面。早在1990年，我为1992年纪念张澜先生诞辰120周年，因搜集相关资料到过重庆、北京（包括民盟中央委员会机关）等地，与先生亲属以及先生原秘书吕光光等知情人交换意见，并于1991年以副主编参与编辑出版了《张澜文集》（四川教育出版社1991年12月版）；1992年，我与四川师范学院（现西华师范大学）谢增寿教授合作出版了《张澜传略》（中国现代人物研究丛书，档案出版社1992年12月版）；2012年，我又参与出版了《张澜与四川大学》上下册（四川大学出版社2013年版）。同时，我还先后发表了《张澜在四川保路运动中的一次精彩演讲》《张澜在辛亥保路运动中的政治思想初探》《川北宣慰使职上的张澜》《五四时期张澜政治思想述论》等文章。在这个过程中，我也整理过先生的长篇手稿，同时也感到还有不少先生所写的题词，以及字数不多的手书信件等重要资料未能搜集整理，更值得注意的是，人们在阅读手书文章与相同内容的排印文章时的心理感受还有所不同；更重要的是，手书改稿原文中的字句与改后的字句在含义与情感上往往也存在着差异。正因为如此，我以前也曾产生过搜集先生原始手稿的想法，但后来由于各种杂事太多，此事也就不了了之。当我接受为《张澜手迹选》写序的邀请后，编委会立即送来稿本，随后在提出自己对稿本修改意见的同时，便在规定的时间内完成了撰写任务。这里，我将"序"文呈示如下：

　　张澜（1872—1955），字表方，汉族，出生于四川南充县中和乡（今西充县莲池乡）张观沟，清末秀才，是中国伟大的爱国主义者，著名的民主主义革命家、教育家，中国民主同盟的创建者和领导者，中国共产党的亲密朋友，我国德高望重的领导人之一。先生的一生与中国近现代史紧密相连，他自清末开始，便从民族的前途、国家的存亡以及人民的利益出发，参与四川保路风潮，推进地方各项改革，阻止袁氏复辟帝制，呼吁民众团结抗日，反对蒋介石的独裁，最后与中国共产党人殊途同归，见证了新中国的成立与成就。

　　先生在近代各个重大历史活动中，均发表过不少精彩演讲，写下许多文电、函札、公牍，撰有《说仁说义》《四勉一戒》《墨子贵义》，以及《中国需要真正民主政治》等众多著述，现有《张澜文集》存世。但令人有些遗憾的是，先生不少文章、函件，尤其是字数不多的"题词"等文献的手迹却未能整理面世，因为从文献学的角度上讲，"手迹"是在未经第三者整理，即在没有任何干预的情况下，完全以最原始的第一手史料呈现给读者，从而具有更高的史学研究价值。

　　值得高兴的是，今年为纪念先生诞辰150周年，张澜纪念馆决定将先生手迹编选出版，以补文献之阙。此次出版的《张澜手迹选》，共收集有先生从1911至1954年间的信札、公文、题词，以及文章（包括改写初稿）的手迹共计78篇，其中有47篇均未被《文集》所收入。从手稿内容上看，它涉及当时的政治、经济、文化教育，以及社会的各个方面，不仅牵涉到一些重要的历史人物与事件，而且更彰显出先生在特定时段的思想与主张，可谓具有多方面的文献意义及社会教育作用。我们仅举以下三则"题词"为例：

1942年，中国的抗日战争到了一个关键时刻，先生于当年6月28日在给好友鲜英女儿鲜继桢的题词中写道："既惧国之将亡，又忧乱至无日，如何救亡，如何弭乱，有志气的男儿女儿，大齐起来负责！"虽其字数不多，然则震撼人心。

1950年11月，全国人民在共产党的领导下，仅一年时间便克服了许多困难，在各方面均取得很大成绩，为力避骄躁，再接再厉，先生为《新华月报》周年纪念题词："这是纪录中国人民历史新的一页，我们丝毫也不为我们所已经得到的成功而骄矜，我们要时刻准备着遇见新的困难、新的挫折，准备为着通过这些困难，克服这些挫折而艰苦奋斗，得到更伟大的成功。"先生眼光之高远，可见一斑。

1954年，这是新中国从新民主主义过渡到社会主义的又一个重要节点，先生为与好友潘龄皋互勉而写道："我们今天要过渡到社会主义社会，为人做事，必当随时随处加强学习。学是觉所未知，习是为之不已，所学即所习，就是知行合一，就是理论与实践相结合。学要虚心才能多受教益，习要小心才能少犯过错。"先生"学无止境""与时俱进"的人生态度，实为世人之楷模。

可以说，先生手书之内容不仅反映出他当时所蕴含的深邃思想和所产生的积极作为，而且还以其书写的字体、笔画，甚至于笔迹的浓淡之中给读者留下了他的心绪情感，以及我们阐释解读的空间。

此外，本书还收有《南充之实业自治》《四勉一戒》《"八一"节演词》，以及若干"信函"的原始改写稿。在这些"改稿"中，先生对字句改写之仔细实属少见，我们完全可以从这些细微的改动上，充分感受到先生在行文运思过程中的情感变化、语词修改的技巧，以及他对文稿精益求精的认真态度。

我相信，《张澜手迹选》的面世，不仅有益于对先生生平的深入研究，而且定会给读者以更多的思想启示。

遵嘱作序，有此感言，并致贺忱。

康大寿

2022年3月于西华师范大学莲花苑

（康大寿，西华师范大学教授）

我与"民进"

康大寿

我对中国民主促进会的最早认识，那已是在我国改革开放之后的事了。

1978年，我经过八年的"知青"生活和六年的煤矿工作之后，考入南充师范学院（现西华师范大学）。那时，我虽然学的是历史专业，但由于刚粉碎"四人帮"不久，大学历史教材基本上是沿用以前的教本，其中有关民主党派历史的内容极少，它更不是老师考试的范围，故而我也只是一般地泛泛了解而已。由于"文化大革命"已经耽误了我十年的时间，一个初中毕业生且30岁才上大学的我，想的只是如何能多学一些知识。大学毕业后，当时高校与其他各行各业一样，专业人才奇缺，我被留在了历史系工作，故而在专业上的发展就成为我的第一目标，自然也就没考虑过要去参加什么党派组织。

真正让我认识民进并促使我加入其组织的，还是我身边的民进老师们。

我留校之初，系里安排我上中国近代史公共课。随着我国的改革开放与政治思想上的正本清源，历史学术研究亦日趋活跃，中国近代史中关于民主党派历史的内容也日渐增多。我既然要讲授中国近代史课程，那么对我国各民主党派的历史，特别是它们在抗日战争与解放战争期间与共产党风雨同舟的斗争经历就必须要有所了解，但那时"民进"对我来说，也还是处在一个概念性的认识阶段。

1985年，为了在专业上能进一步深造，我考入河南大学第一届中国近代史助教班，而担任我们班主任的老师就是一位民进会员，这才使我对民进开始产生了特别的关注。

记得我去学校报到那天，火车到达河南开封已过中午，当我办完入校手续走到住地时，一位穿着极为俭朴且和蔼可亲的长者站在寝室门口并热情地把我们迎进室内，我当时还以为他是学校里专门负责学生宿舍的员工，后来才知道他居然是知名的荣铁生教授，当时担任我们近代史班的班主任。

荣老师（1924—2002），山东宁津县人，1948年参加革命工作，后曾就读于山东大学和中国人民大学，曾任民进河南省第一届委员会委员、民进开封市委主委，是一位资深的中国近代史专家。他的叔父荣孟源先生（1913—1985）更是中国现代著名的史学家，荣孟源先生早在1938年时就曾在延安行政学院任教，新中国成立初期在中国近代史研究所工作时，积极协助所长范文澜先生宣传马克思主义的史学观，推动中国近代史研究的开展，并对近代史资料的编辑整理与出版倾注了大量心血，做出过巨大贡献。荣老师可能也受到他叔父的影响吧，他一生也致力于中国近代史的教学与研究，并成为我国研究中国近代妇女运动史的著名学者，我读大学时就曾经拜读过他的大作。在我看来，像干"杂事活"这样的班主任工作应该是由年轻教师来承担，没想到我们的班主任居然是这样一位知名教授，我当时真有些意外，但那时还不知道他是一位民进会员。

在河南大学期间，同学们推我担任班长，由于班务方面的联系，我与荣老师的接触也逐渐多起来。有一次，我因事去他家里，老师家中简陋的陈设与他的穿着一样让我感到吃惊。他家的客厅很小，一张三人座的陈旧木"沙发"、一张简易木桌和一把中式木椅就占去了大部分空间，木椅因多年的使用已被磨得溜光发亮，桌上一台老式的收音机旁放着笔筒和砚台，这一切与我想象中的大学教授，尤其是一位很有名气的历史学专家极不相称。那天师母告诉我，说老师因去参加河南大学民进小组的一个会议而不在家，我这才知道老师还是一位民进会员。

在近两年的学习过程中，我从来没有看见过荣老师有过什么大学者的"派头"，他平易近人，对我们班的同学，尤其是对我们外地到河大求学的同学更是关怀备至。记得在1985年冬天的一个夜晚，我接到系办公室老师的通知，说北师大的一位教授要来开封为我们授课，凌晨2点将到达郑州，我作为班长自然要去郑州接站，由于走前有许多事情要与班主任商量，因此我必须立即到荣老师家去一趟。北方的冬天很冷，风特别大，夜晚天黑得早，记得当时已是晚上11点钟左右，"天这么晚了，该不会打扰老师吧？"我一路上都在犹豫不决，但当我忐忑不安地敲开房门时，老师热情地一把将我拉进屋里，"天这么冷，快进屋！"那个年代，一般的家里都没有空调，取暖大多靠火盆，老师将我拉到火盆边坐下，"有什么事烤烤火再说吧"。此时，我心中的不安顿时全无，心中充满着暖意，老师又一次地把一个普遍性的民进会员概念演绎成了一位具体的慈祥长者。

1987年初，我从河南大学毕业返校，荣老师仍然不时地写信为我解惑，关心我的生活与工作，我们师生间的信件往来一直延续到他仙逝为止，那时他早已是民进河南开封市委第一届委员会的主任委员。可以说，荣老师对我的影响和我对老师的敬仰是我后来加入民进的一个十分重要的原因。

可能是荣老师给我留下的印象太深的缘故吧，我回学校后便开始了解我身边老师们的党派背景。这时我才惊奇地发现，我们学校许多教师都是民主党派的成员，尤其在我读书时都十分敬佩的老师之中，不少也是民进会员。

在我们历史系里，江宗植老师（1915—2003）当时是为数极少的几个教授之一，他学识渊博且非常谦和。他于20世纪50年代在成都工作时就参加了民进组织，是南充民进组织建立之前唯一的一位民进会员，由于他的这一特点和为南充民进组织发展做出的重大贡献，我们南充民进人都曾尊敬地称呼他为"江种子"。我读本科时，江老师虽然没有直接为我们上课，但他指导了我教学实习前在学校的试讲，他那时已是67岁的老人，而指导我们试讲时却一丝不苟，对我们是有问必答，不厌其烦。

江老还是一位宽厚善良的老人，我曾经听师母讲，江老因研究的是世界近代史，而这一段历史主要是世界资本主义发展的历史，故而在"文化大革命"中造反派便以"宣传资产阶级"的罪名批判他，甚至还有曾经当过他学生的人动手打他，但事后他并不记恨，同样地友善相待。我夫人也曾告诉了我一件令人感动的事情：她父亲虽然抗日战争时就参加了革命，但在"文革"中也因"家庭成分"问题而一度被下放到农村老家劳动，当时全家7口人就只靠她母亲很少的一点工资维持生计，家中生活非常困难，江老师尽管自己当时经济也并不宽裕，那个时候一个教授的工资也就100元左右，但他每月却定时向岳父家提供15元的帮助，使我夫人全家度过了他们一生中最艰难的时期。

王璞教授（1918—1999）也是民进会员，新中国成立前在重庆时就开始发表文章，属我们系里的几位老教授之一。他是江苏江阴人，说话不容易听懂，因我与他同在中国近现代史教研室，所以在专业上常常向他请教，我记得每次和他交谈时，他都特意放慢语速，个别语句我听不懂时他还用笔写在纸上，其情景至今难以忘怀。

向洪武教授（1929—2022）是我后来加入民进组织的引路人，当时是历史系世界古代史研究室的主任。他在四川师院（现四川师范大学）教书时就担任过历史系的负责人和院务委员等职务，我读书时，他讲授世界古代史。外国古代史不好讲，由于民族与文化的差异，学生听起来就有些头晕，再加上还是古代史，时间、空间均与我们的距离太远，要想让学生听懂并感到有兴趣则更难，但向老却能讲得有声有色，我们都喜欢听。可能也正是这一原因，同学们与向老都有一种特别的亲近感，大家有时在周末还到老师家玩，分享老师的糖果。我后来才知道，向老在我大学毕业时就加入了民进，1983年担任了民进南充市委筹备组的副组长，当年11月，他作为正式代表出席民进第五次全国代表大会。我加入民进后，他一直是我们南充民进的主要领导，还担任过民进四川省委第二、三届委员会的副主委，其优良作风一直被我们民进后来人称道。

徐才安教授（1933—　）在我们系教地方史，工作兢兢业业，从不计较个人的名利得失，生活上更是朴素无华。每到夏天，人们都会看到他穿着一双草鞋，不知道的人还以为他是一个农民。徐老师现早已退休，但仍在著书立说，或帮助地方政府写史志，那时我们还会不时地在南充电视台播出的《南充人说南充》节目中看到他的身影。

我校文学院著名教授周虚白先生和彭子银教授也是民进会员。

周虚白教授（1907—1997）当时虽然也没有给我们上过课，但他的才华与人品我却是早有所闻。周老1936年毕业于四川大学中文系，担任过四川省古籍整理委员会委员，他一直是我们学校中文系的系主任并担任院学术委员会副主任等职。我在学校读书时，由国家出版局、教育部联合负责的《汉语大字典》正在编撰，周老担任《汉语大字典》的编委。该书出版后获得国家图书奖、国家辞书奖、中国图书奖、全国优秀畅销书奖、全国图书"金钥匙"奖等多项国家最高奖，被列入中华人民共和国常备书目和被联合国编入《吉尼斯世界纪录大全》。我在还不认识周老之前，想象中的他一定是一位身材魁伟的大学者，然而我后来看到的他却是一位个头不高且身材清瘦的老人。1982年，他与向老一起成为南充第一批五名民进会员之一，并在当年9月15日建立了南充民进第一个组织"民进南充师院小组"。1983年12月，周老当选为民进南充市委第一届委员会主任委员。

彭子银教授（1934—　）是我大学时的逻辑学老师，他严密的思维与出众的口才让我们在听课时如醉如痴，我后来兼教逻辑学课可以说是直接受了他的影响。记得那还是在我当系主任的时候，彭老师因中文系的教学任务太重，已无力再承担我系的逻辑学课程，我只好动员本系老师讲授。由于逻辑学的学科系统性强，内容较为枯燥，文科学生不大好懂，故而许多老师不大愿意接手，在这种情况下，我只好自己担起来。在逻辑学的教学中，我采用了彭老师的教材组织方法与讲授方式，不懂的地方就请教他，很快便得到了同学们的认可。后来学生问我，"康老师，您是如何把逻辑变得如此妙趣横生，让我们在课堂上笑语不断的？"我说，"这是彭子银老师教我的"。

这些老师那时都是我们学生崇拜的偶像，当我后来得知他们都是民进会员时，着实让我吃惊，这更加深了我对民进组织的认识。也正是这一原因，当向老在1989年初与我谈心时，我便非常高兴地表达了自己想加入民进的意愿。可以这样说，是我身边的民进会员老师们吸引了我并促使我选择了民进。现在这些老师们均早已退休，有的则已经仙逝，但他们的人品与学识却一直成为我效仿的榜样。

1989年5月，我正式加入民进，成了一位民进会员。7月，我被推选为历史系的系副主任。历史系在我校中历史悠久，由于老教师的相继退休，行政、教学都急需中青年接上班，当时我母亲正患脑溢血而瘫痪在床，儿子刚10岁，爱人身体也不大好，长期患有慢性疾病，同时我自己的教学任务也重，职称亦不高，而系里的老教师多，高职称多，民主党派成员多，要在这样的老系中干好管理工作我真没有把握，但老师们的鼓励与支持，尤其是民进老师们的大力帮助，不但使我主管的工作能得以顺利开展，而且在我专业上还有所收获。1991年6月，我受邀到香港参加了第12届亚洲历史学家会议，在会上宣读了我的论文，并受到与会者的好评。

1991年10月，我被民进四川省委推选到北京参加了民进中央召开的全国"民进会员先进事迹经验交流会"。在这次会上，我听取了全国许多知名专家学者、教师、文化出版工作者的发言，他们的业绩既使我感受到了自己作为一名民进会员的光荣，同时也使我增强了信心，决心要向他们那样去努力工作，也要为民进组织增光添彩。

1992年4月，我被推选为历史系主任，在此任上一干又是6年。说实话，那时的系主任还真是个苦差事，就好像是"人民公社"时代的生产队长，什么杂事都要管，其中最让人头痛也是最费时间的还是如何想办法为系上多"创收"，因为那时学校老师的工资并不高，更没有学校向系里拨付学生的"人头经费"一说，系里只能通过招收函授生和举办各种提高班来增加老师们的收入。为了不影响自己的专业，我只能在教学和行政管理之余充分利用夜晚时间及节假日时间进行备课和从事历史研究。

1997年，我进入民进南充市委的领导班子，为了不影响教研和民主党派工作，遂于次年底辞去系主任职务，1999年11月被评为"四川省各民主党派为社会主义建设两个文明服务先进个人"。

2002年4月，我当选为民进南充市第五届委员会主任委员，2004年3月又被选为南充市第三届政协副主席，此后连任市第四届政协副主席，并同时担任四川省第九、十两届政协常委，故而社会调查、撰写提案、收集民意，以及各种会议等社会性的事务更多繁忙。

我常常告诫自己，作为民进会员尤其是一个党派的市级负责人，在搞好党派工作的同时，首先还要搞好自己的本职工作。几十年来，我在教学上深入钻研教材，上课认真负责，如因公务活动而耽误了的教学课程一定要补上；对研究生学习及论文撰写的指导一丝不苟，2005年我也因此被学校评为第一届"教学名师"。

在此同时，我还针对教学上遇到的难点进行科研，先后领衔主持并完成了国家社会科学基金科研项目——《近代外人在华治外法权研究》，主编或参编了《近代中国的对外赔款》《近代中国》《中国新民主主义经济史》《中国近代史教程》《中国现代史简编》《张澜文集》《张澜传略》《张澜与四川大学》等专著或教材共10多部，其中《张澜文集》与《张澜与四川大学》还获得四川省社会科学成果三等奖，并有多部专著得到国内专家们的充分肯定，并被一些知名刊物和网站推荐，在全国产生了一定影响。此外，我在《民国档案》《清史研究》《历史教学》《史学月刊》《社会科学研究》《亚洲研究》（香港）等学术刊物，以及《纵横》《民主》《人民政协报》《团结报》等报刊上发表论文80余篇。由于我作为民进会员，故而亦注意对统战历史和民进会史的研究，如我发表了《邓小平在抗日民主政权建设中的统战理论思想》《抗日战争时期军事统战思想的光辉典范——读朱德〈论抗日游击战争〉》《朱德统一战线思想述论》《马叙伦发表〈读了"中共五一口号"以后〉》等文章，2020年8月，民进中央授予我"民进全国会史工作先进个人"称号。

作为民进会员、市政协副主席，参政议政是我的责任。故而在搞好本职工作的同时，我还利用一切机会了解社情民意，并通过提案或直接在相关会议上提出自己的意见，如针对以前南充有的地方乡村教师工资由当地乡镇发放而引发的工资拖欠，以及一段时间沿海城市曾出现的大量"农民工失业"等问题的建议都引起各级政府的高度重视，有的还很快得到了解决。2012年1月，我在四川省第十届五次会议上提出"四川省公务卡推广应用中有关问题的解决建议"的提案，会议结束后省财政厅的领导还特地到南充来听取我的意见，该"提案"被评为2012年四川省政协的优秀提案。此外，因为历史专业的原因，我当时除了日常工作之外，还负责联系政协文史委员会，因此也时常参与南充地方历史的研究，并主持市政协出版了《襄渝铁路大会战》、《我们那个年代》、《走进百年古镇》、《难忘的伤痕》、《见证三十年》、《解放初期的南充》（上、下册）、《苦涩的记忆》（上、下册）、《红军在南充》等文史资料的编撰工作。

作为一名大学历史教育工作者，我知道自己肩上该承担的社会责任和民族责任，那就是要用历史来警示与教育学生，并积极参与当代中国的改革，不断推动社会的全面发展，以最终实现中华民族的伟大复兴。

我的专业是中国近代史，对于近代中国的苦难、当今中国良好的发展环境和少有的历史机遇有着切身的体会，故而我利用各种重大历史事件的纪念活动与社会关注的热点，通过讲座或发文等方式来弘扬爱国主义精神，宣传党的方针政策，我先后为大专院校、各级党校、政协委员和其他许多单位作了《香港的历史与现状》《澳门历史漫谈》《台湾的历史与台海局势浅析》《近代中国改革概论》《辛亥革命与近代中国》《中国统一战线的历史回顾》《中国政党制度的历史必然性与现实必要性》《新疆历史与东突厥斯坦问题》《勿忘历史，振兴中华》《辛亥革命与人民对中国共产党的最终选择》，以及《中共"五一口号"的发布及其意义》等百余场的专题报告，受到听众的欢迎。虽然这都是些小事，而且也是一个民进会员和史学工作者应尽的职责，但党和民进的各级组织却给予了我充分肯定与极大鼓励，中央统战部主办的《中国统一战线》杂志在2002年第6期《人物春秋》栏目中，还以《一心研史学，满腔爱国情——记四川省政协委员、著名历史学家康大寿》为题对我作了专门报道；2012年9月，民进中央委员会又给予我"民进学习践行社会主义核心价值体系先进个人"称号，这些都让我感动不已。

2011年，我年满63岁，并连续担任了两届民进市委主委，当年底将举行市委领导班子的换届大会。在此之前，我们民进组织谨慎研究，多次协商，再经过12月代表大会的民主选举，民进市委第七届新的领导班子产生。接任主委的是我们学校（西华师范大学）48岁的文学院院长傅宗洪教授，他为重庆人，阅历丰富，17岁考入西南师范学院（现西南大学）外语系，毕业后曾当过中学英语教师，其后考回母校新诗研究所攻读硕士学位，毕业后到我们学校（西华师范大学）文学院教书，其间曾到广东佛山科技学院任教6年，返校又先后担任文学院副院长、教务处副处长，同时又进入中山大学中国现当代文学专业博士生学习；在4名副主委中，除了南充市作协主席李一清（1956—2021）、市委机关专职副主委王宏伟（1962—　　）两位继续连任之外，增加了嘉陵区教育局副局长苏俊富（1962—　　），以及南充高中英语特级女教师陆雅平（1965—　　）。我当时对民进新市委班子充满了希望，当时表态说："我虽然退出了领导班子，但永远是一位民进会员，一定服从组织领导，尽职尽责。"

2013年4月，我退休离岗。这时的我，虽然没有了教学任务，但南充市、县两级对南充境内民间传统文化的调研、搜集与整理工作才刚开始还不到一年，这是当时南充市地方文化建设中的一个重要项目。我作为民进会员，又是该工作的主要负责人之一，要做的事情还很多，任务也十分艰巨，故而只能是"退而不休"了。

南充民间传统文化的调研、搜集与整理工作，在2012年就已经启动，我退休后便全身心地投入这项工作中。在后来近4年的时间里，我们在中共南充市委、市人大、市政府、市政协的主要领导，以及市、县两级各相关部门和广大人民群众的大力支持下，经过"南充民间传统文化书系"编辑委员会全体同人的通力合作，该项目终于在2016年底全部完成。其成果由一部带研究性质的专著《南充民间传统文化概论》、十辑带有文献性质的"南充民间传统文化资料丛书"（即《方言俚语》《民间风俗》《民间故事》《民间歌谣》《民间艺术》《民间音乐》《民间谚语·歇后语·碑记·楹联》《家训族规》《民间建筑》与《古镇与码头》），以及一套三册收有不同历史时期1400余幅新老图片的影像图集（《民间风俗》《民间艺术》《古镇·码头·古建筑》）组成，总计大约400万字，于当年11月分别由四川人民出版社与四川美术出版社公开出版发行。

2016年12月13日上午，"南充民间传统文化书系"首发式在南充万泰大酒店会议厅举行。当时出席的领导有市人大常委会主任袁险峰，市委常委、市委宣传部部长何迎晓，市人大常委会副主任徐远火，市政府副市长刘作鸿，市政协副主席傅宗洪，四川师范大学教授王川作为四川省民间文艺家协会副主席亦到会表示祝贺。

首发式由原四川省人大教科文卫委员会副主任、南充市人大常委会顾问、"南充民间传统文化书系"主编李志杰主持。我作为副主编首先致辞，并对南充民间传统文化搜集、整理工作的过程与意义，以及该"书系"各部分的内容与特点作出说明。随后，市人大常委会主任袁险峰、市委宣传部部长何迎晓、四川人民出版社副总编辑周颖，以及王川教授等先后发言，他们充分肯定了南充这一文献整理的理论意义及学术价值。首发式上，与会领导还为10个单位进行了赠书。

"南充民间传统文化书系"出版发行后,"中国社会科学网"发布了通讯员陈艺瑞与记者曾江的报道文章《巴地文化搜集整理的集大成之作问世》(2016年12月14日),该文引用四川师范大学王川教授的话说,"是书之出版,使南充市成为四川省内地级市出版民间文化丛书之第一家",并对该"书系"的内容作了较为详细的评述,肯定了其出版发行的积极意义;12月29日,"中国改革网"在《以十大工程为抓手建设"成渝第二城"》一文中,对该"书系"在南充的首发式也作了介绍;2017年2月15日,"国学教育网"在其首页的《教育时政》栏目中以《历时4年多,千余人参与"南充民间传统文化书系"绚丽绽放》为题,对南充各界人士参与保护传承优秀民间传统文化的积极性给予高度赞扬,并分析了"书系"的内容特点以及在传承中华文化和文献研究价值等方面的重要价值。此外,苟德仪教授的《一部区域民间文化整理与研究的力作》《西华师范大学学报》(哲学社会科学版,2017年第1期)、方新蓉教授的《南充市首部民间传统文化的百科全书》(《四川社科界》2017年第4期)两文均各自从不同的角度对"书系"的内容及其作用进行了评述。

在这退休后4年多的时间里,我可以说是全身心地投入这项工作中,如总体策划,实地调研,资料查寻,采访当事人;有时白天到区县农村拍摄碑文,晚上在家点校整理;尤其后期的撰写成文、审改全书更是要耗费大量的精力与时间。可以说,那几年我是不分白天夜晚,连许多节假日都在办公室里度过,虽然劳累,但同时自己也受到了一次深刻的优秀传统文化教育,而且能为家乡的文化事业尽点力,故而我亦感欣慰。

2019年,民革中央与团结出版社为纪念"辛亥革命"爆发110周年(2021年),当时拟编撰一套以纪念"辛亥革命"且史实性极强的专著丛书共20卷,并定名为《辛亥之光——辛亥革命重大史事纪实》。当时,丛书主编、南京中国第二档案馆研究员,也是我在河南大学的同学王晓华,将其中《四川卷》交由我来完成,此后我又全力投入该书的撰写之中。在撰写这几年里,正好遇上全国防控新型冠状病毒肺炎疫情的特殊时期,各地图书馆、档案馆、纪念馆均中途封闭,很多时候,我们学校图书馆的阅览室里就只有我一人，经过几年的努力，我总算圆满地完成了任务。在那期间，我的夫人尽管不时地抱怨我，但她仍然戴上口罩为我上街买菜，回家做饭，让我安心写作，对此我至今均深感歉意。

几十年来，我也遇到过困惑与困难，但每当此时，民进组织和会员同志们，特别是我身边的民进老师们都会鼓励我，并极力为我排忧解难。民进对我来讲，那就是一个温暖的大家庭，这也是我工作几十年直至退休而不愿离开南充的一个重要原因。记得在我当系主任期间，省外一些高校的朋友也曾多次找过我，希望我能到他们学校去工作，给出的条件也很优厚，但我都毫不犹豫地谢绝了，他们问我："南充如此闭塞，你留恋个啥？"我说："南充是我的家乡，我更舍不得我南充的民进组织与我身边的同人！"

民进南充市委会的建立

申 英

党的十一届三中全会后，民进中央决定成立民进四川省筹备委员会。省筹委会开始了民进地方组织的筹建工作。1982年5月下旬，民进四川省筹委会副主任委员徐天逸同志来南充市（县级市）开展组织发展工作。他在当时中共南充地委、南充（县级市）市委统战部的大力支持和帮助下，找到了1956年在四川师范学院（成都）加入民进的老会员南充师院（现西华师范大学）历史系江宗植教授（1915—2003）。江教授曾任民进成都市委委员、成都市政协委员，1964年高校调整时调至南充师院历史系任教，他是民进在南充的"种子会员"。在江宗植教授的介绍和引荐下，在南充师院党委的积极支持下，民进很快在南充师院发展了周虚白（中文系主任、教授）、向洪武（历史系世界古代史教研室主任、副教授）、罗道有（教务处）、缪树晟（中文系大学语文教研室主任、副教授）、许志伟（后勤处）5名同志。这是南充民进最早的一批会员。

1982年9月15日，民进南充师院小组成立。周虚白（1907—1997）、向洪武（1929—2022）、罗道有（1918.4.10—2007.2.12）承担起了南充民进的组织、发展工作。南充师院民进小组的成立，为南充民进组织的建立和发展奠定了基础。

南充师院民进小组的几位老同志为了打开南充民进组织发展的局面，他们在都有本职工作的情况下，利用休息时间去做组织发展工作。由于当时民主党派刚恢复活动，既无工作经费，又无办公地点，市内也没有的士，公交车也仅有两条线路，年迈的三位老同志经常是徒步前往市内高校和中专学校，讲解党在新时期的统战政策和民进与中国共产党共同奋斗的历史，做发展对象的思想工作。他们与南充地区教师进修学院和南充师范学校党委联系，得到了这些单位党组织的大力支持，经组织推荐先后又有沈元林、张开模、魏威、唐章发、王碧槐、徐运群、秦元菊7人加入民进。这是在南充发展的第二批民进会员，此时南充有了13名会员。

1982年11月7日，民进南充小组成立。

12月，民进省筹委决定将民进南充小组改建为省直属南充支部。12月9日，省直属南充支部成立大会正式召开，周虚白教授任支部主任，向洪武、罗道有任支部副主任。此后，支部一方面认真组织会员学习党的方针、政策，开展各种组织活动；另一方面积极协助各级党组织，维护会员教师的合法权益。随着党的统战政策逐步贯彻落实，南充民进逐步扩大会员的发展范围，在南充的大中小学校、幼儿园、文艺团体中的会员不断增加，到1983年10月，会员人数已发展到了77人。

1983年10月，民进省筹委认为南充已具备了建立市委会的条件，决定成立民进南充市委筹备组。10月24日，民进南充市委筹备组成立大会召开，周虚白任筹备组主任，向洪武、罗道有任副主任。筹备组成立后，相继建立了南充师院、教育学院、小学、中学、幼教五个民进基层支部。

1983年12月11日，经过近两个月的组织筹备工作，报经民进四川省筹委批准，民进南充市委员会正式成立。这是改革开放后，在四川省内成立的第二个民进地方组织。

民进南充市委员会成立大会会场设在果州宾馆，民进省筹委主任委员刘西林，副主任委员马力可、甘道铭、钟树梁、徐天逸等领导亲临南充并到会指导祝贺。南充地、市党委、人大、政府、政协领导、各民主党派、有民进会员的大中小学校负责人莅临大会，南充民进77名会员全部参会。大会由周虚白同志主持，向洪武代表筹备组作工作报告，徐天逸副主委代表省筹委会宣布成立南充市委会的决定和经筹备组干部扩大会议选举并通过省筹委批准的市委会组成人员名单。周虚白当选为民进南充市委第一届主任委员，向洪武、罗道有当选为副主任委员，江宗植、杨宗遵（南充教育学院英语系主任、副教授）、沈元林（南充教育学院中文系副教授）、刘行健（南充市二中教师）、蒋吉春（南充市延安路小学副校长）、冉隆芬（南充市紫竹街幼儿园园长）等6位同志当选为委员。省筹委主委刘西林和中共南充地、市领导在讲话中对民进南充市委的成立表示了热烈的祝贺。12月13日下午，中共南充地、市委统战部邀请民进省筹委领导和民进南充市委会全体成员召开座谈会，听取他们对南充统战工作的意见和建议。时任中共南充地委书记康咸熙同志到会并讲话。

民进南充市委的成立，标志着民进组织登上了南充的政治舞台，南充民进的发展进入了一个新的阶段。

（申英，民进南充市委专职副主委）

周虚白主委与"三大三小"

杨霞丹

周虚白先生（1907—1997），是四川新都人，四川师范学院著名教授，蜀中知名教育家。他从教60余年，门生中专家、教授、学者、高干遍巴蜀。他教子有方，子孙中人才济济，有的甚至青出于蓝而胜于蓝。周老教艺超群，学术造诣宏深，诗文书皆通，世尊"通儒"，被誉为川北文学泰斗。

我生而无幸做周老的学生，却有幸在20世纪80年代初在南充民进组织里认识了他并得到他无微不至的关怀和谆谆教诲。那时，他任刚刚诞生的民进南充市委的主任委员。当时，我在南充地区文化局工作，耳闻南充民进发展会员的势头如火如荼，南充文化界，特别是南充文工团的不少活跃人物如刘同心、李中宣等都加入了民进。我当时对民主党派的认识几乎等于零，但是在中共十一届三中全会以后，在整个社会特别是知识分子政治热情很高的气氛中，我产生了加入民主党派的想法。我把我的愿望告诉了时任民进南充市秘书长的刘同心。几天后，1983年11月的一个中午，在南充民进的办公室（在中共南充地委统战部借用的房子）里，我第一次见到了周老，他紧紧地握住我的手连声说："欢迎你、欢迎你。"又简要地介绍了南充民进的情况。他是一个瘦小文弱慈祥的"老祖父"，声音比较纤细，手也冰凉冰凉的。但他纤细的话语却句句深入人的心海深处，他冰凉冰凉的手指传递给人的却是沁入肺腑的温暖。我想，大概这就是文学泰斗、教育大师的魅力吧！

当时，以周老为主委的南充民进组织着力培养我。会内有那么多德高望重、事业有成、硕果累累的教授名人大家，却把我这个30来岁的女同志，刚刚在业余文学创作道路上起步的新会员推选为南充市政协委员，民进四川省委委员，四川省各民主党派、工商联为四化服务先进集体先进个人代表在全省的大会上发言。政治荣誉接踵而至，使我在不胜惶恐的同时，也逐步加深了对民主党派的认识并深深地爱上了民进组织。特别是当我在南充市各民主党派、工商联表彰先进的大会上发言的时候，南充民进的领导人周（虚白）老、向（洪武）老、罗（道有）老在台下笑微微地望着我时，我心中升腾起一股巨大的力量。

更难忘那一年我坐骨神经痛痛彻骨髓，躺在床上。我不知道周老、向老、罗老他们怎么得知了我患病的事，正在出席政协会议的"三老"，在中午休息时竟相约一道，步行来到我的住地，又一步一步登上五楼来我家看望我，要知道周老当时已是近80岁的老人。我感动得热泪盈眶，他们嘘寒问暖的话语像一股热流涌遍我全身，彻骨的疼痛竟减轻了许多。我相信，周老他们不仅仅是关心我一个人的成长进步，南充民进的每一个会员都装在他们的心中。

周老任民进南充市委主委时，提出了"三大三小"的建会原则。"三大"是"识大体、顾大局、议大事"，"三小"是"不打小算盘、不说小话、不拉小圈子"。须知那是在20世纪80年代初，民主党派刚刚经历了"十年浩劫"，才开始恢复活动、发展组织。民主党派的性质、地位、任务、作用也远不像中共中央〔1989〕14号文件《关于坚持和完善中国共产党领导的多党合作和政治协商制度的意见》所界定的那样明确。更没有听见过"参政议政""建设高素质的参政党""立会为公""以德治会"等新概念、新名词。而周老却以他的远见卓识、以他博大广阔的政治胸怀、以他数十年为人师表的人品人格，提出了"三大三小"的原则，它与"立会为公""以德治会"是一脉相承的。

周老提出了"三大三小"的原则，他不仅自己身体力行，在会内树立了榜样，而且为南充民进在建会之初就树立起优良的会风，从而得以生机勃勃地发展做出了巨大贡献，也为他在晚年从一个学者成为民主党派领导人的政治生涯写下了浓墨重彩的一笔。

（杨霞丹，民进会员）

躬耕杏坛育桃李　爱岗敬业统战人

——记南充高中民进会员陆雅平老师

黄　茜

有一种身份，是统战人；有一种坚持，叫兢兢业业；有一种奉献，叫教书育人；有一种情怀，叫倾心教育！

陆雅平，正高级教师、特级教师，南充高中英语教研组组长，曾任民进市委副主委、民进南高支部主委、南充市政协常委、南充市名师工作室主持人。

她，化春风而润万物于无声处，是同学们眼中严谨不苟的"陆老师"，更是和蔼温暖的"陆妈妈"；她，投身统战工作，勇挑民进南充市委副主委、南高支部主委的重任，组织会员积极为社会发展献计献策。

躬耕杏坛育桃李

1965年，陆雅平出生于风景秀美、人杰地灵的甘孜州一个军人家庭，严谨、有序、规范的家庭教育让她从小就很独立，做事有条不紊，学习和生活都很自律，这为她以后从事教书育人的工作打下了坚实的基础。1987年7月，刚从南充师范学院（现西华师范大学）外语系毕业的陆雅平来到南充高中从事高中英语教学工作。从此，三尺讲台便是她的人生舞台，传道解惑便是她的人生轨迹。她把全部的精力都倾注在工作中，静心教书，潜心钻研，

一心育人。

她先后担任了12届31个班的英语教学工作。最繁忙的时候，她当班主任并同时任教三个班的英语课，周课时多达45节，长期超负荷运转。1994年，高考前两个月，她上课时突然晕倒在讲台上，诊断为心肌炎。医生再三要求住院治疗，但是因高考在即，她不愿耽误学生学习，只是利用课余时间输液治疗，没有因此耽误一节课。当学生看到她在讲台上满脸汗珠、忍着疼痛艰难地讲课时，无不感动得热泪盈眶，当年高考，她所带班级里的"五朵金花"全部考上清华、北大，所教班级英语单科成绩超省平均分30多分，在成绩张榜的那个晚上，同学们高兴地抱着虚弱的她又唱又跳，双眼噙满泪水，是喜悦，是感动，更是感激。

1997年，她父亲身患绝症，她奔走于病床与讲台，一边尽孝，一边尽职；三年后，她母亲硬膜外血肿，需做开颅手术，她晚上护理病人，白天教育学生，病室与教室，她从未缺席。

陆老师经常说，"一个人真的需要追求和信念的，这些信念和追求会让我们坚强并坚守着"。1998年，她荣获省优质课竞赛一等奖；1999年荣获全国中小学教师素质教育英语知识能力竞赛一等奖；2003年被四川省人民政府授予中学特级教师荣誉称号，年仅38岁。2004年，她被中华人民共和国教育部授予全国优秀教师荣誉称号。

她所教历届学生会考成绩优良率达99%以上，所教学生有100多人考入北大、清华，数百人进入复旦、中国人民大学等全国知名高校，指导学生参加各类中学生英语能力竞赛，先后有200多人获国家级奖项，所带班级多次获得市、省级先进班集体以及全国"五四红旗团支部"等荣誉。

薪火相传助成长

都说孔子弟子三千，陆老师从教近36年，其弟子也2000多了，他们分布在大江南北、五湖四海，足迹遍布海内外。他们传承着陆老师的精神品质，以不懈的努力，成为她的一个又一个骄傲，每到逢年过节，如今这些长大了的孩子们仍千叮万嘱他们的老师："千万保重身体，要听话，要认真吃饭，不准只吃饼干和白开水！"面对这样的话语，陆老师如是说："不知道除了我还有多少人如此幸运，一个人可能一辈子都得不到这么多人的真诚祝福，我感到幸运、幸福，再苦再累也高兴！"

如今，正如陆老师初登讲台时受到民进老会员陈桂华老师耐心细致的帮助一样，她正在把"传、帮、带"的优良作风继续发扬。她悉心帮扶青年教师，耐心传授自己的教学经验，引领了一大批年轻教师茁壮成长，并先后与8名青年教师结成"师徒对子"，耐心细致地培养，助力他们快速成长为骨干教师。2017年底，陆老师又组建"南充市高中英语名师工作室"，以开展"送教活动""联合教研活动""同课异构活动"为契机，带领工作室成员在三年时间内将高质量的示范课30余节送到巴中中学、广安武胜超前外国语学校、阆中中学、营山中学、仪陇中学、南部县东坝中学、高坪安汉中学、龙门中学、李渡中学等学校，充分发挥示范辐射作用，助力南充三区六县教学一线教师在专业素养上快速成长。在近几年疫情期间，陆雅平名师工作室团队精心编写线上免费高中英语辅导教程，不仅为老师们提供线上辅导的教学资料，更为学生们提供了英语拓展的学习教程，开拓了高考真题阅读、时文阅读、高中语法和完形填空这四个系列的专题训练，对夯实学生语言基础、丰富学生英语知识储备、培养学生思维能力，以及全方位、立体化促进学生语言运用能力的提升均起到了积极的作用。陆老师所带弟子们成果丰硕，周云菲老师获全省青年教师优质课竞赛二等奖，王琴老师获四川省初中英语优质课展评一等奖，高明利获四川首届微课制作大赛一等奖，张建伟、黄茜等老师获全市教学大比武一等奖。

履职尽责统战人

作为民进会员，她秉承使命，勇于担当，笃心于一件件服务社会的实事；作为政协委员，她为民奉献，热心参政，协助政府解决一个个民生难题。

1994年，陆雅平老师加入民主促进会，成为民进会员。多年来，她一直不间断地用她深厚的学养去帮扶引领薄弱学校的英语教学，在嘉陵区木老乡大树小学杜家坪村小、邓小平家乡广安市的代市镇、朱德家乡仪陇县的永乐镇、革命老区巴中市的恩阳区、甘孜康定县藏区、宜宾兴文县等地，都留下了她心系偏远农村教育、援教助教的足迹。

2003年，她担当起民进南高支部主委的重任，之后更是积极带领支部会员从有利于学校发展的角度去参政议政，大力支持和协助学校组织搞好各项工作，为南高的发展献计献策，在支部自身建设和履行党派职能两方面都取得了可喜的成绩。

她在担任民进南充市委副主委、市政协常委和区政协委员期间，又以强烈的责任感积极参政议政，通过支教助教的机会了解和调研社情民意、人民群众的急难愁盼，并向市区两级政协共撰写提交提案、社情民意40余件，如《保障农民工子女享受义务教育的权利》《关于加强嘉陵江大桥河段上餐饮娱乐船管理工作的建议》《公安应加强对未成年人进入网吧的管理》《加强交通疏导管理的建议》《认真解决顺庆城区中学大班名额问题》《电信运营企业应加强"短信服务"自律》《政府应重视农村义务教育后的新问题》《关于规范路边收费停车的建议》《制止侵占学校教学资源》等，其中很多意见建议都得到了党委、政府的重视和采纳，为我市经济社会各项事业的发展尽了自己的力量。

教书育人，她无私奉献乐育桃李；参政议政，她积极躬身为民。陆雅平老师用一颗求真向善之心、一腔严谨执着之情、一股爱岗敬业之气，谱写了一曲统战人践行初心使命的赞歌！

（黄茜，民进南高支部会员）

果城响彻爱国歌

蒋小华

1994年国庆前夕，《爱国主义教育实施纲要》发布不久，民进南充市委及时组织会员们学习，要求会员结合本职工作做好《纲要》的贯彻落实。

根据民进市委的设想，我们结合歌舞剧院的演出实际情况，在1995年2月组建了一支"弘扬爱国主义文艺演出队"，随即编排了一台《爱国主义思想专题音乐会》，这台音乐会从创编、排练到实施，民进文艺支部的会员起到了重要作用。当时，市歌舞剧院业务院长、国家二级演员、民进文艺支部副主任李中宣同志负责组织策划，助理团长、乐队队长、民进文艺支部主任刘增建同志担任排演工作，乐队副队长、现民进文艺支部支委赵一同志负责音乐构思、编排、配器和演出工作，演员队副队长、市政协委员、国家二级演员、民进南充市委副主委蒋小华同志安排演员的排练、合唱训练，并担任主要的演唱任务，还有会员汤勇、韩耀奇同志分别担任乐队配器、伴奏和整台音乐的音响工作。自此，一支以民进会员为主，轻装简从，节目丰富，具有最佳声乐、器乐演员阵容的"弘扬爱国主义文艺演唱队"活跃在南充，《保卫黄河》《在希望的田野上》《游击队歌》《松花江上》等充满爱国主义激情的高亢歌声，响彻大、中、小学校园。"歌舞剧院创义举，南充民进播新风。"一个以音乐演唱为形式、寓教于乐的爱国主义教育高潮在果城掀起。

在这台爱国主义音乐会的整个构思、策划、排练、联系、演出过程中，民进文艺支部和民进南充市委起到了"出谋献策、组织排练、担纲主演、联系宣传"的积极作用。在排演工作中，民进文艺支部的会员同志们处处带头，有的放下较高收入的第二职业，以保证排练、演出正常进行；有的丢下家务和小孩，一心扑在排练中，有时连吃饭都顾不上，特别是在演双场时，要搬车、拆装台，因时间紧吃不上饭、喝不上水，但由于干部和主演带头，其他演员都无怨言，使演出活动能最终顺利进行。至当年4月下旬，一台高质量的爱国主义思想专题音乐会排练成功，并于4月22日晚在四川师范学院做首场演出，不仅受到了师院师生的热烈欢迎，而且还引起了市委宣传部的重视。

首场演出成功后，为进一步扩大宣传效果，民进南充市委充分发挥民进的组织作用，广泛发动民进在南充市的大、中、小学基层组织，让这台节目在市区各个学校巡回演出。与此同时，从当年4月下旬开始，民进南充市委在《南充民进》刊出了报道，并利用一切场合对歌舞剧院的此次演出进行了宣传，全体机关干部又一齐动员，将节目单及这台节目编排的目的、特点、内容的文字材料，分别送至了各个学校，市五中、六中、一中、大北街小学、延安路小学、教育学院、石油财经校、纺中、南高等民进支部，积极协助联系了各专场演出。

在整个演出过程中，广大师生深受教育。每个学校的教师、领导都对音乐会评价很高，他们希望学校能经常看到这种爱国主义的高雅文艺演出。这台节目先后巡回于市内各县市区、乡镇以及广安、广元等地的各大、中、小学共约80所学校演出，观看这台演出的青少年达94350余人。所到之处，都受到热情欢迎。演出时掌声不断，曾多次出现演员与观众同声高歌的动人情景，产生了极好的社会效果。

在整个演出中，我们还根据大学、中学、小学不同年龄层次安排不同的节目内容和讲解，帮助学生们对歌曲、作品进行理解和认识。因此，我们在演出中常常听到同学们爆发出热烈的掌声，而且青少年们还惊讶地发现，那一曲曲古老的歌谣、一首首传统的历史歌曲竟如此优美动听。很多学校在观看后留言，他们一致认为这台演出内容健康、格调高雅、风格清新、艺术精湛、台风端正，是一个别开生面的爱国主义思想教育的流动课堂。

像这样充分发挥民进自身优势，弘扬社会主义、爱国主义主旋律的宣传活动，其实早在1983年，即南充民进刚刚恢复组织的第二年我们就已经尝试开展过。当时，中共十二届二中全会号召"清除精神污染"，我们南充民进文艺支部参加了民进南充市委筹备委员会组建的一支"健康歌曲义务演唱队"。这支演出队队伍精干，纪律严密，不要报酬，不接受招待，全体队员不怕苦累，任劳任怨，团结合作，利用休息时间，编排练习节目，并巡回市内各大专院校进行义务演出。演出以内容健康、积极向上、旋律优美的历史传统和近代优秀歌曲，以鼓舞、感染和教育青年，寓爱国主义教育于潜移默化之中，有力地抵制了当时的靡靡之音，受到学校师生的好评和赞扬。当年，《南充日报》曾以《歌浪滚滚荡浊污》作了详细的报道，中国民主促进会会刊《民进》（1985年第5期）对这次演出再次进行了报道和表扬。这次演出获得成功，既增添了我们的信心，也为后来我们组织开展文艺宣传工作在方式方法上积累了经验。

（蒋小华，民进南充市委原副主委、市文广旅局原副局长）

民进是个和谐之家

何朗生

时光荏苒，流年似水，弹指一挥间。掐指算来，我加入民进组织已逾29个年头了。忆往昔，如歌岁月，耕耘收获，乐在其中。那些与民进大家庭里的人和事却历历在目，仿佛如昨。民进是会员之家，是民主之家，是和谐之家，是我心灵的港湾，便是我和大家的共识。

真情满民进

1995年11月，在喜庆民进成立50周年的日子里，我光荣地加入了民进组织，正式成为中国民主促进会的一分子。从加入民进组织的那天起，我就暗暗下定了决心，一定要以民进的先贤们为榜样，爱党爱会，爱国爱民，在平凡的岗位上做出不平凡的业绩，为民进组织增光添彩。

搞好本职工作就是对民进组织的最好回报。我处在基础教育的最底层，当一个小学美术教师。要知道，20世纪90年代，小学美术真被人们看不起，遭忽视，戏称为"豆芽科"，我却主教此学科30余年。秉持着"干一行就要爱一行"的信念，我做到了爱岗敬业，勤学深钻，教书育人，想方设法地把美育的种子播撒进孩子们充满希望的田野里，并要培育成生根发芽、开花结果、果实丰盈的收获。

如今对自己的美术教育生涯做一盘点，真的是大有收获，汗水没有白流啊！我1994年9月考调到西华师大附小工作，不到几年，就成了南充市的名师。附小的艺术教育也因我与同事的努力而跃上了新台阶，成为广受青睐的学校。在此期间，我辅导了上千件少儿书画作品，在国内外各级大赛均有很好的表现和展示，斩获了多个大奖。我也有多篇学术论文在全国多家专业刊物上发表或获奖，我也曾被有关部门聘为市区美术教师竟教，技能比赛和少儿科幻画评比的资深评委，为全市区中小学青年美术教师的成长，为我市少儿科幻画的蓬勃开展，发挥了积极的作用并做出了贡献，赢得了大家的一致肯定和夸赞，同时也极大地扩展了我作为一个民进会员的影响力。

在几十年的美术教育活动中，有一件事还值得一提。1999年，我指导三年级学生袁立创作的《鸟的天堂》邮票图稿，以四川唯一入选作品跻身全国50强之列。我携学生在北京决赛后，终获全国16强，荣获全国"邮票设计金奖"，并由北京邮票厂结集出版向全世界公开发行。2000年6月，该生又因此获奖选为四川出席全国第四次少代会的代表，得到了党和国家领导人江泽民、胡锦涛、朱镕基等在中南海的亲切接见。相关事迹的全过程也得到了全国及省市多家报刊和媒体的深度报道，我也因此得到了有关部门的嘉奖及采访报道。有好几次，民进南充市委会当时驻会的干部转告我，民进四川省委会的苟主委对我的这些业绩，多次在全省的民进工作总结会议上通报表扬。

2004年，《四川民进》杂志以《铸风流人物还看丹青》为题，对我取得的这些成功事迹作了专题长篇人物报道，得到一致好评。同时在那几年里，《四川民进》也不时地对我的书画作品作专版推送及刊载，在民进会内外提升了我的知名度。

对于民进省市领导对我的赞许和高度重视，我心灵深处感受到了民进组织的温暖和关爱。我作为一个普通会员，就因在工作上做出了一点成绩或说是贡献，民进组织便以涌泉般的爱心给予鼓励，我还有什么理由不去爱自己组织，把自己的聪明才智奉献给民进组织呢？我一次次扪心自问。我时常听到民进南充市委会机关的干部在不同的场合讲，说我是一个很爱民进组织的人，他人对我的这些评价，这些言语中包含着自己对民进组织不改的初心，作为一个民进会员的我，心里的欣慰感那是不言而喻。

自加入民进后，我随时随地都在提醒着自己，不能怠慢，要以只争朝夕之精神，尽好一个会员的绵薄之力。多年来，在民进各级组织开展的社会服务队伍里有我的身影；在民进各级开明画院的各项活动中有我的挥毫；在汶川地震后捐赠书画作品拍卖以修震不垮的学校行列里有我的参与；在圆贫困学子入大学梦的捐赠善款里有我的出力；在送文化进校园、到乡村的实践活动中也有我的流汗；在创建民进西华师大附小支部的过程中有我的心血。在这些活动中，我情满民进，大爱无疆，乐此不疲。

周老的勉励

这里提到的"周老"不是别人，他正是受人爱戴的南充民进前辈周虚白老先生。周老是一位诗人，一位大教授，一位大学者。他在杜诗的研究方面于省内外竞显才华，卓有建树并不同凡响。他早年毕业于四川大学，有"川大四才子"的享誉，律诗的研创造诣尤深。周老曾担任四川师范学院中文系（西华师大文学院的前身）主任，著作颇丰，影响省内外。他还是南充民进的创始人之一，并曾任民进南充市委会的第一任主委，对南充民进事业的发展可以说是呕心沥血，功劳卓著。他博学谦和，虚怀若谷，对晚辈们关怀备至，提携有嘉，并传为佳话，蕴藉后生。

1997年，我与周老就有一段难忘且鲜为人知的情缘长留心间。3月里，阳光明媚，繁花似锦，在一次民进西华师大基层委员会过组织生活时，总支的一位老师转给我一本《周虚白诗集》。当我翻开扉页时，两竖行十分规整的周老亲笔签字就映入眼帘。只见此题签这样写道："朗生同志吟鉴，周虚白敬赠，丁丑三月于川师学院。"并钤上了一枚有"虚白"字样的珠红印信。这个题签的确是正儿八经，一丝不苟，也真让我大吃一惊，激动不已。要知道当时的周老已年届九旬，是大家心目中的鸿儒，而我却不到40岁，年龄相差半个世纪有余，而且与周老素未谋面。后来才知晓，这本诗集的赠予是跟西华师大的另一位民进老先生罗老的推举有关。他是周老的好友，也曾担任过民进南充市委会的领导成员。可能是罗老知道我坚持书画和诗词创作，酷爱诗词并有进取心。显然，周老此为便是对我等后辈最真切的鼓励和希冀。

那时，我虽入民进的时间还很短，但对周老等前辈还是有些了解，并十分敬仰。周老因年事已高，加之瘦弱，支部过组织生活时，一般就很难见到他的身影，所以我们也很难有见面的机会。我仔细研读过他的诗集，此诗集是从周老上千首诗中精选300首结集成册，代表着周老各个时期的经典之作，诗中用典讲究，古文底蕴深厚，若想要读懂还很困难，我几次都曾打算登门拜访请教，但又不便造次打搅而最终选择放弃。

当年7月里的一个周末，我与周老在西华师大家属院的林荫道上偶遇了（之前我见过他的一些影像），我遂快步迎上前去简单地做了自我介绍，并将一些关于诗歌创作上的困惑脱口而出，请求周老赐教。当时，他拄着拐杖与我站立着交谈，轻言细语并毫无保留地给我解疑、点拨、启发。趁此机会，我又顺带把自己写好的几首古体诗拿给周老指点，他很认真地看过后对我说：你写的诗很不错，诗心、诗意、诗情、诗境及诗韵均很好，若能长期坚持下去，必有大的收获和进步，只是要在创作中做到严格语词格律规范，那还必须要拿出更大毅力进行钻研与实创，只有用心走进去才会自然冲出来，才能做到熟能生巧，多出佳作。我俩的这次长谈完全是在轻松愉悦的氛围中进行，他是俯下身段来指教我，然而这第一次交谈也成为我聆听周老谆谆教诲的最后一次机会，当年8月里，周老便不幸离世，让我们失去了一位德高望重的老学者。

20多年过去了，周老当年赠予的诗集我一直珍藏着，他勉励的话语似乎还在耳际萦响。我对诗词的研创也从来没有停歇过，且小有收获，多有识者好评，其重要原因就是来自那次周老语重心长地对我鼓励。

民进的平台

民进是以文化、教育、出版为主要界别的民主党派，是以中高级知识分子组成的大家庭，这里人文荟萃，大家云集。针对我们党派成员构成的特点，各级民进组织的机关刊物、网站、公众号等，都开辟了相关的文艺交流平台，让会员们的才华有了施展的地方。

这么多年来，我的每一篇诗词文稿几乎都在民进四川省委会《文艺沙龙》栏目中的"芳草地"或"闲话杂谈"中发表、交流，也有一些文艺作品在市民进的机关刊物上采用。近四年里，我就有4篇诗词、2篇散文诗和2

幅画作在《四川民进》杂志上发表。特别是我创作的以追寻民进70多年奋进历程的一组长篇散文诗《铿锵的足音》，《四川民进》还专辟栏目将该散文诗全文刊发，为会员们学习会史提供了一定的参考。民进四川省委会的领导和各位编辑老师，对我的这些鼓励是莫大的厚爱，也很大程度上激发了我的创作热情和潜力。

更让我记忆犹新的是民进会中央开辟的两个栏目。2019年，民进中央的《会刊撷英》栏目，将我发在《四川民进》上的《行走剑门蜀道（词八首）》，分八次每首为独立页码的形式采用。编者的良苦用心和真切关爱，又让我感到激动和信心满满。最近三年里，我就有30余篇诗词和散文诗稿，陆续被会中央《民进艺苑》中的《文学作品》栏目采用。我清楚地知道，像我这样名不见经传的小人物的小作能在全国性的平台上充分展示，且能和全国民进中的文艺大咖们在同一个平台上交流学习，还真不是一件容易之事。我常想，这就因为自己是民进会员，就可以通过各级民进组织搭建的平台，来展示与激励自己，也才可能与教育理论家朱永新教授、当代著名文化学者冯骥才、著名散文作家赵丽宏等老师们神交品阅，沟通对话，去研读他们的精品力作，从而受益匪浅，其自豪感和自信心油然而生且越来越强烈。

同时，民进省委和市委会的每次主题征文活动，也是一个很好的平台。2011年，我的一组词《在飘扬的党旗下》荣获民进四川省委会"同心杯"征文比赛一等奖，并在当年的《四川民进》上发表。2018年10月，我的散文《改革初年二三事》，荣获民进四川省委会"纪念改革开放四十周年征文比赛"特等奖，并在会中央的精品文章栏目中采用。我详细梳理了参与这些活动的作用，一是激发了我的参与热情度，二是让自己的创作能力得到很大提升，三是为民进基层组织增添了荣誉，四是检验了自己的心智水平与思维能力。

欲穷千里目，望远登高，阅不尽天涯路；往事如烟，万语千言，也述不尽我与民进的人和事。唯有情深意长，面向未来，不忘初心，在民进和谐之家的队伍里，扬起心中之风帆，沐浴着灿烂的阳光，吸吮着春之气息，筑梦而歌，踏歌而行，去为到达理想之彼岸，续写新的诗篇，是我奋进之憧憬和新的征程。

（何朗生，民进西华师范大学基层委员会会员）

我和我热爱的民进

申 英

  我热爱民进是从热爱民进人开始的。记得那是2003年的一个夏天，那天下着大雨，我跟往常一样在高坪区文体局的办公室上班，突然一个温柔的声音叫了我的名字，我抬头一看，原来是市文化局的副局长蒋小华在叫我，她身边还有一位长者，挽着裤腿，手里拿着还在滴水的雨伞。我急忙起身答应："蒋局，你怎么来了？"蒋局笑眯眯地对我说，"今天来和你谈一件事。"当时我一头雾水，不知她今天因何事而来，她又接着说："我先给你介绍一下这位领导，他是我们南充市政协副主席、西华师大历史学院教授、民进南充市委会主委康大寿，康主席、康主委。"我听到这一长串的名号就愣住了，这么大的领导亲自到我办公室找我不知到底为了何事？我赶紧请两位领导坐下，敬上茶水。接着他们便说明了来意，先是给我介绍了民进组织的性质、历史以及作用等情况，然后根据我的工作性质和经历，希望我考虑是否能加入民进组织，对于一个从未接触民主党派的"小白"来说，我沉默了，一时不知该如何回答他们。还是康主席打破了沉默对我说："你不用现在回答我们，你可以认真考虑，加不加入都没关系，等考虑好了过一段时间我们再联系你。"

  送走两位领导后，我赶紧向同事、家人打听和请教关于民主党派及民进组织的一切情况，在那个电脑资讯还不太普及的年代，经过多方收集资料，渐渐加深了对民主党派及民进组织的认识，最后经过认真思考，在两位领导上次登门拜访的感召下，我决定正式提出申请加入组织。2004年4月，经过一系列填表、考察、批准程序过后，我正式成为一名民进会员，也成为高坪区第一位民进会员。

在加入民进组织之初，我还不太懂自己到底该做些什么，又是蒋小华、王宏伟等老领导一步一步教我如何去发展新会员，如何去发挥党派成员的职责。在他们的指导和帮助下，我很快便在高坪中学、白塔中学、高坪文化馆、高坪文管所、高坪江东实验小学等单位发展了岳富友、刘俊、叶先志、覃海泉、苏燏等5名会员，并于2005年12月成立了民进高坪支部，从此民进组织在高坪统一战线上成了重要的一分子。

此后，在民进市委的培养下，我逐步走上了领导岗位，也有机会认识了更多的优秀民进会员。从最初认识的康大寿、蒋小华、吴银杰、王宏伟到后来的傅宗洪、苏俊富、陆雅平等领导；从最初发展的几位会员到后来认识的各地各基层组织的普通会员，他们或大学教授、博士，或机关领导干部，或中小学高级名师，或文化战线的名人、专家，他们不仅在各自本职领域成绩显著，同时又对党派无限热爱和甘心付出，让我从心底里敬重他们、佩服他们、喜欢他们，从而也让我越来越热爱这个组织，也希望民进组织的发展越来越好，更希望我能够通过自己的努力把民进老一辈的优良传统继续传承好、发扬好，把作为参政党一分子的职责和作用发挥好、履行好。

如今，20年过去了，但当年的情景至今却历历在目，每每回忆起仍然是温暖在心。民进对于我来说，犹如一个大家庭，里面有好多好多兄弟姐妹，他们给我力量、给我温暖、给我感动，给予我包容、给予我鼓励、给予我支持，谢谢你，我热爱的民进！谢谢你，我热爱的民进人！

心手相连　共克时艰

王宏伟

2008年5月12日，四川汶川发生大地震，南充民进400多名会员积极参与到了救助灾民于饥寒、坚守职责在岗位、募集善款为重建的抗灾大军中，其力虽薄，其心确诚，向灾区群众传递了我们心手相连、共克时艰的手足情谊。

震后，南充民进市委第一时间向各基层组织了解本地会员的受灾情况，并通过各基层组织将汶川地震的准确信息及时传递给会员，同时要求全体会员坚守岗位，努力做好本职工作，认真做好会员及所联系群众的工作，积极维护我市的社会稳定。果山公园副主任杜昌建会员自5月12日晚起，连续5昼夜在园内值班，安置避震群众住宿并担负保卫工作，困极了就在办公桌上打会儿盹。会员蒋定福，参加了市志愿者队伍，连续3个通宵，在市大剧院忙碌，安顿避震人群并向他们提供开水。会员唐鸿主动向单位请缨，深入地震重灾区青川县，开展卫生防疫工作。

5月14日，民进南充市委积极响应会中央、省委会的号召，发出倡议，号召会员捐款捐物，帮助灾区群众共渡难关。市委会机关4名干部当天就向灾区捐款1550元。5月16日，会员何涛利用自己的"1+1"酒吧，开展了为灾区献爱心捐款活动，募集善款4212元，并将当晚的全部营业收入1015元一同捐给灾区人民。市委会主副委及老领导向洪武、傅光国、彭子银等带头捐款。年已80岁高龄的老会员王世远、冉隆芬、孙礼和等除在本单位捐款外，还慎重地向组织交了特别会费。78岁的会员梁秀瑜，在自身经济条件不佳的条件下，捐款300元，并且组织其他退休会员交纳特别会费，亲自送到市委会。身患重病的何炳华捐款1000元。身患癌症的游思前捐款200元。原区人大代表、80岁的郑一芳身患重病，常年与轮椅为伍，也捐款100元。机关退休干部李秉杰通过红十字会向灾区捐款3000元，并交特别会费200元。市人大常委、市城乡规划设计研究院院长唐红春会员，除带头在单位捐款捐物外，还组织单位向灾区捐赠了价值数千元的60床军用被和60床凉席。

南充民进会员和各级组织仅通过红十字会、民政局等机构向灾区人民捐款就达102949元，向民进四川省委交转特别会费18890元。有些会员除在本单位捐款外，还通过手机发送、交红十字会等渠道，踊跃向灾区人民捐款捐物。还有部分会员通过其他途径直接向灾区捐款，多的达5万余元，但他们始终不同意进行宣传报道，只说这是应该的。

在地震发生后，民进南充市委迅速把参政议政工作与抗震救灾工作结合起来，积极向民进中央和民进省委报送有质量、有深度的救灾工作和重建工作方面的社情民意，其中《关于震区板房建设中应注意的几个问题》《关于对口帮扶培训灾区中小学教师的建议》等7条社情民意被民进中央和民进省委采纳。

（王宏伟，民进南充市委原专职副主委）

一片冰心系民进

——记民进阆中总支原主委袁勇[①]

张利萍

他是先锋诗人，他是民进会员，他是民进阆中总支原主委，他是南充市政协委员和阆中市政协常委，他的大会发言深刻犀利，他扶弱济贫、疾恶如仇，既有诗人的浪漫情怀，也有士子的社会担当，有人爱他赞他，有人怕他骂他。在历史文化名城阆中，袁勇是名副其实的"名人"，更是名副其实的"名嘴"。

心系民进终不悔

2009年，在民进南充市委原主委康大寿教授的感染下，当时的阆中作协主席袁勇了解认识了民进，并加入民进，成为阆中最早的四名民进会员之一。

对民主党派有了充分而深刻的认识后，袁勇积极参与民进阆中支部的各项筹备工作，在他的引导和感染下，一名又一名新会员加入了民进组织。随着会员日益增多，这支年轻的队伍如何成长？工作千头万绪，该从哪里着

---

① 袁勇（1963—2023），阆中市裕华镇人，诗人，毕业于阆中师范校，曾任《阆中报》副主编、阆中市作家协会主席、阆中市名城研究会会长。

手？党派工作如何有序推进？他又陷入了沉思。

2013年夏天，民进中央朱永新副主席因工作来到了阆中，听说在这个小县城里有一个刚刚成立不久的民进基层支部，当即表示要和会员们见见面。在与会员的座谈中，朱副主席特别询问了基层组织的建设情况，有什么困难，并鼓励大家坚定信念，积极参政议政，充分发挥民进会员的作用，为社会多做贡献。临别时，朱副主席握着袁勇的手，语重心长地说："我们民进基层组织的发展最需要你这样热爱党派事业的人。"就是这一句殷殷嘱托，给了他无穷的力量。

怀着民进发展和成长的拳拳之心，袁勇又成了一个四处奔走的"社会活动家"。只要对支部有利的事，他都要做；只要对支部有用的人，他都要找。当时，阆中民主党派还没有专门的办公场地，他便联合阆中另外两个民主党派共同呼吁，经过努力争取，2015年在阆中市委和市委统战部的关心下，很快解决了办公场地、人员、经费等棘手的问题，专为各民主党派划定了办公用房，划拨党派专项预算资金。阆中民主党派工作从此掀开新的一页，大家凝心聚力，团结和谐，共谋发展，焕发出勃勃生机。

2020年5月20日，一个表达爱的日子，也是一个民进阆中总支值得纪念的日子。这一天，为民进总支披肝沥胆10载的老主委袁勇，把总支发展的接力棒郑重交到下一届主委手中，他满含深情地表白："我爱民进！我爱你们！"会场上掌声久久回荡。

诤言良策有作为

在阆中政协委员中，袁勇俨然是民进的一块金字招牌。一提到民进，大家都说："民进会员年轻有活力，不错！"一提到袁勇，大家都跷起大拇指。在历年的"两会"上，无论是《开建东河第二水源工作刻不容缓》《几个亟待整治的城市生态环境问题》《加强协商民主，减少决策失误》，还是《加强古城精细化管理，提升古城品质》，他的发言总会被掌声打断，总会成为大家讨论的焦点。他热爱阆中历史文化，热爱阆中古城，始终关注古城文化保护、传承与发展，他是真正的古城卫士。

每年"两会"前几个月，他就要着手全面调研，同会员联访、实地查勘，再请教本土民研会专家会诊，认真梳理，找准问题。他以一个诗人敏感的内心去洞察问题，以诗人的激情去参与实践，所以，他的提案建议也就更打动人心。

古城保护从2016年至2020年连续五年成为民进阆中总支每年必不可少的集体提案选题，连续三年被评为阆中市政协1号重点提案。2019年在南充"两会"期间，袁勇在联组会议上的《关于亟待保护川北行署的建议》还受到了南充市委书记宋朝华的点赞，现场安排相关部门落实实施。

脱贫攻坚不畏难

2018年前后，阆中脱贫攻坚工作进入深水区，扶贫成了最艰巨的任务，袁勇不顾体疾，在阆中最偏远的金子乡麻石垭村，对口帮扶了三家贫困户。在此期间，他去一次要颠簸三四个小时，年轻人都受不了，他却隔三岔五就去一趟，不时给帮扶对象送去日常用品，嘘寒问暖，亲如一家。他对贫困户每家的情况都清楚，哪家有事情需要他帮忙，他总是有求必应，谁家要养猪，他送去小猪；谁家有孩子上学，他送去图书；谁家有人生病了，他帮助联系医院。其中，有个贫困户因为家境贫困40多岁了还是光棍，袁勇又做起了"媒人"，到处帮人物色对象。

袁勇患有痛风病，有时痛风犯了，他还一瘸一拐地去到农户家里，酷暑三伏天汗流浃背地站在农户院子里查看房屋整修效果。他说："那里的老百姓那么善良淳朴，能帮助到他们，我感到幸福。"他帮扶的村民说："袁同志和我们都是老朋友了！"他们说的都是大山里农民最朴素而真情的话语。

做民进人，袁勇是有情怀的主委；做政协人，袁勇是敢讲真话的政协委员！他两袖清风，一片冰心，以真情践行责任与担当，无愧为一位统战人！

2023年2月，袁勇在陕西勉县采风时突发脑溢血，于当年5月永远离开了我们，年仅60岁。斯人已逝，风骨长存，谨以此文表达对他的崇敬与缅怀。

（张利萍，民进阆中市总支办公室主任）

我在马来西亚那段美好的教学时光

陈旭英

2019年11月，嘉陵区统战部推荐我到马来西亚开展中华文化交流，四川省共选派了12名教师。我是民进会员，把此次文化交流更视为自己应当担负的政治任务，故而欣然前往。

17日，我们来到马来西亚的巴生中华独立中学，我担任"中华文化大乐园——马来西亚吉隆坡营活动"的绘画教学工作，为当地的华裔青少年们提

与巴生中华独立中学华裔学生合影

供近距离学习和体验中华文化艺术的机会。岁月匆匆，如今回忆那半个月的教学时光，点点滴滴不禁涌上心头。

缘起：从学习中国水墨画开始

如何通过绘画教学课程增进学生对中华优秀文化的了解呢？传统的中国水墨画就成为我的首选。水墨，如水柔和的墨色，肆意挥洒在宣纸上，墨色立即渗入纸中，于是我们看到的水墨画，就有一种清淡柔和、水润自然的感觉，虽说线条或许不精细，立体感或许不强，但却能真正让人体会到画中的奇妙意境。

还记得第一次走进教室，简单的自我介绍之后，我徐徐铺开宣纸，蘸墨、挥毫……短短几分钟，一幅"四君子"水墨画就一气呵成了。在这些大孩子们或惊讶或疑惑的目光中，我的讲解娓娓道来："梅，剪雪裁冰，一身傲骨，是为高洁志士；兰，空谷幽放，香雅怡情，是为世上贤达；竹，潇洒一生，清雅淡泊，是为谦谦君子；菊，凌霜飘逸，特立独行，是为世外隐士，故而梅兰竹菊，中国文人称其为'四君子'。中国人在一花一草、一石一木中负载了自己的一片真情，从而使花木草石脱离或拓展了原有的意义，而成为人格的象征和隐喻。"我的话音刚落，教室里就响起了学生们热情而不失

展示教学成果

礼节的掌声。接着，几位同学先后对我说："老师，你画得真好看"；"老师，我发现你画的梅兰竹菊占尽了春夏秋冬"；"老师，你用毛笔画出来的是什么画呀？能不能也教我们画画这'四君子'呢？"当然，我心确喜，那就从"文房四宝"的使用开始吧。

从此，每次上课前，我都会先引导学生反复体会浓淡干湿的墨色变化，练习皴擦点染的用笔技法，再分层示范，辅导他们创作个性化的作品。学生们生活在无明显四季之分的国度，他们大多数对季节的认识都源于书籍和影视，为了让他们的理解更直观，让课堂更精彩，我在上课时尽量运用贴切的视频和图片资料，和他们分享我的生活见闻和切身感受，使他们的学习兴趣日渐浓厚，其绘画技法也日臻熟练。

每每看到学生们或站或坐，凝神静气，挥毫泼墨，全身心沉浸在自己的绘画世界里的情形，我就恍惚置身于一幅绝美的水墨画卷中。那是一个个静谧而出神的瞬间，是一次次纯洁而优雅的呈现。是啊，真正的艺术无须言语的修饰，而是发自内心最深处的情感体验，即使双方语言不通、文化背景存在差异，也并不影响大家对彼此文化艺术的深刻认同，正所谓：艺术无国界，文化有共识，更何况我们都是同宗共祖的龙的传人啊！

缘续：在绘画过程中认识中国和了解四川

有次"大乐园"活动，参营学生300人，主要由华侨华人和少量当地青少年构成，学生按照中国古代朝代名称随机分班，当时一看到"隋朝班""唐朝班""宋朝班"等班名时，我脑子里立即蹦出来关于这些朝代的历史知识，所幸曾经担任中学历史教师的经历让我获益匪浅。我想，如果把该班相对应的朝代的一些人文风情、趣闻逸事融入绘画课堂当中，岂不是又多了一个增进学生了解祖籍国历史的绝佳机会？于是，在每天三个小时上课的间隙，我都会抽出一刻钟左右的时间，通过师生提问、抢答等方式，就学生感兴趣的某个历史话题展开讨论。

当然，这需要课前做足功课，见地深刻又发言积极的学生会得到一定嘉奖，奖励的方式就是我当堂课必须先辅导该生的作品创作，或者直接将我的范画作品签名落款后送给他。所以，学生们课前都会积极地了解和自己所在班名对应朝代的历史点滴，分享时个个摩拳擦掌、跃跃欲试，他们就像一群争先发言、把桌子蹭得"咚咚"作响的小学生，一旦得到奖励，会在众人无比艳羡的目光中，跑过来紧紧地拥抱我说声"谢谢"，或者大声地吹着口哨，情不自禁地来一段自编自导舞，欣喜之情溢于言表。

让我记忆犹新的是有一次上"唐朝班"的课，还没等我把开场白说完，学生就争先恐后地站到讲台上来了："我知道，'唐'就是大唐盛世，它将中国推向了中国历史乃至世界历史的最高点，成为世界上区分中国人与其他人群的符号，遍布世界的唐人街就是最好的证明。"

"唐朝是世界各国各地的经济文化中心。政治上，实现了万国来朝、四海臣服的大一统局面；经济上，唐朝国富民强，通过丝绸之路，将辉煌灿烂的中华文明传播四海；唐朝实现了人口和城市化的大幅提升，全国人口8000多万。而截至2018年，我们马来西亚人口为3240万（首都吉隆坡180万人），大家可以比较一下。"

"对！唐朝的生活方式最大的特色就是国际化，特别是人员上的国际化。我上网查了一下，当时在唐都长安的留学生就有3万多人。"

"唐朝的文化艺术空前发达，在诗、书、画、乐等方面都涌现出大量一流的名家，他们为中国乃至全世界留下了无以计数的不朽作品。"

伴随着"哇哇""啧啧"的感叹声，学生们的抢答还在继续。我清了清嗓子，在学生抢答的间隙中大声说道："既然提到艺术，就请大家来谈谈你了解的唐朝的画家吧。""我来！""我来！"在清脆洪亮的答声中，我们眼前徐徐展开了一幅幅盛唐的画卷，王维、吴道子、阎立本、韩干、周昉……一个个耳熟能详的名字在耳畔响起。那一刻，我觉得自己任何的补充和讲解都显得那么苍白，唯有感动，唯有骄傲，一股华夏子孙特有的豪迈之气在心中流荡，在教室里回响。

记得当时教学水墨动物的课程，我先向同学们介绍自己家乡四川的风土人情，从盆地地形到四季的气候变化，从川剧变脸到茶馆文化，从多民族的民俗风情到丰富的饮食文化，我绘声绘色地描述麻辣鲜香的火锅、川北凉粉、串串香……哈哈！看到这些大孩子们咽口水舔嘴巴。我说：总之一句话，别省所无蜀中有，别省所有蜀中精。但是，最值得自豪的，还是老师家乡被誉为"活化石"和"中国国宝"的一种特别可爱的动物，你们知道吗？"大熊猫！"学生异口同声地回答。我趁机播放大熊猫日常生活的视频，分发提前准备好的熊猫小玩偶，引导学生边欣赏边观察。我们共同分析熊猫的形态特征、身体结构、颜色等，然后我开始示范熊猫的画法，学生边观摩边练习，造型、构图、添加背景。一支笔、一张纸、一碟墨、一幅画，一步步笔到画成。

我还记得，那位左手握笔挥毫的"宋朝班"的男生，他的运笔行云流水，只寥寥几下，一只淘气的熊猫宝宝就顺着树桩爬了上来；还记得，学生们一路小跑去换水，画到下课不休息，放学了也不肯落笔，非要我"赶"去食堂就餐；还记得，他们笔下憨态可掬的熊猫妈妈抱着宝宝，顽皮可爱的熊猫兄弟抢着竹叶，相亲相爱的熊猫情侣依偎着看远山云海……

时至今日，我还常常叹服这些华裔青少年们学习的执着，想象的丰富，以及忘我努力的精神。我有时甚至恍惚，他们压根儿就不像从未接触过水墨的初学者，也不得不感叹我们中国画与生俱来的魅力，感恩博大精深的中华艺术带给我们人生的滋养。

缘定：那些中国印象带给学生的感动与温暖

短暂的文化交流活动，内容丰富，课程精彩。同学们专心致志、笃信好学，老师们良工心苦、倾情不倦，所有的辛勤和汗水最后都融进了完美的汇报展演。那一夜，我们欢聚一堂，为马中友谊鼓掌，为中华文化歌唱。热闹轻快的"纸乡"秧歌、韵致十足的古典舞曲、诗情画意的经典朗诵、虎虎生风的中国功夫……一个个精彩节目博得阵阵欢呼。还有我们师生倾情打造的手工书画展览，美轮美奂的作品引得无数嘉宾流连忘返。还记得，全体成员大合唱《龙的传人》《把根留住》，气势磅礴又荡气回肠，所有师生相拥而泣，久久不愿离开。

当年11月30日，赴马来西亚的文化交流结束。还记得，分别时道不尽万语千言，学生们簇拥着我们返程的车辆，几度哽咽，泪水潸然，这是离别的不舍，也是满怀深情的祝愿。一段文化之旅，一生中华情缘。

　　如今，我们的身影虽已渐行渐远，但那些美好的中国印象都已深深地留在了学生们的脑海，我相信它一定能时时带给他们感动与温暖。我们用诚挚的祝福向岁月致敬，向马来西亚的华人同胞们致敬，向学习和传承中华文化艺术的孩子们致敬，愿人类文明的智慧永远浸润我们的身心，愿中华艺术之花永远绽放于大马华裔青年的心田。

（陈旭英，嘉陵区火花第三小学教师）

记统战路上的良师益友

周秀英

遇良师则智，遇益友则明。我何其有幸遇到了人生道路上的良师益友，他是我加入民进的领路人，是履行党派参政职能上的授业恩师，他叫罗永强，是营山县政协副主席、民进南充市委会副主委。我加入中国民主促进会已有六年，在这期间我见证了他建言献策的担当与睿智，也从中受到教益，并从党派工作的"门外汉"到任民进营山支部主委主持支部的全面工作。罗永强为人豁达，睿智幽默，对会员热情爱护更像兄长，是领导更是良师益友，他在参政议政上的政声政绩，值得我等青年人敬佩与效仿。

热心党派事业，参政议政成绩斐然

他积极参政议政、踊跃建言，提出的各类提案与社情民意多篇被省、市、县领导批示或全国、省、市、县政协采用，促进了相关问题的解决。如他发挥法律专业优势撰写的《行政复议公正性问题在机构改革中值得关注》被全国政协重点采用；2017年在对我县某高速公路征地拆迁补偿文件进行合法性审查时，他发现文件已失效不宜采用，赓即撰写社情民意《尽快制定我省铁路、高速公路建设被征地农民安置标准的建议》被省政协采用并专报分管省领导，得到了积极回应，促进了"川办发〔2017〕105号"文件的出台。

此外，他提出的社情民意《建议明确高标准农田建设后土地承包经营权重新分配份额参照标准》《将基础设施或公用事业特许经营权装入国企融资的做法变相增加了地方隐形债务》等得到全国政协重点采用；《药品标签说明书应规定最小字号》《〈婚姻登记档案管理办法〉第15条是律师调查的"拦路虎"》《基层适用〈食品安全法〉第124条面临困境》等多篇社情民意促进了相关问题的解决。

13年来，他一直秉持"立会为公、参政为民"的初心和使命，将参政党职能转化在行动实践上，他多次获得民进中央、省委、市委评定的"参政议政、社情民意"先进个人的奖励。

发挥传帮带作用，培养参政议政"能手"

人才荟萃、智力密集是民主党派的一个优势与特点，在当下新时期、新形势、新任务的要求下，对民主党派在参政能力上的提高更为重要。他多措并举，充分发挥"传帮带"作用，针对支部众多会员怕写社情民意，不敢提笔的现象，以现身说法分享自己与社情民意的缘分，从"为什么写、写什么、怎么写"三个维度引领支部会员从"不敢写"到"开始写"，从能"写得好"到"被采用"，培养出了支部中参政议政骨干力量；亲临调研指导，从调研课题的背景、调研方案设计，以及信息收集、数据分析等方面与会员一一进行研讨，并在结束调研后又与大家归纳总结，从而更进一步提升会员调研水平，如民进会员杨建琼、李小江、杨成红、唐丽、薛艳等参政议政优秀会员都是在他的带领下茁壮成长起来的。

此外，他还针对支部会员来自各行各业，其知识文化水平、社会阅历层次差距较大，参政议政能力参差不齐，采取以老带新方式让有丰富参政议政经验的会员带领经验较少的新会员，组织新会员参加各类培训，尤其是对会员中的人大代表和政协会员更是采取专题培训和教育。

为全力提升支部参政议政能力建设，他从来都是将自己的经验和技巧倾囊相授，同时积极向人大和政协推荐会员代表，让支部参政议政能力水平得到全面提升。

我的良师益友，统战路上的领路人

巴金说过"只有写，你才会写"，回顾这六年来，我从不敢写、逃避写、拒绝写到现在能写、会写，这都来自他的谆谆教诲与悉心指导。2021年，我撰写的第一篇社情民意《关于督促高等院校切实落实取消家庭经济困难学生申请资助证明的建议》被全国政协采用，这一篇社情民意，突破了我"不敢写、逃避写、拒绝写"的心理障碍，开启了我的参政议政之旅。

作为一个基层组织负责人、政协委员新人，在履行职责时，我因经验不足、情况不熟、文字功底不厚等多种原因常常会遇到困惑和难题，他都帮我一一进行疏导和处理，给予兄长般的关怀与帮助。如针对支部没有专职人员，他教我如何调动全体会员积极参与会务工作，如何用一个"情"字达成协作共事的目的。他说，作为一名政协委员就要敢于讲真话，敢于不为外界干扰提出好的意见和建议。

人生何其幸，遇到一位影响我一生的良师益友。感谢他的培养与关怀，我一定不忘初心、不辱使命，做一名有担当的合格民进人。

（周秀英，民进营山支部主委）

奋斗的青春在民进书写

樊春逸

2014年前的初夏，花香萦怀、翠色满目，我怀着对民进先辈不畏艰险、奔走国是的崇敬，立志用所学工程设计之本领投身到建设强国之洪流，光荣地加入中国民主促进会。

民进一直以来都有着优良的传统，无数从事文化教育出版传媒和科技等领域的精英大都来自民进。马叙伦、王绍鏊、叶圣陶等民进先辈在那个风云激荡的年代，用火热的青春书写民进故事，维护国家的和平，悲悯众生的疾苦，他们对祖国和人民的大爱一直在激励和鞭策着我始终与党同心、一路前行。

我从事了10多年的设计工作，不论是从中山大学毕业后专职从事景观、家居设计，还是投身建材的生产加工，做大做强自己的企业，我都用设计之长来展现一个民进会员的担当，用制造业之发展去传递民进人的风采。我自己经营管理的四川省品信新材料科技有限责任公司，秉承"品信更专业·服务更全面"的理念，扎根阆中市而辐射全川，成为业内有口皆碑的铝天花品牌，企业的壮大也使得我更加深入思考，如何通过企业的发展更好履行民进的社会责任。

2017年，国家的精准扶贫行动在祖国的贫困地区如火如荼地展开，这对许多贫困家庭来讲，犹如天降甘霖，在他们心中播下了希望的种子。此时，民进营山支部高度重视精准扶贫工作，积极发动会员们参与到这样举世瞩目又意义深远的行动中，这是一个很好的机会，我想我一定要尽其所能奉献作为一名民进会员的绵薄之力。在这个过程中，我结对帮扶了星火镇宝峰村1社年仅11岁的小女孩谢琪丽一家，她的父亲因病去世，母亲离家出走，祖父和祖母只能在家从事一些简单的家务，家中的收入主要依靠国家低保和临时救济。记得第一次来到女孩儿家中，我被眼前的景象所震撼，房屋是多年以前修建的土坯房，房顶上的瓦片横七竖八、歪歪斜斜，好像随时可以被风刮走，谢琪丽穿着朴素的衣服，特别的腼腆，但眼神里充满着对世界的好奇和天真，好像厄运从不曾击垮她。

眼前的这一切，让我的心揪了起来。一方面，感叹命运如此的不公，让这个家庭承受了如此多的磨难；另一方面，也在思考如何才能更好地帮助这个女孩及家庭。由于家中的祖父母年事已高，均没有劳动能力，谢琪丽刚上小学五年级，所以我决定一定要帮助好小女孩读书，因为读书可以改变一个人的命运，我便经常为她购买相关生活和学习用品。同时，她正处于花季年华，家庭遭遇的变故可能会使她产生一些心理的问题，我便主动邀约同为民进会员的营山二中教师尹红梅常常一起去看望她，让尹老师从女性的角度更好地关注她的成长，及时解决她内心可能出现的一些思想问题。

此后，小女孩不再羞涩，也愿意主动把自己的学习情况、生活状态告诉我和温和亲切的尹老师，现在谢琪丽已经顺利完成初中学业，走进高中课堂，看着她愉快而健康茁壮地成长，她的祖父母都十分感激，也十分欣慰。我也通过此次精准扶贫，真切体会到我们每个人都可以通过自己的真心与付出去改变他人，去造福一方；由衷感受到国家的大政方针对全社会的和谐，以及人民的幸福所带来的巨大变化。

我现虽常住阆中，但对营山家乡深厚的情怀不会改变，我的心也时刻被民进营山支部牵动，每一次支部集体学习，每一次外出调研，每一次同志间的雅集等，我都力争准时参加，民进丰富多彩的活动，以及民进大家庭中每个人之间的相互关怀、相互学习，让我心中充满着温暖，也使得民进营山支部这棵小树越长越茁壮，越长越茂盛。

2016年，我得益于组织关怀，光荣地成为营山县政协委员，至今，已连续两届入选，我深感肩上沉甸甸的责任，便也更充满希望，我决心用自己的行动证明，民进会员不仅能在专业领域做出贡献，还能紧跟新时代的步伐，主动扛起新使命，实现新作为。我将继续锤炼品格，在民进组织的团结带领下，进一步提升政治境界和职业素养，与党同心，携手前行；我将继续深入一线，结合自己身处工业领域工作的契机，不断创新理念，持续深耕发展，解决更多就业，提供优质服务，以展示民进会员的风采；我将继续严于律己，继承和发扬民进先辈的精神追求，求真务实，正心诚意，以扎实的作风和务实的行动更好地为党和人民的事业献计出力。奋斗的青春在民进书写，我不会忘记统一战线的合作初心，以己微薄之力为民族伟大复兴再做贡献。

（樊春逸，民进营山支部会员）

张之菡和她家乡的"同耕纪"农业科技公司

申 英

张之菡，一位80后的农村女孩，一名普通的民进会员，还是南充市、仪陇县两级人大代表。我每次见到她，她都是满脸笑容，马不停蹄，给人一种阳光、开朗、干练的印象。

2014年，抱着对家乡的眷念，对父母的思念，她毅然决然辞去了上海的工作，告别了都市的繁华，回到家乡仪陇县开始创业。

在张之菡的筹划下，她迅速召集了一批有共同梦想和情怀的年轻人，成立了一个面向农村、服务农民的"同耕纪"农业科技公司。公司一经成立，他们就立下了"为耕者立业，为食者谋康"的服务宗旨，主要以收购贫困户、农户家的农特产品，再通过多渠道电商平台推广销售，在帮助贫困户增收致富的同时，也为广大消费者送去健康安心的食品。

公司成立之初，为了扩大公司业务，她带领团队小伙伴们一个乡镇一个村地去了解和熟悉当地的特色产业，其后又一家一户去宣传去沟通，给农户讲解公司的理念和想法，以希望得到老百姓的认同和支持，并尝试着把当地老百姓的农副产品经过她们自己的电商平台进行销售，让群众得到实惠、看到希望。几年的风里雨里，她几乎跑遍了家乡的每个村镇角落，由于说话太多、用嗓过度，她的嗓音甚至出现沙哑，严重的时候几乎说不出话来，小伙伴们都劝她休息一段时间，别这么努力，她却说："仪陇是生我养我的地方，作为国家级贫困县的一员，我努力的目的，不是为了摆脱贫困的家乡，而是使家乡摆脱贫困。"就这样，在她的坚持下，公司逐渐打开了局面，信任她的人越来越多，与她洽谈合作的人也越来越多。

当公司走向正轨后，她又认识到这样每家每户供货不仅货源得不到保障，而且产品质量也良莠不齐，于是她又带着她的团队到乡村去协助农户成立专业合作社，让单个的农户加入合作社统一管理、统一标准、按劳分配，不仅能保证充足的货源与产品的质量，同时也完成了从"单打独斗"到"抱团取暖"的经营模式。

回乡创业9年来，张之菡和她的团队共扶持成立了32家农业专业合作社，带动并培养了48位当地农村致富带头人，为569名贫困户对接了3689户城市消费者；协助县乡党委政府及相关部门承办了农耕文化节、丰收采摘节等活动20余场；累计销售特色农副产品2800余万元，带动参与农户户均增收3000元左右；公司注册本土品牌商标15个，其中"川派腊嘎嘎"和"泥农哥"被授予"四川扶贫"商标，"腊嘎嘎"被认定为县级非物质文化遗产，并获得六大实用新型专利。她和她的团队也得到了南充市委、市政府和仪陇县委、县政府的认可，并获得了全国巾帼脱贫示范基地和南充市委、市政府脱贫攻坚社会帮扶力量奖金和奖牌。

如今，在她不懈的追求和努力下，"同耕纪"产业链趋于完善，销售平台与渠道运营良好，助农增收经验也相对成熟。2022年，她又在保留原来经营模式的基础上把业务扩展到传承乡村传统文化和发展乡村特色产业上来，先后创立了青慈竹编、木艺等工作室，开办了同耕园旅游公司，通过"同耕纪"销售团队对外进行推广和销售，带动当地的村民人均年增收达到1万多元。

对于将来的打算，她信心满满，希望还能通过抖音电商平台开创一个全新的销售模式，线上线下双管齐下，带领基地的农户再增收。张之菡对我说："作为朱德总司令和为人民服务的典范张思德家乡的一员，我会时刻以他们为榜样，继续带领更多的青年团队，把自己的家乡建设成大家的'诗和远方'。"

谁说梦想的征途一定是远方，还有种梦想，却只能是在一个特别的地方绽放，那便是——家乡！

一心研史学　满腔爱国情

黄　新

　　康大寿从小的理想是当作家，然而他最终选择了研究史学且以研究中国近代史和中外关系见长，跟他的人生经历不无关系。他16岁时上山下乡，24岁开始在煤矿摸爬滚打，而立之年才进入四川师范学院（原南充师院）历史系读书，之后留校任教。与共和国同龄的康大寿在经历了年少时的坎坎坷坷之后终于决定研究中国历史，他说他希望用历史的真实告诉人们，多灾多难的中华民族经过几番起起落落再也经不起折腾了，每个人都应该把宝贵的时间和精力投入到工作中去，投入到国家的建设上来。

　　康大寿就是一个惜时如金的人。在他的生活中，似乎从来就没有星期天、节假日的概念，有时甚至是昼夜不分，一门心思地搞他的教学和科研。当你第一眼看到康教授，你就会明白，做学问的人真是苦，他不但穿着朴素，还明显的睡眠不足。康大寿也感慨，是想好好地睡他个几天几夜，但多睡一觉就少一分成果，时间不等人哪！康大寿就在这一分一秒中熬出了华发，也"熬"出了累累硕果。自1987年至今，康大寿先后在《四川师范学院学报》《文史杂志》《社会科学研究》等知名刊物上发表《试论近代农民的思维方式》《清末经济特科论述》《张澜在四川保路运动中的一次精彩演讲》等论文28篇；公开出版主编或参编的《近代中国的对外赔款》《近代外人在华治外法权研究》等专著及《中国近代史教程》《中国现代史简编》等教材共10余部。他的多篇论文被人大复印资料中心全文复印或被《新华文摘》转载，参编的教材均被推荐为全国高校统一征订教材。也因此获得过四川省政府社会科学成果奖，并于1991年受邀参加第12届亚洲历史学家会议。于1993年出版的《近代中国的对外赔款》更是填补了历史研究在这方面的空白，多位专家在《四川党史》《史学通讯》《民国档案》等杂志撰文对这部专著给予高度评价。"近代外人在华治外法权研究"是国家1995年批的由国家社会科学基金资助的项目，康大寿任项目负责人。由于该问题涉及史学、法学等多学科的内容，比较复杂，极少有人对其进行系统研究，可借鉴成果少之又少，所以这一课题耗费了康大寿大量的心血。经过6年的艰辛，终于圆满地完成了课题，他和潘家德合著的《近代外人在华治外法权研究》一书于2002年1月正式出版。国内著名历史学家、四川历史学泰斗隗瀛涛在该书的"序"中同样以该书"填补了这方面研究的空白"评价此书，同时称该书对以前的一些历史结论提出了质疑，并以事实为依据提出了独特的看法，不仅是一部学术专著，而且是一部难得的爱国主义教材。

康大寿不仅默默地著书立说，他还将教书育人当作自己生命的重要部分，他说从1976年他第一次站上讲台开始就爱上了教书。那是他在攀枝花大宝鼎煤矿当工人期间，因经常在煤矿宣传队自编自演节目，思想活跃、能说会道而被调到矿山子弟校当老师。没想到的是，当他一站上三尺讲台就明白了，那里才是他理想中的乐园。事实上，从矿山子弟校老师，到1982年从四川师院毕业留校任教，从当教学秘书、班主任、硕士导师到1986年成为当时学校最年轻的系副主任直到系主任，从全心搞好教学管理到致力于教学改革，康大寿为培养学生无不是倾其毕生所能，挥洒一生所学。他说研究史学就是要为现实提供借鉴，否则对历史的研究就失去了意义。他要用自己的经历教育学生惜时奋进，用自己的经验引导学生少走弯路。正因如此，康大寿多次获得学院优秀教师、育人先进等光荣称号，也赢得了学生的爱戴。学生们都很喜欢他，当笔者请康老师的一个学生评价他时，学生只用了6个字：平和、博学、真诚。

温和朴实的康大寿也有"一怒拔剑"的时候。他在做研究时，有好几次气得把书扔得老远，就因为那些丧权辱国的条约，就因为那些欺压百姓的贪官，让他失去了常人眼中史学研究者应有的那份"理性"。他的激情感染了很多人，人们称他为爱国主义的"活教材"。南充市的一些机关、企事业单位和中小学因此每年都会邀请他作爱国主义报告，特别是在1997年香港回归、1999年澳门回归和2001年庆祝中国共产党建党80周年的时候，他一年里要作二三十场历史与爱国主义的报告或演讲。人们爱听他的报告，他的每一场报告都是座无虚席，在有的学校作报告的时候甚至窗台上都爬满了人。他激情澎湃、跌宕起伏的演讲向人们展示的不仅仅是波澜壮阔的历史，也向人们展示了他的爱国情怀和人格魅力。同事们说，康大寿其实是一个性情中人，正直、豪情，潜心著学但敢说敢为，决不护短。

康大寿在科研与教学上的突出成就吸引了国内几所高校和史学研究所的目光，纷纷抛出优厚的物质和科研条件劝他"良禽择木而栖"。但康大寿没有动心，原因只有一个，他丢不下他在党派的工作。康大寿1989年加入中国民主促进会，1993年任政协南充市第一届委员会常委，1997年任民进南充市委副主委、省政协第八届委员、民进省委委员，1999年任南充市政协第二届委员会常委。在这些头衔的背后，是康大寿爱岗敬业、不遗余力积极参政议政的身影。康大寿坦言，参政议政也不是一件简单的事儿，既要投入时间和精力，还要改变人们心中认为政协委员就是边喝茶边"指点江山"的看法。于是他一边著书一边做调查研究，写了大量反映社情民意的调查报告和提案。他的很多意见和建议引起了有关部门的高度重视并被采纳。如南充市有些地方以前拖欠乡村教师工资问题较严重，在康大寿等民主党派人士的一再呼吁下，教委等相关部门决定把乡村教师工资由以前的乡镇发改为由县上统一发，避免了教师工资被挪用，拖欠教师工资现象有了很大改善。2001年，康大寿对南充市的城市建设提出的建议也引起了南充市委、市政府的高度重视，他提出城建要有规划、有序地进行，并且规划要有超前意识，不能"计划跟着建筑走"。类似的建议还有很多，只要是老百姓关心的，不论大事小事都装在康大寿的心头。

科研无坦途，育人更艰辛，经历者如鱼饮水，冷暖自知。但康大寿很执着，也很乐观，他说，再苦的日子都过来了，辛苦不重要，只是时间太紧迫。

摘自中共中央统一战线工作部《中国统一战线》2002年第6期。

致公党

鲜英：捍卫民主的川北斗士

朱 涛

一

1885年6月10日，随着一声婴儿的啼哭，鲜英出生在西充县太平镇鲜家沟一户雇农家庭，其父母早亡，家境贫寒，一兄一姐均不识字，全靠在乡务农将他带大。鲜英欲入私塾，却又无力缴纳学费，塾师赵仪延见后生朴实，遂让鲜英以挑水砍柴来冲抵学费。为此，他十分感激，将先生恩情牢记心中。赵仪延去世后，鲜英每年祭祖之时，皆会特地带上纸钱，到恩师的坟头祭奠一番。

读书期间，鲜英颇为勤奋，他熟谙经史，深获当年业师喜爱。1907年，鲜英慕张澜先生之名，赤脚前往南充，考入顺庆府官立中学堂深造，与朱德乃同期校友，在此与张澜先生定下了师生名分。当时，张澜任该学堂学监（其职为监督与管理学生），故而校风开明、教风严谨，学子多怀济世远志。由于鲜英聪慧好学，张澜对他更青睐有加。

1908年，鲜英于官立中学堂毕业，又考入成都四川陆军速成学校，入弁目（即兵弁头目）队，成为四川组建新军的骨干力量。鲜英在学堂广结同道，与杨森、刘湘、贺国光、王缵绪、唐式遵及潘文华等皆为同窗好友，这为他后来在川军当中能得心应手地开展统战奠定了基础。

1911年11月，大汉四川军政府成立，张澜任川北宣慰使，鲜英在他延聘下于1912年1月任其卫队的支队长。1913年，鲜英入保定陆军军官学校深造，毕业后在袁世凯总统府任侍卫官之职。1915年5月，袁世凯不顾国人的反对，与日本签订"二十一条"卖国条约后，鲜英毅然南下广州，后参加反袁的护国战争。1916年6月袁世凯死后，北洋军阀仍互相争权夺利，鲜英回到四川，在钟体道部担任参谋。

1920年，鲜英供职于刘湘麾下，任第二师参谋长。1921年，刘湘以川军总司令据守重庆时，鲜英被委任为总司令部行营参谋长兼重庆铜元局局长。1924年，鲜英升任陆军第十师师长兼江巴卫戍总司令，1928年改任四川善后督办公署参赞兼惠民兵工厂厂长。在此过程中，鲜英为刘湘出谋划策，力主实行"四川自治"。1935年5月，鲜英出任川省十三行政区（绵阳）督察专员之职，1936年12月又调任第十一行政区（南充）督察专员。1938年冬，在老家南充，他与奚致和筹集经费，协助张澜创办了当时"建华中学"。1939年7月，鲜英有感国民政府的腐败，毅然辞去官职，前往重庆寓居"特园"，终身不仕。

二

"特园"，乃鲜英在山城重庆的公馆，位于上清寺旁，临江而筑，环境宜人。鲜英在刘湘麾下任参谋长之际，就买下了这块地皮，从1929年起便开始在此修建房屋，于1931年建成，是一处有楼房十数间的中西合璧建筑群。此宅因鲜英号"特生"故又称"特园"。

在国家存亡的危难之际，鲜英决意投身到抗日民主运动的滚滚洪流，特园遂成了民主人士活动与中共开展统战工作的重要场所，被人誉为"民主之家"。据郭沫若《民主运动中的二三事》一文所载："同在上清寺，有鲜特生的公馆，名叫'特园'，民主人士也时常在那儿聚会。一九四五年下半年以来，竟成为民主同盟的大本营。民主同盟张澜就是住在那儿的。'特园'很宽大，位于嘉陵江南岸，眺望甚佳。这儿后来由大家赠予了'民主之家'的徽号，是我写的字，还题了一首诗上去……要叙述重庆的民主运动，'特园'实在是值得大书特书的地方，可惜我们在重庆时没有把这儿所经过的一些事情尽量记录出来。"

　　"特园"大门两侧，表方先生也撰写了楹联："谁似这川北老人风流，善工书，善将兵，善收藏图籍，放眼达观楼，更赢得江山如画；那管他法西斯帝压迫，有职教，有文协，有政治党团，抵掌天下事，常集此民主之家。"

　　据史料所载，鲜英定居山城后，经国学大家熊十力引见，结识了中共元老董必武同志。当时，中共中央南方局正四处物色与各界人士的聚会之所，董老自然就想到了鲜英及他的特园。1938年底，周恩来与董必武抵达重庆，就"共商国是"的场所问题和鲜英面商，鲜英当即便承诺下来，并坦然表明了自己的态度："一是愿意，二是不怕。"从此以后，特园就成了各民主人士与中共方面在渝活动的重要据点。

　　1941年，张澜与黄炎培、梁漱溟、罗隆基等人，在特园举行中国民主同盟发起人会议，3月19日中国民主政团同盟在特园成立，并设总部于此。1944年9月，民主政团同盟在特园召开代表大会，并决定取消"政团"二字，以便吸收个人入盟，壮大组织，鲜英被选为民盟中央执行委员。

　　为了支持抗日民族统一战线，鲜英不惜倾尽家产，但其日常的生活开销，却并不富足。据他孙女鲜述秀回忆，作为孙辈，从小没有零食可吃，为解嘴馋，常在花园各处寻觅，铁线草、酸茎草等，都成了零食。祖母金竹生还亲自劳作以补贴家用。就餐之时，饭粒掉桌上，也须捡起来吃掉……勤俭持家，实可谓之是鲜家的传统。

　　1945年秋，毛泽东赴重庆谈判期间，更是三度光临特园，并高度赞誉鲜英先生是中国当代的孟尝君。

　　郭沫若曾以诗相赠：

> 嘉陵江头有一叟，银髯长可一尺九。
> 其氏为鲜其名英，全力为民事奔走。
> 以国为家家为国，家集人民之战友。
> 反对封建反法西，打倒独裁打走狗。
> 有堂专为民主开，有酒专为民主寿。
> 如今民主见曙光，民主之家永不朽！

1966年"文化大革命"爆发，在周恩来总理关怀下，八旬高龄的鲜英由重庆移居北京。但在1968年4月，特园在"文革"造反派的武斗中被毁。当年6月8日，鲜英先生逝世，终年83年，骨灰被安放在北京八宝山革命烈士公墓。

（朱涛，南充职业技术学院院报编辑）

宝剑锋从磨砺出

黎　冰

1983年10月，刚刚才迈出校园，我便怀揣着对于未来的渴求，来到了南充市审计局工作，由最普通的岗位干起，从机关秘书到法制科副科长、农业审计科副科长，再到计算机审计中心主任、办公室主任，一干就是28个年头。

2009年，在一次偶然的机会中，我接触到了致公党这一政治团体。通过交往，我为致公党人的情操所深深折服，也明白了一点：致公党是中国民主党派之一，以归侨、侨眷中的中上层人士和其他有海外关系的代表性人士所组成，是与共产党密切合作，具有政治联盟特点，致力于建设有中国特色社会主义的政党。出于对党派政治信仰的认同，经慎重思考后，我于当年向党派的南充组织递交了一份满含深情的申请书，强烈要求加入这一与中共长期风雨同舟的进步政党。

我埋头苦干，既不刻意彰显才能，又不放过每一次服务党派组织的工作机会，只要领导有需求，我就能悄无声息地去做，而且每一件都能尽己所能地将其干好，干得踏实。

2011年，机会再一次摆在了我的面前。上级决定，调我驻会，具体负责办公室事务。一面，是自己热爱的审计事业，一面，是同样执着的党务工作。何去何从，对此，我陷入了沉思当中。几天后，我终于作出了自己的决定：无论个人如何思考，作为致公党员，都当以组织的安排为重。带着对于组织的热爱，刚刚办完交接手续，我就踏上从事党务工作的新的征途。

到致公党机关工作后，我凭着自身的一股子干劲和对机关工作的熟悉，没用多久便将致公党南充组织的事务性工作，一件件处理得有条不紊，使机关运转井然有序，并在参政议政、信息宣传等方面连年获奖。2011年12月，经上级和中共南充市委批准，我担任了致公党南充市工委的秘书长之职，同年，又当选为市政协第五届委员会委员。

在党内，我力求得到工委党员的一致认可，政治上拥护中国共产党领导，认真贯彻与学习具有中国特色的社会主义路线方针政策，深刻领会党的统一战线多党合作理论，恪守党章；工作中要求自身具有较强的政治把握、合作共事和参政议政的相关能力，热爱党派机关事务，能关注民生并积极建言。为了搞好机关事务，我规范内部管理制度、打造优美办公环境、强化机关日常管理，一年后终于让机关的面貌焕然一新。

此外，我还热心社会服务，曾发起为顺庆区桂花乡敬老院、在南充生活的抗日老兵、残疾体育爱好者甘雨募捐等慈善活动。其中，为仪陇县磨盘小学捐款购买学习用品达5000多元，先后两次为嘉陵区贺家沟村小学捐赠学习、生活用品计10000多元。当地电视台，还曾制作专题节目在南充播出。后来，我又担任了南充市汽车摩托车运动协会的常务副主席和市羽毛球协会副秘书长之职。

参政议政是党派工作的重中之重。作为党派班子成员和机关主要负责人，就必须起好带头作用。对此，我深有体会。从2010年起，我一共撰写了数十篇提案。其中，多篇与他人合作的集体提案获得市政协督办，个人撰写的多篇建议被地方政府部门采纳或引用。形成的其他调研材料，多次在《中国审计》《现代审计》等刊物发表。其中，《财税监管中存在的问题和对策》获得南充市优秀审计成果论文，《巧用SQL实现审计检查思路》则获全省审计学会理论与实践二等奖。

在工作的同时，我崇尚积极的生活方式，这是我个人的人生态度。我加入市摄影家协会、书法家协会和健美协会，多次参加全省、全市的摄影和书法展览；代表南充和企事业单位，参加各类羽毛球比赛，曾与队友并肩作战，一举夺得2012年城市"红牛杯"羽毛球比赛团体第二名的骄人成绩。此外，我还自驾摩托车挑战过珠峰大本营。这些，看似一种个人爱好，实则与工作密切相关，参加团队集体比赛，让我明白了合作的可贵；挑战珠峰大本营，则赋予了我对人生的自信，体育活动需要团结需要勇气，我们的工作也同样如斯。

"宝剑锋从磨砺出。"由于工作勤奋努力，2012年，我受到了南充市政协信息工作先进个人表彰；2013年，获得了致公党四川省委参政议政先进个人的荣誉称号；2014年，获得了致公党中央"全国优秀党员"表彰。

（黎冰，致公党南充市工委专职副主委）

统战是我家　此生我爱它

杨簧军

高中时期，我第一次知道"统一战线"这个概念，那时整日抱着历史课本背诵考试重点，中国革命胜利的"三大法宝"——统一战线、武装斗争、党的建设。"统一战线"悄悄地在我的脑海中留下一丝掠影。

大学时期，必修课《马哲》和《毛概》的教学内容更加精细化、深入化，这时我知道了中国共产党领导的多党合作和政治协商制度的由来和内涵，学习了统一战线的发展历史，但我总觉得教材上的内容离我们的生活很远，统一战线是上层建筑，与普通百姓的生活遥不可及。直到后来，我在加入了中国八大民主党派之一的中国致公党，接触到一大群来自各行各业的致公党前辈，听他们讲述在参政议政、建言献策方面的工作，忽然觉得"统一战线"不再是高高在上、虚无缥缈的，而是看得见、摸得着，与我们生活息息相关的身边事。

记得那是2010年夏天，在高坪致公党几个老同志的介绍和推荐下，经过层层考核和组织考察，我终于有机会成为民主党派的一位预备党员，此后经过在党派中不断学习，以及参加市区各级统战学习后，我了解到统一战线的发展过程。有一次，有幸去听题为《画出最大的同心圆——统一战线学的基本问题》的学术讲座，"讲座"围绕"只要我们把政治底线这个圆心固守住，包容的多样性半径越长，画出的同心圆就越大"这一重要论断，阐释了正确处理统一战线工作中一致性和多样性关系方针的有关问题，使我受益匪浅，对统一战线的兴趣越发浓厚。

2020年，加入中国致公党十年后，我很荣幸成为致公党教育支部主委，有机会更加亲密地接触统战工作，成为统战大家庭的一员。我发现，统战工作的内容不仅仅是服务于民主党派和无党派人士、党外知识分子、民族宗教、非公经济、新阶层港澳台侨等统战对象，更要服务于乡村振兴、疫情防控、招商引资、生态保护等经济、社会发展大局。为此，我积极投身党派事务，用实际行动为统战工作献计献策、助力传声，回顾这十年，我们用党派工作配合统战工作，虽然过程艰辛，但是使命光荣。

这十年，致公党高坪总支成立了"参政议政工作委员会"，主任由总支主委担任，成员由各支部推荐产生，制定了《致公党高坪区总支议案提案及调查报告撰写奖励办法（试行）》，以鼓励党员积极参政议政。截至2022年底，高坪总支撰写各类提案、议案共计150余件，其中《加强对嘉陵江饮用水资源进行监管的建议》《关于创建南充三国文化创意产业园的建议》被评为市政协优秀提案；《关于市人民政府重新审定下中坝行政区划调整方案的议案》被市人大列为主任重点督办议案；《关于建设沿江（嘉陵江）城市经济带的建议》被南充市政府采纳并列入"十三五"规划；《关于建设螺溪河流域绿色经济走廊的议案》被区人大列为主任重点督办议案，《关于加快推进军民融合创新产业园发展的建议》被区政协评为优秀提案。高坪总支也多次被致公党四川省委、市工委评为"参政议政先进集体"。

这十年，致公党高坪总支成立了"社会服务和对外联谊委员会"，主任由副主委担任，工作以服务地方经济社会发展，对外联络企业家来高坪投资兴业，宣传高坪区经济社会发展，以及开展送温暖帮扶活动为重心。在此期间，对外联谊委与绵阳市游仙支部缔结为友好支部。主动联系企业家来高坪投资考察20余起，开展"一走四送"进黄溪活动，为山区学生捐款捐物达10万余元；联系爱德基金援建村小两所，协调企业为黄溪乡援建修桥资金20万元。2006—2008年，高坪总支连续3年被致公党南充市工委评为"社会服务先进集体"，2017年荣获致公党四川省委会"社会服务先进集体"称号，2015年荣获致公党南充市工委"对外联谊先进集体"称号。

这十年，伴着"脱贫攻坚"的嘹亮号角，致公党高坪总支全体党员，在脱贫攻坚的伟大征程上献智、献力、捐款、捐物，砥砺前行，在参与帮扶的同时，还积极开展民主监督，并针对监督过程中发现的问题，向当地中共党委、政府提出意见建议60余条，以致公力量，助力高坪打好脱贫攻坚战。

这十年，一场突如其来的新冠疫情暴发，新冠疫情是新中国成立以来我国遭遇的传染快、感染范围广、防控难度大的重大突发公共卫生事件。面对来势汹汹的疫情，特别是致公党中战斗在救治一线的医护工作者、战斗在基层一线的工作人员，他们舍小家为大家，冲锋在前，日夜奋战，恪尽职守，令人感动。高坪总支党员还大力弘扬"致力为公"精神，认真践行"侨海报国"使命，同舟共济，各尽所能，无私奉献，共协调捐款捐物达39万元，其中党员累计捐款捐物9万元，为打赢疫防控阻击战贡献了高坪致公党人的力量。

2020年12月，新修订的《中国共产党统一战线工作条例》颁布，2022年是党的统一战线政策提出的100周年，今天将开启统一战线事业新篇章，我们决心转变作风、创新方法，抓住机遇，迎接挑战，为打造"大城门户、森林城市、活力高坪"而不懈努力。

（杨黉军，高坪中学高级语文教师）

远去僻壤结穷亲

——精准扶贫驻村回顾

邓颖晴

2018年12月18日，这天是个好日子。

"阳马庙村能通过脱贫验收吗"，这块一直悬在我心头的石头终于落了下来，就在这天下午，从区脱贫办正式传来了消息，阳马庙村满分已通过省脱贫攻坚第三方评估小组的验收检查，在全村人的一片欢呼声与祝福声中，自己与同事们驻村扶贫的日日夜夜、点点滴滴又浮现在我的脑际。

入村：重担挑在肩

2017年，刚到航空港管委会工作的第二天，我就随驻村工作组来到阳马庙村开展扶贫帮扶工作，当车一进村活动室大门，一个皮肤黝黑的男子便满面笑容地迎了上来，"邓主任，我是阳马庙村的村支书黄天华，欢迎您到我们村来开展帮扶工作！"我一边和他握手，一边打量着这个支部书记，不高，干瘦，精神，从他满是沟壑的脸上，我读出"坚毅"二字。

"阳马庙村地处高坪区御史乡……"刚落座，黄书记就开门见山把家底亮给我们。阳马庙村人口1780人，有建档立卡贫困户70户294人，拟于2019年整村脱贫。黄书记坐在我们对面，他一边借助手势，一边娓娓介绍着村情。无论我们问到村、社甚至每一户情况，他都如数家珍，有条不紊地一一道来。整个介绍持续了40多分钟，我就该村的村情、发展情况和帮扶措施等问题记录了整整四大篇，而黄书记却一直没有看过摆在他面前的笔记本，这个小细节不由让我对眼前这个其貌不扬的村支书产生了说不出的好感和敬意。

情况介绍完毕，我正准备上车去看看我所结对帮扶的贫困户，黄支书快步走到车前，一边搓着手一边有点难为情地对我说："邓主任，我，我想给您汇报一件事，看您能不能帮帮我们！"看着他有些窘迫的样子，我笑着说："黄书记，说嘛！只要我能做到的一定尽力。""就是我们村修路的事情，说了好久了，到现在也还没动成工，老百姓意见大得很……"

原来，阳马庙村位于高坪区的东北部，距高坪城区50公里，与蓬安接壤，是高坪区典型的三边乡镇，因该村在许多年前规划有全区的备用水源水库建设项目，而导致村道公路一直没有立项修建。这么多年以来，老百姓都是晴天一身灰，雨天一身泥，摩托车就成了村上人出行的主要交通工具，若是遇上下雨天，大家都只能步行20公里左右到附近的镇上去赶集了。

好一个黄书记，一说起修路的事，他刚才的不好意思一下子荡然无存了，几乎是义愤填膺地把这个问题的来龙去脉一口气说了个清楚。"邓主任，我知道您是高坪区致公党的领导，和省市关系好，路子广，办法多，既然你现在来负责帮扶我们，我就只有找您了！"他一副认真和充满期待的样子看着我。

"黄书记，看不出，你还挺精的哈！"我打趣地笑道，"我刚来，你就知道我是致公党党员，这倒是真的，不过，你说我和省市关系好那是假的，但你们村修路的问题我放在心上了，请放心，我一定会竭尽全力去推进这件事。"

"我也有个事请，要请你们帮忙！"我也卖了个关子。

"啥子事，啥子事？"他们以为我要让他们办什么私事哩。

"给我推荐一家特困户，就是我的'一对一'帮扶户吧！"

"这好吧，那就在钟大娘家吧，邓主任！"站在旁边的几个村社干部也一起应和着，口吻中显出几分欣喜。

我离开村活动室，看着远处连绵起伏的山岭，回想着黄支书交付的事情，突然间，感觉肩上责任沉甸甸的，这副担子一头是修好通路，一头是帮扶钟大娘。

入户：认定穷亲戚

那天，落日的余晖映照在新翻的泥土上，显得格外清新，旁边一个竹编的大背篓内，装满了一个个还沾着泥土的红薯，这一幅简单、自然、丰收的村景呈现在我的面前时，我不由自主地掏出手机记录下了这美好的画面。此时，第一次见到我的"一对一"帮扶对象钟大娘，当时她正在地里埋头挖红薯，老伴坐在旁边的石头上，将刚挖出来的红薯上面的泥土抹掉扔进背篓里，颤巍巍的手缓慢地重复着一个又一个简单的动作。

第一书记的声音打破了此时的宁静，他在招呼钟大娘的同时也走到了她的身边，并双手扶下她手中的锄头介绍了我。通过介绍，她知道我是他们家的结对帮扶干部，今天是专门来跟他们见面了解情况的。我赶紧上前去跟她打招呼并握手。突然，她将伸到一半的手又"嗖"的一下缩了回去，并不停地在自己的上衣口袋处使劲地搓擦，"我手脏，不要把您的衣服弄脏了"，她不好意思地把头低了下去。

"钟大娘，手上有点泥土怕什么"，我赶紧抓着她缩回的手，"我也是在农村长大的呢"，我正说话的那一刹那，她把头转向了我，眼神停留在了我的身上。当时，看着她一头稀疏的、白花花的头发，脸上爬满了岁月留下的皱纹，深陷的双眼，我外婆那慈祥的样子一下子浮现在我的脑海里，"钟大娘，您跟我外婆很像啊！她也和你一样勤劳，以后我们就是亲戚了，您有什么困难和问题尽管告诉我哈，我一定跟你们一起想办法解决，争取早日甩掉头顶上这顶穷帽子。"就这样，我们坐在旁边的石头上聊了起来。交谈间，我与钟大娘似乎没有了距离，变得亲近了许多。

钟大娘家是2014年通过民主投票评选的贫困户，2015年通过就业部门的技能培训和劳务输出脱贫，现在正是脱贫成效的巩固阶段。可就在上个月，她的独生儿子因为突发疾病失去了劳动能力，目前只能在家里休养；孙儿也因车祸无法继续务工；老伴因慢性气管炎长期无法从事体力劳动，一家六口的农活都落在钟大娘这个70多岁的老人肩膀上，而家门口还有一条一直都没有修建的村道公路，全村人无论是赶集还是下地干活都要经过这条主干道，有时下大雨，老人家仍然需要深一脚浅一脚地上山去背猪食。

"你的这些困难，我记在心里了，我会解决好的！"我听完她的讲述后说，随后我披着夜幕回到住处。那天，我直到把帮助钟大娘的具体计划制订好后，才结束这个工作日。

帮扶：俨然一家人

仲夏的一天上午，天气晴朗，我带队与早前在阳马庙村帮扶的同事"换防"，接过精准扶贫的接力棒，当我把工作队的4个成员送到村上安顿好了之后，就来到钟大娘的家帮助她打扫卫生。

川北的夏日，约莫七八点钟，火辣辣的阳光普照大地，我还没有走到钟大娘的家门口，汗水就已把我穿的T恤湿透，只见一条大黄狗老远地跑过来，围着我不停地摇动着它的大尾巴，并朝房子的方向叫个不停，似乎是在告诉它的主人有亲戚来了。钟大娘从一栋低矮的老房子里走出来，她手里拿着把蒲扇边走边说："邓主任，这么早啊！我们才起床，今天这么热你还来啊，快进来吹吹电扇，不然要中暑哦！""钟大娘，我今天来是要告诉您一个好消息，您儿子股骨头坏死的病有救了，我通过致公党高坪医卫支部已给你儿子联系好了一个骨科专家，可以不用做手术，也不用花3万到5万元的手术费，现在可以保守治疗……"我还没说完，她就一把抓住我的手颤抖地说，"邓主任，谢谢您，谢谢你们的帮助"。

随后，我便与钟大娘和谭大爷一起打扫起了房屋的卫生。我们把屋子上部的蜘蛛网全部打扫干净，将地上的鸡粪、鸭粪的痕迹用水擦洗，把不常用的东西专门存放在一间屋里，把厕所、厨房用洗洁精清洗完毕，最后我把两位老人丢在床上的衣物整齐地叠好放进衣柜。

晚上，我在他们家吃了晚饭后才离开，临走时她把我送到村口，在一蓬翠绿的竹子下亲切地对我说："邓主任，你妈妈是真有福气啊，还是姑娘最贴心。"她哽咽着流下了眼泪。"钟大娘，以后我们就是一家人，我就是你们家的女儿。"我用手抚去她眼角的泪水。

那一天，我回到家里已是晚上9点半左右，儿子早已进入梦乡，我在换下脏衣服的那一刻，却感到一丝丝的凉意，让我无比欢愉。

修路：通力办大事

在那之后，我对阳马庙村有些不舍了，这里的村民是那样的纯朴勤劳、亲切友善。我们工作队每个月都坚持至少要和全村的70户贫困户见面，为他们解决在生产、生活中遇到的困难和问题，与村上的同志研究致富增收的办法。2018年，不知不觉中来阳马庙村帮扶已快到一年了，一年来我们的身影走遍了阳马庙村的每一个角落，连每户人家的小狗、小猫等动物看见了我们的身影都会停止嚎叫，有时还跑过来给我们带路。

在驻村扶贫期间，最让我有获得感的有这样两件事。

一是2018年8月初，我们从佛门乡引进了业主来村种植佛手，让贫困户户户找到了致富增收的门道，家家都能加入脱贫奔康产业园；同时又利用御史乡空置的老粮站，鼓励园区的龙运鞋业将工厂的前期工序下移至乡镇生产，让全乡有劳动能力的老百姓实现就近务工的梦想。

二是阳马庙通村公路立项，这更让人们兴奋不已。

真是有心之人天不负呀！但阳马庙村10公里的村道公路建设一直没有动静，它就像一块大石头一样压得我喘不过气来。是啊！要致富先修路，这10公里的村道公路修下来要400多万元呢，如今年能顺利立项，真是令人高兴的事儿。

自从分管了脱贫攻坚工作，我几乎天天都与驻村工作队成员战斗在一起，每天乘着朝阳霞光的薄雾出门，晚上要借着落日的余晖和星星的光亮才能回到家里，我们就这样不分白天和黑夜、不分周末和节假日地工作着，一个月过去了，两个月过去了，三个月过去，半年多过去了，经过我们和乡镇的共同努力，终于在8月底启动了阳马庙村的公路招标工作。

只有我们把老百姓的事当成我们自己的事来办，把村上的工作当成单位的主要工作来抓，把向上争取项目资金的问题当成当前的主要工作来跑，这样才能达到事半功倍的效果，才能对得起老百姓对我们的信任，才能对得起村支书对我们的嘱托。

立项通知书收到的那天我正在村委会给党员干部宣讲省十一届三次全会的会议精神，那天的气温特别高，黄书记抹着满头的汗水兴冲冲地跑进来对大家说："立项了、立项了，我们的公路马上就可以修建了，大家以后不得再走烂路了……"话还没有说完，会议室里就响起了热烈的掌声，经久不息，黄书记的声音被一波又一波掌声和欢呼声淹没其中了，他只有嘿嘿地笑着看着我："感谢共产党、感谢你们帮扶单位……"

通村公路是立项了，但缺口资金也还有200多万元，这么大的一个缺口对我们航空港管委会这个没有任何项目和资金的单位来说可不是一个小数目啊！想着这个事，每晚我都无法入眠。天一亮，就为这事马不停蹄。

迎检：功到自然成

2018年的那个冬天，似乎较往年要来得早些。

12月中旬正是大雪的节气。那几天，气象台天天发布大雾橙色预警和雨夹雪天气预告，虽说阳马庙村是明年的脱贫村，可我们还是每天都顶着大雾到村里来开展帮扶工作，一个个干部的嘴唇冻得发紫，双手冻得发红，可大家都没有一句怨言，每天准时到自己联系的帮扶贫困户家中去帮助打扫卫生、核对脱贫政策落实情况、对他们进行感恩教育、化解邻里周边的矛盾。

我们单位的老同志相对来说是较多的，黄书记就是其中的一员，除了党工委书记，他就是我们单位唯一的县级干部。他帮扶了两户贫困户，其中的杨国碧是一户智障老人，在迎检前夕，我对全村的清洁卫生进行了拉网式的排查，刚走到杨国碧家，就看见黄书记正在杨国碧家中洗碗，只见他胸前捆着个大围裙，穿着件灰色的高领毛衣，袖子挽得高高的，手上的青筋冒得老高，他正在给杨国碧家清洗碗筷呢！他边劳动边和杨国碧交谈着："你一个老太婆在家，没人给你煮饭啊，要不我去跟民政申请一下，你去养老院住行吗？"杨国碧站在黄书记的旁边看着他笑嘻嘻地说道："我不去，我哪儿也不去，我就要在家里。"我走过去说道："黄书记，您这才是真帮扶，是帮出了真感情的啊，我们单位的干部都应该向您学习。"黄书记看着我笑着说："我也是尽了一个党员干部应尽的责任。"

晚上，我们加班加点地整理各种迎检资料。累了，就在村活动室的值班室躺一躺；醒了，又投入新的工作中去，就这样大家都不分白天黑夜地工作着。每个同志的眼中都布满了红血丝，却没有一个同志喊累、叫苦或者是松懈半分。一周下来，我们把村上的扶贫资料和每位帮扶干部的台账又重新检查了一遍又一遍，生怕哪一个环节因为自己的疏忽而拖了全区脱贫工作的后腿。

16日的那个夜晚，气象台又一次发布了大雾橙色预警，个别地方能见度已不足50米，高速公路已强制关闭。我正失望没有抽到我们时，忽然，手机那清脆的铃声响了起来，我们正式接到了明天接受省第三方评估小组的脱贫验收检查的通知，大家困倦的眼神顿时消失得无影无踪了，大家又像打了鸡血一样精神振奋，对工作又做了一番细致的梳理后才回家休息。

第二天清晨，我们早早地来到村上等待着检查组同志的到来，他们这一次的检查是非常系统和专业的，在来的路上已做好了全面分工，在检查资料的同时还要相互印证资料的真实性和逻辑关系，对所有的外出户都要打电话逐一核实。一天下来，检查的五个小组对我们村已脱贫的58户贫困户进行了全覆盖核实，并且还随机抽查了14户在村非贫困户的生活情况，以及对帮扶工作的满意度。

经过一天的检查，检查组没有发现一户因帮扶不到位而出现的返贫等问题，也没有一户因指标不达标而被退出贫困户的序列，"两率一度"的测评都是100%达到标准，在晚上的7点半时检查组才满意地离开阳马庙村。"阳马庙一定能顺利过关！"我们，帮扶干部和村民们，充满必胜信心。

（邓颖晴，高坪区人民政府副区长、致公党高坪总支主委）

九三学社

嘉陵区九三学社基层委员会工作回顾

张丽娟

嘉陵区九三学社基层委员会，成立于2002年7月3日。目前，九三学社南充市嘉陵区基层委员会有3个支社。

回忆成立大会那天，虽然天气较热，但参加成立大会的领导和社员，却早早地来到了嘉陵区政府广场上等候。上午9点，成立大会在嘉陵区政府办公大楼会议室举行。社市委领导，嘉陵区委统战部左天权部长，区政协顾睿秘书长，区工商联、各民主党派主要负责人参加了会议。大会选举产生了以曾志萍为主委的第一届领导班子，成立时嘉陵基层委员会共有社员12人，其中具有高级职称的3人，中级职称的9人。经过历届基层委员会主委及全体社员的不懈努力，我委现有社员42名，其中工程技术界、医卫界、教育界等主体界别社员28人，占总数的67%；行政界、企业界及其他界别社员14人，占总数的33%；中级职称18人，占总数的43%；高级职称14人，占总数的33%。每年得省、市、区先进个人称号达25人次。

至今，九三学社南充市嘉陵区委员会已经第五届了，历届主委分别为曾志萍、王翠花、任红梅、胡娟，我为现任主委。

九三学社南充市嘉陵区基层委员会自成立以来，坚定不移地执行中国共产党的领导，与执政党同心同德、同心同向，切实做到党的工作推进到哪里，九三学社方向就聚焦到哪里，全体社员的力量就汇聚到哪里，在各项工作中均取得了显著成效。

近年来，我们通过"线上"和"线下"多渠道全方位学习，深入开展中共党史学习教育活动。积极组织社员参加社市委、区委组织专题政治辅导学习，充分利用发挥好嘉陵九三学社微信工作群的宣传引导作用，加深社员们对党史社史和政策法规的了解并坚定不移走中国特色社会主义民主道路。

我们还利用新媒体发出"九三"声音。每年向社省委、社市委、区政协、区委统战部等报送刊登宣传稿件20余篇，荣获市政协2021年度"新闻宣传优秀通讯员"、社市委2022年度新闻宣传工作先进个人3人次。

我们深入调研，坚实履职，充分发挥参政议政和民主监督职能，每年市、区"两会"期间，提交集体提案不少于1件，个人提案建议10余件，其中有的入选市政协联组会发言，在南充日报微报纸"两会特别报道"刊登，每年提交社情民意不少于2件，每年组织社员开展产业调研不少于5次。

在防疫方面，我们充分发挥社内医、农优势，全力推进"我为群众办实事"实践活动。多名社员常年奋战在疾控、流调等防疫一线。新冠肺炎疫情发生以来，全体社员立足本职岗位，积极投身于疫情防控工作，主动捐款捐物。在疫情发生初期，防疫物资非常紧缺，医院一线医生急需口罩等物资，我社想方设法找渠道购买并向区卫健局捐赠价值3000元的口罩10000个；积极组织社员向区红十字会等捐款1.89万元，社员郑纲组织川渝总商会会员向我市川北医学院附属医院捐款10万元。自全区打响疫情防控阻击战以来，我社卫生系统社员吴维英、张丽娟、王彬娥、陈素君、何海涛等始终坚持奋战在疫情防控一线，舍弃家庭亲人，坚守岗位，历时数月，始终坚持把人民群众的生命安全和身体健康放在首位，用实际行动默默诠释了九三社员的责任与担当。

持续开展统一战线走基层送温暖活动，积极投身到脱贫攻坚、乡村振兴的工作中。2014年以来，每年都开展扶贫捐款活动，近两年"10·17"（国际消除贫困日），共计募集善款约3000元，用于资助贫困学生和残疾儿童，为我区扶贫事业贡献绵薄之力。我们还组织社员不定期开展健康咨询服务，发挥党派医疗卫生优势，组成"健康小分队"走进贫困村、社区，开展健康知识宣传咨询活动，发放宣传资料，提高村民健康意识。

九三学社嘉陵区基层委员会将向党看齐，对标对表"四新"（多党合作要有"新气象"，思想共识要有"新提高"，履职尽责要有"新作为"，参政党要有"新面貌")、"三好"（做共产党的"好参谋""好帮手"和"好同事"）要求，继续发扬和践行九三学社"爱国、民主、科学"的优良传统，扎实推进思想建设、组织建设、制度建设和作风建设，以"人才强社"为支撑，持续抓好人才培养，创新组织活动形式，健全内部监督机制，切实建设成为"思想上坚定、履职上坚实、组织上坚强"的参政党区级组织。

目前，我们九三学社嘉陵区有42名社员，大家爱党敬业，团结向上，为嘉陵区的建设和发展争做贡献。近年来，九三学嘉陵区基层委员会荣获了社市委2020年度抗击新冠肺炎疫情先进集体；社市委2020年度新闻宣传先进集体；社市委2021年度参政议政先进集体；社市委2021年度新闻宣传先进集体；社市委2021年度组织建设先进集体；社市委2022年度参政议政先进集体；社市委2022年度新闻宣传先进集体；社市委2022年度组织建设先进集体；社市委2022年度社会服务先进集体。

我们的社员郑纲、吴维英荣获九三学社四川省委新冠肺炎疫情防控工作全省先进个人；胡娟、张丽娟荣获社市委2020年度新闻宣传先进个人；胡娟、张丽娟、任红梅、赵军、王彬娥、李健、陈素君、何海涛荣获2020年社市委疫情防控先进个人；易慧、赵军、塞敏荣获2020年社市委组织建设先进个人；陈素君荣获2020年社市委社会服务先进个人；张丽娟荣获2020年度优秀公务员、2021年社市委新闻宣传先进个人；塞敏荣获2020年度全市果业发展先进个人、2020年度嘉陵区三八红旗手、嘉陵区脱贫攻坚先进个人、嘉陵区优秀农技员；杨鹏枭荣获2020年度南充市青年岗位能手、第四届"南充市十大创新英才"二等奖；赵军荣获社市委庆祝九三学社成立75周年演讲比赛三等奖；胡娟荣获2020年社市委参政议政先进个人、2021年贫困地区重大专项普查（调查）省级先进个人、2021年社市委参政议政先进个人；吴维英、周雄、张丽娟荣获2021年社市委社务工作先进个人；何海涛荣获2021年社市委新闻宣传先进个人、政协南充市委员会2021年度新闻宣传优秀通讯员；吴维英荣获2021年度南充市优秀工会工作者；张丽娟、胡娟荣获2022年社市委参政议政工作先进个人；何海涛、张丽娟荣获2022年社市委新闻宣传先进个人；吴维英、塞敏、何海涛、何凌辉荣获2022年社市委社务工作先进个人；

龙凤、李铖荣获市委统战部组织的"喜迎二十大 携手新时代"主题征文优秀奖；张丽娟、何海涛荣获2022年度嘉陵区委区政府颁发的疫情防控荣誉证书。

这些成绩虽然微不足道，但体现我们全体社员紧密团结在执政党周围，同舟共济的信心。九三学社南充市嘉陵区基层委员会成立20年了，在嘉陵区委、区政府、区政协、统战部的直接关怀下，各项工作一步一个台阶，我们将齐心协力，为嘉陵区的建设和发展争做贡献。

（张丽娟，九三学社嘉陵区基层委员会主委、嘉陵区卫生健康局综合执法监督股股长）

九三学社南充市委机关的四次搬家

郑剑波

我曾任九三学社南充市委机关专职副主委兼秘书长，这里说说九三学社南充市委机关颇有意思的四次搬迁及变化。事虽不大，却能折射出中共南充市委对参政党市级组织的关心和照顾。

2002年4月，我从南充市科技局调到九三学社南充市委时，感到民主党派机关麻雀虽小，五脏俱全，机关的5个同志比较团结，大家分工协作，相处融洽。办公室主任虞维比我年轻，却是机关的"老资格"，九三学社建社60周年社庆时，由于他在社机关工作已20年而成为机关里唯一获得九三学社中央表彰的同志。他比较熟悉机关的情况，我常常同他聊起机关的过去，从他那里了解到，机关此前已先后搬迁过三次。

九三学社于1962年在南充建立小组开展活动，隶属于成都分社。1983年11月，九三学社南充市委正式成立，初期既无办公场地，也无专职人员。到了1985年3月，当时主持日常工作的副主委邓廷献是南充师范学院（现更名为"西华师范大学"）的教师，他主动找到学院宣传统战部的领导商量解决办公地问题，得到了大力支持，在学院行政大楼三楼临时借到了两间房，与学院的民盟、民进组织共同使用，"合署"办公。接着又从学院总务处调入一名同志任机关专职干部，也就是小虞，这才有了正式的社机关。那时机关办公条件还比较简陋，办公室面积约20平方米，是个老房子，木头楼板，走起路来一抖一抖的，所有的家当就是两套桌椅和十几把旧翻板椅，没有电话，文件靠手写，送文、送信靠自行车，通知7个委员开会，要用一整天时间。一年的办公经费除了工资外，有两三千元，据说到过年时给开会团年的社员每人发一包几元钱的糕点，算是慰问。

1988年1月，由于学院行政大楼要拆除新建，机关第一次搬家，在市委统战部的协调和帮助下，从南充市人民防空办公室一楼临时租了一间房子（20多平方米）独立办公，并正式对外挂牌。机关人员陆续增加到3人，先后设立了办公室、组织部（后更名为组织宣传部），但通信仍不方便，每次接、打电话都要到二楼用人防办的电话。当时民进南充市委和我们一样，都没有自有产权的办公场地，到处"打游击"。中共党委、政府对此十分关心，专门分别给两家拨款7万元作为置房费，彻底解决了这一困难。

1989年5月，机关第二次搬家，在南充市仪凤街172号二楼有了一个三间套房的办公室，五楼有一个小会议室，面积总共90多平方米。在党委、政府的关心下，特别是中共中央〔1989〕14号文件出台后，民主党派受到进一步的重视，机关工作条件改善了许多，安装了电话，机关力量得到充实和加强，专职工作人员最多时达到6人（2001年机构改革减至5人），办公经费增加到八九千元，在"打紧开支"的情况下还是能够保障工作的开展。自此，机关有了属于自己的安身之地。各民主党派也都在这里集中办公，大大方便了日常工作和党派间的相互交流。

1997年6月，机关第三次搬家，迁到北湖巷1号一个宿舍大院里，我刚到机关时就在这里上班。这个大院属于统建性质，参建单位有七个。我们机关在一个三室一厅约90平方米的宿舍办公，三个卧室用作办公室，不太大的客厅自然就是会议室，阳台经简单封闭后作为资料室。办公设施比较特别，桌子大小不一，文件柜高低不等，成色新旧不同，一看就是各个年代积累下来的"宝贝"。由于工作经费不宽裕，机关共用一部电话，没有电脑、传真机，也无空调，收发传真要到邮电局，遇到开会特别是热天开会时20多人挤在一起，常常汗流浃背，开会的同志常开玩笑说："机关莫钱买空调我们给你凑。"卫生间只有一个，"方便"时也很不方便。当然，机关接受了意见，还是挤出资金添置了三部窗式空调和一台电脑。

这次搬迁，原因是要用各民主党派机关房产置换修建一幢民主党派办公大楼。虽说是资产置换，但要新建大楼，资金缺口还是很大。为了帮助各民主党派完成大楼修建，中共南充市委、市政府在财政紧张的情况下专门拨款100万元，使各民主党派的同志很受鼓舞。机关的同志说，自1993年南充行政区划调整撤地建市后，每一届市委、市政府领导都为民主党派办了一件实事，上一届解决了民主党派机关工作用车，本届落实了办公场地。尤其是对民主党派机关办公用车的配备，大大方便了党派工作，如接送老同志、收发文件、给基层组织送资料、开展调研，以及参加各种会议和活动，都方便了很多。2003年，中共南充市委、市政府新一届领导又帮助民主党派办实事，重新更换了小车，这些都体现出党和政府对民主党派工作的支持。

2005年6月，位于南充市玉带中路的民主党派大楼落成，机关随即进行第四次搬家，机关进驻了民主党派大楼三楼，其办公面积有300平方米。同时，市委、市政府又专门追加经费用于购置办公设备设施，机关办公有5间办公室和1间可容纳50人的中型会议室，宽敞明亮，都配备了新的办公设备，桌椅、文件柜焕然一新，条件得到极大的改善。

20多年来，九三学社南充市委机关的四次搬家，办公场地越搬越大，办公条件越来越好，它是党的统一战线政策的具体体现，也是中共南充市委与市政府对民主党派搞好自身建设的关心与支持。

（郑剑波，九三学社南充市委原专职副主委）

为了民生的优裕和社会的和谐

任作瑛

南充这座古老的丝绸名城梭声如歌，滴翠的桑海如诗如画，多少人为之辛勤耕耘，洒下了滴滴汗水。我是一名九三学社社员，曾任第八、九届全国人大代表，退休前一直在四川省农科院蚕业研究所工作。我作为一名新中国培养的知识分子，就是在这桑海科田里沐浴、磨炼、成长起来的。

倾心科研做贡献

1964年，我从西南农学院蚕桑系毕业，分配到全国"四大样板田"之一的四川盆地商品粮基地综合试验研究中心泸州站。1971年，研究中心的四个站一并撤销，我从泸州站调到设在南充的四川省农科院蚕业研究所，此后一直从事蚕桑方面的研究工作。我深知，蚕桑科研要走向世界必须要不懈地追求与不断地进取，永不满足而永无止境地奉献。我先后主持和参加了21项国家、部、省级研究项目，在桑树遗传育种特别是桑树辐射育种上取得了一定的成绩。

桑树辐射诱变育种是一项新兴育种技术。桑树是多年生木本植物，从遗传角度讲是一个高度杂合体，要把这一学科应用在桑树遗传育种上，在无前人经验积累的情况下要培育出新的品种，其难度很大。为了摸规律找方法，我查找资料设计了多种实验方案，进行比较分析。当时，为了得到完整的数据，不管天晴下雨，还是天热天冷，我都在实验地工作，经过7年潜心研究，最终证实桑接穗辐射线突变体激光再处理实验的重现性，撰写的论文发表在当时的《原子能农业应用》杂志。这一实验结果得到了世界三大情报体系之一的国际农业情报体系（AGRIS）"农业文献索引"（Agrindex）认可，还被选入《辐射诱变与作物改良》和《作物遗传育种与激光生物学》两书中，此时我才真正体会到"功夫不负有心人""铁杵也能磨成针"的朴素的道理。后来，我采用杂交育种与激光育种相结合的方法，只用了3年的时间就选育出了"7681优良单株"，大大缩短了育种周期，"激7681桑品种"获得国家发明奖，还被联合国粮农组织国际原子能机构（FAO，IAEA）登入《辐射诱变育种新品种名录》和《突变育种简讯》以及英国PBA出版的《植物育种文摘》，填补了我国辐射桑树新品种在国际上的空白。此外，《同工酶与桑品种遗传变异的关系》一文还被美国核心刊物《化学文摘》刊登。

此后，我主持培育、通过省级审定的川7637、川7657、川799、川826、川7431桑品种和作为主研人员选育的"南一号""转阁楼"在省内外蚕区推广应用10—30年，取得了显著的经济效益和社会效益。同时，我先后撰写论文37篇，专著两本，获得国家科技进步二、三等奖，农业部科技进步一、二等奖，四川省科技进步二、三、四等奖，中国农科院一等奖，南充市科技进步二、三等奖15项次，受到省、地、市各级表彰奖励20余次和事迹报道13次，获得了国务院批准的终身享受政府津贴专家、人事部"有突出贡献的中青年专家"和四川省先进工作者等称号。

2000年，我已退休，今年（2023年）已经81岁，照理应该好好休息，但为了解决桑研人才断层、后续科研跟不上的问题，我服从所领导安排，退休后前十年仍然承担"十五""十一五"四川省育种攻关项目主持人的工作，为蚕桑科研培养好接班人，这十年我甘为人梯，跟年轻人一样起早贪黑，下农村，手把手地指导、帮助年轻人。

当好代表献良策

作为九三学社、科技界的女知识分子代表，我先后当选为南充市第十、十一届人大常委，南充市顺庆区第一届政协常委，第八、九届全国人大代表。我深感人民的信任来之不易，责任重大，必须不断提高自身素质和参政议政水平，尽心尽力履行职责。

为此，我首先做到认真学习党的方针政策和法律法规，努力使自己成为一名懂政策、懂法规的合格的人大代表，并随时关注国家及本地区的发展，会议期间认真听取和审议各项报告。人大代表、政协委员是党和政府联系人民群众的纽带和桥梁，要随时倾听群众呼声，及时反映社情民意。日常生活中，我不忘自己的责任，注意密切联系群众，搞好调查研究，搜集了解社会上普遍关注的热点和难点问题。我在任职的16年中，先后提议案、建议、意见几十条。

2001年，我和几位全国人大代表了解到南充市燎原机械厂与河北省廊坊市一民营企业之间的经济合同纠纷案久拖8年悬而不决，在认真听取情况介绍后，我们及时向全国人大常委会、最高人民法院、河北省高级人民法院发出关于督办此案的三封快件。不到3个月，河北省高级人民法院作出了"关于廊坊市安次区工商实业开发公司退还燎原厂100多万元"的终审判决，使燎原厂多年官司得以解决，挽回了该厂的经济损失，对此《南充日报》《南充晚报》《人民权利报》都做了大篇幅报道。

对于涉及全国性的问题，我就整理成人代会议案、意见提交。如针对南充市综合贸易公司40名退休老职工反映的待遇太低的问题，我和另一名代表进行详细调查，形成了《恳请中央制定相应政策提高企业老职工经济待遇》的议案，在九届五次全国人大会议上得到与会代表的积极支持。此外，对企业子弟校退休教师反映其退休工资与地方相同学校退休教师工资差距太大的热点问题，我通过开座谈会调查形成了相关建议意见，在闭会期间向全国及省人大反映，经多方努力最终得到了满意的答复，使这些退休教师工资达到地方学校退休教师相同水平，现在只要遇见这些退休教师，他们都还要和我拉拉家常。

由于自身工作条件的限制，我不可能对各方面的情况都十分了解，为了在会期及时将本市需请国家解决的问题反映上去，每次会前我都主动请人大催促有关部门尽快提出问题，形成议案意见。我连续8年提出"兰渝铁路建议其路线走向应为兰州—广元—南充—广安—重庆"的议案，最终得以实现，让南充市700万人民盼望已久的一个愿望变为现实。

做好人大代表工作要花不少精力和时间，除了学习文件，还要参加各种会议、集体视察活动和社会调查，这既是必要也是必需的，因为只有通过社会实践活动才能弥补人大代表在各自岗位上观察认识问题的局限性。"九五""十五"期间我一直在主持省重点攻关项目，同时还有7项社会兼职，为了处理好人大代表工作与业务工作之间的关系，我总是合理安排时间，尽量做到两不误，不辜负人民的期望。

党的阳光雨露滋润了我，一方水土养育了我。"春蚕到死丝方尽"，参加工作以来的历程如弹指一挥间，总结我的一生，没有碌碌无为，虚度年华，虽有辛劳，却无怨悔，圆满完成科研工作和人大代表工作让我无限欣慰。

（任作瑛，四川省农业科学院蚕业研究所原研究员，享受国务院政府特殊津贴（终身）专家）

我与"九三"二三事

成东朗

今年是中共中央发布"五一口号"75周年，是南充撤地建市30周年，又恰逢九三学社南充市委会成立40周年，都是十分值得纪念的日子。从2012年初入机关，我有幸在九三学社南充市委会机关工作10多年，在组织的培养和关心下，留下了许多值得回忆和珍藏的故事，如在目前，难以忘怀。

未曾相见　早已相识

认识九三学社源于历史课本，知道九三学社是唯一一个以日期命名的参政党。抱着浓浓的好奇心，查询资料才知道，"九三"之命名，既是对伟大的中国人民抗日战争和世界反法西斯战争胜利的庆祝和纪念，同时也寄托了九三学社的先贤们对民族独立、国家富强的期冀和企盼，对民主与科学的追求和渴望，具有非常深刻的意义，"九三学社"自此给我留下了独特而深刻的记忆。

2012年，进入九三学社南充市委会机关工作后，先后接触到陶治国、王翠花两任主委和社内大专家周仲辉、崔富华、李育明等，深切感受到"九三人"的学识渊博与人格魅力，以及驻会副主委郑剑波等机关同志平和务实、待人真诚的亲切氛围，从此便有"未曾相见，早已相识"的归属感和亲切感。

高山仰止　景行行止

自进入九三机关工作后，身边同学、朋友们对我"九三"身份有点"高山仰止，景行行止"的感觉，实则是我并未加入组织，颇有些"扯大旗"的感觉，但九三学社社员意味着什么，并没有特别深刻的理解。很快，入职后的第一个工作被安排，需将所有社员纸质档案录入信息化系统，在这个过程中，我对400多名社员的入社档案全部阅读了一遍，第一次比较全面地了解到九三学社前辈大都是有名望的专家和科学家，有获得国家科技进步一等奖的地球物理学家高如曾，有川北医学院影像专业创始人杜河清，有获得全国三八红旗手的花生专家崔富华，等等，他们共同遵循"爱国、民主、科学"精神，为了国家的繁荣和富强，积极进取，勤奋工作，在各自领域取得了辉煌成就。通过一遍又一遍的信息录入，我对这些为国家经济社会建设做出卓越贡献的前辈们更加崇敬，对"高山仰止，景行行止"有了更深刻的体会，我也立下决心更努力地工作，争取早日加入组织。2016年，经过几年申请，在九三学社南充市委王翠花主委和郑剑波副主委的介绍下，我终于光荣地成了九三学社一员。自此，我为自己定下了新的人生目标：继承"九三"前辈优良传统，做新时代合格九三人。

践行初心　与社同行

2017年初，组织安排我负责社情民意收集和撰写，此时的我既是九三学社社员又是反映社情民意的信息员，参政议政、建言献策是我职责所在，责无旁贷。倍感光荣的同时，又觉得责任重大。当年底，一位外地朋友出差来南，工作之余陪他参观了西山万卷楼和果山街解放纪念碑，了解到南充悠久的历史和灿烂的文化底蕴，朋友下意识间说道："南充对外宣传有点欠缺。"这提醒了我，2015年南充经历了一个特殊时期，经过一年多的重塑形象，经济社会发展等方面都取得了可喜成效，加强南充对外形象宣传正当其时。经过反复调研，我撰写了《关于进一步提升南充形象宣传的建议》的社情民意。没想到，该建议很快得到市委主要领导批示，我瞬间充满了巨大的喜悦和获得感。后来，我还陆续反映了《关于统一脱贫攻坚资料台账的建议》《规范城区共享单车管理的建议》等信息，得到了社中央、省政协、市政协等采用，部分建议后来都得到了满意的答复和切实的落实。我也多次获得社省委"参政议政先进个人"和市政协"反映社情民意先进个人"等荣誉称号。

时光荏苒，我庆幸加入"九三"！初心不变，我将继续朝着"九三"指引的方向前进！

（成东朗，九三学社南充市委组宣部长）

杨莹洁：一张"医者仁心"的名片

吴开科

顺庆区九三学社基层委员会有一名普通的社员，她的名字叫杨莹洁。但要是在南充市中医医院，一提起杨莹洁的名字则如雷贯耳、无人不晓！

初识杨莹洁老师，是在顺庆区九三学社基层委员会的组织生活会上。那天的她，身着休闲服装，一头短发，显得十分干练。会议过程中，杨老师不停地走出会议室接听电话，非常忙碌的样子。一打听才知道杨老师这天是从百忙之中抽出时间来过组织生活，这些电话全是她的患者打来的，她"简直就是一个大忙人！"这是杨老师给人的第一印象。

后来得知，杨莹洁老师是南充市中医医院治未病中心主任。她从事中医、中西医结合临床诊疗及研究工作30余年，行医期间她潜心研读中医理论，翻阅了大量的中医古典医籍和现代名老中医著作，博采众家之长。很快成了南充市中医医院的一张名片、一名医者仁心的杰出代表。

"能者多劳"，杰出的杨莹洁老师身兼数职：她现任中华中医药学会亚健康分会委员、治未病分会委员，全国膏方医学专业委员会常务委员，四川省中医药学会小儿推拿专业委员会副主任委员、糖尿病专业委员会常务委员等职务，无论身上的头衔有多少，无论肩上的担子有多重，她始终把解除患者病痛作为自己义不容辞的责任，把传承、传播中医药文化作为自己坚持不懈的追求。

杨莹洁老师三十五年如一日，全身心致力于中医药服务能力建设，成果丰硕：她牵头创建了南充市首个治未病中心，先后荣获"全国治未病中心建设工作先进单位""四川省五一巾帼标兵岗"称号;她首创了"三级网络健康管理""责任片区健康管理"新模式,将中医治未病与国家基本公共卫生服务、中医药适宜技术及中医健康管理相结合,较好地提升了基层中医药服务能力和水平,为顺庆区顺利通过"全国基层中医药工作先进单位"的复核评审奠定了坚实的基础;她主持开展省、市级科研8项,承担国家、省、市级科研项目、继教项目18项,主持研发的50余种院内中药制剂和治未病健康产品在全市中医医院和乡镇卫生院推广使用;她常年坚持深入社区、乡镇、学校、机关开展健康大巡讲,为传播中医药文化、普及中医药知识做出了积极的贡献。

杨莹洁老师始终坚持"以德济生,以技惠民"的信念,把患者的健康放在首位。在日常门诊中,杨老师发现她接诊的患者很多来自农村,经济大多都不宽裕,因此在看病时,她处处为病人精打细算,尽可能选择廉价、方便且疗效较好的药物。

有这样一件小事:一个做了肿瘤切除手术的患者慕名找到了杨莹洁老师,想要用中医的方式来调整恢复。杨老师细心与患者沟通了病情,为患者量身制订了周详的调理方案。当她了解到患者的家离医院很远,于是便主动与医院相关科室沟通联系,安排患者尽早做完检查治疗,为他们节省了不少食宿费用。后来这名患者在杨老师的精心调理下,各项指标逐渐恢复正常。

由于名声在外,像这种慕名前来找杨莹洁诊治的病人很多,而她从来不会拒绝,总是笑脸相迎。"患者能找过来,就是对我们最大的信任,绝对不能辜负!"杨老师朴素的话语中透出高尚的医者仁心。近几年来,杨老师年均诊治病员高达16000余人次,正常的工作时间难以满足病人的医疗需求,面对高强度的工作,杨老师的心态非常平和:"对我来说加点加班早已习以为常,每天很少能够正点下班,但再晚也要把病人看完呀!"

2020年新冠疫情暴发之际,杨莹洁老师毫不犹豫递交了前往湖北抗疫的"请战书"。抗疫期间,她利用休息时间号召并组织医院中医骨干,研制预防中药、防感香囊,并主持编写新冠中医药防护手册与康复手册。同时,她还深入南充市各县区新冠定点收治医院和医学留观点现场指导,结合自身专长,充分发挥中医治未病优势,详细讲解中医药在防控方面的知识,提高基层在防控工作上的应对能力，为打赢疫情防控这场硬仗贡献出了自己的一份力量。

"天道酬勤。"杨莹洁老师的辛勤付出，得到了丰硕的回报：

2016年，荣获"四川省拔尖中医师"。

2017年，荣获"四川省杰出名中医"。

2018年，当选四川省中医药学会小儿推拿专业委员会副主任委员。

2020年，荣获"感动顺庆10大人物"。

2022年，当选"全国第七批老中医药专家学术经验继承工作指导老师"。

……

"路漫漫其修远兮，吾将上下而求索！"杨莹洁说，她清醒地认识到人类对疾病的认知还十分有限，疾病对人类的威胁还非常严重。面对人民群众的医疗需求和期待，自己未来的路还十分漫长。只有更加勤奋，百倍努力，不忘初心，继续前行，才能无愧于白衣天使的庄严称谓，无愧于一个医生的神圣使命。

朴素的思想、朴实的话语、无声的行动，无不显示出杨莹洁老师作为一名医者的高尚情怀。杨莹洁老师不愧是南充市中医医院的一张"医者仁心"的名片！

（吴开科，九三学社顺庆区基层委员会社员）

记川北医学院援鄂抗疫的周仲辉教授

蒋　莉

　　周仲辉教授是四川公共卫生应急救援专家组成员，川北医学院临床医学系副主任，九三学社南充市委原副主委。参加工作40年来，他历经SARS、甲流、高致病性禽流感的防控和带队参加汶川大地震的紧急救援工作，在受领带领川北医学院附属医院救援队参加支援武汉新型冠状病毒感染肺炎的防治任务时，丝毫没有犹豫。他说："作为一名感染科医生，我深知此行面临的风险很大，但我永远都做不到无动于衷，我的选择只能是义无反顾。"

　　周仲辉教授的爱人是川北医学院附属医院儿科的一名医生，女儿在研究生毕业后，留在美国从事金融工作。寒假，一年没团聚的一家三口，原计划前往泰国开启充满期待与温馨的度假。当网上传来武汉暴发新型肺炎的消息时，作为一名感染性疾病防治专家，周教授敏感地察觉到此次疫情的不同寻常，在与家人的交流中，他表达了担忧，也提出了延迟旅行，如果没有疫情的话，周教授那时应该还在享受难得的清闲时光。

　　随后，医院开始收治第一例疑似新型冠状病毒肺炎的患者，周教授作为医疗组长，全程参与查房、病例讨论，以及医务人员的培训。他得知川北医学院附属医院将派出第一批援鄂医疗队时，便主动请缨，他深知形势很严峻，那里需要他。当时，医院领导找他谈话，让他担任此次救援工作的队长，他说："虽然我参与过多次紧急救援任务，也带过队伍，这次的压力却是最大的，一方面疫情的发展超出预期，工作强度会很大，另一方面我最担心的是我能否平安地把我们的队员带回家"，说到这里，他有些哽咽。"逢

川北医学院援鄂医疗队进驻协和武汉红十字会医院

艰险不避，遇名利不争，扛使命不悔，行大道不移"，这是一个知识分子应该具有的情怀和气节，也与九三学社鼓励社员立足本职、建功立业，为新时代中国特色社会主义事业贡献力量的目标契合。

2020年1月25日（大年初一），在这个本该是家人团聚的日子，周仲辉教授与他的团队登上了前往武汉的飞机，千里奔袭，星夜疾驰，当晚即抵达武汉。次日，根据工作安排，周教授与队员们被派往协和武汉红十字会医院进行工作交接。协和武汉红十字会医院是一家二甲医院，也是距离华南农贸市场最近的医院，第一例新型冠状病毒肺炎就是在这里确诊的，在援鄂医疗队到来之前这里被政府征用，成为新型冠状病毒肺炎的定点收治医院。

川北医学院附属医院团队接管该院六楼，该楼层分为两个病区，共90张床位。在与红十字会医院的领导及两个病区的主任和护士长见面时，周仲辉教授表态说："艰难困苦，玉汝于成！我们的团队定会不等不靠，全力以赴，打赢这场没有硝烟的战争。"这无形中也给医护团队打了定心针。

为发挥最大救助效能，周仲辉教授带领团队根据病房设置和人员配备，将两个病区又划分为5个医疗组，将红十字会医院的团队纳入管理，一起协作收治病人。同时，他迅速带领团队共同学习探讨国家卫健委最新的防控指南，拟定查房和收治病人的制度和流程。收治病人期间，周仲辉教授每天通过例会经群内讨论，并根据防控指南最新的版本、收治病人情况和医院现状多次梳理和修订流程。此外，他还带领团队与四川省卫健委的领队、红十字会医院医务部和其他楼层病区积极沟通，优化患者收治、会诊和转诊流程，使工作开展越来越流畅。

川北医学院附属医院援鄂医疗队雷震副教授，曾经跟大家说起了一件特别感动的事情：他值班时来了一位28周的孕妇，被诊断为疑似病例，其丈夫请求医生保护母子平安。他一边安慰病人家属，一边请示周仲辉教授，周教授说，"从我们以往救治甲流患者积累的经验看，孕产妇是发展为重症肺炎的高危人群，好在病区还有妇产科医生，目前该孕妇情况也还相对稳定，采取保证氧合、加强营养支持和免疫功能修复的治疗预案，一定能给他们一个满意的结果"。在这位准妈妈来医院之前，家人特别焦虑担心，但看到当地专家与来自四川的专家通力合作，全力救治的情景时非常感动，病人的丈夫当场就流下了眼泪。

转眼已是元宵，周仲辉教授特意把大家召集在一起，给远方的家人送上祝福，虽然时间短暂，但仍然是过了一个格外温馨的元宵佳节。

在武汉期间，周仲辉教授担心随着离开家的日子越来越久，队员们的心理会发生变化，专门抽出时间为队员做心理疏导，了解他们的想法和需求，对他们在工作、生活上的困难事无巨细地关心，并积极地与省卫健委领队和川北医学院附属医院的领导沟通，竭力去加以解决。在队员们的心里，他如定海神针般存在，有他在大家就有信心！

2020年1月27日到3月18日，周仲辉教授带领团队连续奋战57个昼夜，共收治288名病人，其中重症76人，危重症30人，治愈出院246人，做到"医护人员零感染"，圆满完成援鄂医疗任务。

（蒋莉，川北医学院临床医学系副主任、川北医学院附属医院呼吸与危重症医学科主任）

工商联

风雨十五载　终见彩虹艳

陈宗君

我是2002年5月到市工商联工作的，当时工商联成立的时间不长，基础差、底子薄，办公室租的，无公用车，会员不多，在活动的行业商会只有丝绸商会一个。我到商会后，和机关里的同志们一道，围绕"三性"攻难关，解难题，干实事。十多年过去了，工商联商会组织发展了，队伍壮大了，服务职能加强了，办公条件改善了，会员影响力增强了，为"两个健康"做出了应有贡献，创造了工商联那个阶段的亮点。

人人明方向，全力扩队伍

俗话说：方向不对，努力白费。我刚到工商联时，民间商会少且会员少，要工作却没对象，向谁宣传党的方针、政策？有桥、有纽带，就是不知道过了"桥"去找谁，真是一拳打在棉花上。当年，我发动大家一起，坐着公交车到民营企业去调研，积极宣传鼓励发展民营经济的政策，宣传工商联章程，主动与民营企业交朋友、解难题，从中发现积极分子、代表性人才。通过半年的努力，我们发展了欧阳绿色产业有限公司等10户企业入会，后来经过较长时间的努力，又终于成立了全市餐饮旅游业商会。

第一个商会成立后，有了一定的经验，发展逐步加速，到2016年市本级共发展了行业商会21个，其中市外4个。组织建起来了，队伍壮大了，服务有对象，工作有方向，劲也有地方使了，大家工作起来也开心了。队伍大了，对非公经济人士的思想教育就显得尤为重要，我们主要开展了"双思"教育、诚信教育"五个一"活动、法律教育等活动，引导会员走"爱国、敬业、诚信、守法"的路子，引导非公经济人士"听党话、跟党走"，走中国特色社会主义道路，助力非公经济人士健康成长。

突出经济性，质优促发展

1979年1月，邓小平在人民大会堂接见了荣毅仁等工商界的五大巨头，这就是著名的"五老火锅宴"，从而揭开了民营经济发展的大幕。

工商联作为党和政府联系非公有制经济的桥梁和纽带，核心就是要促进非公有制经济健康发展、高质量发展。我们主要从以下同方面开始着力：

一是加强培训、开阔眼界。每年都定期或不定期组织会员参加各种培训。让我记忆最深刻的是2014年，我们邀请了北大教授晏智杰老师来南充为民营企业家讲课，内容是"大众创业、大众创新"及改革推动企业发展。那天，北湖宾馆会议室座无虚席，会场鸦雀无声，大家听了后都觉得受益匪浅。

二是维权服务、温暖人心。2004—2005年，有个单位无理要罚"天一房产"公司4万元，企业家觉得冤，并未支付，该单位就申请法院强制执行。我们得知情况后，与顺庆工商联一起，主动与法院和该单位衔接，摆实事、讲道理，终于说服了两个单位，不仅没有罚款，市、区两级部门还给天一房产公司赔礼道歉。维权典型事例还有很多。通过维权服务，大大增强了工商联的凝聚力和向心力。

三是银企沟通、加强往来。2011年，我们积极组织民营企业家与市工商银行成立了工银商友俱乐部，作用是座谈交流、相互沟通、增进了解、互通有无、共同发展。在俱乐部成立之前，市工行几乎未给实体企业贷款，成立后当年便给民企贷款2亿多元，2012年贷款28亿元，2013年贷款超100亿元，2014年贷款138亿元，实实在在促进了民营经济的发展。这些信息宣传出去后，南充商业银行（现在的四川天府银行）、市农业银行、市邮储银行、高坪信用联社等纷纷主动与我会联系，与行业商会联系，与之建立了战略合作关系，并取得了较好效果。这充分说明，谁拥有了真正的企业家，谁就拥有了核心资源。

四是加强协调，引商招商。发挥商会优势，招商更有力。2002、2003年，吉隆街刚建好不久，招引客商显得尤为重要，我会积极配合市总商会副会长、企业家吴一和，大力开展招商引资，当时引进的雅戈尔、罗蒙、国美电器等企业，至今仍经营良好。那时每年招商引资，都会有一定的收获。如东莞鼎立超重设备公司、高坪肉联厂、高坪蒋晓颖砖厂、广东宋永太投资的高坪物流园仓储项目、顺庆区的粮油食品贸易进出口项目等等，它们对南充经济发展发挥了一定作用。

五是牵线搭桥，推销产品。攀枝花南充商会成立后，会长王东明决心为家乡干点实事，帮助推销蒙状元白酒，当年销售额就达500万元。

明确定位，下沉服务

工商联除了独具的统战性外，也具有一般人民团体的性质即民间性，因此它不具备行政指挥权。那么，主动下基层调查研究、上门服务，成为我会工作的主基调：

一是深入基层，了解实情。到会员企业去，对民营经济发展的趋势、企业所想所盼、存在的问题都应心中有数，这样参政议政、建言献策才有底气，建议才有针对性。2008年，受金融危机的影响，茧价、丝价大跌，企业日子很不好过，通过调研，我们写出了"金融危机对南充茧丝绸行业的影响及对策"的调研报告，不仅受到了市委、市政府领导的重视，而且企业也调整了市场方向，取得了较好成绩，如长叶公司在市场疲软的情况下，当年销售增长了70%，实则来之不易。

二是广交朋友，真心服务。首先是多与会员接触，其次要建立人脉，要多到不熟悉的企业去串门；第三是在关键时刻关心、问候、支持和帮助，做到患难之交；第四是要诚恳待人，用心与会员沟通、接纳别人。

三是作风整顿，积极参与。2013年，积极参与市委、市政府关于发展软环境治理工作，配合市政协、市统计调查队，进行了投资软环境及政风行风建设满意度测评；配合市监察局和市民政局对行业商会收费情况进行了清理，取消了不合理收费；协助政府有关职能部门完善了企业权益保护机制，严肃查处了一些侵犯企业合法权益和干扰企业合法经营的人和事。

四是用好平台、特事直通。工商联的建言献策有两个特殊渠道，即人大、政协和市委主要领导，工商联中的代表人士遇到什么问题，可以通过提案、建议，以及大会、小组发言等形式反映情况，许多问题可以得到较好解决。另外，市委主要领导每年都要定期或不定期召开民营经济代表人士座谈会，了解民企发展情况、存在的问题，以便采取对策措施。2012年下半年，当时市委刘书记主持召开了全市民营经济代表人士座谈会，其中营山县五四机械厂陈健反映，企业在工业园区建好了新厂房准备搬迁，但由于有点小问题，有关方面不同意他们搬迁，企业生产进度、订单将受到极大影响，刘书记当场表态"等我去找他们落实"，此后我便立即与营山县委统战部、县工商联主要领导联系并说明情况，请他们马上向县委、县政府主要领导汇报，事后问题很快得到了解决。

光彩扶贫、影响深远

光彩扶贫，是富起来了的民营企业家致富思源、富而思进，以及回馈社会的一个有效载体，也是工商联工作的重要抓手之一。

在众多的光彩扶贫项目中，由于市工商联和仪陇县工商联为朱德总司令诞辰120周年光彩扶贫工作策划早、汇报早、实施早，得到了全国工商联、省工商联的大力支持，故而效果特好、影响特大。在2003年上半年，仪陇县就着手准备项目方案，打算改扩建朱德总司令童年时就读的"药铺垭私塾"，市、县工商联一起到省工商联汇报，得到了省上的认可后，完善了方案并上报省联。

2003年9月，全国政协副主席、全国工商联主席黄孟复一行，在省政协副主席、省工商联主席何志尧的陪同下，来到了南充市、仪陇县考察调研，当时黄孟复指示，请省联派人到仪陇县考察，力争合作办成一些事情。

2004年8月中旬，胡锦涛总书记到南充仪陇县等地考察并指示：一定要把朱德故里保护好，一定要把朱德故里建设好。他同时在讲话中要求，全国工商联要动员民营企业家大力支持仪陇县的建设，有了总书记的指示，全联、省联对仪陇的光彩扶贫力度大增。

从2003年到2008年，黄孟复主席5次率领民营企业家及国务院扶贫办主要领导、有关部门领导到仪陇县调查研究、走访企业、学校、乡村等，与农民、企业家、干部、教师、学生等交心谈心，了解实情，研讨脱贫之策。通过走访、调研，加深了对革命老区的认识，增强了对老区人民的感情。

为了让仪陇老区人民过上更加幸福美好的生活，决定光彩扶贫项目从以下几方面入手：一是修建、改扩建光彩扶贫学校（几年共建了几十所）；二是扶持乡村脱贫攻坚，产业扶贫；三是大力支持龙头企业发展；四是加强农民工培训，加大招工扶贫力度等。几年间，全国许多知名的民营企业家分别先后到过仪陇县考察，并奉献了爱心。如人民电器集团、小银狐投资集团、中国民生银行、上海均瑶集团、恒大地产集团等。几年来，全国工商联动员民营企业家为仪陇县共捐款8000多万元；省委统战部、省工商联动员民营企业家捐款218万元。这些捐款，对推动仪陇县教育、乡村脱贫、民营经济的发展等起到了良好的促进作用。

另外，经过十多年的奋斗，南充商会大厦也建起来，这既是民营企业发展的一个象征，也是南充对外经济的一个窗口，同时工商联办公条件也得到了较大改善，人员编制也有一定增加，工作经费也没有开始时那么困难了。

多年在工商联的工作，使我深有体会：群团工作不靠权力靠能力，不靠地位靠品位，不靠手段靠手艺，不靠关系靠本事。同时，还要勤于学习、善于思考，既定目标、锲而不舍，走进会员，多一点耐心、多一点细心、多一些诚心，很多问题便会迎刃而解，这既对会员问心无愧，又对党尽忠而彰显担当。

（陈宗君，南充市政协原副主席、市工商联原主席）

柴善辅的统战情愫

杨明权

柴善辅（1903—1976），今阆中市江南街道办事处白溪村人。祖籍阆中天安观，姓刘，排行二，幼时因身材瘦弱抱出抚养，过继给柴万培为子，取名柴文富，后改为柴善辅。柴万培既是养父，又是从事农、副（裁缝）经营的师父。柴善辅进城之初，在阆中丝绸行大商户冯万奎商铺当学徒工，按世俗一路晋升，三年学徒工满师后，由伙计、师哥、捷长到掌柜。

柴善辅初始经商是在阆中城大东街租房做店铺，做丝绸棉布生意，后又在太平寺街开商铺，在河溪正街开谷物、桐油加工厂，在白溪老家修了大宅院。

随着生意兴隆，柴善辅在川北商界崭露头角，被选为阆中工商联合会理事长，他践行实业救国，联合商家资助平民工厂，当时贺芝祯在阆中中学对面所设的灾民儿童所的基础上，办了生产日用产品的小厂，得到了他的帮助，后来成为民国时期阆中最早的公办企业。柴善辅还筹措联办蜀华棉纺厂，为丐帮筹建西门外安化园住房。

随后，柴善辅又进入学界，在抗日战争时期，阆中作为抗战的后方，当时地方财政困难，而地方产业的发展又亟须培养人才。民国30年（1941），县长肖毅安令县中校（阆中中学）开办农业补习班，桓侯祠后桑园地及城隍庙公地始划给学校，用作该班实习地。经筹备，1942年下学期，阆中中学开始附设茧丝班，柴善辅为筹办这个附设班发挥了重要作用。1942—1944年，他在阆中中学担任行政事务主任，主管茧丝班的工作，这个班在抗战时期为培养蚕桑技术人员发挥了积极作用。

1945年抗战胜利后，为了改变旧的会计方式，加速培养新的商业人才，适应发展需要，故而培养人才的工作更加迫切，当时国立四中等机关学校迁走了，留下了不少人员，但没有让他们发挥应有的作用，工商经济发展又缺乏人才，建立商业职业学校成为当务之急。于是，经阆中商会会长柴善辅发起，阆中教育界人士的支持，由阆中县商会出资，经县政府批准，办起了一所初级商业职业学校，简称"商职学校"。校址在阆中城东文昌宫巷，并从1947年春开始招第一班学生，每年春、秋两季招生，到1949年秋季招第6班。

1946年，柴善辅购买了阆中最繁华地段——太平寺街门面及王纯伍的5套房子（原糖酒公司处），成立阆中最具规模的"甫记礱房"，加工大米供应学校、车队和居民。民国36年（1947），柴善辅牵头筹建了官民合办的阆中光明电灯有限公司，任董事长。这是川北最早的电灯公司，技师杨光亚毕业于重庆大学电机系，拥有50马力发动机、28千瓦交流发电机各1台，年发电4000度左右，供城区19条街巷301户、501盏电灯照明。1950年1月，阆中县人民政府接管光明电灯公司，改名阆中县人民电厂（后为阆中电力公司），现已进入国家电网。

由于柴善辅在工商界有声望，国民党县党部书记马征远想拉他加入国民党，曾拿出国民党证，要柴善辅签个字就行，而柴坚决拒绝了。他后却出资1500个银圆，买了1套收发报机，送给了阆中地下党组织。

新中国成立后，柴善辅作为地方开明人士，拥护中国共产党和人民政府的领导，继续影响工商界人士为新阆中的经济发展出力。阆中县人民政府县长李原宣布，任命柴善辅担任阆中县人民政府工商科长，当时他的主要任务是依靠发动群众、稳定人心，开发民智，恢复和发展经济，为新中国的巩固和发展大局起好头。

在这期间，柴善辅思想进步，他带头宣传党和人民政府的政策，想方设法组织工商界人士响应政府号召，商店停业的恢复营业，工厂停办的尽快开工。为此，他一一说服动员企业主，促成了县城四家缫丝厂联合，于1950年8月正式组成阆中利群联合丝厂。该厂有厂房4处、木制缫丝机420台、工人670人，当时丝业联营对解决市民就业、安定社会秩序、活跃阆中经济发挥了积极作用。同时，他还积极帮助该厂克服联营之初原料来源不足、流动资金短缺等问题，使其很快走出举步维艰的困境，利群丝厂后来成为组建南充丝一厂的重要成员单位之一。

柴善辅在主管工商科时期，积极投入党的各项中心工作，不辞劳苦，深入商户，开展对工商界人士的宣传教育工作，顺利完成县人民政府布置的各项任务，特别是1950—1953年抗美援朝期间，大力宣传搞好生产就是抗美援朝、保家卫国，成为各项工作的推动力量，他宣传鼓励阆中工商界人士，结合自身实际履行爱国主义义务。他以身作则，积极带头认购公债，积极经营、踊跃纳税，以实际行动支援抗美援朝。1950年一次纳税通知下发后，全城工商业一天之内税款全部入库，获得人民政府表彰的"纳税模范"锦旗，全县工商界完成了认购公债25000份的任务，其中利群丝厂一户就认购了1000份。工商科还积极开展增产节约运动，经三反五反运动后期复查，订立爱国主义公约，还组建了阆中县辖区各行业工商分会，成立阆中县抗美援朝分会，特别突出的是，他带头响应政府为抗美援朝捐献飞机的号召，柴善铺捐献黄金100两，商会主委胡绩臣捐献黄金15两、银圆800个，换成现金，加上房屋1套（价值300元）作为捐赠，当时阆中全县各界群众捐献的总数，足可以购买一架飞机。

与此同时，柴善辅还组织工商界人士订立定期学习制度，带动工商业代表人士参政议政，反映群众正确意见，为政府决策起到了参谋作用；他保护地方工商业的切身利益，协助政府相关部门组织工商税收和捐赠，调解商务矛盾纠纷等，在诸多方面做了大有裨益于地方经济发展的工作。1956年，他带头响应党和人民政府号召，将私营商铺、房产公私合营，团结带动工商业人士顺利实现了对阆中私营工商业的社会主义改造。

在20世纪30年代至50年代，柴善辅为阆中工商、科技、教育及社会民生事业等方面，做出了巨大的贡献。

（杨明权，阆中市名城研究会研究员）

"嬗变"中的南部县工商联

陈　鹏

　　南部县是盐马古道重镇，早在1930年，以云际会的袍哥家族杨茂轩第八子杨永巽（又名止言），为南部县哥老会仁字辈大爷，并开始执掌家族的盐业经营。且从1933年起，他担任长达十年的南阆盐场评议公所评议长，同时担任南部县商会主席、盐商业同业公会会长，以及县城仁字袍哥东支社长。由于他有比较深厚的国学功底，为人正直踏实、性格谦和、办事得体，为有名的公正士绅，虽未过多地介入地方政治派系争斗，但当权派都敬他三分。其曾祖杨文榜为贡生，清赠朝议大夫。祖父杨邦政（字蜀达）为同治丁卯（1867）第37名武举，清赠朝议大夫。其父杨茂轩（又名光俊）捐贡生，任湖南知县。杨茂轩知县三年后回到南部县，创办了"永成和"商号，经营盐业、布匹、绸缎、河道运输，在嘉陵江上游的广元、白河一带设有商号，当时南部后街半条街都是杨家铺面，他还拥有从大垭村直到县城边的大片土地。杨蜀达和杨茂轩父子的换钱铺（基金多达24000两银子）铺号在后街。南部县商帮曾经是川陕有名的商帮之一，其中南部"永成号"商号一直延续至新中国成立并积极参加了社会主义改造。

　　1951年，由于历史的积淀和传承，南部县成立了工商业联合会（以下简称工商联）。1953年县工商联为适应当时"对私改造"的需要，由工商联自筹资金，1954年3月20日向县政府报告，请求自建"大礼堂"（办公及开会之地），县政府于当月23日批准"成立南部县工商业联合会建修委员会"，同年动工，大礼堂于1957年建成。后来为了适应党的工作需要，在南隆、建兴、东坝、大桥等场镇购买和修建一大批房屋用于经商。

1957年"大礼堂"建成后，一直由工商联使用及管理，后来由于极"左"的影响，工商联完全停止工作。按当时政策规定，机关工作的办公房，均由当时县财政局的"房管办公室"代管，工商联的大礼堂属代管之一。1979年，县财政局的房管办公室从财政局分出，组建房管所，大礼堂又由房管所代管，在此时期中大礼堂先后为广播站、电影公司租用。

1983年，县委办公室从房管所手中接管大礼堂。1986年11月，南部县工商联得到恢复和建立，明确工商联是以统战性为主，兼有经济性和民间性的人民团体，把非公有制经济人士作为工商联主要工作对象。之后，根据工商联的性质及全国工商业联合会的要求，增设南部县商会，并采取与县工商联"一套班子，两块牌子"合署办公的运行机制，使工商联的特点更加鲜明。

但是，刚恢复的南部工商联连驻会主任都没有固定办公地点，影响着商会职能作用。为解决工商联办公用房，工商联领导多次向县政府书面报告关于办公室产权归属和重建问题，申请修建工商联办公室。1995年9月1日，在工商联主席赵文敏多次向县上请示报告修建工商联办公室后，时任县委副书记刘家厚在县委三楼会议室主持会议，专题研究县工商联在蜀北大道建办公用房有关具体问题，随即县上出台关于建设工商联办公室的相关文件，于1996年8月20日组织招标，当年9月15日开工，次年年初竣工，至此南部工商联就有了现在的办公场地。

21世纪初，南部工商联的工作进入了快速发展的新阶段：成立工商联党组，增设专职书记；设置专职副主席、秘书长。工商联（总商会）职能职责与目标任务也进一步明确：坚持"统战性、经济性、民间性"的特点，遵循"团结、服务、引导、教育"方针，充分发挥"桥梁、纽带、助手"作用，促进非公经济人士健康成长和非公经济健康发展。此后，县工商联以经济建设为中心，以服务为宗旨，开展了对原工商业者的走访调查、摸底造册，不断发展会员，建立工商联所属服饰、美容美发、劳务、家居建材、房产建筑、食品、汽车、特色产业等各行业商（协）会，指导帮助成立18个南部县异地商会，建立起招商引资平台和服务县域经济；推荐35名工商界代表进入人大代表和政协委员，参与政治协商，发挥民主监督作用，积极参政议政。

近年来，县工商联在新时代开展"五好"工商联创建活动、"四信"教育活动，按照"班子建设好、团结教育好、服务发展好、自律规范好"的目标要求，加强基层商会组织建设。2020年，南部县家居建材商会被评为全国"四好"商会，2021年南部县工商联被评为"全国五好县级工商联"。与此同时，县工商联组织发动爱心企业参加"德馨桑梓·助飞南部"助学活动、"万企帮万村"精准扶贫、"万企兴万村"乡村振兴及爱心公益事业等，成都、新疆、上海、北京等南部商会累计捐资助学近300万元，计有26家企业和6家商（协）会与全县71个乡村振兴村签订帮扶协议书。据不完全统计，自2016年起已投入帮扶资金近3亿元；在新冠疫情期间，县工商联总商会号召县内外商会企业捐款捐物，3年间累计捐款近2000万元。

南部县工商联伴随着共和国70多年波澜壮阔的伟大历程，实现了从旧商会向新商会的历史跨越。在共和国初期，号召广大工商业者捐银圆、平物价、整顿市场。从改革开放至今，南部县发展非公有制经济，繁荣市场需求，培植地方财源，拓宽就业渠道，投身"三农"反哺社会，积极参与"万企帮万村"社会扶贫和"万企兴万村"乡村振兴行动，支持公益慈善等光彩事业，建设了一批有代表性的益农带农示范基地，谱写了新时代工商联拓展奋进的光辉篇章。

（陈鹏，南部县工商联原副主席）

1998年前南部县工商联工作纪实

南部县工商联

一、解放时期的商会及筹备委员会

早在清末1910年，南部县就有了商务分会的设置，民国4年（1915）商务分会改为商会，直至1949年12月24日全县解放。

1950年1月8日，中共南部县委员会正式成立，10日成立南部县人民政府。13日，县人民政府组织接管委员会，接管旧县政府各机关团体。7月，县人民政府接管旧商会并指定公私合营福民电厂经理张监晖（时系重庆大学学生，与南部县地下党人士关系密切），会同原商会理事长徐礼先负责组织工商界开明人士，学习宣传党和政府的工商政策，同时又对旧商会进行必要的清理整顿、恢复工作，并筹建南部县工商业联合会。8月21日，南部县工商业联合会筹备委员会正式成立，由何乡林任主任委员，张监晖、张拨林任副主任委员，徐礼先、王润民为委员兼秘书长，下设组织、调研、宣传、调解、总务等小组。

当时工商联筹委会的工作，一是在县城按行业组织工商业者对党和政府的工商政策的学习；二是恢复生产，沟通物资交流，活跃城乡经济；三是爱国守法，踊跃纳税，力争在短期内，为繁荣市场，活跃经济方面取得显著成绩；四是协助县政府工商科开展私营工商业登记工作，并组建同业公会。至12月底，南部县城关组建了36个同业公会，会员445人，各区乡还共计建立了41个分支分会。

二、国民经济恢复时期的工商联工作

1951年5月15日，县工商联筹委会召开全县工商户代表大会，20日以无记名投票正式选举执行委员39人，组成南部县工商业联合会（以下简称"工商联"）第一届委员会。21日召开第一届执委会，选举常务委员21人，推张监晖为主任委员，李仕均、陈大经为副主任委员。下设秘书1人和组织、调查、业务辅导、宣教、总务等组。至此，南部县工商业联合会正式成立。

县工商联成立后，随即组建各区乡工商支会，相继成立了11个区工商联分会和80个乡工商联支会，不久又增至85个工商支会，还成立了南阆盐场制盐业同业公会。

1950年6月，美国发动侵朝战争，党中央发出"抗美援朝，保家卫国"的号召，南部县开展了轰轰烈烈的抗美援朝运动。南部工商界在工商联的具体领导下，工商联及各区分会积极开展宣传工作，响应时任川北行署主任胡耀邦"捐赠飞机"的号召，工商联组织共计捐旧币15.77亿元，购买了"南部工商号战斗机"一架。其中城关干菜杂货业"清茂心商号"经理谢仲于带头捐献1300万元，被政府评为"甲等爱国模范"。

1952年1月18日，南部县城开展"五反"（反行贿受贿、反偷税漏税、反盗窃国家资财、反偷工减料、反盗窃国家经济情报）运动，4月18日胜利完成，25日全面结束。

同年6月7—10日，我县工商联以全国工商联公布的《组织通则》为根据进行改选，组织南部县工商业联合会第二届委员会。张监晖仍被推选为主任委员，陈大经、王延明为副主任委员，下设组织、秘书、业务、宣传等组，均以常务委员担任正副组长进行工作。

同年7—8月，"五反"运动过后，为消除工商业者的顾虑，振奋精神，活跃经营，在党政领导下，我会组织工商业户进行爱国主义教育。同时，国营公司大力扶持加工订货，签订购销合同；银行对工商信贷也放宽尺度，由50%增至70%；政治上适当安排，经济上比照《劳保条例》对私营工商业者给予必要照顾。当年7月底，在城关召开第三次土产交流会，成交额达15.46

亿元。同年11月16日，又组织了一次规模更大的物资交流活动，效果很好。

三、对资本主义工商业改造时期的工商联工作

在这一期间，县工商联工作经历第三至六届委员会，当时主任委员一直由陈大经担任，主要工作是对资本主义工商业的改造。

1953年，中共中央提出过渡时期总路线，"要在一个相当长的时期内逐步实现国家社会主义工业化，并逐步实现国家对农业、手工业和国家资本主义工商业的社会主义改造"（以下简称"一化三改造"）。同年11月，国家对粮食实行统购统销后，自由市场日渐缩小，人民政府为加强对私营企业的改造，在国营公司归口管理下，首先对棉布、粮食、零酒、食盐等四个行业进行安排。分别以"经销""代销"的方式使之纳入国有资产经营的轨道，同时组织手工业如铁器、木器、缝纫、调味等8个行业的51户参加生产合作社或合作组。

1954年1月26—30日，县工商联按照《组织通则》进行三届换届选举，推选陈大经为主任委员。本届委员会根据当时学习的需要，动员个体工商户捐资，由工商联申请经县人民政府批准，耗资8万多元在城关西街修建了会议大楼（即后来的西街大礼堂，1998年县委拆建为陵江宾馆）；组织工商业者开展对国家过渡时期总路线的学习宣传活动，倡导合理经营，积极生产，爱国守法，逐步转化到社会主义轨道。

经1954—1955年两年的学习、安排，及对资产阶级的社会主义改造，1956年2月23日，经工商联开会动员，随后个体工商户纷纷要求资产入股，公私合营，首先等到县人委批准的是粮食业全行业，他们直接过渡到国营。当时，全城鼎沸，欢腾雀跃，各行各业自发地敲锣打鼓，燃放鞭炮，热烈庆祝。随后，其他私营工业、工场、手工业，如酿酒、制盐等业也进行了改造，逐渐过渡到公私合营或国营企业。

随着改牌换匾，门面翻新，工商联引导工商业界开展社会主义劳动竞赛运动，如改善服务态度，延长营业时间，扩大花色品种，增设经营网点，担货下乡，送货上门，支援农业生产。

1957年2月13—16日，工商联召开了四届三次执委（扩大）会议，学习《关于正确处理人民内部矛盾问题》，同时贯彻"以厂为家，以社为家，勤俭办社，勤俭办企业"的方针。

同年12月至1958年4月15日，县工商联在全县工商界开展县、区、乡三个层次的整风反右运动，参加整风学习的141人经过"大鸣、大放、大字报"，举行"自我改造跃进誓师大会"，共"交心"2827条，工商联有23人被划为右派。

在整风反右运动中，有问题的人到农村参加劳动锻炼、改造，"工商联"中有50人左右（干部和工商业者）到南降镇的八一大队和盘龙等地的农村进行劳动改造，与当地农民同住、同劳，后有部分人被安排在农村安家落户。

1959年，县工商联组织学习党的八届八中全会精神，贯彻"反右倾，鼓干劲"活动。

1961年1月，贯彻中共中央关于"精简下放，支援工农业生产第一线，对资产阶级分子、小商贩区别对待"的意见，经县委批准在春节前，全部收回下放到农村落户的资产阶级分子、小企业主及其家属共43人。此间，本会对自1958年以来在执行政策中的一些偏差，如执行定息、计息及人事处理上的一些问题进行了纠正。

1961年11月，本会召开了南部县第六届会员代表大会。参会代表110人，选举陈大经为主任委员，刘冠群、贾春涛、李正华为副主任委员；选出常委27人，执委31人。此届工商联的主要工作是解决下放到农村的人员，使他们再回单位推销积压产品，并发给一定补助以解决生活问题。10月，经县委批准，县上成立了小商小贩联合会的民间组织。

1963年，由于国际、国内的原因，工商界出现一些动荡，一部分工商户要求"三退"（退还对入股资产等）。对此，根据上级安排，县工商联先后抽调干部参加农村"四清"，城区"五反"，并于7月召开执委（扩大）会，深入开展"以阶级斗争为纲"及相关的思想教育，在会上174人做了自我检讨，45人申请归队，生产秩序迅速得到恢复。

1964—1965年，县工商联组织工商业者开展"比、学、赶、帮、超"及

"五好"教育活动，贯彻中央提出的原资产阶级工商业者能选为职工代表的决定，这对原工商业者震动很大。

在这个时期中，县工商联努力贯彻党中央的政策。在对资本主义所有制的改造，对工商业者的政治教育，对推动企业发展，起到一定的作用，不少原工商业者被评为先进工作者。即使在"十年动乱"时期也没有动摇对党的社会主义信念。

1966年，"文化大革命"在全国开始，特别是中共中央5月16日通知（即5.16通知）发出后，南部县很快掀起"文化大革命"热潮，揪斗"走资派"，停产闹革命，机关工作趋于瘫痪，工商联被迫停止工作。

1978年党的十一届三中全会以后，通过拨乱反正，全国各机构及工作逐渐恢复正常，中断了工作10余年的县工商联的恢复也提到议事日程。

四、"文革"后工商联工作的恢复

1985年5月14日，"文革"后第七届工商联的筹备经县委批准，正式成立筹备领导小组，统战部何家德部长任组长，原第六届工商联主任陈大经（当时任县政协六届委员会副主席）任副组长，并报省工商联。5月22日，省工商联以〔1985〕83号文批复同意，同时转省人民政府办公厅（省府办〔1985〕3840号）文件，同意恢复南部县工商联。在筹备期间，因陈大经同志不幸病故，恢复工作推迟了一年。

筹备期间，在各级党政的有力支持下，领导小组主要做了以下工作。

一是广泛宣传新时期工商联工作的性质、地位和作用，通过发宣传手册、座谈会等形式消除"左"的影响，消除对工商联歧视的心态。

二是对六届工商联的会员摸底。这项工作于1986年9月开始，经了解和实地走访查明，原工商业者1384人中，在职的仅有205人，已经退休的635人，而在职的工作人员，年龄也在55—65岁之间。鉴于此，必须吸收相当部分的新会员才能使工商联具有活力。

三是确定会员代表名额。根据有关政策规定，工商联是由多种界别组成的。经筹备组多次研究，协商其会员代表名额为原工商业者代表38名，个体户代表4人，与本会工作密切的相关代表10名，国营、集体、乡镇企业等单位代表39名，特邀代表9名，基本上反映了组成人员中的代表性和广泛性。

1986年11月21—22日，南部县工商联恢复大会在县政协四楼会议室召开，县委、县政府、人大、政协的主要领导及统战部、工、青、妇10余个单位的领导亲临指导，还邀请了南充、武胜、阆中、营山、岳池县工商联（或筹备组）的领导。大会选出执行委员39人，并推选张治安为主任委员，彭从周、蔡孝思、严明福为副主任委员，选出常委13人。23日，七届一次执委会召开，会议讨论了工作制度，决定兴办企业，开展咨询服务等工作计划。

1987年1月，县工商联办起了"利民经济服务部"的经济实体，由工商联主任张治安任经理，当时有资金2.1万元，雇用从业人员5人，后又吸收社会资金3500元，一年营业额7.6万元左右，还与周边县、市建立了业务关系。此间，工商联还投资3万元与县百货公司合资办起了"南部县股份鞋庄"，后因管理不善出现了亏损和三角债，于1992年解体，工商联办企业就此终止。当年，县工商联还成立了"咨询服务部"，开展咨询服务，蔡孝思任主任、彭从周任秘书，服务部与县五金公司、百货公司、二轻公司、毛纺厂等加强联系，为产品购销取得一定效果。

与此同时，县工商联还积极参政议政，并加强对会员的教育。工商联主任张治安作为工商界别代表，又是县政协常委，他时常在有关会议和政协常委会上反映工商界的问题与要求，经常提出中肯的意见与建议。工商联也定期召开常委或执委会，宣传学习党的政策，并通过其他有关会议对会员进行教育。

这些工作为"文革"后恢复的工商联树立了一个好的形象，在社会上产生了一定影响。

按当时工商联章程规定，每届工商联任期三年，但因种种原因，未能如期换届。在本届的后两年中，因主任委员年龄已满60岁，因此县委组织部安排王芝明、李桂生作为主任、副主任候选人来工商联主持工作，但因准备终未就绪，一直到1992年底才正式换届选举。

五、改革开放时期的工商联工作

1992年12月28日，县工商联经批准第八届换届选举大会举行，大会选举产生执行委员39人，常委15人，其中个体代表由上届的4人增至16人；选举赵文敏为主任委员，李伯超、李桂生为副主任委员，机关工作人员8人。

工商联第八届期间，上级机关要求各县、市工商联成立"商会"，即与工商联一个班子，两块牌子。经县委批准，1994年4月"南部县商会"成立，其领导成员除增选王明华（个体）为兼职副会长外，八届其他工商联领导成员均为商会领导成员，并聘请刘家厚（县委副书记）、庞家祯（常务副县长）、陈元杰（统战部部长）为名誉会长。

第八、九两届工商联基本保持了工作的连续性。这两届工作正处在我国经济体制改革时期，进一步贯彻中共中央〔1991〕15号文件精神的重要时期，故工作重点除按章程规定内容外，还要处理历史遗留的房产问题、基础设施建设等问题。县委为加强党委对工商联的领导，于1996年5月任命宋俊同志为本会专职党支部书记。

1993年10月，县工商联根据章程规定，领导班子任期由3年改为5年，省、市、县工商联领导名称由原来的主任委员、副主任委员，改为"会长""副会长"。1997年9月29日，第九届工商联进行换届选举，选举出执委53人，常委27人，其中个体代表由第八届的16人增至30人；选举赵文敏为会长，宋俊（党支部书记）、李伯超为专职副会长，赵一洁、郑安荣、王明华（均为个体）为兼职副会长，大会聘请梁正勤（常务副县长）、谭优祥（政协主席）、杜远清（县委副书记）、何开林、曹仲勋为名誉会长，有机关干部5人。

第八届、九届的主要工作有以下几个方面：

一是加强学习，提高机关干部的素质。工商联机关工作人员的政治和业务素质是搞好工作的基础，因此机关组织定期学习政治、业务，做到边学边议，学而实用。同时，机关工作人员定岗定职，制定学习、财务管理、物业，以及卫生等各种制度，并逐渐扭转每年赤字开支的问题。

二是深入调查研究，积极参政议政。工商联每年与县政协、工商局等单位深入到各区开展一次对非公有制经济情况的调查研究，并撰写调查报告，计有调查报告10篇、在县政协常委会其他各种专题会上发言20余次，报告和发言材料数据详细事例真实，具有充分的说服力，为县委、县政府制定我县个体、私营经济政策提供了重要的参考，也在社会上产生了一定的影响，如1996年本会撰写的《关于假集体问题的思考》一文被选入南充市统战论文集《探索》一书，另有文章5篇被省民营企业导报刊用。

三是落实房产政策，为工商联工作创造基本条件。由于种种原因，恢复后的工商联一直寄居于县政协一楼的两间办公室，"文革"前的房产一直未能落实。第八届工商联把落实房产作为工作重点。

首先是解决前街的房产纠纷案。本会于1984年购买南隆镇前街约150平方米的私人房屋。由于卖方家族内部矛盾，与本会纠纷长达8年之久，经多次调解无效，县法院两次判决未果，以致申诉到南充市中级人民法院。1993年，本会先找卖方多次交谈，并经地、县法院出面，终于当年6月才作出最后判决，随后本会对已近倒塌的房屋进行了维修，使其当年投入使用。

其次是落实大礼堂的房产政策和建新房。原地处西街大礼堂的房产权，是工商联房产的一个历史遗留问题，虽经上届工商联努力但落实仍然无果，本会后分别以南联〔1993〕3号、〔1993〕4号以及〔1994〕2号文件精神补充申请，又报送南部县委领导及办公室，并多次找各级领导汇报，提出具体解决问题的建议方案才引起重视，再经县委、县政府分管领导努力，终于在1994年9月24日落实了工商联大礼堂房产政策，由县财政划拨60万元给工商联，其中30万元为专项征地，另30万作建房资金，县委以南委纪〔1994〕29号文件记录在案。9月25日，本会为解决建房中的诸多困难，成立了以当时分管本会的县委副书记刘家厚为组长，县委办、政府办、建委、工商联等10多个有关单位领导为成员的建房领导小组，并以南委纪〔1995〕31号文件印发有关单位。随后，本会申请征地、办证，以及水、电、气增容费的减免，得到了建委、税务、审计、水厂、电力公司、天然气公司、沼气办等16个单位的大力支持。1996年8月20日，经招标后动土建房。建房中，机关四名同志各自分工，除单位日常工作外，他们轮流坚守工地，把握质量，协调周边随时出现的问题，经过艰苦努力于1997

年9月一幢1730平方米的六层综合楼竣工，并通过验收交付使用。建房后期，本会又采取集资的方式修建了400多平方米的简易房，从此工商联有了属于自己的产权房屋，从而改变了工商联长期贫困的处境。

再次是解决了工商联与县政协的房产问题。因历史原因，工商联与县政协亦存在历史遗留下来的房产问题，本会从1998年开始径直与县政协协商，也得到了解决，政协同意划给工商联产权住房一套，并保持工商联成员遗属在政协的三套住房。

同时，本会加强对非公有制经济代表人士的教育工作，热情为他们服务，除每年按时召开例会外，还加强对个体经济代表人士的联系，了解他们的经营情况及存在的问题，如协助他们解决征地、资金及各种纠纷共20余起，得到了个体户及有关单位的好评。几年来，本会共收到个体户的感谢信2封、锦旗5面。

此外，本会在县委、县政府的大力支持下，于1995年按县委要求负责联系一个乡的工作，按时组建了"农村社教工作团""基层组织建设工作队"，并在农村的实践工作中，撰写了《乡镇财务调查报告》等文章，圆满地完成了县委、县政府布置的其他任务。

本会在第八、九两界工作中，共获省、市工商联先进单位奖5次，连续5年被县委、县政府评为发展民营经济先进单位。1993年以来连续被评为文明单位。1998年，本会会长赵文敏被选为县政协副主席，推荐为省政协委员；副会长王明华被选为省人大代表。我会推荐的个体代表任县政协委员的有20人，县人民代表4人，市政协委员2人，市人大代表4人。

勤奋耕耘写华章

——记南充市工商联副主席寇德林

苏 军

四川省光彩事业促进会副会长、南充市工商联副主席、四川东方教育集团党委书记、董事长、省市区三级人大代表寇德林，在从事30余年的教育事业中，始终坚持弘扬创新创业、勇于担当、无私奉献的企业家精神，在倾情教育、扶贫济困、热心公益的同时，深入群众开展调研，积极建言献策，以实际行动践行了一名共产党员、人大代表和企业家的初心使命与责任担当。

一片丹心为教育

走进南充十一中，教室里书声琅琅，操场上青春飞扬，整个校园生机勃勃。

谁能想到，这里曾是一片荒草地。"2002年以前，南充十一中这块土地，位于城区边缘，沟壑纵横"，据当时参与学校建设、现任南充十一中校长的易延发回忆，"寇董筹资1.2亿余元建起了这所崭新的学校，让这里大变样。""经过20多年的发展，南充十一中占地15万平方米，拥有附属小学、初中部和高中部三个办学层次，在校学生7000余人"，寇德林说，学校先后获得四川省文明校园、四川省阳光体育示范校、南充市最佳文明单位等50多项荣誉，已成为环境美、校风好、学风浓、管理严、质量优的川东北名校。

此外，南充电影工业职业学院也是一所经四川省人民政府批准、教育部备案的全日制民办普通高等专科职业院校，但在建校过程中，由于原举办者资金链断裂，学校建设曾一度停止，两届学生在外租地求学，当时上级政府和教育主管部门督导限时整改，否则将追责问责并取消办学资格。"当时我的压力非常大！项目负债6个多亿，还需要投资近10亿元，多家企业都不敢承接"，寇德林回忆说，"同时，集团刚刚投资2亿元在成都与四川科技职业学院联合办学，资金压力巨大，但是政治责任和教育情怀让我不能退却。"2021年12月11日，四川东方教育集团与原举办者、顺庆区人民政府签署三方协议，正式全面承接南充电影工业职业学院，并于2021年12月30日如期搬入新校区。"非常感谢您！寇董，您挽救了这所大学！"顺庆区的一位领导拉着寇德林的手说。

东方教育集团全面承接南充电影工业职业学院后，多方筹集资金，第一时间恢复项目施工，妥善化解前期债务，全力推进基础设施建设，加强班子和师资队伍建设，狠抓教育教学，加强内部管理和学生管理。目前，学校一天一个变样，教学楼、教师公寓、图书馆、体育馆、运动场相继竣工并投入使用，达到办学条件，校园环境优美，学校管理规范有序，发展势头良好。

南充十一中和南充电影工业职业学院只是寇德林躬耕教育的一个缩影。30多年来，他倾情教育事业，硕果累累，其先后投资创办的南充第十一中学校、青苹果国际幼稚园等18家教育和培训机构，荣获"全国民办教育先进集体""职业教育先进单位"等200多项荣誉。2011年组建成立的四川东方教育集团，如今已有18个成员单位，总资产达12.8亿元（不含南充电影工业职业学院），在校学生（学员）3.6万余人、教职工1680人，形成了独具特色的教育价值观和教育产业模式，已发展成为川东北在校学生多、办学规模大、办学层次丰富的教育集团。

扶贫济困献爱心

"孩子是家庭的希望，决不允许一个就读集团学校的孩子因家庭贫困而失学；教师是学校的宝贵财富，一定要帮助家庭困难的老师渡过难关。"为此，寇德林在集团内部实施了学费减免、温暖阳光、教师关爱等三大教育扶贫行动。从2018年开始，每年仅集团成员单位南充十一中、南部县东方国际学校、青苹果国际幼稚园，就为贫困家庭学生减、免学费达150多万元；每年冬季学校免费给贫困学生发放棉衣、棉被、床上用品和贫困资助金一项，近两年寇德林就支付资金80余万元。此外，最近三年，寇德林为集团学校的贫困教职员工发放关爱资金30多万元。

寇德林平时生活简朴，从不乱花一分钱，但他在扶危济困帮助他人方面，却格外大方。大学生蒲美君感激地说："我是个苦命的孩子。当初要不是寇叔叔的鼎力资助，我的人生一定是另一种局面。"蒲美君是寇德林资助的贫困大学生之一，考入四川大学时，家庭变故让她面临辍学，寇德林得知消息后，主动与她结成帮扶对子，每月为其资助生活费。在寇德林的帮助下，蒲美君如今已大学毕业，并通过公考成为一名公务员，在自己的人生道路上行稳致远。

近年来，寇德林先后长期资助、抚养过包括蒲美君在内，还有嘉陵区世阳镇孤儿兄弟包贵、包卫辉和仅在南充十一中上过三天初中因病瘫痪长期卧床的西充县王云峰等特困青少年、孤儿、残疾儿童等8名，为他们雪中送炭，排忧解难。

2020年初，新冠疫情发生后，寇德林勇于担当，第一时间向驰援武汉的南充医疗队捐资30万元，并分别向顺庆区双桥镇、高坪区小龙街道办事处等单位共捐赠资金共9万元用于抗击疫情。同时，对驰援武汉的医疗队全体成员子女，凡就读东方教育集团下属学校的，给予学费全免政策。

一花独放不是春，百花齐放春满园。寇德林不仅自己扶贫济困、奉献爱心，更带领南充民营企业家一起履行社会责任。作为南充市工商联副主席、南充光彩事业

向援鄂南充医疗队捐资30万元

促进会的主要负责人，他组织和带领企业家看望慰问孤寡老人和革命烈士家属，帮助建档立卡贫困户发展生产，积极参与"万企帮万村"活动，为贫困地区修道路、建水井，完善公共基础设施等等。近三年他领导的南充市光彩事业促进会会员企业共捐款3650万元，受益人数达8600余人次，其中四川东方教育集团及成员单位捐资300余万元，受益群众800余人次。

建言献策系民生

"人民选我当代表，我当代表为人民。"作为连续三届的省人大代表、连续五届的市人大代表和高坪区人大代表，寇德林始终坚持充分发挥桥梁和纽带作用，认真履行代表职责，当好群众的代言人。近几年，他累计提交省、市级议案50余件，区级议案百余件，涉及教育、养老、农业、城市建设等10多个领域，特别是在加快和规范职业教育发展、整治教育乱象上，提出了很多很好的建设性意见和建议，其中多项建议被政府部门采纳。

"作为一名人大代表，第一要做好自己的事业；第二要为南充的社会经济发展献计献策，为组团培育省域经济副中心、加快建设成渝地区北部现代化中心城市做出自己应有的贡献；第三要多为人民做好事、做善事。"寇德林常常如是说。

（苏军，四川东方教育集团秘书处）

润物无声

——党的统一战线沃土激励我成长

李晓兰

六月火云散，烟霞一路遥。受四川省侨商联合会邀请，我作为唯一参会的南充市民营企业家，有幸参加了2023年6月25日在泰国首都曼谷举行的第16届世界华商大会，和与会代表一道，围绕"汇华商大智慧，谱华族新篇章"的主题，共同探讨世界华商在新冠疫情后的全球发展机遇，让我倍感荣幸，倍受鼓舞。

回望过去，我感触颇多，从在豆蔻年华时参加工作，十七八岁在市场上摸爬滚打，再到成功创办企业，以至后来成长为南充市人大代表、南充市嘉陵区政协常委、南充民建会员、南充市工商联副主席、民建南充市委企业家联谊会常务副会长，这一路走来，每一个值得被铭记的节点，都与这个伟大时代的脉搏一起跳动，都与改革开放的每一个战略机遇紧密相连。

我深深地感到，企业发展到今天所取得的每一点成绩，除了员工们的努力外，离不开各级党委、政府的亲切关怀，也离不开统战部、工商联等部门贴近基层、贴近企业、贴近企业家，积极参与民营企业监管和防范化解风险、助力企业纾困解难，为民营企业高质量发展创造的各种条件。

在工商联这个"企业之家"里，我们参加了多形式、分类别、全覆盖的培训和各种活动，让我们深刻体会到，只有不断夯实奋斗奋进的共同思想政治基础，坚持理想信念学习的常态化，用习近平新时代中国特色社会主义思想武装头脑、指导实践，始终坚持在政治立场、政治方向、政治原则、政治道路上同党中央保持高度一致，才能让我们民营企业更有信心、有能力、有担当地迎难而上、自强不息。

记得在20世纪90年代，我离开上市公司后，凭着多年积累的经验，承包了中日合资四川长惠服装厂，开展服装设计、生产等业务，但因企业自身的资金短缺，企业经营十分困难，幸好得到地方党委、政府以及各职能部门帮忙协调让我获得了30万信用贷款，才让企业渡过难关。回顾过去，当企业面临资金压力举步维艰之时，或面临要素保障青黄不接之时，如果不是各级党委、政府及时伸出援手，协调解决企业运营中的难题，以及良好的营商环境，并一届接着一届地为民营企业在增强发展信心上持续用力，就不可能有现在良好的"两个健康"。

今天，我能从一个砌过砖、当过学徒的懵懂小女孩，成长为创办多个项目的企业家，得益于党的改革开放政策而造就的伟大时代。我有幸成为四川省人大立法调研员、四川省侨商投资企业协会副会长、四川省侨商联合会副会长、南充市侨商联合会会长、南充市光彩事业促进会副会长，这更是一种沉甸甸的责任。

记得20世纪90年代中后期，深化国有企业改革如火如荼，我积极参与到经济体制改革之中，为党委、政府排忧解难，顺利完成了高坪白塔电影院、南充市布鞋厂、南充市阀门厂等一批国有、集体企业的"兼并购"，安置职工5000余人次。

近年来，我先后为抗震救灾、抗击疫情、扶贫助学等累计捐款500余万元。特别是2020年，新冠肺炎疫情发生后，为积极响应市人大倡议，我除了做好自己所在企业的疫情防控外，还前往南充益欣小区以及相邻周边居民区域等处，当起小区"守门员"。2021年，云南景洪市"12·26"疫情发生，我刚好在西双版纳，看到抗疫工作人员忙碌的身影，总想为这里做点什么，便主动联系民建西双版纳州支部和州委统战部，表达了向抗疫工作者奉献爱心的意愿。2022年1月2日，我和民建西双版纳州支部副主委杨志彪一道，共同向景洪市西双版纳景区疫情防控点捐赠价值5000多元的抗疫物资。虽然这是一点微不足道的心意，但我依然记得，西双版纳州委统战部副部长刀江武在捐赠仪式时深情地说："我们都是一家人，统一战线就是一个大家庭，你们有这样的爱心和奉献精神值得全社会学习！"

"大爱无疆分忧患，乐善帮人渡艰难；恒久捐款功德高，助人为乐众人赞"。当时，"今日头条""腾讯新闻""新浪新闻""南充新闻网""当代文化艺术名家网"等媒体在对我扶贫济困事迹的报道中说，"李晓兰走过的是一条荆棘丛生的路，写下的是一首撼人心魄的开拓者之歌"。"撼人心魄"我不敢当，但即便前方的路上荆棘丛生，我仍然会继续奋勇前行。

不忘初心，方得始终，如今站在世界百年未有之大变局的历史节点上，前方的路无论是坦途还是坎坷，我所坚持的是："择高处立，就平处坐，向宽处行"，因为只有坚持中国共产党的领导，始终与党同心同德、同心同向，不断增强"四个意识"，坚定"四个自信"，忠诚拥护"两个确立"、坚决做到"两个维护"，才能确保企业发展的方向正确；只有坚持着眼全局、融入大局，把大局所需与企业目标有机结合，才能确保我们的事业天地广阔。

长河悠远，天地常新；笃志前行，虽远必达。在前行的道路上，我要加倍努力，用奋斗点亮希望之光，用拼搏成就梦想。在新的征程上，我将不断增强战略定力，主动融入和服务大局，牢固树立法治意识、契约精神、守约观念，做诚信守法的表率；紧紧瞄定民营经济高质量发展的前进目标，大力推进企业改革创新，树牢"共建共享共担"理念，不断增强企业创新能力和核心竞争力，特别是紧盯"数字经济、新能源、康养及三产业"等行业领域，努力成为推动高质量发展的生力军，为南充组团培育省域经济副中心、加快建设成渝地区北部现代化中心城市贡献更大力量，为新时代党的统一战线工作铺展出一幅更加绚丽多彩的崭新画卷。

（李晓兰，四川益欣置业有限责任公司董事长）

实业经营中的统战情怀

赵燕辉

逐梦绸都

1992年，作为南充纺织机械厂一名年轻技术员，组织派我远赴日本研修中小型企业管理专业。走出国门，"高精尖"科学技术、高水平管理模式让我这个寒门学子求知若渴，常常废寝忘食。研究生毕业后，一家日方企业递来橄榄枝，我一心想回国，迫不及待想把在外所学用于工作实践，于是婉拒了这次机会。

我回到南充后不久，单位开始改制，曾经是南充经济发展支柱的丝绸行业濒临倾覆，人人羡慕的"铁饭碗"即将被打破。29岁有着丝绸情结的我经过深思熟虑，选择了一条充满艰难和挑战的路——自主创业，而创业的方向正是国际国内市场都急转直下的丝绸行业。当我倾尽所有、四处举债创建公司时，业内人士无不惋惜地说："这个年轻人真是不知水深水浅，南充丝绸业离末日不远了，他还硬着头皮往里钻，入错行了啊！"也许是为圆心中未圆的丝绸梦，或许是潜意识里对丝绸行业的信心，质疑声越多我内心越坚定："不怕入错行，只怕不在行。我的丝绸人生才刚刚开始，即使浴火重生，也要义无反顾地走下去！"

随后，我带着少许现金和几大包丝绸产品，走南闯北，漂洋过海，就凭着一股不认输劲儿和一以贯之的诚信经营，把南充丝绸销往到了大江南北、港澳地区和欧美、韩国、日本及东南亚市场。我一直记得2008年7月，中巴边境连降暴雨，公路冲毁，销往巴基斯坦的一批丝绸产品受阻于喀什口岸。得知公路短时间难以修复可能延时发货时，我立即要求公司重新组织货源，辗转海运入巴按时交货，巴方人员感动地说："天灾人祸不可抗拒，公路中断交货延迟也没关系，你们不惜增加运费按时交货，着实太讲诚信！"后来巴方又追加了订单，收购了喀什的存货。就这样，在全国丝绸低谷徘徊、萎靡不振时，公司掘到了第一桶金，硬生生闯出一条"活"路。

2005年前后，公司利用国企改制的契机，全资收购了原武胜县绸厂和射洪县绸厂，又在嘉陵区城南服装工业园征地60亩建厂，并购买了改制大型丝绸企业闲置的设备设施，招聘到一批操作熟练的下岗工人，轰鸣的机杼声开始在工业园唱响。嘉陵服装工业园开园不久，时任四川省省长张中伟亲临公司看望生产一线员工，公司上下信心倍增，承关怀而奋起，在较短的时间内完成了由单一贸易向实体生产的转身。

2008年以来，公司致力于蜀绘丝绸产品的研发与创新，"三国人物""富贵花鸟""情趣动物"等系列蜀绘丝绸产品相继问世，丝绸挂屏、轴画、摆件等蜀绘产品先后推出，蜀绘丝绸逐渐成为人们馈赠宾客友人和居家使用、收藏的佳品。

2012年2月，时任四川省副省长甘霖到南充开展调研工作，来到公司蜀绘丝绸创意室，叮嘱我们要创新产品思路，多开发适销对路的丝绸新产品。当年10月，受杭州方面委托，公司为其专门定制了以杭州西湖十景为设计图案背景的蜀绘丝绸礼服旗袍数十件，供第十四届中国杭州国际丝绸博览会礼仪小姐专用，蜀绘丝绸在西子湖畔的惊艳亮相受到了与会嘉宾的高度评价。

从创业之初至今，公司上下经过18年的艰辛拼搏，已发展成为一个注册资金6000万元，员工近千人，年销售5亿元，外贸出口超亿元的生产贸易型企业。在奋斗过程中，我始终坚信：精神力量永远是激励企业奋勇前进的强大力量，唯有永葆改革精神，敢于啃硬骨头，敢于涉险滩，敢于闯新路，才能在危机中育先机，于变局中开新局，以思想破冰引领改革突围，在攻坚克难中成就更多可能。

回馈桑梓

做外贸企业多年，华侨实业家陈嘉庚先生的话一直激励着我："我国商业之不振，推原其故，地非不大也，物非不博也，人非不敏也，资本非不雄且厚也，所独缺乏者，（是）商人不知商业原理与常识耳。"陈先生以"教育为立国之本，兴学乃国民天职"为信条，"立志一生，所获财利，概办教育，为社会服务，虽屡遭困难，未尝一日忘怀。"

经过多年商海浮沉，我亦深知商业之原理和常识必须要从学习中求索，从教育中获取。特别是近年与苏州大学现代丝绸国家工程实验室南充研究中心、四川省丝科院等高校、科研院所的深度合作、技术攻关，多个项目获得省级科技成果转化和创新资金支持，企业省级技术中心通过认定，让我深感科技与教育之间的重要联系。顺成公司从最初的传统发展模式过渡到创新发展之路，再到品牌建设、错位发展、合作共赢之路，都与孜孜不倦的探索精神相关。

维桑与梓，必恭敬止。在第二故乡南充深耕多年，我深信知识能够改变命运，更切实体会到科学技术在民营企业发展中、在社会经济发展中起到举足轻重的作用。因此，自2013年起，公司决定每年捐资13万元，在嘉陵区陈寿中学设立"助学成才基金"和"优秀教师奖励基金"，支持该校人才培育计划；2015年，公司出资10余万元，帮助嘉陵区世阳小学维修校舍，安装不锈钢门窗；2017年，得知南充两名非常有潜质的围棋新苗家庭困难，我决定个人捐助7万元，选送两名孩子到北京聂卫平围棋学校深造。我常常在想：不管哪个年龄阶段的学生，不管学生有哪方面的特长，我们都有责任帮助孩子实现求学梦，用实际行动为中国建设发展奠定坚实基础。

每一个贫困孩子背后就有一个贫困家庭。国家脱贫攻坚战略实施后，我们在"万企帮万村"的帮扶活动中，与嘉陵区石楼乡、天星乡村社结成帮扶对子，为两村道路基础建设、贫困户捐助帮扶资金9万元。为实现农户增收，联合南充农商行与嘉陵区大通镇204户农户签订三方融资建设协议，通过金融再贷款方式，使农户从企业生产经营中获取收益，支付扶贫资金63.78

万元。2017年,公司出资金、出设备、带技术、带订单在嘉陵区一立镇塘湾村投资新建服装加工车间进行产业扶贫,帮助当地村民实现居家就业、早日脱贫。在政府的大力支持下,这项工作成为2017年四川省就业扶贫推进会的参观示范现场。为完成国家"十四五"规划,全面推进乡村振兴,近年来我们利用年产丝绸制品600万米的优势产能,以龙蟠镇为核心,辐射带动建设3万亩现代蚕桑农业科技产业园,发展智能化养蚕基地和现代蚕桑种养、体验、科创、休闲农旅融合产业园,带动8000余户农民增收。

家是国的基础,国是家的延伸。作为一名政协委员,我提醒自己:财富取自社会,也要合理地回馈社会,让财富回归其本质。企业家要永葆家国情怀,把企业发展同国家繁荣、民族兴盛、人民幸福紧密结合,在新时代书写下民营企业发展的宏大篇章。

前路之思

2020年那场突如其来的新冠疫情,在我与丝绸之间插入一段难忘的插曲,也让我对企业今后发展有了更为深入的思考。

公司意外转产,来自政府的号召,更来自社会各界的巨大需求,当时医生护士奋战一线,没有防护服,紧缺"N95";防疫人员四处奔走,自身安全得不到保障,紧急情况下,我几乎发动所有海外资源往国内寄口罩,但形势紧迫,原本准备捐赠给医护人员的2万只"N95"口罩,却在韩国被海关扣留。这时,嘉陵区委区政府号召并支持有能力、有条件的本地企业生产防疫物资,我来不及多想,说干就干,2月6号公司开始投入资源,试着组织生产医用口罩。

转产并非一蹴而就,第一就要过"设备关"。研发生产新材料产品和医用产品不一样,医用产品有自己的生产条件与要求,生产口罩首先需要专业的无尘车间,当公司从广东东莞购入三条口罩生产线时,与我奋斗多年的兄弟给我算了一笔账:"赵总,一台设备就是几十万哪,无尘车间装修成本也要三四十万",当时我脱口而出,"这时候就不要去想投资了,不赚钱也要做!"我们克服重重困难,两个月后口罩本体机卡槽里便弹射出一片片口罩。

当时，国内疫情趋于结束，但海外各国仍然需要口罩，公司所有职工都加入生产线，加班加点，累计出口医用口罩500多万只。如今，公司的口罩生产线还在"转动"，我们也会长期保留这项业务。突发疫情，对企业而言无疑是"生存大考验"；意外转产，看似寻求生存，但实际上是考验企业对市场研判的敏锐度及运营、管理的灵活度，更是考验企业面对国家需要、社会需要、人民需要时挺身而出的责任与担当。习近平总书记曾强调，社会是企业家施展才华的舞台。只有真诚回报社会与切实履行社会责任的企业家，才能真正得到社会认可，才是符合时代要求的企业家。

四川顺成纺织有限公司的成长过程，也是我个人的追梦历程，作为企业家、政协委员、统战成员等角色身份，我先后获得2008年南充市嘉陵区"劳动模范"；2010年南充市外贸出口先进个人；南充市总商会优秀会员等表彰。2013年被评选为"四川省优秀企业家"；2015—2022年被评选为嘉陵区"尊师重教先进个人"；2016年被评选为南充市"优秀企业家"。所创办的四川顺成纺织品有限公司先后获得"中国纺织工业联合会产品开发贡献奖单位""全国模范职工之家""四川省诚信示范单位""四川省五一劳动奖状"等荣誉。2020年被中丝协会评为"全国茧丝绸行业抗击新冠肺炎疫情先进单位"；2023年被评为"南充市民营企业50强"。我将心怀统战事业、心系社会发展，奋勇拼搏，敢于担当，心怀感恩，坚定前行！

（赵燕辉，四川省工商联执委、四川顺成纺织品有限公司董事长）

在荒山上崛起的一座工业新城

高坪区工商联

循着时间的足迹回望，高坪民营经济筚路蓝缕开出了一条通衢大道。近10年来，在嘉陵江东的大地上，民营经济发展如火如荼，从南充航空港经济开发区的崛起，我们可以窥见一斑。仲夏时节，江东大地生机盎然，踏入南充市高坪区，走进南充航空港工业集中区，一座正在崛起的现代化生态型工业新城展现在眼前：一条条平坦笔直的园区道路四通八达，一个个项目生机盎然，厂房宽敞明亮，车间机器轰鸣，所到之处，一派繁忙景象，可谁曾想到，10多年前，这里却是荒芜一片。

一、潮起：解放思想，发展大工业

2006年，高坪区财政收入仅仅4350万元，工业税收只有2000万元，高坪经济发展的出路在哪里？新一届区委、区政府决定，大力发展工业建设航空港工业集中区。

2007年11月，航空港工业集中区建设打响了第一炮。当年，这里全部是一片荒山，规划的工业集中区全部是山坡、沟壑，对此区委、区政府首先决定果断实施"移山填沟"工程。当时，县级领导直接任集中区管委会主任一职，他们既是指挥员，又是战斗员；施工人员发扬"雨天当晴天用，夜晚当白天用，节假日当工作日用"的精神，不休周末，不休节假日；没有钱怎么办？盘活存量，做大增量：以江东新区土地做抵押向银行贷款，利用灾后重

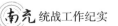

建的机遇争取土地指标6000多亩，高坪人发扬愚公移山的精神，硬是填挖了1500多万方土石方，在山坡上建起了一个现代化生态型工业集中区。

二、潮涌：夯实载体，打造大平台

自航空港工业集中区启动之日起，高坪区坚持不懈提升园区的承载力、吸引力和竞争力，围绕打造南充机械电子、家居建材产业"航母"的发展定位；聘请南充市城乡规划设计院，对园区总规、项目详规进行总体设计，以科学规划体现园区特色，引导园区快速、规范、有序推进；目标倒逼，以倒逼创造高坪速度，集中区广泛推行目标倒逼机制，将建设任务分解到每人、每月、每周、每天，定期督查考核和通报，创造了集中区建设的"加速度"，书写了集中区建设的传奇；硬环境不足，由软环境补充，高坪区委、区政府一边提升航空港工业集中区的硬件建设，同时不遗余力地打造优良的管理、服务等软件，始终以营造一流环境为目标，全面提升服务质量和服务水平。

高坪区政府始终秉承一个理念："围墙内的事情企业办，围墙外的事情我们办。"为企业提供贴身、及时、到位的全方位服务，先后成立了航空港派出所、航空港城监执法中队、航空港安全生产办公室、航空港工商服务站、航空港项目建设服务部、航空港司法所等机构。

作为民营企业的最直接服务单位，高坪区工商联见证并参与了培育壮大产业、建设工业园区的工作，为企业服务不讲条件。当时，每一个单位都探索实施"企业保姆制""项目秘书制"，以及"一站式服务"等工作机制，主动为园区企业提供便捷、优质、高效和个性化服务，正是这种"亲商、爱商、重商、护商"的亮丽名片，使得航空港逐渐成为资金、项目和人才聚集的"洼地"，一个个大项目、好项目、优质项目纷至沓来。

三、潮卷：借梯登高，培育大产业

自航空港建设开始，高坪区就坚持边建设边招商。

在招商引资中，高坪人坚持"依托园区平台、面向东南沿海、培育龙头企业、打造产业集群"的思路，积极整合招商力量，大招商，招大商，强力打造招商强磁场，千方百计招引母本企业、龙头企业，力争引进一个，拉来一串，带动一批，兴起一片。

2007年12月7日，高坪航空港工业集中区迎来了园区内第一家行业龙头——潮州三环有限公司。该公司在高坪的项目投资从一期追加到十三期，从生产到研发到销售，三环对高坪始终信心满满，目前直接总投资超过100亿元。2020年，南充三环电子决定在南充启动十三期项目建设。为了保障项目用电，南充三环电子提出，希望架设一条供电专线，高坪区立即协调电力部门，很快在新项目附近建设了110千伏变电站，让企业没了后顾之忧。2023年4月28日，四川省南充市优化营商环境促进民营经济高质量发展、对外开放暨第二届南商大会召开。会上，南充三环电子有限公司代表语气铿锵："我们'在南充投资发展省心、放心，希望和南充的合作'没完没了'！"

围绕一个大项目招商引资，连起一条产业链，形成一片产业群。高坪的电子信息产业从几乎空白，到现在大步迈向千亿元产业集群，在南充航空港工业集中区，集聚了三环电子上下游企业10多个，"中国柔都"建设正大踏步迈进，电子信息产业的品牌正在快速形成。

摸清自己"有什么"，然后确定"招什么"，找准资源与项目优化配置的"对接点"，这就是高坪区始终坚持的招商引资原则。短短10多年，南充航空港经济开发区由一座荒山实现华丽蝶变，晋升成为省级开发区并被授予"四川省新型工业化产业示范基地"称号，其规划总面积40平方公里的南充航空港经济开发区，现已建成核心区域近20平方公里，形成了电子信息、丝纺服装、汽车4S店等产业集群。2022年，园区实现主营业务收入突破500亿元。

南充航空港经济开发区从无到有、从小到大、从弱到强的发展经验告诉我们，民营经济的发展只要政府、企业心往一处想，劲往一处使，拧成一股绳去拼，"小我"必能成"大我"。

令人难忘的一件"扶贫"往事

佘　玮

张某搬迁前后房屋对比

2015年11月23日，中共中央政治局审议通过《关于打赢脱贫攻坚战的决定》，从此在全国范围内开展了轰轰烈烈的脱贫攻坚行动。我作为一名县政协委员、民革党员，在县政协和县委统战部召唤下，在乡镇分配分管工作时，毅然选择了脱贫攻坚工作，在脱贫攻坚取得了全面胜利的今天，回忆起六年峥嵘的脱贫攻坚工作中的一件往事，不由得感慨万千。

一天早上，我接到电话，"佘镇长，我们村张家计划今天易地搬迁打桩划线的事情又'黄'了"，"张书记，莫急，我马上到你们村上来"，这个简单匆忙的对话，便开启了我一天的脱贫攻坚工作，这只是在我扶贫工作路上的一抹剪影。

这个电话中的"张家"主人张某，时年61岁，2014年因残被评为贫困户，家中3个儿子，老大先天性智障，老幺4岁患白内障、青光眼，长期医治无效，一家5口人挤在3间破旧的土坯房中。张某年轻时是一名打石匠，随着时代的变迁，其手艺已无用武之地，面对两个残疾的儿子与长期的贫困，他慢慢便对生活失去了信心，曾沉迷赌博，无所事事，游手好闲，形成了一种"等着扶、躺着要""等着别人送小康"的思想状态。

当时，按照政策和实际情况，村里为张某规划了易地搬迁的帮扶项目。张某起初不同意实施易地搬迁，但考虑到他家实际情况，我三番五次给他做工作，最后张某勉强同意，并约定了打桩划线日期，但到了打桩划线的那天，张某又不配合了。我对他说："老张，我们不是说好了今天打桩划线，为你家实施易地搬迁嘛，你怎么睡一觉就又变卦了呢？你看你们家现在3间土坯房如此破损严重，已成了危房，你要为全家妻儿老小的安全着想，你们家5口人，实施易地搬迁国家会补助11万元，建筑面积可达100平方米，你可以自己选择建房户型。考虑到你家实际情况，只要你同意，村里可以给你实施代改建，你的孩子已经大了，还是这个土坯房，怎么找儿媳妇？你虽然穷了大半辈子，总不能让你的孩子还和你一样受穷，打光棍。"我的苦口婆心让老张当时沉默不语，只顾吧嗒着手中旱烟。当时，在场的周围邻居也纷纷发表意见："老张，佘镇长把话都说到这份上，你也要为你娃娃考虑了，现在国家政策这么好，干部那么关心你，你还怕啥子！"张某慢慢地抬起来头，用手背抹了一下通红的眼睛说道："谢谢党的政策，谢谢佘镇长，谢谢大家，我愿意实施易地搬迁……"

2016年底，张某盖起了两层水泥小楼，崭新而亮堂。在我和村委会的积极帮助下，张某参加了村里的食用菌种植农民专业合作社，开始种植香菇。为解决香菇菌棒容易感染霉菌与出菇少等难题，我又邀请专业技术人员到村讲解种植香菇知识。我们一系列真扶贫、扶真贫的政策与举动深深地打动了张某，使他的心开始激动起来，"我要当发财户，不再当贫困户"，从而从心里萌生出一种穷则思变的渴求。而后我便积极协调仪陇农商银行为他申请到5万元的小额贷款，帮扶干部给张某担保贷款10万元，在多方帮助下他入股合作社，正式成了业主。

2020年，张某贷款还清，总体收入脱贫，他对人常说："感谢佘镇长，他是群众的贴心人，是一个好干部，我会继续种好香菇，争取过上更加美好幸福的生活。"艰辛的扶贫之路初告结束，一张张熟悉的面孔，一件件感人的事迹，至今仍在我脑海中挥之不去。

如今，我已到了新的工作岗位，我将继续发扬脱贫攻坚精神，与群众心贴心，为人民办实事，当好政协委员，提升履职能力，同心同向同行跟党走，汇识汇智汇力共奋进，为南充组团培育省域经济副中心、加快建设成渝地区北部现代化中心城市献智出力。

（佘玮，仪陇县工商联主席）

侨　联

华侨"祥庐大院"退赔记

蒲仕川

海外飞鸿

时间回溯到80年代中后期，那时候改革开放渐入佳境，举国上下拨乱反正，同时也迎来了全面落实侨务政策，平反冤、假、错案的重要时期。许多海外华人、华侨、港澳同胞纷纷通过驻外领事馆、国内外事侨务部门，以及国内亲属、亲友要求落实曾被执行错了的一些政策，美籍华侨蒲友书就是其中之一。

事情的原委还得从1986年6月的一天说起，这天一封来自美国特拉华州立大学的海外来信，揭开了美籍华人蒲友书封尘了半个世纪而富有传奇色彩的人生故事。

蒲友书，祖籍四川阆中，父亲蒲冰玕曾在阆中古城礼拜寺横街5号拥有一套大院，名曰"祥庐"，共有木质穿斗结构房屋21间，占地面积370.5平方米。新中国成立后，按照土改时国家政策，该房屋被政府没收处理，此时房屋主人蒲冰玕已于早年去世，蒲友书作为蒲冰玕的唯一子女，应该是"祥庐"大院的唯一合法继承人，当年蒲友书从海外向省市侨务部门也寄来书信，诉求退还"祥庐大院"。这封书信也揭开了他去往海外这段鲜为人知的人生经历。

如烟往事

蒲友书，又名赖德琛，号"锦屏山人"，1918年4月20日出生在四川阆中，1943年考取中华民国教育部自费赴美留学研究生，后获得美国密歇根大学文科博士学位，后任美国特拉华州立大学历史学及英美文学教授，美国全国诗人协会会员，锦屏山房出版社主任兼总编辑。

蒲友书自幼天资聪颖，勤奋好学，1936年毕业于华西大学英文系，1939年四川大学政治经济学系毕业，1941年公费赴香港大学攻读英语研究生直到当年12月26日日本占领香港为止。当时国内战火纷飞，香港也已经不是安身立命的读书之地，于是蒲友书与同学友伴一起冒着生命危险偷渡回到内地抗日游击区，后又以"逃难"名义回到四川成都，当时其父蒲冰玗已经在成都购置房产，一家人举家从阆中迁到成都。

1943年，蒲友书考取民国政府教育部第一届自费（半公费）出国留学研究生。据蒲先生后来回忆说，1944年10月18日凌晨，自己从重庆空袭防空洞中出来与同学坐卡车到重庆珊瑚坝机场飞往印度，第一站到了加尔各答，然后乘坐美兵船于1945年1月到达美国。1945—1951年，蒲友书在美国被录取为密歇根大学研究院研究生，获得英文文学硕士，1949年获文献及图书馆硕士、历史学博士，1951—1954年任密歇根大学研究院"超博士学位的研究专家"。1954—1959年，他成为密歇根大学东亚图书馆创始人及主任；1959—1963年，又任美国宾州费城德雷塞尔大学教授，任教东方史文艺及图书馆学，兼编外国文（非英文）书目；1963—1983年在美国特拉华州立大学20年，历任图书馆长、历史学教授兼历史系主任。

1983年，蒲友书年满65岁，退休后集中精力著书立说。为纪念获得博士学位以来，"独立不群无家无室"，"不间断的艰苦而有意义与趣味的学者教授生活"，他先后出版了英文诗选二集（1948—1980年），风行世界各地，后来其中文版受到全球华人阅读者的欢迎，其简传列于英美各国要人名录（英文名Pu Yuoshu），世界各大图书馆均可查检具抄。他一生致力于中西方文化研究，积极从事文化交流与传播。

"祥庐"归主

当年为了落实华侨蒲友书房屋产权的诉求，需解决的有三个问题，即首先需要确认蒲友书的华侨身份，其次确认他是"祥庐大院"唯一合法继承人，最后才是依据侨务政策落实兑现。为此，四川省人民政府侨务办公室于1987年10月15日给南充地区（现为南充市）侨办发来专函，其内容如下：

"南充地区侨办：贵区阆中县蒲友书先生华侨身份证明问题，经本人提供是1944年10月18日由重庆市经印度到美国至今，另外省人大副主任张秀熟同志也认证是在抗日战争期间送蒲先生出国的。从上述情况看，蒲先生在抗日战争期间出国是无疑的，鉴于先生的私房是县印刷厂占用，按'谁占谁退'的原则，县里已做了准备，请贵办给予认可酌情处理为感。"

与此同时，阆中县外侨办也收到了蒲友书先生在国内的子女蒲学军（又名蒲玉清）、蒲嘉靖、赖冰清、赖利清的申诉信，外侨办领导根据中共中央中办发〔1984〕44号文件精神和有关侨务政策法规，向县政府分管领导专题汇报，强调落实华侨私房政策对于保护华侨的合法权益，激发华人华侨的爱国热情，促进四化建设和实现祖国统一大业都具有重要意义，同时也指出这是国家保护和发扬侨胞爱祖国爱故乡的侨务工作根本方针，它对于保护华侨、侨眷的正当权益，极大地调动华侨、港澳同胞建设祖国和家乡的积极性意义重大。政府领导认真听取汇报后，随即召集了房管、侨务部门和有关单位参加的专题会议，要求各部门认真调查研究，摸清情况，采取有力措施，订出退赔计划，尽快落实华侨房屋的赔退工作。

最后，经过走访调查核实，"祥庐大院"于1951年土改时被没收，先交给县供销合作社使用，1958年又转给县印刷厂使用。多年来，县印刷厂为了生产需要，几经拆改，原房屋几乎全部拆除。按照"原房屋不在的给予适当的经济补偿"的政策规定，以及"谁占用谁退还"的精神，县政府领导再次召集侨务、房管、印刷厂等部门召开协调会，召集蒲友书先生的产权处理人蒲学军（又名蒲玉清）及房屋使用单位负责人，协商议定用货币补偿方式予以合情合理的补偿。经通过多次协商后达成一致意见，在当时政府财力十分吃紧的情况下想方设法筹措资金，于1989年4月22日在县侨务办公室举行了协议书签字及兑现会议。至此，"祥庐大院"产权归属尘埃落定，"屋"归原主，赔偿及时到位，海外华人蒲友书先生和侨眷对侨务政策深表满意，并由衷地感谢党和政府对海外华侨的关心，使他们感受到了祖国的温暖。

（蒲仕川，阆中市台侨办原主任）

以"侨"为桥甘奉献　情系桑梓助发展

阳　慧

我是南充市高坪区侨联第一届主席，也是高坪侨务工作的开荒者，秉承"深怀爱侨之心、恪守为侨之责"的理念，耕耘一个岗位26年，着力提升区侨联的影响力、凝聚力，用最美的青春架设起了家乡与世界的桥梁。

当重要窗口的守护者　见证侨联从小到大

我出生于1957年，1975年初出茅庐的我在原浸水乡担任团委书记一职，于1985年调入原南充县"外事侨务办"工作。

当时，改革开放的浩荡春风吹拂祖国大地，国家越发重视对海外华侨华人的联络工作，并积极鼓励和支持侨联开展各项事务。我调入县"外事侨务办"没多久，广东省暨南大学设立了侨务专业，四川面向全省选拔6名干部参加全国首届侨务干部大专班考试，安排到暨南大学离职学习两年，为侨务工作进行人才储备。受组织的关心和鼓励，我成了光荣的1/6，并顺利通过考试，与重庆市的一名同人作为全省侨务工作代表到暨南大学深造。

1987年，从暨南大学学成归来，我回到县外事侨务办公室工作，当时我一面深感自己的幸运，一面决心要用好专业知识，为广大的侨胞服务、为国家侨务事业奉献绵薄之力。"侨务工作，工作在国内，影响在国外。"在暨南大学读书时，老师常挂在嘴边的话，成为我之后工作的重要指引。作为党和国家长期性、战略性的工作，侨务是展示中国特色社会主义制度优越性的重要窗口，让更多人了解中国国情、参与到祖国的建设与发展中来，是侨务工作关键所在，我经过五年的磨炼，结合自身体会，于1992年撰写的《浅析社会主义时期华侨爱国的特点及对祖国的贡献》一文，被成都科技大学出版社录入《四川省华侨华人研究文集》。

20世纪八九十年代，南充地区的侨务系统建设还不完备，同一套班子同时负责侨联与侨办的工作，涉及外事、侨务、对台、港澳乃至旅游等诸多领域，人手不多，虽然面对繁重的工作，但我总是认认真真、一样不落。那些年，我的办公桌上放着厚厚的归侨侨眷资料，他们的姓名、住址等被详细记录，一些特殊、困难人员做出特别标注，需要不时走访，20多年过去了，我至今都还能说出一些人的姓名、住址、家庭情况。由于做事细腻勤恳，我历经了从外事侨务办公室办事员、外事侨台办公室办事员、外事侨台办公室主办科员等职务，1995年高坪区侨联成立后，我很荣幸被选举为副主席，负责主持侨联工作，1997年当选为区侨联主席。

侨务工作主要对象是海外侨胞、归侨侨眷，把人组织起来、联系起来十分关键，我也逐渐将工作重心从"做好分内事"向"考虑整个侨务工作的发展"的转变，我和侨联的同事一起加强基层组织建设，让工作流程更优化、工作效率更高，组织网络更具协作性，使侨联的影响力也逐渐变大。

当富民强乡的铺路石为城市发展牵线搭桥

我当上侨联主席后，事情繁重，新的想法也随着视野的开阔在内心萌芽。当时，南充县尚属于少为人知的川东北县城，如何才能壮大海外侨界友好力量，汇聚起助推当地经济发展的动能？如何发挥侨胞的海外优势，动员侨胞奉献社会，推动民生的改善？我总结出了"借桥过河""见缝插针"的办法。

"借桥过河"、纵向发力，强化与上级主管部门的联系，那时只要有省侨联出国的行动，我总是主动积极靠前参与；"见缝插针"、横向发力，我广泛联系以前接触过的侨胞、同窗友人等，通过他们的推介，联系到更多的侨资侨智，让更多人认识四川腹地的这个友好县城，中国香港、中国澳门、中国台湾、韩国、菲律宾、印度尼西亚……我去过周边近10个地区或国家，努力宣传推介家乡优势，鼓励更多有识之士参与高坪区的经济社会发展。

让我印象十分深刻的，是当时一名海外华侨愿意捐出十几万元，为贫困乡镇盖一所乡村小学。在那时个人工资只有三四百元的年代，十几万元可是一笔不少的数目，我在兴奋之余，立刻带团队对高坪辖区内所有的乡村进行逐一摸排，挑选辖区内经济基础弱、学生读书意愿强烈、生源较多的乡村，并把这整件事做得扎扎实实、漂漂亮亮，让海外华侨看到我们高坪人的决心。

记得那段时间，每当天刚亮，我们一行人就坐上从高坪城区到各个乡镇的公交车，到达后再步行至这个乡镇下属的村落，等找到在村小统计完情况、形成报告时，天又已经黑了。随后，我们又将第一手各项齐全资料，报请上级领导与参与华侨考察审核，逐一明确帮扶的乡镇、分期拨款的时间、任务节点，以及明确协调监督方案与账目结算方式等，其后如得知有华侨愿意前来，我总是跋山涉水，风雨同行，从准备工作到落地执行，无论翻译、领队还是后勤，我均全程陪同，并尽力处理好华侨回国期间的大大小小事务，以消除彼此隔阂，促进互相了解。

从20世纪80年代末到21世纪初，20余所乡村小学、乡村卫生院、中医院在高坪拔地而起，香港福慧慈善基金会、法国华侨教育基金会、美国欣欣教育基金会等慈善机构捐助资金专款专用，捐助贫困学生300名余人次，解决了1.7万余名学生就学难问题，高坪侨联也因此收获许多海外华侨的认可和赞誉。

当关怀弱势的常青树广结善缘延续爱心

在与海外侨胞、归侨侨眷的接触过程中，我愈来愈深入地感受到，他们对生于斯、长于斯故土故人的那种思念与激情，其深切的爱国情怀，以及"讲爱心""讲奉献"的精神都令我激动不已，有的情景终生难忘。所以，从事侨务工作20余年，其间接到其他岗位抛出的橄榄枝，我总是对侨务事业难以割舍。在日常工作中，我也努力以"讲奉献"来要求自己，更多地关怀弱势群体。

20世纪50年代，有一名老国侨从中缅边境回国，叫周贤财，住在东观镇，他常怀一颗热忱的爱国之心，但文化程度不高，和家中的老母亲相依为命，生活较为拮据。为了帮扶他，我认真研读相关法律政策规定，陆续帮他解决了住房、工作、生活补贴等现实难题，主动定时上门看望拜访，一直到他去世。

一些侨胞回乡探亲，住宿、购买车票、机票有困难；一些海外侨胞找祖籍，一些归侨、侨眷要找海外失去联系多年的亲人；还有安家落户、夫妻团聚、孩子读书、落实政策等，我了解到他们的困难，主动联络相关部门，协调解决了许多实际的问题，还积极宣传和平统一祖国等政策。一件件具体的事情办下来，大家都知道"有困难找侨联"，从而极大地凝聚了人心。

2000年，我当时已经担任高坪侨联主席和外事侨台办主任，因为工作安排，我又兼管高坪区旅游开发相关工作。当时，正值开发磨儿滩、打造白塔公园之时，我在做好侨务本职工作的同时，也为这些事情不遗余力忙前忙后。在我看来，能有机会为市民的幸福生活贡献一份力量，我甘之如饴。

现在，让我非常高兴的是，一批年轻的侨务工作者已走上了岗位，他们为做好新时期的侨务工作而贡献热情和活力，侨联的工作肯定会一届更比一届好。

（阳慧，高坪区侨联原主席）

在西充县捐资助学助医的华侨华人

陈昌明

1997年8月，我从西充县政府办公室副主任职上，调任西充县人民政府外事侨务办公室主任。在任七年，与港澳及海外华侨、华人及社团多有接触，他们热爱祖国、关心支持国家发展和建设的拳拳之心感动着我，激励着我忠于职守努力工作报效国家。

1999年底，是四川省"普及九年制义务教育"达标的最后期限，各县市必须在此时限内完成辖地小学、中学达标任务，只能提前，不能缩后。此前，省政府制定了详细的达标任务书，各类学校的教学设施，包括教室间数、教学仪器配置、运动场地大小、体育器材配置等均有严格规定。

为配合县上"普九"，我们侨务部门主动作为，积极配合，联系港澳地区和海外爱国华侨华人及社团到我县捐资助学，以确保"普九"验收顺利过关。

"普九"期间，我们通过省侨办，先后联系到德国米索尔公司、德国天主教社会援助基金会、香港福慧慈善基金会、香港联兴制衣有限公司、澳门扶轮社、澳门天主教福利会、澳门西南饭店董事长汤福荣先生等一大批爱国华侨、华人所在企业及慈善机构来县捐资助学，极大地改善了部分乡镇村小学的办学条件。2000年，我被县人民政府授予"普及九年制义务教育先进个人"称号。

在任期间，通过我们侨务部门的努力，共争取到港澳及海外华侨、华人、慈善机构在县内捐建小学7所、卫生院1所。

最先来县捐资助学的是澳门西南饭店董事长汤福荣先生，1997年10月26日，汤福荣先生与澳门福利会主任莫庆恩先生来我县多扶镇、宏桥乡、木角乡和中南乡考察，当即表态给多扶镇潮音寺村小学、宏桥乡青龙嘴村小学各捐资10万元人民币，给中南乡卫生院捐资20万元人民币。11月上旬，汤先生即将捐赠的40万元人民币汇往我县。1998年5月30日，汤先生捐助的两所小学和一所卫生院竣工投入使用。当年10月26日，汤先生亲临他捐建的多扶镇潮音寺村小学，参加该校的落成典礼，省侨办主任王宋达、市侨办主任苏仕荣、西充县委书记、县长、教委主任等参加了落成典礼，当时场面隆重热烈，学生们齐声演唱了该校教师陈应昌作词作曲的献给汤爷爷的歌——《愿您永远年轻》。典礼结束后，汤先生再次拿出2000元钱为学校购置图书，给该校的4位教师每人赠送两件高档衬衣和200元现金，以鼓励他们认真教书育人，为国家培养有用的接班人。后来汤先生还向他捐建的宏桥乡青龙嘴村小学、多扶镇潮音寺村小学的40名学习成绩优秀的贫困学生每人发给400元人民币的奖学金，另外给5名特别困难的学生每人800元现金和一袋衣物。汤先生两次来西充考察期间，还向沿途群众、病人、残疾人现场捐助现金8000余元和10余套衣物。

1998年8月，德国社会援助基金会主席赛亚、基金会亚洲事务主管艾金女士、中国主管布罗斯特胡丝小姐及澳门福利会谢明浩、林大志、莫庆恩、闻心翔、闻心莉一行来西充宏桥乡农村考察。他们对我们的医疗卫生防疫体系表现出极大的兴趣，回去后即向宏桥乡12个村卫生站捐助一批医疗器械、设备和部分常用药品。这批医疗器械摆在村卫生站里，既显眼又阔气，提高了卫生站工作的效率，干部群众十分满意。

1999年1月，香港福慧慈善基金会向凤鸣镇三元桥村捐资15万元重建该村小学，学校取名"福慧第六小学"。学校于4月上旬竣工，基金会董事长陆志华先生、基金会上海办事处潘文彦先生等专程来该村参加学校落成典礼。

同年，德国米索尔公司向扶君乡泥巴寺村小学捐资10万元人民币重建该校教学楼，落成典礼那天，出席典礼仪式的公司代表流利的中文、谦和友善的态度给从未见过外国人的泥巴寺村村民留下了深刻的印象。

2001年，美国欣欣教育基金会（华人社团）向同德乡玉清山村小学捐资

10万元人民币，重建该校教学楼。

另外还有东岱乡长明山村小学、永清乡傅家沟村小学，先后得到德国社会援助基金会、国内"三九集团"各10万元的资助。

在与海外华侨、华人和慈善机构的交往接触中，我感受最深的有两点。

一是凡涉及华侨华人及海外慈善机构捐资的事，工作一定要认真细致、一丝不苟。华侨、华人和海外社团、慈善机构最讲认真，不打诳语，他们如果答应了的事就一定办到，不答应就不会表态。这些华侨、华人、慈善机构来祖国捐资支持贫困地区发展教育、卫生事业，不为名、不为利，不图回报，只希望把他们捐的钱真正用在贫困地区的贫困儿童和教育事业上，因此我们对他们捐赠的钱物，在发放上一定要认真仔细，分分厘厘都要清楚明白，有证有据，而且不等他们提醒督促也要主动通报，及时反馈信息。凡是向他们承诺了的事情，就一定要认真落实，哪怕有困难也想尽千方百计办到，不能失信于人。西充既不沿边也不沿海，以前也不曾与他们有任何联系，与他们的联系是通过省侨办介绍的，他们之所以千里迢迢来西充捐助，主要是看中西充侨办认真负责的工作态度和一丝不苟的工作精神，对自己捐助的钱、物放心。

二是对澳门西南饭店的汤福荣先生十分佩服。与澳门汤福荣先生认识是1998年，这年汤先生找到四川省侨办，表达自己想在贫困地区捐资助学的意愿，省侨办介绍他来西充，于是我们认识了他。这年汤先生已80多岁，满头白发。汤先生祖籍广东中山市，从小父母双亡，14岁流落澳门乞讨和捡破烂为生，稍大后拉板车和替人打短工，后来开餐馆，靠勤劳、吃苦、为人忠厚成就事业。

他的西南饭店专卖鱼翅，饭店不仅在澳门顾客盈门，在海外也极具影响，澳门回归前，葡萄牙的王子、大臣、皇室贵族经常光顾他的饭店，生意十分火爆，尽管如此，他始终坚持质量第一，如果食材不新鲜、佐料不属上等，宁肯歇业也不让顾客吃了不满意，他坚持每天只卖晚上一餐，如果不提前预订，很难吃到他的鱼翅。

汤先生为人忠厚，勤劳节俭，生活简单，自己从不乱花一分钱，也不轻易给自己的子女拿钱，女儿要钱也必须到饭店来洗碗，他才付给工钱。他说，这是要教育女儿自己挣钱养活自己，养成不依靠父母、不依靠社会的好习惯。他不善言语，乐善好施，积攒一点即来内地捐赠一点。他除了自己慷慨解囊捐资助学助医外，还动员其他爱国华侨华人、慈善机构来内地捐资助学助医，在他的饭店里，摆放着大批内地贫困地区需要救助的图片和信息资料，凡来他饭店就餐的、有经济实力的人，他都要给他们介绍情况，说服和动员他们来内地捐资助学助医。

汤先生除了在西充捐资助学助医外，川内还在巴中、高坪、顺庆、遂宁等地捐钱捐物救助贫困学生，是一位受人尊重的慈祥老人。

（陈昌明，西充县人民政府办公室退休干部）

营山县旅台同胞回报桑梓纪实

张有国

    1987年，台湾开放民众赴大陆探亲以来，营山县旅台同胞怀着对故乡的眷恋之情，纷纷返乡探亲访友、祭祖扫墓、旅游观光、考察投资。所到之处，都受到了政府的热情接待，特别是他们耳闻目睹祖国大陆改革开放的大好形势和四化建设成就，以及家乡的巨大变化，不仅消除了心中积存多年的疑虑，而且增进了共识。他们以不同的方式表达回报桑梓的拳拳爱国爱乡之情。

    1991年6月，当营山旅台同胞获悉家乡兴建达成铁路消息后感到万分欣慰，四川省营山县旅台同乡会当月曾以同乡联络处的名义向营山在台同乡分别发出启事："为兴建达成铁路，欲我在台同乡一尽绵力，经加联络，拟仍照祭祖大会通过之决议，及选出代表（台湾北部唐灏、荣程，中部刘镜波，嘉义邓辉雄，台南李桧钦，高雄张茂瑞）就近加以联络，希接信后慷慨认捐。"同年9月，营山旅台同乡会总干事张茂瑞先生专程返乡，将营山县旅台同乡会回馈桑梓建铁路捐款计26人，台币142970元（合5343美元），及捐款姓名和款目清单一并带回。同时，还有相当多的营山旅台同胞利用各自返乡探亲的机会，直接带回或委托他们在家乡的亲友代为捐赠，以表达对家乡建设的一片真情。如营山县朗池镇旅台同胞李华国先生捐2000美元，捐资数额居首。其次是营山县木顶乡旅台同胞张良英先生，捐1000美元。当时，总计有103人为达成铁路捐资，其中捐7340美元，人民币34855元，台币163970元。

1996年4月，罗昶先生偕夫人张澄霞女士亲莅母校营山中学参观考察，捐助2000美元，为学校添置具有长期使用和保存价值的部分工具书及古今中外名著840册。此前，家乡兴建达成铁路时，罗先生也曾捐台币1万元。

旅台同胞李啸风先生，长期以来服务桑梓，报效故里。台湾当局在开放探亲前，他就冒着风险，为台湾与家乡两地同胞寻亲访友、转信转汇、沟通联系，为打破两岸人为藩篱局面做了不少工作。1985年初，他主动为家乡编修《营山县志》捐资人民币1000元，继后又为营山县翠屏职业高中捐赠价值人民币万余元的《大不列颠百科全书》（中文版）一套，给母校营山中学赠送了一批现代科技书籍及世界科学家传略丛书等书，给县畜牧局赠送一批畜牧兽医科技书籍，以帮助家乡改善教学条件和发展畜禽养殖业。1990年，他还为母校双流完小修建教舍捐2000美元，支持家乡教育事业。

现任台南四川同乡会荣誉会长李桧钦先生及夫人佘素兰女士，热心家乡教育等公益事业，助教兴学，并为他们下一代与故乡的沟通尽心出力。1992年10月，当得知家乡达成铁路兴建的消息，李先生夫妇携子李文宏专程返乡，并以其子李文宏的名义捐500美元。1996年，为了鼓励家乡青少年学生奋发学习，努力上进，李先生夫妇特以其在台的女儿李文华的名义捐15000元人民币在家乡设立营山"文华教育奖学金"，此后每年寄回人民币15000元，其中1万元用于奖励全县参加国家高考被大专院校录取就读的理科新生前20名；5000元用于奖励李先生老家通天乡小学品学兼优的学生及资助失学儿童。这一义举，为提高全县和李先生老家学校的教育质量起到了较大的激励作用。

与此同时，李先生夫妇还一次性捐资3万元人民币，襄助通天乡修建乡村公路，以改善家乡交通状况。1998年，祖国大陆长江中下游地区和嫩江、松花江流域遭受百年不遇的洪灾，李先生夫妇对此十分关注，他们商定要向灾区人民表达自己的一片赤子之情，尽一点微薄之力，于是再次专程返乡以其在台两个孙子的名义向赈灾部门捐资人民币6000元，并委托转交给遭受特大洪灾的灾区人民重建家园，支持灾区儿童上学。

同时，李先生夫妇还特意到西南交通大学看望了曾于1996年获得"文华教育奖学金"的全县理科高考成绩第一名的袁松，当了解到该生在校学习勤奋，其家庭经济特别困难这一情况，又当即资助该生生活费1000元人民币，他们还承诺要将这位学生今后在校读书期间的生活费全包下来，以支持和鼓励这位学生完成大学学业，成为建设祖国的优秀人才。1988年9月，李桧钦先生又为营山县台胞台属联谊会成立赞助人民币1000元，以示祝贺。李先生还为发展家乡广播电视事业捐港币1000元。

1992年4月初，旅台同胞谢正华先生在与家乡无任何联系的情况下，由一位在台好友护送踏上了返乡寻根、查访亲人的途程。原来谢先生无一点文化，少小离家，去台后一直与家中失去联系，故身份证上的籍贯误记为"四川省璧山县"。此次返乡，谢先生便和护送的好友先到了璧山，但通过几天时间的四处查访，他总觉得与记忆中的家乡一点对不上号，经过几番周折，终于在4月12日才回到梦绕魂牵的故土营山。当时，他在受到县台办负责同志的热情接待时，显得格外高兴，激动地说，他1929年农历六月二十四日出生于双河场，父母靠写田（即租田）做庄稼为生，家里很穷，本来离他家侧边不远的石神庙就是一所学校，但父母无力送他上学念书，几十年来深感自己没有文化而吃了不少苦头。

谢正华先生很早便离开了家乡，早在1942年7月14日刚满13岁的他就被国民党拉去当壮丁，1945年日本投降，随部队调防去了台湾，从此与家中失去联系，1976年从军中退役后，靠打工度日，一直无力成家，1991年获准进驻台湾"荣家"，靠台湾当局每月发的生活费维持个人生活，因此日子过得十分节俭。县台办根据谢先生讲述提供的线索，很快与乡镇联系，找到了他的亲人，满足了他几十年来梦寐以求的夙愿。这次返乡寻亲，谢先生深深地感受到祖国大陆和故乡的温暖，也因此而产生了为老家做点善事的念头。

1993年7月23日，谢正华先生专程回营山，拟将省吃俭用节省下来的25000元台币和另一位营山在台同胞周绳武先生5000元台币，共计30000元台币（当时兑换成人民币为8500元）以及篮、排球各4个，学生用《新华字典》10部，还有圆规、三角板、直尺等一批学习、体育用品捐赠给家乡营山县双流镇石神庙小学，并修建校舍，改善教学条件。24日，谢先生不顾旅途疲劳和盛夏炎热，由县台办负责同志陪同，驱车80余公里赶回老家双流镇，亲手将捐赠的钱物交给了家乡政府。谢先生说，他和周先生的这点心意,是想让家乡父老乡亲的子弟能更好地上学念书,多学文化,多为家乡培养优秀人才,这也是他一生最大的愿望。午饭后,谢先生来到石神庙小学。原打算用这笔资金修一个厕所(台湾称便所),并翻盖维修原学校教室,后通过实地规划预算,决定新修一间教舍,同时对原学校教室进行维修,以满足适龄儿童入学。这次改造学校需用的土地是由镇、村无偿划拨,发动组织群众投工、投材料、开采利用当地石料资源,以保证规划的实现,谢先生对家乡政府和父老乡亲如此热情和重视,十分感激,他欣然表示取消这次返乡为父母修坟和去长江三峡观光的计划,再拿出5000元人民币,弥补修建石神庙学校资金的不足。双流镇人民政府用谢先生捐赠的13500元,很短时间便新建起了石木结构的教室、教师寝室及厕所共计86平方米,还新修石梯96米,添制学生课桌15张、条凳20张,同时对原教室和15套学生桌凳进行了维修,从而大大改善了石神庙小学校的办学条件。谢正华先生捐资助学的义举受到当地父老乡亲的赞誉,为流芳后世,特为此立碑纪念。25日,谢先生到佛教圣地营山太蓬山观光朝圣,又向太蓬山管理处捐人民币150元、台币50元。

旅台同胞胡凌云先生,他在海峡两岸都有自己的儿女,家庭供养人口多,经济并不宽裕,然而对家乡教育等公益事业也非常热心。1989年,他第一次回乡探亲时,就亲自到他早年曾经任过教、担任过校长的双流镇完小参观考察,当了解到该校正筹集资金准备改建教舍这一情况后,当即表示要尽到报效桑梓的一份力量。返台后,他带头捐资2000美元,并发起动员在台的11位校友,共计捐资9400美元,用以支持该校兴建教舍。1993年9月,胡先生和儿子胡国光先生返乡,为兴建达成铁路捐各50美元,当他们再次来到双流镇完小时,新建起的教学楼映入他们的眼帘,校园书声琅琅,一派新气象,胡先生父子感到十分欣慰。为激励家乡父老乡亲的孩子们和胡氏家族的后代求学上进,奋发有为,胡凌云先生决意在家乡设立教育奖学基金会,返台后正当胡凌云先生着手准备实施这一计划时,不料病魔降临,于1996年12月10日病逝于台湾。

胡凌云先生病逝后,其子胡国光、胡国强先生把继承父亲遗志、完成父亲未竟事业作为自己的最大心愿,他们千方百计筹足资金,特地给老家寄回人民币8万元，用于设立两个奖学基金会，其中用4万元设立了"乡贤胡凌云奖学基金会"；用4万元设立"族贤胡凌云奖学基金会"。此后，每年利用奖学基金当年的存款利息，分别奖励家乡双流镇中学和小学中品学兼优的学生及胡氏宗族在校勤学上进的后代。1999年7月，胡国光、胡国强先生考虑到家乡银行存款利率下调因素，又另寄回人民币1500元，以弥补其奖学基金会经费之不足。他们的这一义举，为家乡兴学育人起到了一定的作用。

（张有国，营山县委对台工作办公室退休干部）

台湾书画家张志焜的阆中之恋

蒲仕川

2000年秋天的一天早上，我接到南充台办转发省委台办的一份传真，说是台湾著名书画家张志焜夫妇一行近期要来阆中市观光访问，请相关部门做好接待工作。也就是从那年秋天起，张志焜先生就与阆中这座千年古城结下了不解之缘，开启了长达20年对阆中的统战之旅、名城之恋。

张志焜，字若谷，1923年出生于四川岳池县，后因战乱举家搬迁至四川资中县，他在成都艺专完成学业，抗战时期参加青年军，1948年随部队至台湾，1958年因孙立人叛乱案受牵连提前退伍，后担任台东《远东日报》编辑。1964年，他与翁尔珍女士结婚，1968年转入教育界，先后任教于台东鹿野中学和新生中学，1993年因患壶腹癌住院手术，经历过生死后更体悟出人生真谛。

自从他第一次来阆中以后，每一年的春夏之交，老人家都会在其夫人的陪伴下，有时候还带上两三个台湾书画家同行，或者三五个学生来古城阆中写生，"张老爹"是我们许多人对他的尊称。这些年来，他免不了要和阆中的书画界朋友一起品茗交流，故而阆中的大街小巷也都曾留下张老爹的身影，每一条青石板路上都留下过张老爹的足迹。张老爹77岁高龄的时候，做了壶腹癌手术，恢复期满不久就又到了阆中，他可谓是情有独钟地爱上了阆中这座城，爱上了城边的静水深流的嘉陵江，爱上了如诗如画的构溪河湿地，与阆山阆水结下了不解之缘。

张先生为人和善，低调谦卑，随时见到他，脸上都是挂着甜蜜蜜的微笑。记得每一次到阆中，他一下车就会迫不及待地和大家握手、拥抱，随口一声"老朋友啊，我们又见面了"，其情其景，历历在目。

张先生情牵阆中古城，写意阆苑山水，得到了阆中父老乡亲的尊重和礼遇，每当张老爹在古城走过的时候，朋友们特别是爱好书画的朋友们都会奔走相告。许多朋友，张老爹认识的或者不认识的，都收藏过他的书法绘画作品，古城里的很多商铺也都留下了他的墨宝。

我们在许多次的见面闲聊中，他都会毫无讳言地谈起他的往事："当年，在成都艺专时教过我的老师很多，因为在抗日战争期间，很多大师级的画家从北京、上海流亡到了四川，如刘海粟、潘天寿等都来过成都艺专任教，他们教授素描、水彩、书法、国画、音乐等课程，对我一生的艺术追求影响很深。"在战乱的岁月里，他也收获了人生最美好的初恋，他讲"当时我与同校音乐系的一位学姐很合得来，她教我拉二胡，虽然我的音乐细胞不发达，但我很专心学，所以她对我也另眼相看"。据他讲，他与学姐刚好不久，张老爹便参加青年军离开家乡，上船的当天，这位学姐还专程赶到重庆的海棠溪码头为他送行，并送了他一把二胡。此后他跟着部队转战南北，后又从上海搭船到了台湾，但其行囊里总是放着一堆画笔和学姐送的那把二胡。

有一年，张老爹来到阆中，我约好城里有名的"舒二胡"舒宗锐老师前来陪伴。那天，张老爹带上二胡来和我们到构溪河湿地保护区，我们乘坐的小船穿行在两岸风景如画的绿树掩映丛中，行驶在波光粼粼的河面上，张老爹独坐船头，情不自禁地便拉起了他最喜爱的曲子，那琴声悠扬婉转，如泣如诉，似乎把他几十年的沧桑岁月，以及大半个世纪的风雨人生都融进了琴弦中。那一刻，也让我想起了电影《魂断蓝桥》的动人画面，也听到了我们之间这"友谊地久天长"的优美旋律。

张老爹不仅是一个热爱阆苑风光的旅行者，他还是阆中旅游的义务营销员。一次，一位移居美国的朋友发来一张照片，上面是一张阆中华光楼古街古民居的速写图，问我怎么会是一个台湾同胞画的阆中风景？我告诉他，那是几年前随同张老爹来阆中的台湾著名画家周荣源先生的速写，周先生当年画了阆中古城、古民居、锦屏山、南津关等十几幅速写，后来在台湾地区以及美国的旅游杂志上均刊登了。

张老爹也是阆中对外文化交流的"文化大使"。他时常将台湾一些著名的书画家、影视美工、高山茶庄主等与文化艺术有关的名人雅士，相继邀约到阆中，和我们这里的同行进行交流切磋书画技艺，同时他也不断地把古城厚重的历史文化、风景名胜、旅游资源等传递到台湾及世界各地。

20年来，张老爹更是阆中这座城市发生巨大变化的见证者，他常常提起很多年前的一件往事：有一天晚上，我们一起打着手电筒，踩着泥泞的小道在乞儿岩吃清波鱼的快乐情景，如今这里已是车水马龙、灯红酒绿的滨江新天地，他每来一次都会对此赞不绝口，说阆中变化太大了，嘉陵江、构溪河变得越来越美，古城味道越来越浓，街道干净整洁，人们的文明素质也变得越来越高。他说，阆中的旅游商品琳琅满目，人们往来交通十分方便，早年他来的时候要花很长时间，可现在高速通了，火车也通了，阆中到重庆、成都的动车也开通了，他更期盼着阆中机场早日建成，方便海内外的国际友人来阆中观光旅游。近年来，在他的带领和影响下，台湾宝岛的许多人都纷纷组团来阆中旅行，特别是台湾的一些影视媒体，如华视、东森、TVBS电视台等纷至沓来，拍摄了古城阆中专题片、旅游观光片，他们也都热情地宣传阆中。

张志焜先生积极向上的人生态度、豁达达观的性格，以及他那对艺术的执着追求和对大自然的万般热爱，练就了他心域的宽广与净美，练就了一副肝胆柔情、菩萨心肠，也练就了他一副硬朗身材、瘦古风高的气质。

他是一位优秀而又极具创造力的艺术家，坚忍执着，才华横溢，德艺双馨；他更是一位热爱祖国的台湾同胞。愿他在漫长的艺术道路上永远快乐前行。

难忘莲湖之夜

蒲润康

我任职西充县目标办主任时，每年将统战工作列入目标考核，分值占各单位全年重点工作的5%，年终检查验收，其总分与各单位的目标奖挂钩。这是应做的日常工作，但令我难忘的是参与西充县委统战部接待从台湾回乡的堂弟蒲永昌。

那是2009年8下旬，正是"喜看稻菽千重浪，遍地英雄下夕烟"的时节，蒲永昌第二次从台湾回乡看望亲戚朋友，并感谢乡亲们对他父亲回乡居住期间的关心关照。9月2日晚上，他在西充县城国鸿大酒店设宴三桌，宴请青狮镇杨柳寺村的蒲氏家族长辈、同辈及成年的晚辈，宴会由县就业局原局长蒲树昌主持，县委统战部的领导讲了话，欢迎蒲永昌再次回乡探亲访友！对其父的爱国情怀给予了高度赞扬，并对其父去世一周年深表哀悼！蒲永昌说："父亲对家乡的眷恋之情无以言表。老人家说他'生是四川人，死是四川鬼'，退休后非要回大陆居住，感谢父老乡亲对游子的牵挂！"同时，对家乡的亲人挨个敬酒。

当日晚宴后，我与蒲永昌、蒲树昌、任鹏举以及时任县委统战部的副部长魏崇斌，相约在莲花湖边品茶叙旧。蒲永昌小我12岁，1968年生于台湾。聊天中，蒲永昌对父亲蒲发轫（亦叫蒲荣书、蒲书元）的眷恋之情无以言表。

蒲发轫生于1922年农历八月，卒于2008年8月，享年86岁。蒲发轫青少年时代活泼快乐，聪明好学。跟随长辈清末秀才蒲世继在青狮书楼山私塾读书，《弟子规》《千字文》《百家姓》等启蒙读物倒背如流，四书五经也滚瓜烂熟！1937年首批考入由南京郭家山迁往重庆石门坎的国立中央工业学校（后改为专科，新中国成立后该校专业分别归入西南工业专科学校、重庆建筑工程学院、重庆大学、西南交通大学、云南大学等）的航机科。1949年，因从事的专业特殊，被逼迫到台湾。后任台湾联勤部总工程师，台北西充同乡会总干事，世界蒲姓研究会理事长，著书《蒲氏族谱研究》，任"国立"中央工业学校校友会理事长兼《国立中央工业学校》杂志主编。

据蒲发轫的拜干儿今年83岁的蒲庆昌回忆，蒲发轫于1987年首次回大陆青狮镇杨柳寺村给父母修坟，探亲访友，吃住在蒲庆昌家，当时在青狮场尹家饭店请了六桌亲戚朋友，蒲氏家族终于团聚在一起，万分欣喜！"少小离家老大回，乡音无改鬓毛衰。"蒲发轫说："在台湾的几十年无时无刻不思念家乡，经常梦见在书楼山、蒲大山、杨柳寺读书、种田、吃清明会等场景。"当他踏进西充县城，第一件事就是先去县政府门前（当时县政府还在文庙办公）抓一把土，小心翼翼地包好，带去台湾，以记住乡愁。蒲发轫分别于1982年在台北、1992年在成都、1997年在重庆牵头举行了"国立"中工校成立45周年、55周年、60周年校友会。

1990年，蒲发轫独自一人定居成都，为了提高在大陆生活的质量，经常找儿时的朋友蒲庆先（成都市商业局原副局长，蒲庆昌的四爸）回顾青少年时代在杨柳垭的艰难岁月，同时联系原中工校分散在台湾与大陆高校工程技术界的专家、教授、学者，聚会畅谈民族复兴大业，直到2008年8月北京第一次举办奥运会期间在成都离开人世。

蒲发轫的父亲蒲代模（亦叫蒲元光）也是知书达理之人，在土改时工作队找他谈话说，根据你家的情况划个小土地经营的成分，元光说："我一家世代都是农民，沾个农字好，就划为富农吧！"表这个态不要紧，但后来为家庭带来了不少麻烦。元光20世纪50年代初土改后就去世了，其爱人蒲马氏可就无平静的生活了，在"文革"期间她作为富农分子挨了不少批斗，有一次大队民兵连在她家楼上瓦格子里找到一枚国民党党徽及一把匕首，这在当时"以阶级斗争为纲"的年代是一件不得了的事情，晚上开社员大会要她交代思想根源及用意！蒲马氏说："这是儿子书元在重庆读书时留在家里的东西，我不知道是来干啥的，又不忍心丢掉，那个什么首，我用来削红苕不好使，就放在家里了！"改革开放后，蒲马氏跟随女儿去新疆生活！未等到儿子回大陆，卒于新疆。

我还清楚地记得，那天晚上，莲花湖边灯火辉煌，喷泉直耸云霄，给湖边品茶人带来几分凉意，水鸟在湖面踏波惊飞。蒲永昌与我们一起回忆了父辈及祖辈的沧桑岁月，蒲永昌说："明天是阴历七月半，中元节，我要把父亲及祖辈的亡魂超度回台湾，我的子孙今后就不用每年往大陆奔波祭奠祖辈了！"魏部长说："我们已通知青狮镇，明天由王副镇长接待你，祝你大陆之行开心愉快！"我与树昌哥都希望他有空多回祖籍地看看，"我会永远铭记家乡父老及各位兄长这份骨肉亲情，等几年再回西充看望大家！"蒲永昌说。我们从晚上7点一直畅谈长辈、家庭、大陆改革开放的成就及祖国统一的前景等，直到深夜11点半，我们才踏着圆月撒下的清辉把永昌老弟送到凤凰宾馆休息。

时隔5年的2014年5月，我与同学到台湾旅游，一到台北我就准备与永昌联系，可在我的新手机里就是找不到他的电话号码，加之跟团行程安排得满满的，很遗憾没有见上一面，虽未在台北与老弟见上一面，但2009年9月2日晚的莲湖之约却永远难忘！有诗曰：

> 两岸亲情一脉承，
> 魂牵梦绕故乡藤。
> 断肠游子追希望，
> 天道能融海峡冰。

（蒲润康，西充县目标办原主任）

最美逆行的"侨家人"

——记仪陇县无党派人士、侨联副秘书长唐玉婷

邬 斌

2022年8月21日凌晨1点,一阵急促的电话铃声将无党派人士、县政协委员、县侨联副秘书长、双胜镇卫生院护士唐玉婷从睡梦中惊醒。"南充市辖3区发生疫情,实行静态管理,需进行全员核酸检测,他们人手不够请求支援,局党委决定从卫生机构抽调人员支援高坪,院里准备抽调你去,支援时间不定,我们知道你家里孩子尚小,但院里人就这么几个人,请你理解,若同意请明早7点准时到局里集中统一出发",院领导如是说。疫情就是命令,作为侨界推选出的政协委员,明知逆行出征的路有多艰难,但她没有丝毫犹豫,不顾年幼的孩子和自己因职业拉伤的肩肘,欣然接受了任务,并暗自下定决心:一定不辜负领导和"侨家人"的信任,一定要为仪陇侨界争光,为仪陇医卫人添彩!

一到高坪区,她就立即投入紧张繁重的核酸采集工作中。当时她和11位同事被分配到人口最为稠密的白塔社区,负责该社区13万人的核酸采集。那时正值全市遭遇60年不遇的异常高温,最高气温在40℃以上,为让群众躲过检测时的高温时段,提高采集率,她和同事们打乱生物钟,凌晨3点半起床,3点50分就餐,4点披星戴月前往采集点,当他们到达采集点时,而大部分居民却还在睡梦中。由于白天的炽热与连续高温,致使凌晨的空气依然闷热不已,人一动就汗流不止。即使如此,她还必须穿上防护服、戴上防护面

罩，一工作就是五六个小时。工作时，密不透风的防护服使她酷热难耐，汗水很快湿透全身，额头汗珠直往眼里钻，她时常是口干舌燥，顾不上喝水，长时间的站立致使眼冒金花，当一上午采集工作下来，她早已又困又乏，特别是在脱下防护服那一刻，由于湿透的衣服因汗水急剧蒸发，人犹如突然掉入冰窟而浑身冰凉，这种独特的感受只有她自己知道。

她不仅担负着上午核酸集中采集点现场采集任务，下午或晚上还要入户采集赋予黄码、红码居家隔离居民的核酸，有时晚上11点多才接到入户通知，有时忙完就是凌晨一两点，回寝室稍做休息3点多又要起床。有的老旧小区没有电梯，她穿上防护服爬上爬下，身边有同事因此不时中暑倒下，即便如此艰辛，但还要常常面对个别居民的不理解，如一天深夜，她和一位同事拖着疲惫的身躯，用拉伤的右手敲开一户居民家的门，一位40多岁的男子打着哈欠、揉着眼睛开口就骂："这么大晚上了敲什么敲？吃饱了，没事了？"她赶紧向他解释敲门的目的，但那男子极不配合，说了声："莫事找事，明天来！"随即"砰"的一声就关上了门。面对居民的如此态度，她和同事委屈得直想掉泪，同行的同事说："既然他不配合，我们回去算了。"但她一想到要坚决做到"应检尽检，绝不漏检一人"的工作要求时，说："我们还是联系社区和公安吧。"社区领导和民警到来后，她又与他们一道向男子讲政策、讲要求，从专业角度上讲预防、讲危害，通过反反复复、死缠硬磨、前前后后一个多小时的沟通，才完成了该男子的核酸采集。

在当时疫情最紧要的时刻，在那异常高温肆虐的暑天里，她克服重重困难苦苦地鏖战了13天，其间有不少同事因超负荷运转体力不支下了"火线"，但她咬紧牙关成了本批援助的最后"坚守者"。在支援高坪区的13天里，她起早摸黑，总是走在最前面，从未叫过苦，从没请过一次假，中暑了喝瓶藿香正气液，头痛了吃片朴炎痛，每天采集核酸都在1300人次以上，以实际行动书写了"侨家人"勇往直前的社会担当，为南充打赢疫情防控阻击战贡献了侨界人的力量。

（邬斌，仪陇县政协机关干部、县侨联主席）

知联会

温馨统战伴我行

仪龙云

20世纪90年代早期，我刚进营山县级机关，对"统战"知之甚少，甚至不知道有个专管统战工作的部门，所幸岳父是民盟盟员，后来又担任了盟主委，对民主党派耳熟能详，讲起协商建国前后那段辉煌的历史头头是道。在他的影响下，我慢慢地接触了统战部门，选择了无党派身份，到90年代后期担任县政协委员，开始在统一战线的温馨港湾中不断前行。20多年时光弹指一挥，太多的往事和感慨难以尽述，且以不同时期的亲身经历，简要表达我的深深谢忱。

培训领我"进门"

刚接触县委统战部那阵子，记得统战部单位小、人很少，没几间办公室。我去统战部的时候，经常碰到部长、副部长，有时随口问几句，他们没一点架子，倒是我没见过多少领导，加之生性腼腆，开初时还挺紧张，他们的平易近人、和蔼可亲，后来慢慢地让我放松了下来，并逐渐融入了这个和谐温馨的大家庭。

那个时期给我印象最深的就是培训。统战部开会往往规模不大，部领导在组织学习文件、安排工作的同时，常常结合实际讲一些统战知识，让我们这些"新人"获益匪浅。担任政协委员后，统战部又及时安排我到县社会主义学院参加专题培训，那时新任党外干部济济一堂，集中学习统战理论和参政议政知识，在学习交流过程中，我渐渐找到了自己的组织和心灵的依托。

21世纪初，县委统战部又安排我到市社会主义学院脱产学习一个月。那次学习吃住都在学院，培训内容非常系统全面，既有党史、统战史，又有国际局势、经济发展，市委统战部资深领导亲自给我们上课，还有实地参观学习等内容，是一次终生难忘的学习深造。通过那次学习，提高了理论素养，开阔了眼界思维，结识了一批全市各行各业的党外朋友。在后来的很多场合中，与那些朋友的偶遇或交流，都是一次次愉快的人生经历。后来，在统战部的不断培养关怀下，我相继担任了市政协委员、人大代表，参政议政的经验逐步增加、视野不断拓宽，我的人生之路变得更为宽广。

调研汇集智慧

毛主席说："没有调查就没有发言权。"在我的印象中，调查研究一直是统战工作的主旋律，要求统战成员时时处处加强调查研究，参政议政有的放矢，不作泛泛的发言和空洞的说教。我在担任县政协委员、人大代表这些年，撰写的提案、建议及社情民意，各种建言献策，无不来自调查研究、得益于勤学善思。

2017年，我调到县林业局，很快接手"清水湖湿地公园"建设。我是学农的，建设湿地是门外汉，除了虚心学习别无他法，学法规政策，学基础理论，学规划建设，学成熟案例……一摞一摞的资料，还有千姿百态的湿地动植物，都需要深入学习，具体到清水湖自建设以来近60年的历史变迁，其头绪纷繁复杂，现存资料有限，当时我不由自主想到了统战部，在了解到水库管理局、水务、农业及湖区三个乡的党外干部的基本情况后，并通过他们分门别类摸情况、搞调研，才为科学建设、规划修编、展陈设计准备到了翔实可靠的基础资料。

2018年，县人大十七届三次会议提出加快建设清水湖湿地公园的议案，这是当时县人大的唯一议案，作为直接承办者的我，责任巨大、压力空前。我们又充分利用党外干部资源，积极主动沟通协调，虚心听取他们的意见建议，科学调配各个建设环节，加快推进工程进度，通过多方共同努力，顺利办结了人大议案。在公园建设过程中，我们接受了政协视察，认真做好了土地租用、公园"调规"，以及环保整改等一系列棘手工作，于2019年顺利通过国家林草局验收，正式建成"清水湖国家湿地公园"。这一切的成绩，无不凝聚着统战同人的心血和汗水，让我没齿难忘。

知联任重道远

2021年秋，因年龄原因，我退出领导岗位。当年底，县委统战部领导找我谈话，要我挑起2018年成立的知联会的担子，我当时很矛盾，虽然自己是无党派，但对知联会工作几乎一无所知，自己又不任职了，也没什么可以调配的资源，能干好吗？我这样问自己，也把自己的顾虑向领导和盘托出，领导不断给我鼓劲打气，在他的激情、真诚感召下，我忐忑地领受了这份差事。说实在话，无党派除了统战部，可以说是一个少有依靠的群体，在新时代新征程中，这个群体的成员急需一个有驱动力、向心力、凝聚力的组织把他们团结起来，共襄建设社会主义现代化国家的宏伟大业。

此后，我与统战部的领导及有关人员一起多次地商讨与筹备，在经过半年多时间的筹备后，县知联会一届二次会议于2022年7月顺利举行，入会会员63人，选举理事19名，正副会长5名、正副秘书长5名。

全会召开后，各项工作有序展开。为方便活动开展，我们按照工作相近、大致平衡的原则，由副会长牵头、副秘书长主抓，成立了工业商贸、农业农村、教育科技、医药卫生等四个活动组，结合各组特点自主开展活动。2023年以来，在小组活动的基础上，在统战部领导的直接关怀下，知联会相继开展了送种子、送医药下乡；赴遵义会址等地开展主题教育活动，组织蚕桑产业调研、协调与省蚕研所签订产学研合作协议，以及展开"同心跟党走、共赴新征程"主题征文等活动，通过多层次活动凝聚人心、凝聚力量，力求在年轻化、规范化、专业化上做出更多探索，并在各级统战组织的坚强领导下，团结带领各领域无党派人士，为建设现代化中国、实现民族复兴贡献更多的智慧和力量。

（仪龙云，营山县党外知识分子联谊会会长）

我所知道的南部县党外知识分子联谊会

何生章

在四川省南部县，有一个名不见经传的社团组织，其成员都具有高等学历和职称，为了党和国家利益，始终与党站在同一战线，默默无闻，辛勤工作，为南部经济社会发展、构建和谐社会、精神文明建设等方面做了大量工作，这个社团组织就是：南部县党外知识分子联谊会。

不忘初心，始终与党站在同一战线

南部县党外知识分子联谊会（以下简称"知联会"）成立于2008年12月，现有会员101人，其中民主党派人士28人，无党派人士73人，研究生学历3人，大学本科72人，大学专科23人，中专学历3人，高级职称22人，中级职称32人，会员来自全县机关事业单位工业、农业、文化、卫生、建筑等各行业领域。

据历史档案资料记载，2008年8月10日，南部县党外知识分子联谊会筹备组向南部县委统战部递交《关于申请成立南部县党外知识分子联谊会的请示》，内容如下：我县现有无党派知识分子6000多人，具有人才荟萃、智力密集、联系广泛的优势和特点，为进一步凝取党外知识分子在建设丘区经济强县、构建和谐南部的智慧和力量，为他们提供交流信息、参政议政、建言献策的平台和载体，特申请建立南部县党外知识分子联谊会。南部县委统战部迅速以南委统〔2008〕11号文《关于建立南部党外知识分子联谊会的请示》向中共南部县委报告，文件强调了党外知识分子工作是统战工作的重要组成部分，是贯彻落实党外知识分子政策与实施科教兴国战略的必然要求，是巩固和发展新世纪新阶段爱国统一战线的战略任务，是全面实施人才强县、建设小康社会的重要保证。

2008年12月3日，县委同意统战部的请示，并完成向县民政局申报社会团体许可证等一切程序之后，在金都大酒店四楼会议室召开了南部县党外知识分子联谊会成立暨第一次会员大会。"南部县知联会"从此便活跃在南部县这片热土之上。

南部县知联会成立后，在南部县委统战的直接领导下，认真学习党的路线方针政策，始终坚持"学习教育，培养人才，建言献策，服务社会，联谊交友"的办会方针，带领全县党外知识分子紧紧围绕县委、县政府发展大局和中心工作，为加快建设现代化南部发挥积极作用。

2021年3月26日，以"凝心聚智 同心奋进"为主题的南部县知联会第三届二次会员大会隆重召开，大会特别邀请了民盟、民建南部支部、工商联、科协、新联会、台胞台属联谊会和行业商会代表，南部县委统战部常务副部长、民宗局局长何悦，副部长何家春、敬春奎等同志出席了会议并指导工作。

会上，全体会员专题学习了中共南部县委十三届十四次会议精神和市县"两会"精神，会上罗通代表理事会作了2020年工作报告。报告指出：2020年，南部县知联会坚持以习近平新时代中国特色社会主义思想为指导，在县委统战部的领导和支持下，深入学习贯彻中共中央十九大和十九届二中、三中、四中、五中全会精神，凝心聚智同心奋进，为促进县域经济社会发展注入了党外知识分子担当，诠释了党外知识分子作为，展现了知联会会员风采。会议要求，知联会全体成员一定要站在"两个一百年"的交汇点，坚持初心，不忘使命，紧紧围绕县委"实施'十四五'规划，开展全面建设社会主义现代化南部新征程"目标，迈好第一步，见到新气象。

2021年5月30日，南部县知联会举行庆祝中国共产党建党100周年暨党史学习专题活动。全体会员在苍溪红军渡爱国主义教育基地参观了红军石刻标语碑廊，红四方面军强渡江渡口遗址，会员们从一张张珍贵图片与一件件历史实物中切身体会到共产主义事业来之不易，油然产生了强烈的责任感和使命感，大家表示要在今后的工作中，传承红色基因，致敬建党百年，学党史，悟思想，办实事，开新局，更好地在各自岗位上履职尽责，担当作为。

2021年11月6日，南部县知联会在五星技校多媒体教室召开专题学习会，贯彻学习党的十九届五中全会精神，县知联会领导班子全体成员及部分会员代表参加了会议，县委统战部副部长、工商联党组书记何家春莅临现场指导。会上，县知联会会长罗通传达学习了《中国共产党第十九届第五次全体会议公报》，要求知联会领导班子及全体会员要加深领会全会精神，增强"四个意识"，坚定"四个自信"，做到"两个维护"，提高政治站位；何家春在讲话时强调：知联会是党和政府联系党外知识分子的桥梁和纽带，要不断加强自身建设，团结凝聚党外广大知识分子共识，为助力南部经济社会发展做出积极贡献；与会人员也结合工作实际，畅谈了个人的学习体会，表示通过学习，增强了政治责任感，今后将继续深入学习领会，把全会精神转化为实实在在的工作动力。

2023年2月20日，县知联会召开会长办公会，全体成员在"统战之家"会议室学习了贯彻党的二十大及中央经济工作会议精神。会上，县委二十大精神宣讲团成员易小龙以"勠力奋发，团结奋斗"为主题，从充分理解党的二十大召开的重大意义、准确把握党的二十大报告内涵与精神，以及如何使其在南部落地生根等几方面进行了重点辅导学习。会议要求知联会全体会员要带头学习宣传贯彻落实好党的二十大精神，充分发挥"知"的特色和"联"的优势，立足本职岗位，发挥专业能力，践行初心使命，为我县高质量发展汇聚力量。

知行合一，助推南部经济社会发展

2009年，南部县第一任知联会会长许科，时任南部县人大副主任，为抢救整理南部清代县衙门档案，多次到南充市档案馆、西华师大和工信部等单位联系做工作，研究协商，克服了重重困难，完成了"南部清代县衙门档案"的编撰整理。清代南部县衙门档案始自顺治十三年（1656），历经全清十位皇帝，无一断档，是我国现存时间跨度最长、保存最完整的清代县衙档案，史料价值十分宝贵。系统记录了清朝200多年间在南部县的治理情况，是清代政治、经济、军事、文化、教育等各方面制度在地方实施的一个缩影，被专家学者认为是一套内容极其丰富的"藏在深闺待人识"的地方文献资料，是镶嵌在清代县级地方政权档案中一颗璀璨夺目的明珠。

2021年9月26日，县知联会携手南部中医院组织医生来到黄金镇敬老院开展送医送药义诊活动，为敬老院的特困老人免费体检，提供健康咨询，并捐赠一批防疫防病药品。在活动现场，南部县知联会会员、南部县中医院的8名医务人员放弃了周末休息时间，细心热情地为老人们服务，为他们进行心肺听诊、量血压、测血糖等检查，仔细询问他们的身体情况，根据每位老人身体状况，认真解答老人们提出的医疗咨询，并对检查中发现的问题提出了合理化治疗方案和健康建议，指导他们及时就医用药，受到了老人的热烈欢迎。

2021年11月13日，南部知联会会同县农业农村局，组织农技专家到东坝镇打鼓山村晚熟柑橘产业园现场，开展了"四送"科技下乡与果树冬管活动，南部县委统战部、县农业农村局相关领导及知联会班子成员参加了本次活动。南部县知联会副会长、县农业农村局植保站长、农业技术推广研究员何海燕就幼苗管护、肥水管理、病虫防治、果实管理等实用技术要点进行现场讲解；向东坝产业带各专管技术人员、产业园业主及群众发放了《柑橘大实蝇秋冬季防控技术》《12月柑橘管理技术要点》等手册及防病治虫药品，并现场进行了无人机施药演示。受到当地业主和群众的好评。

2022年10月24日，南部县退役军人事务局、南部县知联会在南部五星职业技术学校教室为100多名退役军人技能培训班学员举办了法律知识专题讲座，南部县退役军人事务局副局长易安乐、南部县委统战部非公股股长李代文、县知联会领导班子全体成员出席活动。县人社局劳动人事争议仲裁院主任、县知联会副会长李传英进行了劳动保障法律法规知识讲座，她细心挑选了与劳动者切身利益息息相关的劳动法律法规知识，巧妙地将理论与案例相结合，独到的法理与案例分析，让大家听得津津有味；县知联会会员、四川龙正律师事务所敬健峰主讲《民法典》，他首先向大家介绍了我国法律体系方面的知识，通过日常生活中的常见纠纷阐释《民法典》和其他法律法规的不同之处，随后从小区共有部分收入有哪些以及所产生收益的归属问题、关于夫妻婚前财产的归属等问题不时与现场退役军人交流互动，答疑解惑，对提高退役军人运用法律知识化解矛盾、维护自身权益、促进社会和谐稳定将起到重要的作用。

团队精英，在各条战线上各显神通

2022年是党的二十大胜利召开，迈上全面建设社会主义现代化新征程，向着第二个百年奋斗目标进军的重要一年。县知联会坚持以习近平新时代中国社会主义思想为指导，在中共南部县委的坚强领导下，在县委统战部的倾情支持下，紧紧围绕县委县政府中心工作，凝心聚智，塑形铸魂，发挥智力优势，加强自身建设，为南部县域高质量发展做出了积极贡献。

会员徐飞，严格要求自己，工作用心主动，在所负责的养老服务、儿童保障、社会事务等工作中表现突出，荣获南部县民政系统2022年度"为民服务标兵"称号；会员李传英，全年受理劳动人事争议案件数百件，结案率100%，涉及金额1700余万元，同时个人出资2500元，资助5户患重病的脱贫户，分别为2户困难户申请了低保兜低，为2户脱贫户办理了残疾证和申请了轮椅。

会员王丽撰写的《关于整治校园周边"盲盒、抽奖"，销售低俗文学商品行为的建议》，提出了加大联合执法力度，完善源头管控机制，引导学生树立正确消费观，为未成年人保驾护航等务实之策，被省政协采纳。会员谢辉撰写的"关于规范管理校外托管机构的建议"，得到县委主要领导的批示，获评2022年度优秀社情民意信息；会员夏晓琼撰写的《关于加快农村道路提升工程的建议》《在疫情常态防控下，县级医院如何高质量发展的建议》被县级有关部门采用。会员王小龙、王丽、朱鑫等被县政协表彰为2022年度履职先进个人。

会员何成蓉、雍浩瀚负责卫体艺教管理工作，认真学习总书记关于体育的重要论述，全面贯彻体育强国战略，积极投身新时代体育建设宏伟征程，工作成效显著，南部中学、南部县老年人体育协会等单位获南充市体育工作先进集体，雍浩瀚荣获南充市优秀体育工作者。会员王丽在南充市"新时代好少年，我和我的家乡"主题教育读书活动，荣获南充市"新华文轩杯"征文比赛一等奖。在抗疫斗争中，会员夏晓琼等医卫领域会员逆行出征，积极投身病情防控第一线；会员何佳，积极创作音乐作品，讴歌抗疫精神；2022年4月，知联会积极响应县委统战部、县工商联、县红会"齐心战疫，共同守沪"倡议，会员捐款11900元为上海打赢疫情防控阻击战献上了南部人民的爱心。

2022年11月，知联会在铁鞭场社区开展迎新春送温暖活动，慰问困难群众36户，发放慰问金及粮油食品共16000元；会员谢兴发、王小花、王丽、罗通等捐赠现金2万元。其中谢兴发、王小花被市政协表扬为"助学巩固脱贫，助推乡村振兴"专项活动先进个人。

在2022年，多名会员获得组织重用和表彰，会员雍浩瀚任县人大代表；王小花、徐飞、樊兴星、谢辉、彭红英等5名会员任政协委员；王丽被提拔任南部三中教导处副主任；杨小曼被提拔为南部县福康公司董事；会员王小花、李静荣获县委、县政府创业女能手巾帼先进个人称号。会员冯勤在市委统战部组织的"喜迎二十大，携手新时代"主题征文比赛中荣获三等奖。县知联会成立以来，共向友好党派民盟、民建培养输送28名骨干。

2023年4月21日，南部县知联会召开了第三届第三次会员大会，中共南部县委常委、统战部部长王小平同志应邀出席会议并作讲话。

会议传达学习了全国及省市"两会"精神，号召全体会员紧密团结在以习近平同志为核心的党中央周围，坚定以习近平新时代中国特色社会主义思想为指导，在县委、县政府的坚强领导下，紧紧围绕建设成渝地区县域高质量发展先行区目标定位，加快建设山水城市，大美南部，为全面建设社会主义现代化南部而团结奋斗。

在会上，知联会会长罗通作了题为《铸魂凝智勇毅前行，新征程上再建新功》的工作报告，从在学习中凝心铸魂，政治意识更加坚定；在科技上释放优势，社会服务更加高效；在管理上完善提升，激发动力活力等三个方面对2022年理事会工作进行了全面总结。

随后，县委常委、统战部部长王小平对县知联会2022年的工作表示充分肯定，并提出了几项具体要求：一是要统一思想，进一步筑牢团结奋斗的思想基础；二是要把握重点，切实履行好各项工作职责；三是要加强培训选拔，增强知联会的凝聚力和创造力，充分发挥资源丰富、智力密集等优势，拓展思路，加强学习，增强本领，调查研究，为县委、县政府科学决策，民主决策提供参考，以实际行动贯彻落实党的二十大各项决策部署，为谱写现代化南部建设新篇章做出更大的贡献。

宏伟蓝图催人奋进，新的征程砥砺前行，深刻领会中共二十大提出的一系列重要思想、重大论断的科学性、真理性，使二十大精神真正入脑入心，化作精神力量，成为行动指南，南部县知联会永远走在与党同行的路上。接受我采访的知联会副会长何海燕，道出了知联会会员的心声："我作为知联会会员，深感荣幸和自豪，是知联会给我们提供了一个广交朋友、为县域经济发展建言献策的平台。共产党在我的心中崇高而伟大，它带领中国人民从站起来、富起来到强起来。现在城市建设飞速发展，高楼大厦鳞次栉比，满福新城日新月异，滨江公园异彩纷呈，城镇交通四通八达，农村面貌焕然一新。这些变化，都是县委、县政府的坚强领导和英明决策的结果，我一定听党话，跟党走，切实搞好本职工作，积极建言献策，为南部的明天做出自己应有的更大的贡献。"

新联会

助学济困十六载　反哺蓬州情满怀

周好廷

"民营企业家，应该有自己的社会责任——回报社会、奉献爱心才是最美的人生"，这是周瑞珍的座右铭，也是她"致富思源，助学济困，关心家乡发展，积极参政议政"的不懈追求。

周瑞珍，蓬安河舒人，蓬安十佳女企业家之一，蓬安县第八届、第九届政协委员，蓬安县第十七届人大代表，蓬安县新联会副主席，蓬安富森木业总经理。其主营富森木业装饰材料走上致富路，带领并帮助10名下岗女职工实现再就业，积极参加社会公益事业和光彩事业，在扶贫济困、捐资助学、慰问孤老、抗疫救灾等社会公益活动中捐资30余万元。

捐资助学路漫漫

自2006年起，周瑞珍先后资助了多名贫困大学生完成学业，并用自己的打拼教育资助对象努力学习，用知识改变命运。

2006年，周瑞珍从县妇联得知周口中学贫困学生赖某的家庭情况后，她坚持每年为其全额支付学费、文具费，购买衣物等，在长达16年的时间里，如同对待自己的女儿一样对待赖某，先后资助近4万元。此外，她每学期按1000元的标准，资助贫困学生周某2万余元，从初一读到大学毕业；2013年3月，她又开始帮扶蓬安中学高三学生陈某君、陈某菊，每人每月给生活费500元，年资助1.2万元，到其大学毕业共资助了5万余元。

目前，周瑞珍资助的贫困学生，已有两位走上工作岗位。其中陈某君是周瑞珍培养长大的一名留守孩子，一直亲切地称呼她为"周妈妈"，如今她已是重庆某校的一名教师，"当教师后，我发现班上也有很多留守儿童，虽然我的工资不高，家庭也不富裕，但我会力所能及地帮助他们"，陈某君如是说，她表示要把"周妈妈"无私的爱继续传递下去。

同时，周瑞珍还参加蓬安新联会组织的爱心助学活动，多次来到相如一小，为过儿童节的贫困孩子捐款3000元，为过读书节的贫困学子捐款3000元；参加全民阅读活动，为实验小学筹建电子阅览室捐赠3000元；还为蓬安中学一名17岁的白血病孩子资助资金3000元。从2008年起，她为县工商联光彩助学每年捐款1000元，帮助失学儿童；为乡村小学留守儿童送关爱，先后到杨家小学、泥巴寺小学、石孔小学、龙云小学等处捐书包、书籍和助学金。

2021年12月，她为所帮扶的两位贫困家庭学生杨某、向某送去了过冬的棉衣、鞋子和2022年的资助金3000元；此外还参加南充市民营企业家协会赴营山县星火镇金盆村扶贫帮困送温暖，到黄渡镇兰武村为200余名少年儿童送书包、书籍等节日礼物，为贫困大学生捐资助学近万元。

2020年10月，好充食·2020"公益奉献·南充榜样"评选表彰她："胸怀对寒门学子的关爱，支持帮助贫困孩子求学，用善举让一个个寒门学子终圆大学梦，用实际行动塑造奉献教育、济困助学的精神丰碑。"

热心公益情深深

16年来，周瑞珍都将热心公益、传递正能量作为一项事业在做，先后参加蓬安县工商联、义工协会、"阳光公益"协会，以及新联会组织的精准扶贫、捐资助学、看望慰问留守儿童和孤寡老人等公益活动，更好更多地为社会做好事。

她连续多年在"三八"妇女节组织蓬安女企业家深入乡镇慰问贫困、多病的妇女、儿童，个人捐款捐物共计4万余元。2016年，到相如镇龙角山敬老院为孤寡老人送温暖；参加县工商联组织的精准扶贫与脱贫攻坚，向团堡岭村捐款8400元；2017年10月18日，在相如文化广场里给扶贫移民局捐款5000元；2017年11月初，市工商联的结对帮扶，在高坪区喻家乡鲁家堰村陈洪俊家捐款3000元；2021年1月28日，与新联会成员到利溪镇慰问基层群众，为其送上新春美好祝福，送上大米20袋、棉被20床、食用油20件、口罩2000余个；2021年4月19日，到金溪镇、平头乡、新园乡、杨家镇以及周口街道办、相如街道办部分困难群众和残疾人文创中心、盲人按摩协会等送去了价值1.6万余元的防疫爱心物资；2021年4月30日，"建党百年办实事，关爱夕阳送温暖"，到蓬安县泰和玉都老年公寓，为100位老人送去了牛奶、水果等慰问品；2021年7月16日，前往蓬安正源镇一村六组，看望并慰问了90岁的老人尹明勤和两位失去了父母的孩子；2022年1月10日，为锦屏镇38户困难家庭送上了节日的慰问和新春的祝福，并现场为每户分发了米1袋、油2桶、面10斤等爱心物资。

一路拼搏劲，一颗公益心。周瑞珍十六年如一日，善举大爱，熠熠闪光，2005年她被南充市妇联评为"女营销大户"，被蓬安县委评为"三八红旗手"；2005—2007年又被蓬安县委评为"巾帼社区创业带头人"，被蓬安工商业联合会评为"光彩事业先进个人"；2008年被蓬安县委评为"爱心妈妈先进个人"；2009—2012年被蓬安县委评为"巾帼建功先进个人"；2011年被蓬安县委、县政府评为"非公有制经济发展先进个人"，被蓬安县委评为"三八红旗手先进个人"；2013年被南充市妇联评为"十佳女创业者"；2014年被评为南充市优秀"爱心妈妈"；2016年被评为蓬安县脱贫攻坚先进个人；2017年被评为蓬安县"三八红旗手"、蓬安县脱贫摘帽工作先进个人；2019—2021年多次被南充市民营企业家协会评为"爱心先进企业"和"优秀民营企业"，被南充市精神文明办和《南充日报》及《南充晚报》评为"济困助学榜样"。

赈灾抗疫意切切

2008年5月汶川大地震，周瑞珍通过县工商联、妇联向汶川灾区捐款、捐物等共计1万余元。

2013年4月20日芦山地震，她第一时间赶往县政府捐款4000元，之后又积极响应工商局召集个体户为芦山地震的捐款。

2020年疫情期间，她还与县新联会的同人一道，共同筹集20余万元资金，购买了防疫物资，热诚支持武汉和蓬安的抗疫工作，并带着方便面、矿泉水、水果及防疫中药等物资到防疫一线，慰问正在执勤的交警、特警和医护人员。

2020—2021年，她被蓬安县新联会及南充市新联会评为"抗疫先进个人"。

参政议政顶呱呱

身为巾帼创业标兵，周瑞珍自2007年起连续当选为蓬安县政协委员和人大代表，作为一名政协委员、人大代表，她带着人民群众的重托履职尽责，传递着基层的声音，陆续提出近20件提案。其中，《关于河舒河排污改造治理的提案》在2010年得到县委、县政府的重点督办，《关于加强我县中小学劳动教育的建议》在2022年被列为重点督办提案。

她参政议政，为群众解忧、办实事，赢得了社会各界的广泛赞誉。2013年、2016年，她先后被评为蓬安县政协优秀委员。苔花如米小，也学牡丹开。周瑞珍表示，将一如既往地扎根家乡，建设大美蓬安，奋力谱写蓬安"三城建设"的华美篇章。

（周好廷，蓬安县新联会副秘书长）

以"大爱"情怀铸就养老事业

姚　鹏

我叫姚鹏，蓬安县石孔乡姚家沟村人。和大多数不甘落后、矢志改变贫穷的农村孩子一样，事业起点始于打工经商，先是在装修、建筑等行业拼搏，由于为人诚恳，踏实肯干，深得同事敬重，慢慢地集聚了一笔原始资金。2000年我偕同妻子远赴西藏，在当地办旅馆，开茶房，建出租房，事业经营得风生水起，红红火火。我事业的顺利得益于党的领导与改革开放的政策，也得益社会各方的大力支持，对此我也决心回报社会，为百姓养老事业做点实事。

用力奉献社会

自2011年以来，我在蓬安县相如镇木耳坝村先后投资3000余万元，成立了南充泰和玉都养老服务有限公司，修建了1万多平方米的低层建筑，设立了康复医疗中心，它是一个融康复医疗、生态养老、残疾人托养为一体的复合式老年乐园，倾力传承孝亲敬老的优良传统，一直践行在大爱养老的路上。

有一次回乡探亲，我看见许多老人不仅没人陪伴，有的甚至起居都无法自理，他们大多数家庭儿女在外地务工、发展，孤单寂寞的老人们晚年过得相当凄凉，本村如此，邻村也如是，以致田地荒芜，房屋破败，连人心也快变成沙漠，这一发现让人触目伤怀。作为人之子，我开始了尽孝敬老的行动，买米、买面，为老人们购置一些日常生活用品，还为部分家庭捐赠食用油、保暖衣物及现款。当时简单的想法，至少得让老人们暂时吃得饱、不挨

为贫困学生发放助学金和学习用品

饿，穿得暖、不受冻。

为让老人老有所养，病有所医，寂寞了有人陪，为儿女尽孝寻找一片屋檐，给老人一片爱的天空，随后我开始寻思建立养老机构。当时，我在西藏的事业如日中天，听闻我要回乡重新创业，且是投资大、见效慢的公益事业，有人觉得是拿辛苦打拼了一辈子的血汗钱去打水漂，还有人认为我傻，自找罪受。面对种种不解和压力，我觉得没有什么比传孝德、尽孝心更为重要，也没有什么事业比倾情养老、给老人一份晚年的安详和幸福更符合毕生的理想。2012年，我毅然决然变卖了自己在西藏的资产，为尽孝，我一刻不能再等，随后投资成立了"泰和玉都养老服务有限公司"。

身为县政协委员、新联会成员，在敬老爱老方面倾其力，尽其心，在扶贫助学方面也能用我微薄之力回馈社会。

用心养老事业

倾情奉献，把爱心写进了老人的心里，为精心照顾公寓老人，我为患病和不能自理的老人，制订个人护理康复方案，举办保健知识和心理健康讲座。同时，嘱咐后勤部门随时更新营养菜单，要求值班人员撰写详尽的院务日志。

我视老人为亲生父母，把家搬进养老公寓，每天为老人开展康复训练，不定期组织自理区老人外出游玩散心，带领员工为老人举

组织老人外出散心

办生日宴，陪老人们共同度过欢乐的晚年时光。

面对身患重病、脾气极坏的老人，我亲自为老人们清洗身体、涂敷药膏，连老人自己都觉得苦不堪言，但我却毫不在意，白天为老人剪指甲、修脚趾；夜晚，还替老人一边捶背，一边开导其打开心扉，开展心理慰藉，以期早日康复。自公寓创办以来，我精心护理瘫痪老人、痴呆老人进行疏导、解释，长期语言沟通，让他们忘记过往，享受现在。

此时，我将所有心思都倾注在老人身上，根本无暇顾及家人。儿子大学毕业后，还没找到一个像样的工作，我也拿不出余钱助其创业，我多次对孩子说："我现在能给你的只有一分干事的信心，一分做人的热心，这就是我的财富。"

用情服务世人

甘为绿叶，把温暖洒向广阔的天空，果的事业是尊贵的，花的事业是甜美的，但是我选择了做叶的事业，将绿叶垂荫的温暖洒向更加广阔的天空。多年来，我设立了养生养老区、失职失能区、五保特困区，可满足300余位老人入驻的心愿。除此以外，我注重环境建设，在公寓周围培植了桂花、银杏、紫薇等多种绿色植物和花卉，让老人们生活在绿色天然的生态环境中。

在对外宣传上，我与时俱进。我开通了泰和玉都网站，及微信公众号，

更新相关活动信息，方便客户咨询了解；主动邀请县教退协红烛活动队为公寓老人进行节目表演，积极参加县内组织的为老人捐赠大米、食用油、保暖衣物等活动，让更多的人关注、参与康复养老事业，进一步传递爱心，传承孝德。

如今，"泰和玉都"占地50余亩，同时完善了休闲区、自理区、康复区、失智失能区，接纳了来自四面八方的数百位老人，并拥有健身广场、舞台、棋牌室、书画室、阅览室、医疗站、康复运动大厅、亲情聊天室、餐厅及红外线等配套设备。

科学的管理，竭诚的服务，爱的奉献，让"泰和玉都"声名鹊起，政府与社会也给予了我许多荣誉与鼓励，我并没有以此为傲，同蓬安县新联会的成员们一起为社会、为蓬安尽心尽力，资助贫困学生，慰问老干部、老党员，帮助残疾人，助力产业园，等等，为大美蓬安建言献策，贡献自己微薄的力量。

（姚鹏，南充泰和玉都养老服务有限公司总经理）

记南部县"新联会"及"寺外桃源"

南部县新的社会阶层人士联谊会

一

南部县新的社会阶层人士联谊会（以下简称"南部县新联会"），是南部县委、县政府联系新的社会阶层人士的桥梁和纽带，其主管单位为南部县委统战部。它成立于2018年9月28日，办公场地设在县"统战之家"三楼。"新联会"现有会员185名，其中"两代表一委员"65人，特约监督员4名，无党派人士8名，建有党支部、工会和妇联组织，内设秘书处、会员发展部、社会服务部、宣传教育部、联络联谊部等5个办事机构，成立了民营企业管理技术人员分会、社会组织从业人员分会、新媒体分会、工业集中区分会等4个分会和1个法律服务专委会。

南部县委统战部成立新联会的初衷，是认真践行习近平新时代中国特色社会主义思想，紧紧围绕中心、服务大局，引领带动全县广大新的社会阶层人士在服务发展中增进共识，使他们在发挥自身的作用中坚定信念，在共同奋斗中实现梦想，听党话，跟党走，勇于担当，无私奉献，为南部县的经济社会发展贡献新阶力量。

南部县新联会自成立以来，县委统战部高度重视并悉心指导，新联会班子团结、奋进有为，紧紧围绕"不忘初心、维护核心、服务中心、凝聚人心"开展工作，在增进政治共识、立足本职建功立业、围绕大局建言献策、发挥专长服务社会等方面做出了积极贡献。我们先后创建了工业集中区分会、新媒体分会、蒲公英志愿者协会等3个县级实践创新基地，以及寺外桃源市级实践创新基地，并连续开展四届"同心·助学圆梦"行动、"寻美中国·大美南部"主题宣传教育活动，实施"少年急救官"计划，开展"人人参与自救互救、共建共享文明社会"主题社会服务活动。通过以上活动，新的社会阶层人士联谊会的影响力不断扩大。

据不完全统计，新联会从2018年至今"同心·助学圆梦"行动覆盖全县70%的乡镇，受助1300余人，四年受助资金308.5万元。新联会团结一新，奋斗争先，集体荣誉闪耀。四年来，新联会获得中、省、市、县表彰的先进集体和先进个人达百余人次，2020年度被省新联会授予"先进新联会"，2021年被市新联会授予"社会服务先进集体"，党支部被县委授予"先进基层党组织"，妇联被市妇联授予"南充市巾帼文明岗"、被南部县委政府授予"2021年度妇女儿童工作先进集体"，2022年被市妇联评为"南充市三八红旗集体"。

<h2 style="text-align:center">二</h2>

伏虎镇"寺外桃源"不仅是南部县基层统战工作示范基地，也是南充市新阶人士统战工作实践创新基地，在南部县委统战部的大力支持下，它已经成为南部县新联会乡村振兴的热点、亮点和新模式，切实起到了探路子、出经验、做示范的作用。"寺外桃源"由乡村振兴带头人——南部县新联会副会长王新先后出资近3000万元打造。20多年来，王新为父老乡亲做的好事善事数也数不清，为正觉寺村发展倾注的心血说也说不完。

1966年7月，王新出生在南部县伏虎镇（原玉镇乡）正觉寺村。他年轻时赴外打工，后在江苏昆山自主创业，在企业有了效益后，便把浓浓的恋乡情结化为实际行动回馈乡里。当时，村里哪家困难，或遇到麻烦事，王新都会慷慨解囊，凡集体遇重大自然灾害时，他都积极发动村民一起参与救灾，他先后给中国红十字总会、南部县红十字会等捐款40多万元。对待老人，王新更是关怀备至，他出资30余万元开办老年活动室，添置各种设备；给村里80岁以上的老人每人每月发放100元生活补助；每年重阳节都要组织本村乃至全乡的老人聚会；每年春节还会给村里的孤寡老人送去棉衣棉被、牛奶、水果等物资和慰问金。2003年，村民王某的儿子因车祸身亡，老两口失去生活依靠，王新得知后当即资助2000元，并主动承担赡养二位老人，每月给老人1200元生活费，遇到老人生病卧床，他即使工作繁忙，也会返乡照顾老人，多年来从未间断，两位老人逢人便夸王新不是亲人胜似亲人。

此外，王新还捐资20万元为家乡修路，花费10余万元免费为村里开通自来水，修建米面加工坊，每年贴钱8万元免费给村民打米磨面，并带头出资请人修筑石河堰，完善排灌系统，使全村再不受干旱困扰。为发展村集体经济，他倡导村里搞土地流转，建设现代农业示范园，发动大家种果树，办农家乐，以发展水果产业和乡村旅游。如今，正觉寺村每年仅水果一项达到5万元以上收入的农户就有10多户，还有10余户农民兴办了农家乐，每户年收入数万元。

除了帮助村民和村集体发展经济，王新还想方设法丰富村民文化生活。2002年春节前夕，他决定在村里搞一台春节大联欢文艺演出。大年初一那天，正觉寺村首届"村晚"如期上演，乡亲们看自己举办的"村晚"，参与热情高，接下来几天，王新又请来川剧班子给村民演戏。这年春节村里搞赌博的人少了，搞封建迷信的也少了。随后，王新拿出20多万元在村里修建了一个2000多平方米的文化广场和一个大舞台，购置了全套音响设备。他和村民们自编自导自演，此后年年办"村晚"，越办越热闹，越办越成功，至今已成功举办19届"村晚"（其中因疫情停办两年）。

为让人们记住乡愁，王新投资200多万元修建近千平方米的南部县伏虎镇乡土印象馆（含统战工作展厅），还投资数百万元修建了"都市山庄"，作为文学艺术团体和个人的创作基地，许多文艺工作者多次来这里采风体验生活，留下很多优美的作品。2021年3月，《人民日报海外版》题为《正觉寺村花儿开》的文章，报道了他投资建设新村、带动村民致富的事迹。

2014年5月，王新成立了"四川省正南昆文化发展有限公司"（"正"指家乡正觉寺村；"南"指家乡南部县；"昆"指他的创业基地江苏省昆山市），这道出了他的家乡情结和文化追求。该公司几年时间斥资500万元，拍摄《在南部（县）的天空下》《心放升钟湖》《西河流韵》等多部公益影片和反映川北民间传统习俗的《川北旧事》30集。

2021年，寺外桃源被评为"国家3A级旅游景区"，项目实现了"支部+公司+农户"的共建共享，在王新的引领下，有部分村民回乡兴业，共同打造特色旅游文化，使村民的收入成倍增加。县委统战部组织民盟、民建、工商联、知联会、新联会等民主党派和团体采取"1名工作组长+1名联络员+农技员或专家"帮扶工作方式，共同管理产业园（450亩），深度拓展"技术指导、技能培训、项目支撑、宣传推介、销售服务"的服务模式，保障基地产业园健康发展。而今，正觉寺村已将邻近两个村合并进来，王新决定进一步发展寺外桃源景区规模，让村民用土地承包经营权入股分红。

王新的事迹流传于群众口中，感动于乡邻心中，他先后荣获全国敬老爱老模范人物、全国乡村文化和旅游能人、四川好人等40多项荣誉。正觉寺村被评为四川省先进文化示范培育村、四川省乡村振兴示范村、四川省四好村、中国特色村庄和中国幸福村庄。

讲好南部故事，文旅结合，"我为群众办实事"。新联会积极投身助力巩固脱贫、服务乡村振兴，扎实开展"我为群众办实事"活动，会员张勇、秦华林、冉茂生等发挥在直播带货、数字经济、农文旅融合等新经济新业态新模式中的优势，积极探索服务社会的新途径，为助推乡村振兴、促进民生改善贡献智慧和力量。据初步统计，四年多来，南部县新联会会员公益捐助700余万元，大家积极履行社会责任，在助力共同富裕中彰显为民情怀。

附　件

各民主党派、工商联历届班子及秘书长名单

民革南充市委历届领导班子及秘书长

一、民革川北区临工小组（1950.07.05—1952.07.20）

召集人：龙杰三

二、民革川北区区工委（1952.07.20—1952.11.20）

主　委：裴昌会

三、民革南充市支部筹委会（1952.11.22—1955.04.26）

召集人：李炳英

第一届：1955.04.26—1958.10.22

主　委：李炳英

副主委：肖端重

第二届：1958.10.25—1961.09.06

副主委：肖端重

秘书长：徐鸿鹄

第三届：1961.09.07—1964.09.15

主　委：肖端重

秘书长：徐鸿鹄

第四届：1964.09.16—1980.02.03

主　委：肖端重

第五届：1980.02.08—1984.06.04

主　委：肖端重

副主委：马先根（兼）　王玉书（兼）　周正林（兼，1982.04起）

　　　　刘兰秋（兼，1982.04月起）

第六届：1984.06.08—1987.06.23

主　委：肖端重（1986.09.15止）

代主委：胡蜀平（1986.09.20起）

副主委：胡蜀平（兼，1986.09.20止）　苟纯如（兼秘书长）　王玉书（兼）

　　　　李惠民（女，兼）　刘兰秋（兼）

第七届：1987.06.26—1992.10.21

主　委：胡蜀平

副主委：李惠民（女，兼）　苟纯如（兼秘书长）　杨桂攀（兼）

　　　　王　爱（女，兼）

第八届：1992.10.24—1997.05.04

主　委：杨汉翔

副主委：王　爱（女，兼）　汪　亮（兼）　冯庆煜（兼）

　　　　杨秀清（女，1994.01兼秘书长）

第九届：1997.05.07—2002.04.23

主　委：杨汉翔

副主委：冯庆煜（兼）　杨秀清（女，兼秘书长）　周家镇（兼）　王恩林（兼）

第十届：2002.04.26—2006.08.21

主　委：冯庆煜

副主委：张为钢（兼）　童川军（女，兼秘书长）　贺　频（女，兼）

　　　　王晓贤（兼）

第十一届：2006.08.23—2011.12.13

主　委：冯庆煜

副主委：张为钢（兼）　童川军（女，2008.07止）　贺　频（女，兼）

　　　　王晓贤（2008.11兼止，2008.11起）　曹　红（女，2009.10起）

秘书长：童川军（女，2008.7止）　王晓贤（2008.11起）

第十二届：2011.12.15—2016.08.19

主　委：王晓贤

副主委：张为钢（兼）　贺　频（女，兼）　曹　红（女，兼）　冯明义（兼）

秘书长：陈凤英（女）

第十三届：2016.08.19—2021.05.28

主　委：王晓贤

副主委：冯明义（兼）　曹　红（女，兼，2017.10止）　宾德平（兼）

　　　　王一茹（女，兼）　文海燕（2019.02.22起，2021.12止）

秘书长：陈凤英（女，2017.10止）　罗　艳（女，2019.02.22起）

第十四届：2021.05.28—

主　委：王晓贤

副主委：宾德平（专职）　王一茹（女）　文海燕（女）　许尔富（兼）

秘书长：罗　艳（女，2022.07止）

民盟南充市委历界领导班子及秘书长

第一届：1952.12.13—1954.11.14

主　委：张默生

副主委：段可情

第二届：1954.11.14—1956.05.01

主　委：张默生

副主委：林维干

秘书长：吴仲垿（兼）

第三届：1956.05.01—1958.09.28

主　委：张默生

副主委：林维干　吴仲垿（兼秘书长）　张崇古

第四届：1958.09.28—1961.09.10

主　委：林维干

副主委：罗松柏　黎治平

秘书长：伍程遐（兼）

第五届：1961.09.10—1963.08.16

主　委：林维干

副主委：罗松柏　黎治平

秘书长：伍程遐（兼）

第六届：1963.08.16—1980.02.08

主　委：林维干

副主委：罗松柏　黎治平

秘书长：伍程遐（兼）

第七届：1980.02.08—1984.05.21

主　委：张默生

副主委：顾培基　黎治平　伍程遐（兼秘书长）　徐德林

第八届：1984.05.21—1987.05.29

主　委：魏荐鹗

副主委：肖芳淳　吴仲垺　黎治平　伍程遐（兼秘书长）　徐德林
　　　　罗月华（女，1985.12—1987.05）

第九届：1987.05.29—1990.04.20

主　委：魏荐鹗

副主委：吴仲垺　肖芳淳　罗月华（女）张贤文　伍程遐（兼秘书长）

南充地区第一届：1990.04.20—1992.07.22

主　委：魏荐鹗

副主委：吴仲垺　肖芳淳　罗月华（女）张贤文　伍程遐（兼秘书长）
　　　　郭礼宾

南充地区第二届：1992.07.22—1993.12.29

主　委：魏荐鹗

副主委：罗月华（女）　伍程遐　肖芳淳　张　焱　李　勇
　　　　蒋昌志（兼秘书长）

第十届：1993.12.29—1997.05.15

主　委：罗月华（女）

副主委：伍程遐　张　焱　李　勇　蒋昌志（兼秘书长）

　　　　王明炽（1994.07—1997.05）　　姚安林（1995.12—1997.05）

第十一届：1997.05.15—2002.04.19

主　委：罗月华（女）

副主委：李　勇　蒋昌志　王明炽　姚安林　赵义山（1997.05—1998.02）

　　　　阳小虎　孔　丽（女，1998.04—2002.04）

秘书长：蒋昌志（兼，1997.05—1998.04）　　王清萍（1998.04—2002.04）

第十二届：2002.04.19—2006.08.26

主　委：王明炽

副主委：蒋昌志　姚安林　柏富国（2002.04—2003.04）　　孔　丽（女）　　阳小虎

　　　　姚其清　朱家媛（女，2003.04—2006.08）　　李梦华（女，2005.09—

　　　　2006.08）

秘书长：李玉萍（女）

第十三届：2006.08.26—2011.12.18

主　委：朱家媛（女）

副主委：姚安林　阳小虎　李梦华（女）　蒋晓慧（女）　蔡昌平

　　　　伍伟刚（2006.08—2010.04）　　彭昌家（2009.10—2011.12）

　　　　郭玉梅（女，2010.04—2011.12）

秘书长：李玉萍（女，2006.08—2009.10）　　王　线（2009.10—2011.12）

第十四届：2011.12.18—2016.08.17

主　委：朱家媛（女）

副主委：蔡昌平　郭玉梅（女）李化树　何德清　郑同春　刘　彤（女）

秘书长：王　线

第十五届：2016.08.17—2021.05.30

主　委：朱家媛（女）

副主委：李化树　何德清（2016.08—2021.01）郑同春　刘　彤（女）王　线
　　　　谢勇恩　袁伟平（女，2021.01—2021.05）

秘书长：唐虎鸣（2019.03—2021.05）

第十六届：2021.05.30日—

主　委：袁伟平（女）

副主委：谢勇恩　何　华（女）覃发超　唐虎鸣　李　灵

秘书长：吴　薇（女）

民建南充市委历届领导班子及秘书长

第一届：1956.09.12—1959.06.07

主　委：费锡光

副主委：蒋恒一　陈啸吾　沈伯常（兼秘书长）

第二届：1959.06.07—1961.09.01

主　委：沈伯常

副主委：冯建新　陈啸吾

秘书长：石涵玉

第三届：1961.09.01—1963.07.30

主　委：沈伯常

副主委：冯建新　陈啸吾

秘书长：石涵玉

第四届：1963.07.30—1980.02.04

主　委：沈伯常

副主委：冯建新　陈啸吾

秘书长：石涵玉

第五届：1980.02.04—1982.11.02

主　委：蒋恒一

副主委：冯建新　蒲济南　弋润博（兼秘书长）

副秘书长：陈世桢　林为吉

第六届：1982.11.02—1987.05.17

主　委：蒋恒一

副主委：弋润博　杜亨富　蒲济南　叶代洲（兼秘书长）

第七届：1987.05.17—1990.02.14

主　委：蒋恒一

副主委：蒲济南　叶代洲（兼秘书长）　杜亨富　林为吉　张晓鸣

南充地区第一届：1990.02.14—1992.09.14

主　委：蒋恒一

副主委：蒲济南　叶代洲（兼秘书长）　杜亨富　林为吉　张晓鸣

南充地区第二届暨南充市第八届：1992.09.14—1997.04.22

主　委：叶代洲

名誉主委：蒋恒一

副主委：张晓鸣　蒲玉清　李承远

秘书长：刘　勇

第九届：1997.04.22—2002.04.26

主　委：李承远

名誉主委：叶代洲

副主委：张晓鸣　费德刚　任敏强　刘　勇（兼秘书长）

第十届：2002.04.26—2006.09.28

主　委：李承远

副主委：刘　勇（兼秘书长）　席素华　程卫东　何永国

名誉副主委：张晓鸣　任敏强　费德刚

第十一届：2006.09.28—2011.12.20

主　委：周伦斌（2006.09—2008.01）　程卫东（2008.01—2011.12）

副主委：程卫东（2006.09—2008.01）　周仁勇（2006.09—2008.02）　施应融

　　　　张志明（2008.03—2011.12）　张晓艳（2009.10—2011.12）

秘书长：程卫东

第十二届：2011.12.20—2016.07.01

主　委：程卫东

副主委：施应融　张志明　张晓艳　蒲　勇

秘书长：文　革（2012.08—2016.07）

第十三届：2016.07.01—2021.05.31

主　委：张晓艳

副主委：张志明　张宏标　蒲　勇　文　革（2019.03—2021.05）

秘书长：文　革（2016.07—2019.03）　马　婕（2019.03—2021.05）

第十四届：2021.05.31—

主　委：张晓艳

副主委：张宏标　马　婕　郑　红　李　琴

民进南充市委会历届领导班子及秘书长

第一届：1983.12.11—1988.06.24

主　委：周虚白

副主委：向洪武　罗道友　刘同心（兼秘书长）

第二届：1988.06.24—1992.09.26

主　委：向洪武

副主委：傅光国　刘同心（兼秘书长）　彭子银　董光良

南充地区第一届暨南充市第三届：1992.09.26—1997.04.25

主　委：向洪武

副主委：傅光国　彭子银　董光良　赵学宽（专职兼秘书长）

第四届：1997.04.25—2002.04.22

主　委：傅光国

副主委：康大寿　董光良　赵学宽（专职兼秘书长）　蒋小华

第五届：2002.04.22—2006.08.20

主　委：康大寿

名誉主委：傅光国

副主委：蒋小华　吴银杰　李一清　王宏伟（专职兼秘书长）

第六届：2006.08.20—2011.12.22

主　委：康大寿

副主委：蒋小华　李一清　王宏伟（专职兼秘书长）　吴银杰

第七届：2011.12.22—2016.08.23

主　委：傅宗洪

副主委：李一清　王宏伟（专职）　苏俊富　陆雅平

秘书长：兰　飞

第八届：2016.08.23—2021.05.27

主　委：傅宗洪

副主委：苏俊富　陆雅平　申　英（专职）　张小玲

秘书长：兰　飞

第九届：2021.05.27—

主　委：傅宗洪

副主委：申　英（专职）　张小玲　黄祖军　罗永强

秘书长：兰　飞

农工党南充市工委历届领导班子及秘书长

第一届：2011.12.30—2016.06.28

主　委：陈建业

副主委：罗彩玉（女）　贺　斌

第二届：2016.06.28—2021.05.26

主　委：陈建业

副主委：罗彩玉（女）　贺　斌

第三届：2021.05.26—

主　委：刘剑平

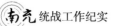

副主委：吕志华　张　兵

致公党南充市工委历届领导班子及秘书长

第一届：2011.12.16—2017.05.16

主　委：程立洲（2015.09止）

副主委：章红玉（专职）　黎　萍（2015.09—2017.05主持工作）

秘书长：黎　冰

第二届：2017.05.16—2021.05.26

主　委：黎　萍

副主委：黎　冰（专职兼秘书长）　刘志群

第三届：2021.05.26—

主　委：黎　萍

副主委：黎　冰（专职）　刘志群

秘书长：刘　诚

九三学社南充市委历届领导班子及秘书长

一、九三学社南充直属小组（1962.02—1966.05）

组长：李延浚

成员：沈乃清　郝俊芳　焦时泉　邓廷献　彭用仪

二、恢复组织活动（1980.12.25—1983.11.18）

组长：邓廷献

成员：郝俊芳　焦时泉

第一届：1983.11.18—1988.09.16

主　　委：郝俊芳

副主委：邓廷献　杜河清（1987.11增补）

秘书长：张守湖（1987.11增补）

顾　　问：汪应文　常得仁

第二届：1988.09.16—1992.08.18

主　　委：杜河清

副主委：胡昌川　邓其祥

秘书长：何典奇

第三届：1992.08.18—1997.05.08

主　　委：杜河清

副主委：胡昌川　邓其祥　高如曾　王炽章（兼秘书长）

第四届：1997.05.08—2002.04.23

主　　委：胡昌川

副主委：王炽章（兼秘书长）　李明东　张廷山　陶治国

第五届：2002.04.23—2006.08.23

主　　委：陶治国

副主委：李明东　张廷山　郑剑波（兼秘书长）　崔富华

第六届：2006.08.23—2011.12.11

主　　委：陶治国

副主委：李明东　郑剑波（兼秘书长）　崔富华　秦启荣

第七届：2011.12.11—2016.08.18

主　委：王翠花

副主委：李明东　郑剑波　周仲辉　何　平

秘书长：杨　健

第八届：2016.08.18—2021.05.28

主　委：王翠花

副主委：周仲辉　郑剑波　何　平　陈亚军

秘书长：杨　健

第九届：2021.05.28—

主　委：王翠花

副主委：王爱华　蒋青权　朱　华

秘书长：杨　健（2022.05止）

南充市工商业联合会历届领导班子及秘书长

第一届：1994.04—1997.04

会长兼书记：马昌群

副会长：梁兴中　李承远（兼秘书长）

第二届：1997.04—2002.06

会　长：李承远

书　记：马昌群

副会长：梁兴中（兼秘书长）　章清源（1999.12起）

第三届：2002.06—2006.08

会　长：陈宗君

书　记：罗湘卒（2003.03起）

副会长：梁兴中（兼秘书长）　章清源

第四届：2006.08—2011.12

会　长：陈宗君

书　记：罗湘卒（2008.05止）　周　原（2008.05起）

副会长：李　娟（兼秘书长）

备注：2008年11月，根据南组任〔2008〕187号文件规定，将市工商联会长、副会长职务名称分别更名为主席、副主席。

第五届：2011.12—2016.07

主　席：陈宗君（2015.10止）　黄雪梅（2016.04起）

书　记：周　原（2016.03止）　付杰修（2016.03起）

副主席：李　娟（兼秘书长）

第六届：2016.07—2021.02

主　席：黄雪梅（2020.06止）

书　记：付杰修（2016.07止）　冯泽林（2016.10—2020.05）

　　　　杨方军（2020.06—2021.01）

副主席：贾强民　张邦刚

秘书长：丁健康

第七届：2021.02—

主　席：杨　波

书　记：黄　靖（2021.03—2023.10）

副主席：丁健康　李国良

秘书长：赵忠平

后 记

人民政协作为爱国统一战线组织，统战属性是人民政协最基本的属性，统战职能是人民政协最基本的职能。2022年是我们党明确提出统一战线政策100周年，在党中央高度重视统一战线工作的新时代，人民政协无疑应更深入地研究、宣传、做好统一战线工作，为巩固和发展最广泛的爱国统一战线做贡献。

为此，经南充市政协主席会议研究，决定会同中共南充市委统战部联合编纂《南充统战工作纪实》文史专辑。

《南充统战工作纪实》由"三亲"（亲历、亲见、亲闻）史料汇集而成，按时间序列涵盖了市级各民主党派和工商联、侨联、知联会、新联会等团体，体现了鲜明的统一战线特色。它紧扣团结、民主两大主题和政治协商、民主监督、参政议政三大职能，集中展示了南充社会各界人士为助力南充解放、服务南充经济社会发展和社会稳定所做出的贡献。

本书在编辑过程中，得到了南充市政协和中共南充市委统战部领导的关心，以及中国文史出版社，市级各民主党派、工商联、侨联、新联会及有关部门的诸多帮助和大力支持。市政协主席廖伦志就书稿提出指导性意见；副主席王晓贤、傅宗洪及统战系统老领导、老同志亲自撰稿；秘书长陈勇等市政协领导亲自参与编辑和出版事宜；中共南充市委统战部积极配合，征集、提供了大量稿件和资料。其间，市政协顾问、西华师范大学历史学教授康大寿对本书进行了悉心指导和审改；编辑人员认真查阅相关资料，做了大量实实在在的工作。在此，我们对所有为专辑顺利出版提供帮助的单位和个人表示诚挚谢忱！

由于编者水平有限，书中恐有疏漏谬误之处，祈望各界读者不吝赐教。

编　者

2023年10月